ETHNIC RELATIONS AND RELIGIOUS COEXISTENCE

国家出版基金项目
NATIONAL PUBLICATION FOUNDATION

21世纪中国民族问题丛书

丛书主编/马戎

族群交往与宗教共处

马戎 主编

社会科学文献出版社
SOCIAL SCIENCES ACADEMIC PRESS (CHINA)

导 言

马 戎

2004 年 11 月北京大学举办了首届"北京论坛"（Beijing Forum），邀请了世界各国的著名学者近百人出席。我那时担任北京大学社会学系主任和社会学人类学研究所所长，受学校委托在这一年的北京论坛活动中组织了一个社会学、人类学分论坛。那次分论坛共邀请了 12 位著名学者出席，其中有日本的中根千枝教授、中国香港的李沛良教授，4 位中国大陆学者和 6 位韩国学者，大家一致认为在这次会议的交流中收获很大。自首届论坛取得成功后，北京大学此后每年 11 月举办一次北京论坛，这已经成为燕园的年度学术盛会。

2007 年举办了第四届北京论坛。这届论坛的主题是"文明的和谐，共同繁荣——人类文明的多元发展模式"（The Harmony of Civilizations and Prosperity for All：Diversity in the Development of Human Civilization）。在这届论坛中我负责组织了一个分论坛，具体议题是"族群交往与宗教共存"（Ethnic Relations and Religious Coexistence），我认为这个议题与这届北京论坛的主题十分契合，而且可以突出社会学、人类学这两个学科的学术特点。

在分论坛的申报书中，我是这样写的："21 世纪的世界依然充满了各种矛盾与冲突，其中许多冲突与宗教、民族/族群、人口迁移密切相关。'文明冲突论'强调的即是宗教和种族/族群的冲突。现在发生在世界许多地区的社会动荡、街头骚乱、内战和国家之间的战争，绝大多数都有宗教、族群背景。所以因历史上的或近期的人口迁移、社会变迁所引起的族群矛盾和宗教冲突，是新世纪全世界都十分关注的焦点。各国人文学者、社会科学家们都在努力调查、研究、探讨应当以什么样的基本思路来协调与改善种族/族群关系、引导不同宗教之间的和平共处。我国有 55 个少数民族，少数民族总人口超过 1 亿，民族自治地方面积为国土面积的 64%；藏传佛教、伊斯兰教信众数量巨大，境外宗教势力对国内信众的影响正在不断加强。通过这一届北京论坛，邀请各国家和地区在族群/民族研究和宗教研究领域的著名学者与中国学者共同讨论和交流在这些领域中的理论探讨、实证研究的成果，共同分析人类社会中族群关系和宗教问题的发展趋势，非常必要。"

我的申请在 2006 年底得到北京论坛组委会的认可。此后，我便开始着手联络世界各地研究民族、族群、民族主义和宗教问题的著名学者，希望把这次分论坛办成一个世界水准的高层次学术对话。在征询出席意向的邮件交往中，有许多著名学者欣然允诺出席，这自然对我是一个极大的鼓舞。

族群/民族作为人类社会的重要群体形式，长期以来受到各国社会科学界的高度关注。20 世纪 80 年代我在布朗大学读书时，由于博士论文选题是"人口迁移与族群交往"，调查的对象是中国内蒙古地区农牧区的蒙汉群体，所以必然要关注社会学的族群理论、研究方法和经典案例。我那时选修了格德沙尔德（Calvin Goldscheider）教授开设的 Ethnicity 研究生课程，系统地阅读了有关族群理论和研究案例的基础文献。我觉得自己在族群基础理论方面收益最多的是哈佛大学格莱泽（Nathan Glazer）教授与莫尼汗（Daniel Moynihan）教授合编的 Ethnicity 一书，而赫克托（Michael Hechter）教授在 Internal Colonialism 一书中提出的"扩散模式"和"内部殖民主义模式"的比较框架，对于我分析中国少数民族聚居区（内蒙古、西藏等地）与汉族地区之间横向的宏观政治、经济关系有十分直接的借鉴意义。在族群关系构建及纵向发展的理论框架方面，对我启发最大的是戈登（Milton Gordon）教授的 Assimilation in American Life[①]，而在选择分析指标体系方面，

---

① 我后来下决心把这本书译成中文，该书中文版在 2015 年由南京的译林出版社出版。

对我帮助最大的是辛普森（George Simpson）教授与英格尔（Milton Yinger）教授合编的 *Racial and Cultural Minorities*①。

　　我在 1987 年春毕业后来到北京大学任教。自 1988 年至 2014 年，我一直在社会学系开设"民族社会学"研究生课程。在我的课程大纲提供的参考书目中，我尽量把在族群研究中最著名和影响最大的学者们的著作和论文②提供给学生，这也催促我自己不断去扩展自己的阅读范围。除了阅读国内著名学者如费孝通教授、潘光旦教授、吴文藻教授等人的著作和 20 世纪 50 年代的少数民族社会历史调查资料外，我也开始关注欧洲学者对"民族主义"的研究。例如通过阅读安东尼·史密斯（Anthony Smith）教授的 *National Identity*③ 和霍布斯鲍姆（Eric Hobsbawm）教授的 *Nations and Nationalism since 1780* 等著作，我对于起源于西欧的"民族主义"的历史演变有了更深一步的理解。而本尼迪科特·安德森教授的 *Imagined Community*（中文译名为《想象的共同体》）对我理解欧洲的"民族主义"理念进入亚洲殖民地后在当地社会"民族建构"（nation‐building）中塑造的"非传统模式"具有极大的启发。

　　在"文化大革命"期间我曾经在内蒙古牧区插队当牧民，对蒙古族传统文化和生活习俗有所了解。我 1988 年在西藏组织问卷和户访调查，1997 年在新疆调查人口迁移和双语教育，后来甘肃和青海也成为我调查的区域。在这些实地调查中和与当地干部、学者和民众的接触中，我感到在实行改革开放政策和"西部大开发"战略后，市场经济对西部以国有企业为基础的地方经济和就业带来很大冲击，在"落实政策"过程中重新强化的民族意识把这些社会矛盾引向了令人担忧的方向。我们如果想真正理解中国民族问题的发展演变，不仅需要梳理中国传统的"夷夏"观和治理边疆群体的思路，同时也需要阅读更多有关族群、民族和民族主义方面的国内外学术著作，进行深层次的理论探讨。

---

①　这本 18 章的厚书，已由我和我的学生王凡妹合作译出，即将由译林出版社出版。
②　我组织研究生把这门课程的主要阅读文献译成中文，编成《西方民族社会学的理论与方法》由天津人民出版社 1997 年出版，修订本改名为《西方民族社会学经典读本》由北京大学出版社 2010 年出版。
③　我的读书笔记《评安东尼·史密斯关于"nation"（民族）的论述》刊登在《中国社会科学》2001 年第 1 期。

　　杜克大学的霍洛维茨（Donald Horowitz）教授在他的著作 *Ethnic Groups in Conflict* 一书中，不仅系统地分析了世界各国的族群矛盾，对各国政府为改善族群关系采取的政策的客观效果也进行了比较分析。通过对大量实际案例的分析研究，他认为政府以欠发达地区为对象的地区优惠政策的实际效果明显好于以族群为对象的群体优惠政策。2006 年我在杜克大学社会学系授课期间认识了霍洛维茨教授，此后我非常希望能够进一步与他进行交流。2006 年在出席一次学术会议时我认识了 *The National Question in Marxist - Leninist Theory and Strategy* 的作者康纳（Walker Connor）教授，他的这本书是西方学者研究马列主义民族理论的经典。阅读这些经典著作和结识这些享誉学术界的大师级学者，使我在思考中国的民族问题时获益匪浅。我也非常希望能够有更多的机会聆听他们的学术思想，并把他们的研究成果介绍到国内。

　　所以，在确定了由我负责组织这次分论坛之后，我觉得这是一次千载难逢的机会。我希望能够把那些我仰慕已久的著名学者们邀请到北京大学，组织一个具有国际水准的族群研究和宗教研究的盛会。我梳理了我手边研究族群问题的经典英文文献的作者名单和联系方法，包括一些我从未谋面但对他们的著作很熟悉的学者，请学术界的朋友向我推荐被邀请人选，同时通过邮件开始积极与世界各国的著名学者联系。

　　考虑到许多国外学者不懂中文，为了打消他们对交流不便的顾虑，我们的这个分论坛明确规定工作语言是英语，取消同声翻译。因为据我自己多次参加国内组织的学术会议的经验，凡是涉及专业词汇和文献，那些高薪请来的专业同声翻译人员很难把讲演和回答的内容全面和准确地翻译出来。在 2004 年我组织的北京论坛的分论坛上，最后大家的问答讨论自动改为英语，可以把意思表达得更加清楚而且节约大量时间。我相信，把英语规定为分论坛的工作语言，这是鼓励那些国际著名学者参加这次会议的重要原因之一。

　　我感到特别荣幸的是，哈佛大学的格莱泽教授、亚利桑那州立大学的赫克托教授、杜克大学的霍洛维茨教授等都迅速回复表示愿意出席。我特别感到可惜的是，在开会之前两周，霍洛维茨教授由于杜克大学的校内重要事务临时取消了出席的计划。康纳教授也答应出席论坛，但是他在 7 月份告诉我由于健康检查的结果，医生坚决不同意他乘飞机出行，他只好放弃这个与中国学者交流的机会。安东尼·史密斯教授答复说，他由于年事已高已不再外出旅行，无法出席北京论坛，但是他向我推荐了他的两位学生，也就是后来出席会议的英国伦敦政治经济学院的约翰·哈钦森（John Hutchinson）教授和伦敦大学玛丽女王学院的蒙特塞拉特·吉伯淖（Montserrat Guibernau）。霍布斯鲍姆教授因论坛会期与他其他的计划相冲突，所以无法出席，他是研究欧洲民族主义的一位具代表性的资深学者，非常可惜失去了一次向他当面请教的机会。我曾多次设法联络《想象的共同体》一书的作者安德森教授，他在康奈尔大学的同事告诉我，安德森教授居住在东南亚"某处"多年，无法联系到，这使我感到十分遗憾。华盛顿大学的郝瑞教授（Stevan Harrell）是研究中国彝族的著名学者，因为会期与他的日程有冲突他也无法出席这次论坛的活动。

在这个联系过程中还出现了一个小插曲，我联系了和吉伯淖教授合编 *The Ethnicity Reader* 的约翰·雷克斯（John Rex）教授，但是他回邮件表示，因为他不赞同中国政府的西藏政策，所以不能出席在北京举办的这次论坛，而且他还给我邀请的其他外国学者发送邮件，要求他们一致抵制这次会议。在外国学术界有些政治上比较偏激的学者，我认为这也并不奇怪，但我随后就收到澳大利亚的马克拉斯（Colin Mackerras）教授给我并转发所有被邀请学者的信函，表示他完全支持这次论坛的主题，呼吁大家理性看待这次纯学术性的对话论坛并积极参与。马克拉斯教授早在 1964 年就在北京外国语学院（后来的北京外国语大学）任教，"文化大革命"后直至近几年仍坚持在该校任教，他非常熟悉中国社会，对许多问题能够做出理性客观的判断。我和他相识多年，这次论坛自然他也在被邀之列。我对那次他对论坛的支持一直非常感激。

美国纽约州立大学长期研究美国族群认同问题的奥尔巴（Richard Alba）教授也接受了邀请。他出版的 *Ethnic Identity* 是解读美国白人族群性的经典之作。我同时也邀请了奥尔巴教授的学生，毕业后在加州大学洛杉矶分校任教的周敏教授。据我所知，周教授是改革开放后留学美国的社会学专业的学生中唯一的一个主修 ethnicity 的大陆学生，她的博士论文 *China Town* 在美国出版后很快就被译成中文在大陆出版。我在 2000 年在洛杉矶分校授课时与她有多次交流，我相信作为长期生活在美国研究少数族裔的华人学者，她一定可以为这次论坛带来一些特殊的视角。我也联系了在夏威夷的杜磊（Dru C. Gladney）教授，1980 年代他曾在中央民族大学留学，后来因出版 *Muslim Chinese* 和后续著作成为研究中国穆斯林群体最有影响的美国学者。戈伦夫（Tom Grunfeld）教授是美国研究西藏问题的专家，我从 1983 年就与他相识，他在 1987 年出版的 *The Making of Modern Tibet* 在国内也有中译本。德国的王海（Thomas Heberer）教授是欧洲研究中国少数民族问题的专家，我曾协助把他研究彝族民营企业的专著《凉山彝族企业家》（民族出版社，2005 年）译成中文在大陆出版。他们都积极表示愿意出席论坛。

　　我们在关注欧美学者的同时，也邀请了亚洲和中国港台地区研究族群问题和宗教问题的几位著名学者。印度是亚洲的另一个古老的国家，是佛教的发源地，也是族群关系比较复杂的国家，这次论坛邀请了三位印度学者：慕克吉（Partha Nath Mukherji）教授、奥门（T. K. Oommen）教授和阿尼塔·夏尔玛（Anita Sharma）教授。慕克吉教授是印度社会科学研究所的所长，是研究印度族群问题的资深学者；奥门教授和夏尔玛教授的主题则是宗教共存。中国香港大学的白杰瑞（Gerard Postiglione）教授是研究中国少数民族教育的专家，在这个领域出版了多部专著并主编有关民族教育专题的英文期刊。曾长期在香港中文大学任教的马来西亚学者陈志明（Tan Chee - Beng）是研究马来西亚族群关系的专家，他出版的关于马来西亚华人变迁史和族群政策的著作是这一专题的核心文献。中国台湾中研院的王明珂教授是哈佛大学张光直教授的学生，他是研究中国西部族群认同现状与演变史的著名学者，他出版的《华夏边缘》、《羌在汉藏之间》等著作在大陆十分流行。韩国的金光亿教授是费孝通先生的老朋友，牛津大学人类学博士，曾任韩国人类学会会长，自 1995 年我们在北京大学举办第一届中国人类学高级研讨班开始，他一直和我们保持密切联系，曾出席我们组织的 2004 年北京论坛的活动。以上这些学者都被邀请出席了 2007 年的这次北京论坛。令人遗憾的是，出席了 2004 年论坛的另一位费孝通教授的老朋友，日本东京大学的中根千枝教授，因为国内其他事务未能出席这次论坛。

　　这次分论坛的主题有两个，一个是族群/民族问题，另一个是宗教问题。由于我本人对宗教研究的学者不很熟悉，所以在讨论邀请名单时，我咨询了近期曾在美国贝勒大学从事过博士后研究、到北大任教的卢云峰老师。这次宗教专题邀请到的学者有英国伦敦经济学院的贝克尔（Eileen Barker）教授、美国波士顿大学专门研究中国宗教问题的罗伯特·韦勒（Robert P. Weller）教授、美国贝勒大学的约翰逊（Byron Johnson）教授、中国香港城市大学的梁景文（Graeme Lang）教授和中国台湾中研院的黄树民教授。黄教授的演讲题目是"Religion as Means of Cultural Reproduction：The Case of a Yunnan Chinese Village in Northern Thailand"，介绍泰国北部一个华人村落如何通过宗教活动来实现文化再生产。这次论坛有些遗憾的是还有两位国外大学的学者提交了论文摘要，但最终未能出席。一位是爱丁堡大学的约瑟夫（John E. Joseph）教授，另一位是土耳其中东理工大学（Middle East Tech Univ.）的达吉（Ihsan D. Dagi）教授。

来自国内的学者共有 12 位。厦门大学的李明欢教授是研究欧洲华人社会的专家；中央民族大学的杨圣敏教授是新疆问题专家；南京大学的范可教授对福建的回民社区开展了深入调查；中山大学的周大鸣教授、云南民族大学的和少英教授、中央民族大学的潘蛟教授，都是研究中国民族问题的专家；北京外国语大学的梅仁毅教授是研究美国族群问题的专家。这次分论坛有 5 位学者来自北京大学，宁骚教授是研究世界民族问题和民族政策的专家，王铭铭教授对福建民间社会进行过详尽的民族志调查，方文教授是研究国内宗教特别是基督教的专家，于长江和我本人曾长期在西部民族地区开展实地调查。

从以上的出席者名单来看，说得上是"群星灿烂"。虽然仍有好几位我慕名已久的著名学者未能到会，但据多名参会学者告诉我，这已经是许多年来他们出席的最高品位、著名学者人数最多的一次盛会。北京论坛的开幕式在人民大会堂隆重举行，开幕式结束后，各分论坛在人民大会堂各厅分别举办了第一阶段的学术讲座。第二天的学术讲座则回到北京大学校园，在英杰国际交流中心举办，北京大学各院系的教师和学生也旁听了各分论坛的精彩学术报告。这是非常忙碌和兴奋的几天，也是在学术上收获极大的几天。我相信许多与会者也有同感。香港大学的白杰瑞告诉我，他在许多年前读本科时就在读格莱泽教授的著作，这一次终于有机会见到本人，感谢北京大学为大家提供了这次难得的交流机会。

还在论坛正在进行的期间，我们请来的许多国外学者便纷纷被北大其他院系和兄弟院校邀请去做讲座或交流，当时的燕园充满了浓厚的学术气息。由于格莱泽教授是第一次访问北京，论坛结束后我便陪同他和他的夫人游览颐和园，他虽然年近 90 岁，但是精神非常好，一直步行上了佛香阁。我们除了讨论中国和美国的族群问题外，还商定了在 2010 年共同在波士顿组织一次中美学者的族群研究的研讨会，把研究对象的地域限定在中美两国，由他和我分别组织美国和中国的参会学者团队。这次研讨会如期于 2010 年在波士顿塔夫兹大学召开，有 6 名中国学者出席，研讨会获得圆满成功。塔夫兹大学的研讨会可以说是 2007 年北京论坛的一个副产品。

自从论坛的活动结束以后，我便考虑如何争取将这次分论坛的论文汇编成文集出版，但是由于各种原因这件事一直拖延下来。第一个原因是有些与会学者仅提交了发言的摘要，会后多次催促也未能得到他们发言的全文。第二个原因是论文的翻译也拖了一段时间。在 2007 年秋季我在北京大学开设的"民族社会学"研究生课程上，我鼓励选课的研究生们把翻译这次分论坛的论文作为这个课程的期末作业，所以有部分论文在 2008 年初由学生译成中文。第三个原因是缺乏出版资助，我找到北京论坛组委会的负责人，希望得到出版经费，但是始终没有结果。几个因素加在一起，出版论文集这件事就拖下来了。

时间一年一年地过去，2012 年我与社会科学文献出版社合作，主编一套《21 世纪中国民族问题丛书》，已先后出版了 12 本。近期在出版社的催促下，我决定把 2007 年北京论坛的"族群交往与宗教共存"分论坛现有的论文译文整理出来，作为这套丛书之一正式出版。

我把计算机里保存的这次分论坛的材料梳理了一下。我先后共收到了完整论文 25 篇，其中国内学者会后提供的中文论文 8 篇，其余 17 篇英文论文的中译本的质量参差不齐，需要进行校对。我便请了两位过去的学生王娟和王凡妹帮助我承担校对工作。最后筛选汇集成了大家面前的这本文集。

在校对这些论文的过程中，我感到论文当中提出的许多观点和思路，在今天仍然极具启发意义。如格莱泽教授讨论的"双重国籍"问题，慕克吉教授介绍的印度"民族构建"中的基础概念和逻辑，吉伯淳教授对加拿大、英国和西班牙在处理民族多样性时的政策比较，马克拉斯教授对澳大利亚土著人政策演变的讨论，白杰瑞教授对中国少数民族教育政策的分析，金光亿教授对大米在韩国民族主义构建中象征意义的讨论，王明珂教授对中国藏彝走廊居民认同意识的调查，李明欢教授对劳动力国际化的分析，韦勒教授、夏尔玛教授和方文教授等对中国和印度宗教现象的分析，等等。这些议题对于我们理解今天世界上各国的族群问题与宗教问题提供了深刻的观察分析思路和大量丰富生动的案例素材，对于国内学者思考和研究这些专题无疑会有特殊的启示意义和示范效果。

　　我非常感谢北京大学举办的北京论坛给我们提供了这样一次千载难逢的高层次学术交流的机会，我也非常感谢所有参加这次分论坛的各国家或地区的学者，正是他们的积极参与使这次分论坛获得完满的成功。我们都相信这个世界最终会越变越好，但是在此之前，我们不得不面对社会中各种复杂、尖锐的族群矛盾和宗教冲突，因此，社会科学研究者担负的社会责任必然是十分沉重的，希望这本以族群关系和宗教共存为主题的论文集对于大家思考和研究世界和中国的民族问题和宗教问题能够有所裨益。

目 录*

  * 本丛书主编，北京大学马戎教授在本次论坛提交了论文《理解民族关系的新思路——少数族群问题的"去政治化"》，该论文已收录在本丛书的《族群、民族与国家构建》一书中。

双重国籍：国民认同的危机抑或更好世界的预兆？

——对 21 世纪国民认同的反思

内森·格莱泽（Nathan Glazer）*

在过去几年中，法学界、政治哲学界和政治学界对北美和西欧移民国家"双重国籍"或"双重公民身份"的意义进行了大量的讨论和研究。尤其是当墨西哥——这一美国移民的首要来源地，包括非法的和合法的——修改其宪法允许加入美国国籍的墨西哥人重新申请获得墨西哥国籍后，"双重公民身份"也成为美国政界和新闻界的讨论话题。

在其他国家，尤其是德国，双重国籍已经成为政界和法律界争论不休的话题。德国的问题主要来源于土耳其的移民及其子女——他们在德国工作，是永久的居住者，却因为各种原因没有或不能获得该国的公民身份，

* 哈佛大学社会学教授（1923～）。美国研究族群问题的最著名资深学者。先后独著或主编了 18 部学术专著，影响较大的有以下 8 本：*Beyond the Melting Pot：The Negroes，Puerto Ricans，Jews，Italians and Irish of New York City*（with Daniel P. Moynihan，MIT Press，1963），*Affirmative Discrimination：Ethnic Inequality and Public Policy*（Harvard Univ. Press，1975），*Prejudice*（Harvard Univ. Press，1982），*Ethnic Dilemmas，1964–1982*（Harvard Univ. Press，1985），*The Limits of Social Policy*（Harvard Univ. Press，1988），*We Are All Multiculturalists Now*（Harvard Univ. Press，1997），*From a Cause to a Style：Modernist Architecture's Encounter with the American City*（Princeton Univ. Press，2007），他与 Daniel P. Moynihan 合编的 *Ethnicity：Theory and Experience*（Harvard Univ. Press，1975）是研究族群问题的经典文集。

以致身份处于模糊状态。他们通往公民身份之路之所以如此艰难，是因为德国不允许双重公民身份的存在——加入德国国籍就必须放弃之前的公民身份。但是因为各种原因，土耳其移民及其子女们均不愿意这么做，他们还是希望保留土耳其公民身份。荷兰也被移民劳动者及其子女的双重公民身份所困扰。然而，在有些国家，比如英国和加拿大，双重国籍问题根本不会带来任何困扰，事实上，在这些国家的大量移民及其子女就是双重国籍拥有者。① 在美国，双重国籍已经成为各界人士讨论的主要话题，但尚未成为一个政治问题。

在美国或者其他地方，在对双重公民身份的讨论中有两个截然不同的立场，他们的争论主要涉及公民身份、国籍、国民忠诚以及国民认同等方面。持第一派观点的人从"双重国籍"或"双重公民身份"的概念分析入手，认为双重国籍完全改变了国民认同的概念和意义，不利于移民融入迁入国的社会和政治生活。这派观点突出地反映了美国的现实，因为移民是否成功地融入美国社会，其本身就是考量其取得社会和政治成功的因素之一。欧洲的前殖民国家同样迎来了大量的移民，这些被视为与本国不太相关或完全不相关的移民们带着子女从先前的殖民地迁来这些前殖民国家。在西方自由主义、人道主义、平等人权观念的影响下，这些前殖民国家逐步认识到，如果这些"外来者"永久地居住下去，那么将他们全面地融入本地社会并进而使其成为这个国家的公民是可以考虑的。在以上几种情况当中，双重公民身份被理解为实现全面融合的阻碍，是对国民忠诚原则的威胁。

持另一派观点的人则认为，双重公民身份是移民造成的不可避免的和可以理解的结果，这一现象为包容多重身份和多重忠诚的美好世界创造了前提，从而有利于消除民族主义和盲目爱国主义，并使各国得以相互包容并存。双重或多重公民身份，或许就是正在萌生的多国公民或世界公民身份的早期阶段，这种多重身份能够更好地适应一个加速发展和交流便捷的

---

① 参见 Randall Hansen and Patrick Weil, editors, *Dual Nationality, Social Rights and Federal Citizenship in the U. S. and Europe* (New York: Berghahn Books, 2002); Thomas Faist, ed., *Dual Citizenship in Europe: From Nationhood to Societal Integration* (Ashgate Publishing, Ltd., 2007)。

全球化世界。

双重公民身份之所以能够成为关注和讨论的焦点，是因为在移民活动如此频繁的今天，持有两国或更多国家公民身份或国籍的人越来越多；同时，许多国家也放松了对移民的要求，他们不必因为加入新国籍而必须放弃之前的公民身份。在一些国家，公民身份和国籍的意义是有所区别的。但是在美国，二者基本上具有同样的含义，即每个公民是该国国民，而每个国民也是该国公民。因此，在本文后面的论述中，我没有对它们进行区分。以加拿大为例，当问及公民身份/国籍时，在 1981 年的人口普查中，有 4% 的移民回答自己拥有两个或更多的公民身份/国籍；到了 1996 年，这一比例已经上升到 12%。当然，这个数字还没有包括那些拥有双重公民身份但在填答问卷时未曾意识到这一点的人。①

理论上来讲，双重公民身份意味着这个人需要履行两个国家的公民的义务，并享受两个国家的保护和公民权利。双重公民身份在当今世界主要移民国家或地区已日益成为普遍的现象，例如在美国、加拿大和澳大利亚的英语区以及欧洲的发达国家。

双重公民身份的日益普遍化，起源于第二次世界大战后人口迁移的急剧增加，以及获取公民身份的三种途径之间互相交叉的影响。这三种途径是：出生地原则，即不问父母国籍，孩子出生在本国即取得本国国籍；血统原则，孩子的国籍必须随父母双方或其中一方的国籍；跨国移民后加入新国籍。如果人们从一个承认血统原则的国家迁移到了一个依出生地原则授予公民身份的国家，就意味着，他们的新生婴儿生下来就具有两个国家的公民身份。依据两国各自的法律，该婴儿或许能保留两种公民身份直到他长大成人。如果父母迁出的母国允许双重国籍，在父母归化的国家也允许双重国籍，那么这个婴儿长大后就具有了双重公民身份。如果再加入其他变量，比如父母分别来自两个不同的国家，将会使问题进一步复杂化，这些子女将有可能拥有两个以上的国籍。当然，也有其他一些因素会导致有些人拥有的公民身份数量的增加，比如，根据以色列的"归国"法，所

---

① 参见 Irene Bloemraad, "Much Ado about Nothing? The Contours of Dual Citizenship in the United States and Canada," forthcoming in Thomas Faist, ed., *Dual Citizenship: Democracy, Rights and Identities Beyond Borders*。

有返回以色列的人均可自动获得以色列国籍。也就是说，对那些居住在以色列之外的犹太人而言，一旦回到以色列居住，就可成为以色列公民。德国的情况也大致相同。那些居住在国外的德国人后裔，即使先辈许多世纪之前就迁出了德国，如果他们回到德国并进行申请，都可重新获得德国公民身份，而且也可以同时保持现居住国的公民身份或国籍。

美国个案

随着 1965 年美国新移民法的出台，以及紧随而来的大量移民的涌入，美国拥有多重公民身份的人越来越多。作为一个移民国家，美国对多重公民身份及其所导致的一系列问题是再熟悉不过的。随着过去 40 年里移民规模的稳定增长，以及许多人口的迁出国允许移民在加入新国籍后可同时保留原有公民身份，新移民法规的出台，使美国具有多重国籍和多重公民身份状态的人越来越多。

从表面上看，这种多重身份与人们通常所理解的公民特征是相互抵触的，尤其是在美国。美国要求其公民只能效忠于这个唯一的主权国家，反过来，美国也有义务保护其公民的权利。从脱离英国获得独立开始，贯穿整个 19 世纪，双重公民身份或双重国籍都是美国的一大社会难题。在拿破仑战争期间，英国拒绝承认其子民已经加入的美国国籍，要求他们回到欧洲履行英国公民的义务，这就是在英国战舰上有许多出生在英国的美国士兵的原因。另外一些问题来自 19 世纪以及 20 世纪上半叶加入美国国籍的欧洲移民，尤其是在第二次世界大战期间，这些加入美国国籍的公民是否要回到母国军队为母国效力也成为一个问题。

直到最近几十年，一些国际法律师和政府首脑仍然认为，双重国籍是与民族国家的公民概念相矛盾的。① 鉴于移民现象在迁入国和迁出国都无法避免，所以，迁入国和迁出国均在法律中明文规定唯一国籍与公民身份的准则。

---

① 关于双重国籍与其带来的问题，参见 Peter J. Spiro, "Dual Nationality and the Meaning of Citizenship," *Emory Law Journal*, 46：4, Fall 1997, pp. 1411 - 1485。

在 1960 年代的民权运动之后，美国对双重国籍和双重公民身份的官方态度发生了惊人的变化。从 1990 年开始，美国严格的入籍宣誓很显然已不允许多重忠诚和多重公民身份的存在。以下是誓词的部分内容：

> 我在这里郑重地宣誓，我彻底放弃我对以前所属任何外国亲王、君主、国家或主权之公民资格及忠诚，我将支持及护卫美利坚合众国的宪法和法律，对抗国内和国外所有的敌人。我将绝对地效忠美国。当法律提出要求时，我愿为保卫美国拿起武器……

一个正式归化成为美国公民的人，在参加了每年都有成千上万移民参加的入籍宣誓仪式后，一般都会迫不及待地跑到最近的移民局去申请一本美国护照。在护照的内封面上有几行字，可以让人明显地感受到对双重公民身份和双重忠诚的约束：

> 公民法。你会在以下几种情况下丧失你的公民身份：①加入他国国籍，②宣誓效忠于他国，③为他国军队服务，④为他国政府服务，⑤在美国海外领事馆宣布与美国正式断绝关系。

然而，在 20 世纪六七十年代，尽管法律明文禁止在外国军队服务或以各种形式表达对其他国家的忠诚，美国最高法院开始扩大被压迫的美国少数族裔以及归化公民的权力，但国会仍然对此事保持沉默。最高法院表示，以上行为虽然不符合入籍宣誓的要求，但也不成为撤销公民身份的基础。在实际操作中，美国政府也接受了这一事实：对那些同时保留母国公民身份的美国公民来说，他们在母国的选举中投票，为母国政府或在母国军队服务等行为，均不会造成其美国公民身份的丧失。

1990 年，当南斯拉夫和苏联解体时，许多美国人——我们之所以这么称呼他们，是因为他们已经在美国居住很久，并获得了美国公民身份——原本属于这些解体的国家，他们回到了其出生地的这些新国家担任高职——如爱沙尼亚总统，但同时仍然保持美国公民身份。时任美国国务卿的贝克曾发送电报给世界各地的美国领事馆，反复强调美国之所以对"双重公民身份"心存芥蒂是因为它可能造成各种问题。但是美国政府也料想到了，会有很多美国公民即使取得了其他国家的公民身份或参加了其他国家的入籍宣誓仪式，仍想继续保留美国的公民身份。[①]

美国对双重公民身份的包容，是和那些迁出国移民政策的重大调整相呼应的。那些之前声明如果有人归化其他国家，就要丧失本国公民权的国家，都已经在法律上或在实际操作中做出了改变，允许许多归化美国的移民保留原来的国籍，同时享受母国许多公民权，包括选举权或为政府服务。

在迁出国的政策调整中，墨西哥把新的移民政策纳入宪法这一举措可能是最具历史意义的。这一美国移民的首要来源地，已经向美国输送了150万人口，包括合法的和非法的，如果再将他们的孩子考虑进去，这一数字将更大。

意义何在?

我在前文中也指出过，人们对这些变化持有两种截然不同的立场。其中一派的观点指出双重国籍对美国社会整合和国家忠诚的意义，认为随着一代代外国人成功地归化美国社会，他们也将成为对美国历史有价值的组成部分，这已经成为美国的主流观点。这些居于主流的学者们在诠释美国认同或美国特性（尽管其意义很含糊，但这是最常用来形容美国人的名词）的时候，坚持认为美国人并不是一个族群，而是一群坚守相同信念和理想的人的总称。或许，就像"英国人"、"法国人"或"德国人"被定义为一个族群一样，"美国人"也许正在形成一个族群，而我们对此已经无法否认。也许与其说美国人是因为有相同的来源、语言或祖源而被定义为一个族群，还不如说"美国人"之所以成为一个族群，乃是因为他们怀有共同的信念和理想。但是随着越来越多双重国籍人士的出现，这个过程会发生什么变化呢?

在这里要提到两个领袖人物，一个是斯坦利·兰抒恩，另一个是塞缪尔·亨廷顿。这两位杰出的政治学家敲响了研究双重公民身份对美国意义的警钟。兰抒恩写了大量具有煽动性的文章，由移民研究中心出版，最主

---

① H. Ansgar Kelly, "Dual Nationality, the Myth of Election, and a Kinder, Gentler State Department," *University of Miami Inter-American Law Review*, 1991-2, 23: 2, pp. 421-464, as cited in Bloemraad, see footnote 2.

要的一篇文章的题目是《双重公民身份和美国国民认同》①，酝酿于"9·11"期间，发表于2001年10月。后来他从这一关注出发，进一步引申开来，形成了一本书并于2005年发表，书名为"50%的美国人：恐怖袭击时代的移民与国民认同"（*The 50% American：Immigration and National Identity in an Age of Terror*）②。在2004年出版的《我们是谁：美国国家特性面临的挑战》（*Who Are We? The Challenges to America's National Identity*）一书中，著名政治学家塞缪尔·亨廷顿也对他所关注的双重公民身份问题进行了广泛的讨论。该书对美国归化移民尤其是墨西哥移民当中国家忠诚与认同日益弱化的趋势发出了警告。③ 这一问题引起了更多的当红作家和新闻评论家的关注。他们写作了大量的研究专著、论文和新闻评论。其中，约翰·芬特（John Fonte）为移民研究中心写了一篇题为《双重忠诚：移民改革和爱国同化的挑战》的论文④；专栏作家乔治亚·安·格耶（Georgie Ann Geyer）出版了一本书，书名为《不再有美国人：美国公民身份的终结》（*Americans No More：The Death of American Citizenship*）⑤。此外，还有其他一些比较零散的新闻评论。

那些提出应限制移民进入美国的人们仍在继续关注这个问题。最近，一个居住在美国的墨西哥人提到了一件我闻所未闻的事情，"2003年，当美国侵占伊拉克时，墨西哥政府试图利用这一战机。墨西哥政府宣布了对在美国军队服务的墨西哥公民（或者具有墨西哥血统的士兵）以及参与同萨达姆·侯赛因谈判释放美国战囚的墨西哥公民的一项调查数据"。⑥ 这有可能是一个捏造的故事——我不敢担保它的真实性。众所周知，伊拉克战

---

① "Dual Citizenship and American National Identity," *Center Paper* 10, Washington D. C., *Center for Immigration Studies*, 2001.

② Washington, D. C. Georgetown University Press, 2005. Renshon 继续就这个议题发表的文章，参见 "Reforming Dual Citizenship in the United States：Integrating Immigrants into the American National Community," *Center for immigration Studies Paper* 25, and "Becoming American：The Hidden Core of the immigration debate," *Center for Immigration Studies* 2007。

③ *Who Are We? The Challenges to America's National Identity*, New York：Simon & Schuster, 2004.

④ *Center for Immigration Studies Backgrounder*, 2005.

⑤ New York：Atlantic Monthly Press, 1996.

⑥ Alan Wall, "Shouldn't this Dual Citizenship Thing be Straightened Out before We Allow Millions more Immigrants?" *The Social Contract*, Winter 2006-7, pp. 115-117.

争中根本就没有美国战俘，但它提醒了我们双重公民身份的复杂性，这也是为什么美国和其他国家一直对此持反对态度。

除了兰抒恩、亨廷顿以及我所提及的其他作者所指出的问题之外，双重公民身份在美国尚未成为主要社会问题。

在另外一个方面，也有人将这种发展视为后国家时代、世界主义或世界公民时代的前兆。当一个人不再属于某一个特定的国家，他就不再拥有排他性的唯一身份，也不再为自己的公民身份投入全部的情感。

对这一趋势还存在各种不同的理解。有些政治哲学家认为，在当今的世界，有些国家为本国公民提供大量的社会利益，有些国家则提供很少或者基本不提供。因此，前一种国家很容易吸引后一种国家的国民，而前一种国家则采取极其严格的手段来阻止移民获得"准入"。他们认为这种强调国籍唯一性和排他性公民身份的做法是自私的。艾伦恩·布劳伊姆阿德（Irene Bloemraad）（加州大学社会学系教授——译者注）就曾写道："许多学者认为，在今天全球化世界的语境里，传统的公民身份概念是狭隘的和偏执的。约瑟夫·卡伦认为，西方自由民主主义国家的公民身份是'封建特权的现代等价物——极大影响了个体人生机遇的先赋地位'。"有些人把双重公民身份视为一个更美好的和更新的世界的不可避免的伴生物。让我们再次引用布劳伊姆阿德的话，"旧观念里的国家主权"反对进步的通信和运输，反对国际准则的传播，反对全球经济的发展，尤其反对大量的国际迁移。这几乎成为一个笑柄，正是全球化的后果引导学者们去寻找新的路径来理解公民身份，也因此产生了跨国界归属和后国家成员资格等理论。①

这些理论的发展趋势在欧洲尤其明显，因为这里的爱国主义或者说盲目的爱国主义并没有美国的那么明显；而且一些新的提法（比如欧洲联盟）是受新创立的法律所支持的，这也减弱了已经过时的民族国家公民身份的声音。更有甚者，许多社会学家也为此呼吁。亚斯敏·索伊萨尔（Yasmin Soysal）的《公民身份的限制：欧洲移民和后国家成员资格》

① Irene Bloemraad, "Who Claims Dual Citizenship? The Limits of Post-nationalism, the Possibilities of Transnationalism, and the Persistence of Traditional Citizenship," *International Migration Review*, 38: 2, Summer 2004, pp. 389 –426.

(*Limits of Citizenship: Migrants and Postnational Membership in Europe*) 就表明了这个立场。社会学家史蒂芬·卡斯尔斯（Stephen Castles）也以同样的思路写道：

> ……将公民身份建立在单一的民族国家成员资格上已不再合适了，因为民族国家的形式本身已经受到严重侵蚀。因此，需要建立一种新的理解公民身份的路径——它必须考虑到集体认同，也必须考虑到有许多民族已不再归属于一个社会。[①]

引用政治学家大卫·雅各布森（David Jacobson）的观点：

> 显然，民族国家合法性的基础正在消逝……而传统观念并不能理解这样的人群。那些接受了国际法规（international legal codes）的国家必须借此来对待这些跨国界活动者，而这些活动者也借助这些国际法规向相关国家提出要求。……这些国际法规……在 1970 年代和 1980 年代开始流行。[②]

公民，这一附属于某一特定国家的特定政治个体，似乎即将被某种意义上的世界人所代替。他们拥有普世的权利，不论他或她居住于哪块政治领土上，都能够在国际协议中寻求保护。这样，我们就可以为达尔富尔[③]的人民或者任何其他受压迫的群体伸张正义：通过国际舆论导向，由国际机构或国家机构来操作，承认和实现他们的权利。

皮埃尔·马农（Pierre Manent）对这一发展趋势进行了详细的分析，他认为，"人类"的概念开始替代"公民"。第二次世界大战以及随之而来的国际组织的发展，世界各地的经济和科技联系的日益密切，使"人类"的概念日益突出，因为我们都深信大家是"世界的公民"。由此可以

---

① Stpehen Castles, in Rainer Baubock and Joihn Rindell, eds. , *Blurred Boundaries: Migration, Ethnicity, and Citizenship*,

② David Jacobson, *Rights Across Borders* (Johns Hopkins University Press, 1996), p. 72.

③ 2004 年 6 月以来，苏丹达尔富尔地区发生了严重的人道主义灾难。那里的阿拉伯民兵对富尔人、扎卡瓦人和马萨利特人等黑人部族居住的村庄频频发动袭击，烧杀劫掠，无恶不作，迫使大批黑人为逃命抛下房屋、牲畜等安身立命的财产。——译者注

构建一个没有边界的世界。当人类最终走向统一时，国家，这一地域性的狭隘概念，带着它陈旧的、荒谬的或许偶尔还是邪恶的特性将注定消失。①

以上的讨论主要还是局限于社会学界和政治学界，但是这些关于公民身份的争论偶尔也扩散到了其他领域。玛莎·纳思邦（Martha Nussbaum）曾写过一篇为世界主义或世界公民辩护的文章，后来，在此基础上，她写作了《热爱祖国？》（*For Love of Country*? Boston：Beacon Press，2002）一书。该书引起了许多评论，其中既有支持的意见，也有反对的声音。阿马蒂亚·森（Amartya Sen，1972 年诺贝尔经济学奖得主——译者注）撰写的《认同和暴力：命运的幻觉》（*Identity and Violence*：*The Illusion of Destiny*，New York：W. W. Norton，2006）一书中有些部分的写作也受到了此书的启发。阿马蒂亚·森在担任剑桥大学三一学院院长和美国大学教授的同时，还保留了印度的公民身份，而且他以自己的多重身份为荣。这种现象在学术界和国际商务界并不罕见，但这并不是学界或政界敲响警钟的原因，真正的原因是越来越多的普通大众也开始具有多重公民身份。就如我所指出的，这种警告在美国最为明显，虽然它常常被非法移民或滞留者所引起的潜在政治问题所掩盖。

双重公民身份，国民认同，以及忠诚问题

当我们跨入 21 世纪时，全球化所带来的通信、知识以及旅游的便捷使我们的生活越来越方便。但与此同时，日益增加的移民现象、大量难民的盲目流动等问题也越来越困扰我们。皮特·A. 斯楚克（Peter A. Schuck），一个专门研究移民和公民身份问题的敏锐的分析家，在 1998 年曾经写道："国会接受双重公民身份，这只是时间的迟早而已。"② 当我在 2002 年首次涉足这一问题时，我曾写道："很显然，这是一个令人关注但尚未得到充分

① Pierre Manent，*A World beyond Politics? A Defense of the Nation - State* （Princeton University Press，2006），p. 42.

② Noah Pickus，ed.，*Immigration and Citizenship in the Twenty - First Century* （Lanham，MD：Rowman and Littlefield，1998），p. 152.

陈述的领域，它所造成的不便已经被人们感知。而随着论点的更加清晰和成形，一个范围更大的辩论也将接踵而至。"① 在该书的封底，我们指出为处理双重公民身份这一议题所做的最实质性的努力，"在德国和美国，与移民政治议题相关联的双重国籍已经成为最具分歧意见的问题之一"。②

如我所说，这个问题在德国还有接受移民的其他国家确实已经成为问题。在美国，尽管对移民问题的争论已经达到了高峰，但仍然没有能够促成新移民法的出炉。尽管在"9·11"恐怖主义袭击之后，一些来自不同文化传统国度的美国人的政治忠诚已遭到怀疑，但是双重国籍仍然没有成为美国关注的主要问题。在美国和移民政治议题相关的主要问题，还是非法移民和滞留者，这一人群的规模已达 120 万人。那些具有双重国籍的公民及其子女属于合法移民，他们还没有造成问题。

当最高法院裁决入籍誓词内容以及美国护照上的要求可以有所不同时，国会对此采取了默认态度；当美国移民的主要来源地墨西哥修改了宪法，允许在墨西哥出生的美国公民及其子女申请并获得墨西哥国籍时，国会还是持默认态度。尽管移民最后的一站是一个无法解决的国家问题，双重公民身份还是没有引起公众和政界足够的关注。

兰抒恩、亨廷顿和其他作者所发出的警告是一个伪命题吗？他们在这场论战中失败了吗？或者说美国人接受了后国家的或跨越国界的忠诚和认同，他们在期待新世界的来临，作为一国公民只是他们的忠诚和认同的一部分，他们也可以同时认同或忠诚于其他国家？因此，双重公民身份还没有成为美国的问题。我认为这种理解并不恰当。

双重公民身份之所以没有成为一个主要的政治问题，是因为那些发出的警告已经超越了它的可能性和潜在结果，而不是以真实或可观察到的结果呈现的。墨西哥裔美国人虽然在墨西哥宪法修改之后可以获得墨西哥国籍，但他们并没有这么做。很少有墨西哥裔美国人去墨西哥领事馆要求成为合法的墨西哥公民。"一个没有显现的重要问题"（dog that didn't bark），

---

① Nathan Glazer, "Dual Citizenship as a Challenge to Sovereignty," in John D. Montgomery and Nathan Glazer, eds., *Sovereignty Under Challenge* (New Brunswick, NJ: Transaction Publishers, 2002), p. 53.

② Hansen and Weil, see footnote i.

冉德·汉森（Randall Hansen）在 2002 年以这么一个标题来形容英国的双重国籍问题。那时我认为时机尚未成熟。但是，这个问题在"9·11"事件之后变得更为突出、更为重要。恐怖分子很可能就是那些之前经过郑重宣誓归化入籍的人。

整个双重公民身份的问题，说到底，还是一个关乎认同和忠诚的问题：一个人的自我归属对象是哪里，他愿意为谁献身。这个问题在 2001 年的"9·11"事件之后得到了重塑。这个忠诚问题对于一个国家来说，可能是致命的，因为一个人的真实忠诚对象很可能被他的正式公民身份堂而皇之地掩盖或掩饰。最终，问题变成了一个并不限于双重公民身份的简单问题，而是关乎公民身份隐含意义的问题，即这一身份对于国家的公民、归化入籍的公民还有永久的居住者，究竟意味着什么。

公民身份主要包括两层非常不同的含义：其一是法律身份，其二是情感依附，而且我们假设这种情感依附会伴随着公民身份。在"9·11"之后，随着国家安全问题日益突出，这个问题也就变成：一个人的公民身份在什么程度上会关联到他的情感归属？如果合法的公民身份给予一些人某种特权，但是并不是具有公民身份的任何个人都像我们假设的那样随之对国家产生忠诚，那么，当敌人精心计划移民来到西方国家，从而对美国展开破坏性的袭击，造成主要移民国家特别是美国的经济动荡和安全威胁，合法的公民身份岂不变成他们的优势？

这是西方国家，而不仅仅是美国，必须面对的两难困境。恐怖分子的行为告诉我们，他们既然可以在伦敦和马德里造成混乱，也可能在欧洲的任何其他地方造成混乱。这些混乱可以由攻击目标国家境内的外国公民、双重国籍公民、归化公民或本地出生的公民来完成。

公民的合法身份，并没有像后民族国家公民身份或世界主义的提倡者所期待的那样变得无关紧要，它开始成为分析那些恐怖袭击者的背景资料。一个人会因获得了公民身份而不去实施恐怖主义袭击吗？这在美国已经成为一个非常大的政治问题。什么电话可以被窃听，什么交谈可以被录音，什么证据可以被呈送法庭，已经成为与公民身份纠缠在一起的议题。谁可以经由何种安全措施进入这个国家，这些问题也因公民身份变得更加复杂化了。西欧的公民不需要签证就可以进入美国，但那些源自其他国家的已归化美国甚至在美国出生的公民们不是也同样享有这一特权吗？正是法国公民的身份允许恐怖主义者穆塞维（Moussaoui）不需签证就进入了美国（不是说申请签证的程序能够阻止他入境，但至少会对他的行动多设置一个障碍），然后被训练如何驾驶飞机去撞击五角大楼。同样，也正是因为他具有法国公民身份，法国政府表示他将受到死刑惩罚，而死刑在欧洲大部分国家已经废除。但是，除了他具有法国公民的身份证，穆塞维真的是一个法国人或者欧洲人吗？

当我在写这篇文章的时候，看见《纽约时报》（2007 年 7 月 5 日）上有这么一则报道："八名策划爆炸案的嫌疑犯在丹麦被逮捕"，其中"六名嫌疑犯是丹麦公民，但他们有阿富汗、巴基斯坦、索马里或土耳其背景"。

那些指出这些人具有双重公民身份的人找出了讨论问题的目标，但他们没有加以清楚地论述。正式的双重公民身份并不意味着什么，真正的中心议题应该是忠诚和认同：个人如何理解自身与国家、宗教、族群的关系，将其视作朋友抑或敌人。而忠诚问题正是兰抒恩和亨廷顿的核心关注点，这也就是他们为什么要提出双重公民身份的问题。亨廷顿不无忧虑地问道"我们到底是谁？"而兰抒恩则担心地提到"50% 的美国人"（只有一半是美国人）。但通过对双重国籍的讨论来提出这种潜在和相关议题的关注，未免太过粗略。大卫·胡令格（David Hollinger）在《代达罗斯》（*Daedalus*）杂志上发表了一篇主题为"认同"的文章，讲述了他们所指称的"社会团结问题"。"社会团结问题"，他写道：

> ……不管任何时候，人们都有能力问自己，我们是谁？（我们是谁，恰恰是亨廷顿的书名，然而胡令格以不同的方式做出了回答。）"我们"的问题并不是个新问题，但它现在却在十分紧急的情况下被提出来……每个群体和土地、制度之间都有一种专有的关系——比如现在英国和荷兰以及其他传统的欧洲民族共同面临着移民问题……怀疑这些新来者是否会改变"我们"的含义……最近发生的一些事情促使我们去设想，在 21 世纪最大的问题是社会团结问题，也就是情感依附的问题。①

---

① David A. Hollinger, "From Identity to Solidarity," *Daedalus*, Fall 2006, pp. 25 – 26.

这是一个很好的解答。许多墨西哥人加入美国军队战死疆场，他们可能是双重国籍的公民，或许根本还不是美国的公民，但这并不影响他们为美国军队服役。举一个成为公民所带来的最极端的后果，以入籍仪式的誓词为例——拿起武器为国家服务，不惜牺牲自己的生命。但在一般情况下，不管有没有双重国籍都不会出现这种结果。很多想成为美国公民的人愿意加入美国军队，因为这可能使他们的入籍之路变得容易，而且最重要的是，这会使他们自动成为双重国籍公民。没有人怀疑这一点：加入一支军队参与危险的军事冲突，可以反映出一个人的归属感，也就是一个人所能感受到的"社会团结"。毕竟在参战期间，他们是拿自己的生命在冒险。然而，伊拉克战争中有许多双重国籍公民，但他们的社会团结感并没有受此影响。

在双重公民身份和双重国籍的争论中，已经加入了太多的可能性和担心，而不是从现实出发。双重公民身份对个人行动究竟会造成什么后果，这个问题几乎很少有人研究。所以即使坚持这个问题重要性的人，在最后也没提出法律整改的办法。他们争论，与其修改法律，还不如让我们退守到早期的实践中去——通过开展英语项目、爱国主义教育、美国化运动，慢慢灌输忠诚和社会团结，以及理想公民的必备素质。批评家则要求建立更加严格的美国历史知识考试，作为入籍的前提条件，等等。我们在其他国家如英国和荷兰看到，对于成为正式公民的要求做了许多建议、修改和补充，尽管动作很小，但这些做法有可能加强社会团结感。

结　论

最后，那些自视为国家核心公民的人，当发现身边有些合法公民同时还具有他国国籍和公民身份时，难免会感到奇怪和不安。作为民族国家的独特身份，公民身份和国籍更多地意味着和国家的情感关联，而不仅仅是简单的法律关系。借用洛奇·布鲁贝克（Roger Brubaker）的初始区分，不管我们将公民身份理解为族群归属，还是对共和国的忠诚和团结，当两种或更多的国家认同交织在一起的时候，如土耳其裔德国人、摩洛哥裔荷兰人、巴基斯坦裔英国人等，尤其当这两个国家在文化、宗教、风俗等方面相差甚远时，我们期待这些持有双重或多重国籍的人能够具有更加全身心的和稳健的国民认同。

皮埃尔·马农曾经思考过在国家意义之上的公民身份内涵。以欧洲这一更大的政治实体为例，乐观者们相信这种类型的公民身份意味着一个有效的国际人权世界即将来临。但他却从相反的角度来强调民族国家在现存政治中的合法性和有效性。有这么一种朦胧而脆弱的想法：世界公民的概念依赖于个体在一个世界共同体中的权利，这种权利以公共舆论的形式存在，而不是以一种声称能够保护全体公民的权利的保护力量而存在。引用一个见多识广的评论家的话，政治的必备条件，"是马农所指称的实体，也就是聚集在共同实质团体中可识别的有边界的群体。政治关系需要'民族'，即一群有共同领土、习俗、宗教预设、祖先，以及对政府原则的信仰、记忆和体验，尤其是有过斗争和流血的体验的人群"。①

在这里，马农附和卢梭（Rousseau）说道：

> 如此看来，当拥抱全人类时，人类的感情很容易蒸发并淡化。……我们有必要约束和限制我们的兴趣和激情，以使这种感情变得积极主动。……我们希望人类充满道德关怀吗？那么让他们先去热爱自己的祖国吧。但是如果祖国对他们而言和陌生人毫无区别，祖国并不能为他们提供什么，他们又如何去热爱祖国？②

族群归属，在我们考虑和感受公民身份的历史过程中，是一种初始和首要的感情依附，这种归属使一个人成为合格的公民候选人。它也在一定程度上被视为社会团结的保证。在美国也是如此，虽然大多数民族中的"共和派"（republican）坚持认为，公民身份在原则上仅仅获得了政治效

---

① James W. Caesar, in *Claremont Review of Books*, Summer 2007, reviewing Pierre Manent, *A World Beyond Politics: A Defense of the Nation - State* (Princeton University Press, 2007).

② 引自 David A, Martin, "New Rules on Dual Nationality for a Democratizing Globe: Between Rejection and Embrace," *Georgetown Immigration Law Journal*, 14: 1, Fall 1999, pp. 1–34。这是一篇由曾担任过移民顾问的作者所写的有意思的文章，文章反映了对于双重国籍的从反对到接受的态度转变。

忠，但是，族群（或者范围再大一点——种族）因素在获取公民身份时所受到的限制已经盛行了一个半世纪：美利坚合众国将公民身份限制为美国人所认为的那些既优秀又有亲属关系的种族（白种人）。经过一次内战后，美国将公民权利扩展到了黑人；再经过一次世界大战，美国才根除了所有种族限制。在那个时候，对原初感情的联结已经完全被丢弃了，对此我们也表示赞成，取而代之的是我们称作文化依附（cultural affiliation）的要求。在对彼此熟识及情感（fellow-feeling）的基础意义方面，这与当初的族群性条件并没有多少差别。

成为一国公民的必要条件包括：必须懂得英语（或荷兰语、德语），了解该国的历史，了解它的核心价值观。这些方面的测验最近得到加强。在一些有关第二次世界大战的电影里，提及了关于"美国人"的测试，如果一个士兵对棒球不够了解，那么他很有可能不是美国人，而是经过伪装的德国人。判断一个人是不是一个国家的公民，一个最简单的测试，就是以文化考量来代替种族或族群的考量。

在简单和原始的年代，简单地以族群和种族归属特性足以判定一个人是否适宜成为一个民族国家（nation）的成员，但判定的标准现在已经被政治和文化归属的要求所代替，同时判定的标准开始呈现——也必须呈现——某种程度上的"族群"色彩（"ethnic" coloring）。所以，仅仅以政治的原则来判定一个人是否是美国人（或英国人、德国人、法国人）在某种程度上是不够的，甚至是虚假的。确实，要在法律上成为一个美国人，所要求的仅仅是遵守政治的原则（及具备英语知识等）就行了，但真实的要求现在已经变成某种具有族群性的东西。"美国人"这个称呼，在感情基调上，正像"法国人""德国人""英国人"那样已成为一个"族群"术语，尽管我们越来越倾向于将"美国人"这一称呼的对象扩展到讲带有口音的共同语言，以及那些非白人种族群体。从这种意义上，亨廷顿指对了矛头，尽管他没有详细说明族群性究竟包含了什么。也是因为这一点，有些人把双重公民身份或多重公民身份的扩展视为新型世界公民的预兆，尽管国家认同因为人口迁移和文化变迁而有所改变。又或许人们错误地估计了国家认同的力量以及由活跃的双重公民身份所带来的不可避免的困扰。随着宗教极端势力的死灰复燃——以"9·11"的攻击展现出借用西方科技的优势力量来袭击西方的潜在能量，这种困扰日益增长。公民身份和国籍暗含着一种合法的身份状态，它提供了权益和保护，同时也是一种情感依附。然而，我们现在看到了二者之间的分离，而前者能够在后者的诱导下造成危害。我们由此也就理解了为什么双重公民身份——当它显示出可能的分离力量时——会制造不安。

（阳妙艳 译，马戎 校）

外族统治的社会学分析

迈克尔·赫克托（Michael Hechter）*

尽管在我们的耳边每天都充斥着有关美国侵占伊拉克的一系列恐怖新闻，但是社会学领域中关于占领政权和外族统治的研究还未见起色。

历史上出现的外族统治的局面是见多不怪的，直至现代仍是如此。在前现代欧洲的君主专制统治时期，统治者的国别身份从政治意义上来说，并不重要。皇室之间的政治联姻是保持优势地缘政治联盟的最稳定的黏合剂。即使进入民主体制时期，主导的殖民势力仍然为其外族统治寻求合法化的辩护，声称他们为生活在暗无天日环境之下的非洲和亚洲人民带来了文明与发展。

但这一局面随着国联会议在凡尔赛的召开而开始扭转。民族自决原则，这一法国大革命促成的副产品，在此次会议上成为共识。1948年，"民族自决权"被进一步写进《联合国宪章》。接着，在不到十年的时间里，反殖民主义运动开始席卷全球。这种大规模的非殖民主义运动，导致对外族统治所带来种种负面效果的控诉开始成为一个迅速发展的学术

* 美国亚利桑那州立大学教授，是美国研究族群政治的著名社会学家。出版的著作有：*Containing Nationalism*（Oxford University Press，2000），*Principles of Group Solidarity*（University of California Press，1988），*Theories of Social Order：A Reader*（edited with Christine Horne，Stanford Univ. Press，2009），其最负盛名的著作是 *Internal Colonialism：The Celt Fringe in British National Development*（University of California Press，1975）。

产业。这一产业获益于大量的经验事实支持，比如，作为前殖民地的"东南亚四小虎"① 以及爱尔兰的迅速崛起。总而言之，外族统治似乎终将走向覆亡。

但是事实果真如此吗？毕竟在现代历史中并不缺乏外来统治者取得了显著成就的例子。如第二次世界大战后美国对日本的占领和盟军对德国的占领，就为这两个国家在当今世界中的主导地位铺平了道路。可被视作由外来统治倡导社会复兴的"马歇尔计划"，被普遍认为是当今美国对外政策的成功典范。据各方面反映，联合国维和行动已经卓有成效。总部设在布鲁塞尔的欧盟，从一定意义上来讲，也是一种外族统治。虽然其成效并不明显，但加入欧盟还是成为从东欧到土耳其的许多国家的执着追求。

很显然，民族自决并没有在其他许多地方创造出相似的奇迹。罗伯特·穆加贝（津巴布韦总统）是津巴布韦的正宗本土统治者，然而其国家却日渐没落。亚历山大·卢卡申科（白俄罗斯总统）也不过是以"维护国家主权"为借口，为其以铁腕统治白俄罗斯寻求辩护。连小学生都知道，尽管在当今世界政坛上，各国领导人基本上是本国人士，但是我们发现有些情况下，外族统治力量的缺失甚至会遭到谴责：比如，西方国家在卢旺达的种族仇杀和达尔富尔的人道主义危机事件中的角色缺失曾遭到广泛批评。确实，正如费然（Fearon）和拉廷（Laitin）所说，一条可值得提倡的解决之道是：外族统治能够以新的领土托管方式来解决一些无能政府所导致的种种问题及其对国际秩序所造成的威胁。最近，也有一些分析家指出，殖民主义者为殖民地国家开辟了走向现代制度和现代科技之捷径，从而为其提供净收益。基于这些考虑，任何凭空无据的对外族统治的评价都有可能造成误导。

外族统治的社会学研究所依据的事实存在于历史之中，确切地说，至少有相当一部分是这样。有大量的文学作品专注于描述某些特定国家的被侵占的历史，但是几乎没有哪一项研究跨越了国家的层次来对这一历史予以整体概括。

---

① 包括泰国、马来西亚、印尼和菲律宾。——译者注

米切尔（Michel）在1972年就曾遗憾地表示，虽然有很多研究纳粹占领法国、荷兰甚至海峡群岛的历史文献，但是对于纳粹占领欧洲的历史分析却是贫乏的。对此并不难理解，一方面，纳粹政策是随着战争形势的进展而随时随地在改变的；另一方面，各国对纳粹统治的抵抗形式也各不相同。一般而言，在比利时这类多族群、多宗教的国家，组织集体的抵抗力量要比像法国这样相对同质性的国家难得多。① 而作为民族起义力量重要来源的联合抗争运动，也因时空的差异而有所不同。

之所以很难对占领历史予以概括，原因在于各国的经验是复杂的、有争议的，也是具体的。以加利西亚②和乌克兰从1914年到1918年这段动乱的历史为例，这两块具有宗教、族群、政治多元性的领土在第一次世界大战期间遭受着至少两个帝国——沙皇俄国和奥匈帝国的统治。冲突和动乱远不止这些，每个帝国体制内部也有其争端，例如鲍威尔和赖斯联手与拉姆斯菲尔德和切尼的争斗就不断被提及③。类似的争议今天仍可见到，白宫内部在美军干涉伊朗的问题上就存在种种分歧。

外族统治所牵涉的一系列问题是复杂的、有争议的、具体的，很难总结出更高层面的经验教训。占领政权充满了复杂性和偶然性，尽管如此，外族统治社会学的建立还是极有可能的，而理解外族统治合法化的条件，则成为其主要任务。

我所主张的核心假设是：如果外族统治能够提供公平的和有效率的政府，它就能够被合法化。④ 以下简单地举两个例子来说明。

第一个例子来自13世纪的热那亚共和国，在那里，本族统治者主动将外族统治融入其治理结构。像意大利其他城邦一样，13世纪的热那亚宗派冲突不断。莎士比亚的《罗密欧与朱丽叶》就描述了两个家庭所代表的家族/宗派在意大利维罗纳城邦的冲突。为了化解各宗派之间的冲突与对立，热那亚引进了雇佣执政官制度（podesteria）。在罗马帝国任命的

---

① 哈比阿里马纳等人就很好地阐述了族群多样性与公共物品供应短缺的关系。
② 西班牙西北部一省。——译者注
③ 鲍威尔：美国前国务卿；赖斯：美国前国务卿；拉姆斯菲尔德：美国前国防部部长；切尼：美国前任副总统。——译者注
④ 赫克特对此有详细的分析。

官员去世之后，热那亚政府立刻就雇用一个外族人士，安排他去担任这一职务。这一制度的采用，尽管会面临可能的外部威胁，但热那亚通过相关的制度设计使外族的执政官保持了最大限度的中立并将其权力最小化。执政官的主要任务，就是消除各宗派间的矛盾冲突，维持社会秩序，发展城邦经济。

执政官（the podestà）由非热那亚贵族担任，任期一年。在任职期间，他可自带 20 名士兵、两个法官和一些仆人。任期结束之后，执政官及其随从都必须离开热那亚，并且在规定的期限内不能返回。行政职位不实行世袭制。如果在任期间没有发生国内战争，那么执政官可获得丰厚的工资和奖金。

执政官由议会（议会成员是以地理单元为基础而选举出来的）选举产生，以避免其与某一宗派合作对付另一宗派。执政官的三代直系亲属均不允许和热那亚人有社会交往，不允许在热那亚购置个人财产、结婚或为自己或他人谋求任何商业利益。为防止执政官与某一宗派成员私交过密，在永久性住房建成之前，执政官必须住在郊外。

此外，执政官还兼管经济，以限制某一宗派挪用资金来增加内部军事力量。这个制度持续了 150 年，可想而知，当初的设计确实非常成功。在满足这些特别严格的条件的情况下，民选出来的外来统治者能够比较容易地获得合法性。

第二个例子来自 19 ~ 20 世纪的中国——外部力量给当时的中国社会施加了强大的压力。中国近代海关成立于 1854 年，一直到 1950 年，海关均由英国人所把持。大清帝国同热那亚共和国一样，也面临着外国列强的威胁。几个世纪以来，大清帝国依靠有效的文官体系来控制各省区的地方官员，以此维持其统治，这一点很像法国的君主专制体系。在 19 世纪上半叶，西方列强急切地为其制造的商品寻求出口市场，积极追求与中国的自由贸易。中国主要是自给自足的经济，外国商品很难找到市场。然而，这一切随着英国鸦片的输入而改变。大清帝国流失了大量白花花的银子，国力大减。广东社会秩序的解体，向帝国主义和清政府敲响了警钟。

在鸦片战争中清政府军事抗争的失败，导致其签订了一系列丧权辱国的条约。中国近代海关管理权的丧失就是这一系列条约的副产品，西方列强通过操纵这一机构征收海外贸易的税收。之后，海关的管理范围进一步扩大到公共服务领域，包括国内海关管理、邮政管理、港口和水运管理、天气报告以及查缉走私，绘制长江流域和中国海岸线地图，维持某些地区的治安，贷款协商、汇率改革以及金融和经济管理，海关甚至发展了自己的军事力量。海关成为当时清政府最有效率的机构之一，这种局面一直延续到1912年。

在上述两个例子中，外族统治均持续了很久。这说明外族统治在这些地方至少已获得某种程度上的合法性。

与其说外族统治者一开始就想励精图治，还不如说是纯粹的利益动机使然。在利益的诱惑下，外族统治者会努力维持政府公平和有效地运行，从而为其统治谋求合法性；而当本国统治者意识到"合作"的管理成本会更少时，他们也会予以配合。热那亚设立雇佣执政官制度，通过执政官这一中介来维持共和国的社会秩序。同样地，外国列强之所以通过海关管理扶持摇摇欲坠的清政权，也正是为了通过"口岸协定"为自己谋求最大的利益。这反过来又激励着在中国海关任职的外籍（英国）税务总长去施行公平和有效的管理。

换而言之，公平有效的统治是凭靠善用本地中间人来实现的。以现代史上最残酷的军事占领——纳粹对西欧的侵占为例。罗伯特·帕克通（Robert Paxton）对此有详细的论述。他说，当希特勒占领法国的时候，希特勒希望最大化地减少军事占领的开支。1940年12月，当对抗英国的"海狮计划"被无限期中止后，他并没有在法国驻扎相应数量的军事力量。大批青壮年德国士兵在1941年夏季的俄罗斯前线丧生，在法国只剩下60个警卫营（其中有3万~4万名老兵，大多不适合作战）。

本国人民对外族统治者的憎恨，必然导致外族统治者的统治成本要比本国统治者更加高昂。那么，如何减少这一附加的成本？答案就在于那些愿意和外族统治者一起统治本国的中间人。合作的必要性就在于，和他们的殖民对象（包括中间人）一样，占领政权总希望以最少的成本来进行统治，而获得中间人的合作，则是建立占领政权的先决条件，因为秩序的维持必然需要他们。因此，外族统治者并不会愚蠢到削减中间人在本国的统治权力。

　　概而言之，早在准备在伊拉克建立一个临时政府之前，美国就应该明智地预料到外来统治者所可能遭遇的困境。

（阳妙艳 译，马戎 校）

战争、民族主义与神圣性

约翰·哈钦森（John Hutchinson）[*]

　　战争①研究对于理解民族（nation）的形成至为重要。毫不夸张地说，市民或种族的民族主义都源自战争行为：市民民族主义源于 1792 年法兰西共和国反对欧洲君主政体的战争；种族民族主义则出现在拿破仑羞辱了普鲁士之后，在费希特《德意志民族的头衔》中得到了清晰表达。在 20 世纪中期以前出现的大多数民族–国家都是在战争行为中被创造的，是通过战争行为或内部叛乱定义了自己的边界。

　　在这个演讲中，我试图关注战争的一个方面，即它如何将民族构建为牺牲的神圣共同体。它从三方面做到了这一点：第一，它为人民历史意识的觉醒提供了"神话化的马达"（mythomoteur），因此，它成为解释和评价事件的框架；第二，在当代，围绕着力求形塑一个道德共同体的纪念仪式，它产生了一个崇拜牺牲士兵的教派；第三，战争的后果可能会激发并规定民族人口

---

* 英国伦敦政治经济学院教授，在研究民族主义的著名学者安东尼·史密斯（Anthony D. Smith）指导下获得博士学位，与导师共同主编了两部经典读本：*Nationalism：A Reader*（Oxford University Press，1994）和 *Ethnicity：A Reader*（Oxford University Press，1996），出版专著 *Nations as Zones of Conflict*（Sage Publications，2005）等。

① 本文作者使用了两个不同的词汇描述"战争"，一为 warfare，一为 war，这两个词有着微妙的意义差异。前者为不可数名词，泛指战争状态或战争事件；后者为可数名词，强调具体的冲突。在某些情况下，二者可以混用。为了在翻译过程中进行区别，除注明外，笔者将前者译为"战争"，后者译为"战争行为"。

长远的社会及政治目标，这些目标通常以牺牲个体利益为代价。所有这些都表明了民族主义的神圣特质，并对那些将民族工具化或政治化的理解提出了质疑。

在阐明这些方面之后，我将探究以下这些问题。第一，在何种程度上，可以将民族视为围绕着神话建立起来的牺牲共同体？第二，谁建构了这些神话，为什么要建构？第三，在怀疑主义日渐增长的年代，尤其是在对民族的不满被表达，并看似无法满足的情况下，这些神话为什么能够延续？

战争和民族－国家的神圣建立

首先，战争为人民历史意识的觉醒提供了"神话化的马达"，并成为解释和评价事件的框架。它产生了高潮事件和英雄，他们被之后的几代人视为模范，并用于定义民族的独特性质。它激励并组织了共同体对于接踵而至的危机的回应，同时，也规定了日常生活的举止。几乎不存在这样的民族——战争行为不具有神圣意义，不与共同体的起源、塑造他们自身及命运感的决定性经验相连。

这些记忆与民族的建立或黄金时代相关。某些可能唤起对古代帝国的伟大的记忆（如立陶宛），某些则成为一种文化使命，当他们发现自己处于相互争斗的宗教之间的断层时，他们把自己视为值得尊敬的文明的边界守护者。

灾难记忆对于现实的悲惨境地有着极强的解释力。希腊人为神圣首都、君士坦丁堡及拜占庭帝国的陷落而哀悼，正如塞尔维亚人把在科索沃的失败视为他们沦为土耳其帝国俘虏的开始，并为此深深悲哀。如果过去有助于解释现在的悲惨境地，那么，它同样也能提供解放的希望。这就是《出埃及记》的神话，在他们的经典记录中，犹太人纪念上帝把他们从埃及人的奴役中拯救出来的过程，这个故事在信仰基督教的人们，包括美国黑人中延续。

这些在前现代社会中存在的认同以多种方式延续了数个世纪。这些神话可能在事件发生很长一段时间之后才出现，在不同的文化形态中呈现不同的文体，并且周期性地被重塑。种族意识与宗教之间的联结尤为强烈。

宗教先知提出历史的末世论意义，解释世事变化，并激发全人类的而非仅仅选民的拯救之梦。

上帝与选民之间的契约对于犹太－基督教传统至为重要，它赋予人民一种"被选中者"（chosenness）的感觉。正是这种感受，使英格兰人在克伦威尔的领导下勇于反抗爱尔兰天主教徒。希腊人中流传的千禧年宗教故事把他们的失败解释为拉丁西方的背叛，并预言了拜占庭的复兴。

在现代，这些神话为人们对世俗民族主义计划（例如，对爱尔兰岛上富有牺牲精神的民族）的普遍热情提供了支撑。新的世俗的历史主义意识形态，例如，浪漫主义的兴起将现代战争行为的经验塑造为民族和世界的人类戏剧。例如，在托尔斯泰、柴可夫斯基和普罗科菲耶夫领导下的俄罗斯人对拿破仑的反抗被描述为一场基本战争（battle），至今仍旧存在于西方理性主义与宗教传统之间。在越南、古巴和阿尔及利亚，民族主义与军事审美主义的宇宙观，与共产主义相联结，把民族解放斗争描述为从资本主义过渡到社会主义的历史内在运动的组成部分。

作为牺牲共同体的民族

战争行为本身具有某种超越性的特质，当人们面对死亡或被俘虏的命运的时候，他们会思考认同和终极目标的问题。在这些情境下，战争行为唤起了强有力的情感，这些情感通过仪式得到表达，而仪式则通常是形成新的集体认同的基础。毫无疑问，这种情形贯穿历史始终，然而，仅仅是在现代的世俗世界，民族本身成为崇拜的对象。当民族被描绘为一个自愿牺牲的共同体时，人民的"即时暴动"，例如，群众起义，被给予了高度颂扬。在这种行为的激励下，民族主义者刻意在仪式中表演暴力行为，并以之作为民族精神的彰显。例如，在复活节的叛乱中，领袖把自身扮演为殉难者，以便使即将消逝的民族精神得以重新复苏。

公开纪念牺牲士兵对于民族主义至为重要，这种纪念通常在事件发生之后充分展开。在19世纪新古典主义和浪漫主义的影响下，死者被转化为殉难者和模范。纪念仪式在生者和死者之间创造了一种契约，倒转了个体中心主义和阶级分化的损害，创造出一个道德共同体。在民族节庆中上演的纪念仪式贬斥古老的宗教及君主仪式的价值，发展出肖像崇拜、圣餐仪式，以及包括军队墓地在内的神圣空间的新形式，并使人民主动参与其中。

最初，这些只是中产阶级的活动。但是，在20世纪初，战争（war）演变为涉及大众的工业和技术形态。第一次世界大战之后，出现了令人注目的转变——从个体英雄主义转化为对民族群体的颂扬。这首先体现在纪念碑上，并由此延伸到某些不为人知的长者。这些公众仪式使民主化的民族共同体的建立成为可能，并为在民族演变戏剧中寻求承认的相互竞争的社会群体提供了汇聚点。

社会和政治的长远使命

战争的后果形塑了民族人口社会和政治的长远目标，这些目标通常以牺牲个体利益为代价。胜利，尤其是在解放战争（war）中的胜利，通常能够维护政治领袖的名誉，使某些特定领袖的权力及他们关于民族的特定想象得以维持数代之久。他们成为民族之父，并获得了卡里斯玛式的权威，正如在爱尔兰发生的那样。

可以认为，被征服的创伤会产生更为激进的能量，会激发复兴的计划及收复失地的运动，这些影响可能长达数代之久。通常情况下，这些运动不仅仅由政府推动，而且以社会群体、由于军事耻辱心怀怨恨的前士兵群体以及背井离乡的人民作为先锋。

这表明，民族主义及它所指涉的对象——现代社会中的民族具有准宗教性质。但是，把民族视为围绕着记忆建立起来的牺牲共同体，这一观点是如何让人信服的？

作为牺牲共同体的民族

我们应该借用新涂尔干主义的术语，把民族称为在保卫自身的过程中引发大规模牺牲的神圣共同体吗？它在多大程度上推翻了原有的信仰体系？在这个过程中，战争遇难者的教派扮演了怎样的角色？

现代民族主义的源头通常被认为是法国大革命，以及欧洲大部分地区对法国军事占领进行的反抗。然而，很多人把这些叛乱中的民族主义视为一个神话，它在事件发生后被知识精英所建构。事实上，这些叛乱的诱因是传统上农民对强制税收的敌意，当宗教价值和君主制度遭到攻击的时候，它迫使政府征募军队，进行军事打击和诱导。

这种论述简化了问题。这些叛乱的确被"神话化"（mythologised）了，但是，在他们所表达的宗教和朝代忠诚中，混杂着原有的族群图景，只是由于战争的群众性，才呈现出一种新的特征。西班牙的舆论把法国叛教者描绘为大多数欧洲天主教徒的威胁，正如在英国，一种强有力的新教君主制民族主义把雅各宾共产主义视为传统敌人——法国天主教的产物。这使得战后对民族主义纪念仪式的建构成为可能，这些仪式常常把异教传统中的肖像崇拜与基督教象征及仪式混合在一起。在德国，民族主义者的圣餐在很大程度上采取了路德宗的仪式传统，同时把类似橡树叶子的象征视为"原始的"日耳曼人和异教徒的遗产。

这些即是在民族主义和原有的忠诚，尤其是宗教忠诚之间存在的张力。宗教认同会明确拒绝一种世俗的民族主义，在法国，世俗民族主义者和天主教徒之间进行的关于肖像崇拜的争斗被一直带进了坟墓。但是，在实践中，战争（war）却迫使人们面对死亡和灾难，不由自主地加深了人们与宗教的联结；同时，在战争（war）时期，为了保卫民族，教堂也不由自主地团结在一起。

既然如此，19世纪民族仪式的扩张在多大程度上与为民族牺牲的意愿相关？

在小规模部落群体中，涂尔干阐明了所有人民共同参与的仪式所具有的团结－形塑力量，然而，如果把这些论述应用于民族，就可能遭到质疑。原因在于，民族是大规模的想象的共同体，在其中，大部分人民只是通过媒体，以旁观者的身份间接参与到公共仪式之中。但是，这种论述并没有认识到记忆活动在民族生活中的广泛程度。伊维塔·则鲁巴维尔（Evatar Zerubavel）指出，在社会生活中，有很多桥梁式的机制存在，通过这些机制，过去被重新根植于现在。这些机制包括在"牺牲"的同一地点展开的仪式，例如，以色列士兵在马萨达①的宣誓；或者前往战争遗址的朝圣，例

---

① 公元66年，当时为罗马帝国属地的以色列人不甘居于人下，发誓要建立一个"上帝之外别无主宰"的国度，并进行了规模浩大的起义。起义遭到罗马的残酷镇压，部分起义军民退守马萨达（Massada）要塞，最后不敌强敌，不甘被俘，全体自杀。今天以色列军队官兵在入伍时，都要到马萨达遗址宣誓："马萨达永远不再陷落！"——译者注

如，土耳其的加里波利（Gallipoli）半岛①。其他机制包括参观博物馆和展览中的遗迹及纪念物；刻意模仿和复制英雄行为和军队传统，并将之作为学校中的模范；在战役纪念日当天再现当日的情景，并在这些日子里做出关键性的决定；在悲剧性事件之间进行历史类比，例如，在"9·11事件"和珍珠港的袭击之间进行比较。最后，可能会创造出某种弥散的连续性，在其中，英国政府的某个行动可能会被爱尔兰民族主义者描述为英国六百年专制统治连续体中的一部分。

然而，在创造为民族自我牺牲的精神的过程中，这些行为是否有效？难道它不仅仅是情感上的神话？

像查尔斯·蒂利（Charles Tilly）一样的政治"现实主义者"指出，个体不会因为民族情感在国家军队中战斗，相反，通过大众教育系统和军事征兵制度，他们被强制的国家整合进民族之中，强迫人民为了民族－国家而牺牲。

怀疑论者指出，即使在19世纪有着经常性的暴乱，群众起义却通常由面临入侵的政府召集，他们威胁给予那些不爱国的人以制裁。很多年轻人自愿参加国家服务，然而，这些人只代表人民中的一小部分，并且，他们这样做的动机是复杂的。兵役经常遭到严重的抵抗，擅离职守已经成为问题，即使是在法兰西共和国的军队中，使人们继续战斗的，只是对于同志和严酷处罚的忠诚感，而非对于抽象的民族实体。

然而，这些因素更适用于在民族土壤以外进行的、不具备完全合法性的战争行为。虽然在战役中，对于同志的忠诚可能比抽象的民族更为"真实"，它却几乎不可能成为足够支撑整场战争（war）的动力。当家乡受到威胁的时候，令人震惊的不仅是士兵的忍耐力，更是面临饥饿或轰炸的人们的忍耐力。

我们可以看到，西班牙游击队在抗击拿破仑的战役中取得了胜利，他们的抵抗战术在整个欧洲得以传播，尤其在俄国。1812年，诗人－士兵达

---

① 在第一次世界大战中，1915年4月25日，协约国军队在加里波利半岛登陆，之后遭到土耳其军的猛烈抵抗。经过旷日持久的战斗，协约国一直无法突破土军防线，被迫于1916年1月9日全军从加里波利半岛撤退。协约国先后投入近50万兵力，伤亡26万余人。土耳其军亦投入50万兵力，伤亡25万余人。——译者注

维多夫（Davydov）运用西班牙战术组织一群农民，对法国人展开了残酷无情的持续袭击。欧洲革命的地下组织在 19 世纪发展出了一套共享的技术，并从反复的暴乱中产生出一个殉道者的浪漫教派，使某些地区，如波兰、意大利和爱尔兰，将革命民族主义的亚文化永久制度化。这些基于社会的文化之所以能够延续，正是由于与他们为之行动的人民达成了一致。

神话建构、认同和政治

即使如此，在对于民族合法性至关重要的战争（war）神话和实践之间，通常存在着某种不一致。我们已经指出，为了产生一位卡里斯玛式的领袖，革命往往拥有一群刻意演出的叛乱者，他们会按照救赎性牺牲的典范原型而行动，正如在 1916 年爱尔兰革命中发生的那样。① 此外，神话创造是一个再现的过程，在战争（war）结束和关于这场战争的神话出现之间，可能会有一段很长的时间间隔。可以认为，对于民族认同的创造而言，战争（war）神话起到的作用往往比战争（war）经验本身更为重要。

谁建构了这些神话和对战争行为的记忆？为什么？在怎样的情形下，人民会被组织起来进行集体行动？这种会产生怎样的影响？民族会如何处理灾难性的失败？为什么有些民族展开了动员，有些则没有？

对于很多建构主义者（constructivist）而言，公共纪念仪式的相对新颖意味着这些仪式与过去断绝了关系，它们是大众政治学的产物。记忆不是客观的数据，而是一个选择性的过程，是被回想起来的往事，并且，每一个回想的举动都被它嵌入其中的情境所塑造。"过去"对人民并没有内在的支配力，相反，"记忆"是根据不断变化的现实需要而被建构或再建构的。战争或许会提供原始的材料和经验，但是，问题在于，谁控制着被记录和庆祝的事件？约翰·吉利（John Gillis）指出，公开纪念的事件是由掌握权力的人选择的，它们代表着官方精英、男人而非女人、统治者而非少

---

① 1916 年复活节当天，爱尔兰起义军攻占了中央邮局，挂上爱尔兰共和国的旗帜，并签署了《临时共和国宣言》，宣告独立。从内容上看，这份宣言与美国的《独立宣言》极为类似。作者应是将美国的独立战争视为"典范原型"，并认为爱尔兰的起义是对这一原型的模仿。——译者注

数族群的利益。

另外，工具主义的解释者又不承认神话制造的即时性和目的的多重性、它们的不同目的，以及人民对神话的认可。对军事牺牲的纪念活动最初通常是由底层的多个社会群体发起的。后拿破仑时代英国的君主政体出于对大众动员的恐惧，很少纪念民族英雄。尼尔森教派是由地区城市，例如曼彻斯特和格拉斯哥港口的中产阶级爱国者创立的，并且依赖于海军对海洋的控制。

政府精英常常试图参与到这些集体记忆的选择中去，把他们转换并制度化于政府学校、公众仪式和博物馆之中。因此，凯撒·赖希（Kaiser Reich）试图使普鲁士人、年轻贵族军官和路德宗统治的政府合法化，将大多数德国人排除在外，并将天主教徒和工人阶级视为二等公民。然而，至少从长期来看，这种霸权几乎不可能不遭到抗议。此外，在很长时间以后，当被排除在外群体的牺牲得到承认，并被记录于公众纪念碑及民族历史的时候，这些纪念仪式的社会权力才会彰显出来。

政治性的解释并没有充分认识到神话制造的即时特征及目的的多重性。神话被创造，也同样为了解释意外、提供安慰、表达希望。正如摩西（Mosse）在考察了关于第一次世界大战的传说后指出的，神话是被参与者自己创造出来的，通过宣扬同志间的友爱超越痛苦，并把这场战争（war）视为所有战争的终结，他们试图为大规模死亡的创伤经验提供意义。

这些仪式和神话在多大程度上可以被视为"民族的"？个人创伤对这个问题提出了质疑。它们意味着在灾难中的普通士兵团结起来对"爱国的"战争行为进行的反抗。当要求把死者的尸体从异国土地上的军事墓地运回家乡的时候，或者，当在村落广场上举行的纪念仪式强调地方社区的损失的时候，对死者的哀悼可能会使家庭与民族-国家相互对立。难道在个体的丧失感和民族的纪念仪式之间不存在矛盾吗，尤其是当人们质疑战争行为的价值的时候。事实上，在 1920 年代和 1930 年代，即使是在战胜国，例如英国和法国，也弥漫着和平主义的基调。

即使如此，成千上万的人们仍然参与到纪念战争遇难者的固定仪式之中，毋庸置疑，这意味着创伤是普遍性的，而不仅仅是个体性或地区性的。参与长期持续的集体仪式将包罗万象的意义赋予了本是随机性的死亡，它使死者复活，使那些感觉像受害者的人们重新获得生命。在大规模死亡发生的时候，只有政府能够为认同获得、处置死者、维修墓地及安排仪式提供技术，这一事实逐渐为死者在民族中找到了位置。

在胜利而非失败的战争（war）中，人们可以期待在官方和民间故事之间找到更大的一致性。在这些情况下，一段时间以后，人们是否能够看到，通过电台、电视、印刷媒体和教育系统传播的战争行为的官方版本能够塑造战争参与者，甚至士兵的记忆。即使是在全面战败的民族，也并不必然引发对民族的否定。这在很大程度上依赖于这个民族既存的概念。

可以认为，当面对军事上的变化无常的时候，基于民族伟大权力的认同比基于道德或宗教特质的认同更加脆弱。前者狭隘地依赖于政府阶层，并通常是排他性的；后者则嵌入社区之中，在这里，对宗教使命的认同使人们更容易走出失败的阴影，转而将它视为对他们忍耐意愿的考验，或者他们需要战胜的道德缺陷的标志。然而，即使是在伟大的民族中，人民也会建构出神话，为战败寻找解释。替罪羊包括制度腐败和内部敌人（尤其是被排斥在外的少数种族群体）。或许会出现对战败合法性的否定，因为人们是在与所有的不利因素作战。

当战争不仅仅是灾难性的，而且威胁到民族的基本价值，并导致社会分化的时候，民族凝聚力将遭到腐蚀。经典案例包括美国的越南战争（war），或者法国对阿尔及利亚的战争①。美国和澳大利亚的越南退役军人，以及法国的阿尔及利亚退役军人发现他们自己被谴责，或者，在最好的情况下，被遗忘。这使他们产生异化感，之后，又使民族在安置他们的过程中犯下了罪行。

战争和民族的未来

工具主义的解释过于简化了问题。战争（war）神话具有多重功能，包

---

① 阿尔及利亚从 1830 年遭法国入侵开始，逐渐沦为法国的殖民地。1954 年 11 月 1 日，阿尔及利亚民族解放阵线发动武装起义，法国当局节节败退，不得不从本土抽调大批军队增援。1962 年 7 月，阿尔及利亚正式宣布独立。在这场阿尔及利亚的独立战争期间，法国军队曾在那里施行过残暴的酷刑和屠杀。——译者注

括从苦难中创造意义。然而，为什么人们不认为，当幸存者死去的时候，他们所携带的创伤经验也一起消失了呢？为什么战争神话能够延续？

虽然，随着时间的推移，创伤"记忆"会逐渐淡去，但是，他们也可能被转化为"被形塑的"（framing）或被组织的、具有多重意义的神话。在当今时代，第一次世界大战仍然具有重要意义，它被认为是欧洲现代性的一个分水岭，并不仅仅由于无数生命的丧失，也由于它对自由文明的乐观前景给予了致命一击，此外，它也是第一个世界性的工业战争（war），如果把冷战包括在内，这种战争行为几乎一直延续到今天。在大众和精英文化中，它被用于作为很多主题的背景，它开启了一种新的叙述主线，并被之后的冲突强化。因此，在很多欧洲国家，第一次世界大战的纪念仪式成为哀悼所有接踵而至的战争遇难者的庇护伞。

我们已经指出，在前现代时期，很多神话都能够长期延续。原因有以下几个方面。它们解释了现存的困境，它们为社会提供了英雄、反派角色和道德规范的贮藏室。通过多样的制度和演员，包括宗教的、艺术的、历史的和政治的，它们被表达出来，随着时间的推移，它们也不断被塑造，并获得丰富的意义。积聚了丰富意义的神话最容易延续。即使很多远古的战争（war）"记忆"作为有意义的时间点延续至今，它们也缺少生机，直到新的世俗民族主义知识分子将最初的（宗教的）版本转化为政治宣言为止。此外，民族主义者也可能使以往被遗忘的边缘情节重新浮出水面，例如，犹太人的马萨达。

毫无疑问，这意味着它们的创造是为了满足当今的需求。古老神话复兴的原因之一在于现代世界的不可预知性，在这里，很多国家周期性地面对侵略的威胁以及领土收缩或扩张的可能，这些事件使它们的基本价值遭到质疑。

当领土国家的基本特质周期性遭到质疑的时候，民族主义者被迫定期考虑自身的存在问题。例如，他们是谁，他们应该在哪里，他们的民族应该奠基在什么道德基础之上。他们不可避免地从传统神话形象的贮藏室中寻找相关信息，一旦找到，他们就能够重新建构情节，并为了保卫民族动员人民。

19 世纪中期，圣女贞德，这位在与英国长达数百年战争中相对模糊的英雄形象在法国复兴，并被作为民族象征，这即是一个例证。然而，从法国中世纪的黄金时代（当时，法国在欧洲文化和政治中是一个不可忽视的力量）选择一位英雄并不是武断的。1814 年、1870 年（丢失了阿尔萨斯和洛林）和第一次、第二次世界大战中，法国全境或部分曾被外国势力占据，在这个世纪，贞德作为激励的象征，获得了越来越重要的地位。贞德教派使不同的法国传统能够同样在过去和现在之间建立联结，并为未来找到希望。

这个案例说明，"记忆"不是武断的，它具有相当大的力量，一旦形成，就能够按照自己的轨迹延续。从对于某些人民而言重要的历史经验中产生的神话会成为记忆贮藏室的一部分，当出现危机的时候，就能够被提取，并引导集体行动。如果没有这样的记忆储存，社会就没有更新自身的途径。

令人怀疑的是，在民族被神圣化、民族目标被明确化的当今世界，这些战争（war）神话是否还能发挥作用。首先，世界大战不断增长的破坏性、技术性和隐匿特征摧毁了浪漫的教派，使人们对民族主义产生反感。其次，西方军备增长带来的大规模摧毁性战争让人难以置信，因此，民族需要其他方式产生凝聚力。最后，世俗的消费主义社会使人们对道德确定感和集体认同概念产生怀疑，并力求同时在个体和人民内部找到复数的、相互冲突的自我认知。

然而，这些论述过于夸张了现实。

虽然，在很多国家，世界大战都使人们产生了对民族主义的反感，然而，根据民族是战胜者或战败者，战争（war）神话的效用有着巨大差异。在当今英国和美国，第二次世界大战的神话提供了一个强有力的贮藏室，对不同的政治计划都有着吸引力。对于保守党而言，它们唤起了辉煌感（对大不列颠王国）、军事英雄主义，以及对一位伟大保守党首相深谋远虑的赞扬。对于工党而言，为了胜利而被动员的人民民主精神和集体价值证明了建立战争国家的合法性。敌对的政治党派同时运用战争（war）为自己的目标提供合法性，这巩固了它在民族中的偶像地位。

即使集体军事动员在大部分欧洲次大陆上都呈现递减趋势，克罗地亚和塞尔维亚、以色列和阿拉伯国家、印度和巴基斯坦之间的战争也激发了强大的民族情感。在欧洲诸国中，英国和阿根廷争夺马尔维纳斯群岛的战争、美国在巴尔干半岛和中东召集的国家联盟之间的战争都激发了民族主义。国家内部的战争行为也日益增多。在战后及当今时代，非洲和亚洲独立战争（war）的传说为新的国家提供了建立神话，并为斗争领袖提供了政治合法性。

总之，正是这个世界持续的不可预知性，才使这些被遗忘的神话重新登上历史舞台。事实上，如果创伤性记忆可能被塑造或被组织，那么，同样令人震惊的是，为了激发当下的内心反应，古老的"被形塑的"神话可能在新的情境下被引入生活，并被重新塑造。战后，以色列在西方支持下的重建、阿拉伯国家在阻止它的扩张和重新占据耶路撒冷上的羞辱无能，以及已经建立的阿拉伯国家所具有的依赖性让人重新想起了十字军的图景。同样，对于穆斯林社区向西欧进行的大规模人口迁移，对基地组织的回应和恐惧也在西方人的心目中唤起了十字军的回忆。接下来需要探究的，是不同种类的战争（war）回忆（"被塑造的"和"创伤性的"）如何相互关联。

（刘琪 译）

加拿大、西班牙和英国如何协调民族多样性

蒙特塞拉特·吉伯淖 (Montserrat Guibernau) *

加拿大：魁北克的民族独立运动是一个周期性发生的现象

在 1960 年代，特鲁多总理 (Pierre Elliot Trudeau, 1968 ~ 1979 年，1980 ~ 1984 年任职) 启动了民族国家建构进程，其目的是削弱魁北克的民族独立运动，促进各省平等。在 1982 年之前，他的政策在魁北克获得了一定的成功。在这一年，在没有获得魁北克赞同的情况下，特鲁多政府把修改宪法的权利并入一个新的权利章程中。但是，其后他试图通过承认魁北克的"独特社会地位"(distinct society) 来进一步包容魁北克的尝试却失败了。

在 1995 年 10 月 30 日关于魁北克的公民投票中，投票主张"魁北克拥有主权但同时与加拿大其他部分保持伙伴关系"的这一派仅输了 54288 张票①，

* 伦敦大学玛丽女王学院政治学教授，在著名学者安东尼·史密斯指导下在伦敦经济学院获得博士学位，与 John Rex 合编 The Ethnicity Reader (Polity Press, 1997)，独立主编 Ethnicity: A Reader (Polity Press, 2012)。她在 1999 年出版的 Nations without States: Political Communities in a Global Age (Polity Press, 1999) 在台湾以中文出版，书名为《无国家的民族：全球时代的政治社群》(周志杰译，台北：韦伯文化事业出版社，2002)。

① The Lévesque government formulated its proposal in the document: "Quebec – Canada: A New Deal: The Government's Proposal for a New Partnership between Equals: Sovereignty Association" (Quebec City: Editeur officiel, 1979).

这使反对派阵营获得了 1.16% 的多数①。这个公投结果在加拿大的其他省份引起两个主要的反应：对举行这样一个意义重大的"赞同"选举的原因不明白，对加拿大作为一个整体的生存威胁感到恼火。更为重要的是，人们一度假设，在重新塑造的能说两种语言和多文化的加拿大国家这一理念下，魁北克能够繁荣和发展，而公投结果为这一假设投下了阴影。人们感到，正是因为加拿大的民族国家建构在魁北克出了问题，魁北克才试图通过投票来实现分离②。

魁北克③外部的加拿大政治和知识精英们设计了 A、B 两套方案，用来作为对刚获胜的认同公投结果所产生境况的应对方法。方案 A 试图容纳魁北克，但是当支持特鲁多式激进态度的政客 1996 年在政府中占据主导时，这个信仰新教的政府采取的应对魁北克要求的那些措施就中止了。措施包括一个预算达 2000 万美元的加拿大信息办公室（the Canada Information Office）的创建，这一项目的目的就是要促进加拿大人的认同和统一④。

B 方案则考虑在未来的公投中有可能出现多数人支持魁北克独立这种情况时，加拿大如何应对。为了应对大量的批评意见，1996 年联邦政府向加拿大最高法院提出了三个有关魁北克是否拥有宪法权力单方面从加拿大分离出去的质疑⑤。在 1998 年，最高法院做出了它的裁决，即魁北克不能单方面地推动分离。

---

① Quebec Chief Electoral Office, *Rapport préliminaire des résultats du dépouillement des votes le soir du scrutin*: *Référendum du 30 octobre 1995*, Québec: Bibliothèque nationale du Québec, 1995.

② For a set of proposals on reconciliation between Quebec and Canada see, Gibbins, R. and Laforest, G. *Beyond the Impasse*: *Toward Reconciliation* (IRPP: Montreal, 1998).

③ Cairns, A. C. "Looking Back from the Future," in Trent, J. E. et al. (eds.) *Quebec – Canada*: *What is the Path Ahead? Nouveaux sentiers vers l'avenir* (University of Ottawa Press: Ottawa, 1996), pp. 77 – 80; Whitaker, R. "Quebec's Self – determination and Aboriginal Self – government," in Carens, J. H. (ed.) *Is Quebec Nationalism Just? Perspectives from Anglophone Canada* (McGill – Queen's University Press: Montreal and Kingston, 1995), pp. 193 – 220.

④ Dion, J. "Un Bureau d'information vantera les vertus de Canada," *Le Devoir*, 10 July, 1996.

⑤ Rocher, F. and Verrelli, N. "Constitutional democracy in Canada: From the Canadian Supreme Court reference on Quebec secession to the Clarity Act," in Gagnon, A. Guibernau, M. and Rocher, F. *The Conditions of Diversity in Multinational Democracies* (IRPP: Montreal, 2003), pp. 207 – 240, p. 208.

法院提出的具体条款指出，如果独立计划能够在一次"干净的"（clear）公投中获得民众支持，即是合法的。"如果以公投的结果作为民主意愿的表达，那么无论是被问及的问题还是所支持的要达到的目的，都必须是清晰明确的。"最高法院补充强调，独立事业所具有的民主合法性表明，"加拿大宪法，不能对多数魁北克人清晰地表达他们不想继续留在加拿大这件事漠不关心"，因而根据宪法，国内其他公民有义务在这一范围内进行谈判和沟通。① 沟通的义务基于四个基本准则：联邦制②、民主、立宪和对少数民族的立法保护。根据透明法案，当需要判断什么构成一个"清晰的"问题和一个"明晰的"大多数时，加拿大政府更进一步变成唯一的裁判。③

在魁北克，对最高法院条款的细节和确切含义的争论，伴随着反对渥太华所贯彻的更进一步推动民族国家建构的政策。许多魁北克人认为正是联邦政府的一些政策破坏了加拿大的联邦制，这些措施包括：社会联盟架构（the Framework on Social Union 1999）、改革基金（Innovation Funds）和千年盛世工程（the Millenium Chairs of Excellence Programme）④。

加拿大人：尽管对政府不满，但仍支持联邦制

在魁北克以外的其他加拿大省份，并没有出现对加拿大联邦制度有较大冲击的质疑运动。"加拿大画像调查"（*the Portraits of Canada Survey*）⑤

---

① Rocher, F. and Verrelli, N. "Constitutional democracy in Canada: From the Canadian Supreme Court reference on Quebec secession to the Clarity Act," in Gagnon, A. Guibernau, M. and Rocher, F. *The Conditions of Diversity in Multinational Democracies* (IRPP: Montreal, 2003), pp. 207–240, p. 209.

② Noël, A. "Without Quebec: Collaborative Federalism with a Footnote", *Policy Matters*, vol. 1, no. 2. March 2000, pp. 1–26.

③ Lajoie, A. "The Clarity Act in Its Context," in Gagnon, A. (ed.) *Quebec: State and Society* (Broadview: Toronto, 2004), pp. 151–164. Third Edition.

④ Seymour, M. "Quebec Nationalism and Canadian Federalism," in http://pages.infinit.net/mseymour/apage/cambridge. p. 7. Consulted 14.01.2005.

⑤ *Opinion Canada*, vol. 5, no. 17.8 May 2003. http://www.cric.ca Consulted on 5 March 2004.

表明，在加拿大的 10 个省份中，有 7 个省份的公民觉得自己没有得到联邦政府适当的对待，同时在拉布拉多和纽芬兰岛有 84% 的人、在魁北克有 55% 的人感觉受到恶劣的对待。83% 的加拿大其他省份公民和 80% 的魁北克人认为联邦系统太迟钝，需要做出必要的改变。

根据《联邦观察》（*Federation Watch*）的报告①，75% 的魁北克人希望他们的省政府扮演更加积极活跃的角色来推动加拿大联邦政府工作的改善，19% 的人对此表示反对。更有意义的是，61% 的魁北克人认为联邦制既能满足魁北克人又能满足其他加拿大人。这个百分比自 1998 年以后一直没有变过。在 1998 年到 2003 年同样没有发生变化的是，49% 的魁北克人对"留在加拿大联邦，对魁北克利大于弊"这一观点表示赞同。当问及他们的偏好时，有 41% 的魁北克人支持一个革新的联邦制，30% 的人宣称他们更喜欢与加拿大保持"主权 – 伙伴关系"（sovereignty – partnership），那些支持维持现状的人在魁北克占 16%，只有 8% 的人坚持要求完全独立。如果在 2003 年 9 月组织一次有关"主权 – 伙伴关系"的公投，47% 的人说他们会选"是"，53% 的人会选"否"。当他们被问及，假如在一次公投中没有提及伙伴关系而仅仅简单地问"你希望魁北克变成一个主权国家吗？"他们将如何投票时，38% 的人回答"是"，54% 的人回答"否"，另外还有 8% 的人未做决定。

表 1　政府类型：魁北克人提供的选择（2003 年）

单位：%

重建联邦制	41	比 1999 年下降 3 个百分点
"主权 – 伙伴关系"	30	比 1999 年增加 4 个百分点
维持现状	16	比 1999 年增加 3 个百分点
完全独立	8	比 1999 年下降 2 个百分点

资料来源：*Federation Watch*，Opinion Canada，vol. 5，no. 39，November 6，2003.

2004 年"加拿大画像调查"的发现，则与上面提供的数据完全相反。根据这次调查数据，倾向于支持魁北克拥有主权并与加拿大保持伙伴关系

---

① *Opinion Canada*，vol. 5，no. 17，6 November 2003，http：//www.cric.ca，Consulted on 5 March 2004. Opinion Canada.

的人的比例上升到 49%，这是"加拿大画像调查"自 1998 年开始涉及这一议题以来的最高比例。从 2004 年开始，支持"主权 - 伙伴关系"的人数稳步上升。在我写作这篇论文时，一个由 CROP - La Presse 在 2005 年 7 月组织的一次新民意调查表明，55% 的魁北克人将在关于"主权 - 伙伴关系"的公投中选择"是"，这是自 1995 年以来的一个新的历史纪录。

我们在这里分析的数据表明，尽管对联邦政府持某种批评态度，人们整体上还是支持加拿大的联邦体制，同样也表明魁北克人对联邦制表示强烈支持，但是在 2004 年和 2005 年，支持"主权 - 伙伴关系"的人数在持续增长。至为重要的是，我们应该认识到"主权 - 伙伴关系"并不等于完全独立，而是代表我称之为与主权相关的"有资格独立"（qualified independence）身份，仍与加拿大保持政治和经济伙伴关系。

西班牙：向民主的转变和均衡放权

西班牙在经历了内战（1936～1939 年）和紧随的 40 年专制统治（1936～1975 年）之后，1978 年的宪法提供了一个新的政治框架，在这个框架内，西班牙人可以安排他们自己的生活。新政权面临的众多问题之一就是民族问题。作为"历史上的民族"（historical nationalities）[①]，加泰罗尼亚和巴斯克更是特别敏感的地区。西班牙新宪法从根本上转变了从佛朗哥主义继承下来的、缺乏民主的中央集权政体，使得西班牙有可能创立一个以均衡放权为基础的区域自治体系。由于在没有使用暴力的条件下完成了向民主的转型，西班牙几乎一瞬间就被北大西洋公约组织和欧洲共同体（现在的欧盟）接纳。经济的迅速发展带来了社会政治变迁，这与佛朗哥时代的倒退和保守主义立场形成了鲜明对比。[②]

---

① Riquer, B. de and Culla, J. B. *El Franquisme i la Transició Democràtica* (1939－1988) Vol. Ⅶ of Vilar, P. (ed.) *Història de Catalunya* (Edicions 62: Barcelona, 1989) vol. Ⅶ; and Balcells, A. *Catalan Nationalism* (Macmillan: London, 1996).

② See, Preston, P. *The Triumph of Democracy in Spain* (Routledge: London, 1986); Preston, P. *Juan Carlos: Rey de un Pueblo* (Plaza y Janés: Barcelona, 2003) and; Solé Tura, J. Nacionalidades y Nacionalismos en Espana. Autonomías, Federalismo, Autodeterminación (Alianza: Madrid, 1985).

宪法的制定者选择了一个基于均衡放权的体制模式，这个模式被人称作"人人都有咖啡"（café para todos）[1]。作为"民族"，加泰罗尼亚和巴斯克直到 18 世纪还拥有自己的公共机构和法律，仍然保留自己独立的认同、独特的文化和语言。宪法的制定者没有对加泰罗尼亚和巴斯克的民族主义企求做出正面的回应，而是决定将西班牙的领土分割为 17 个自治区（autonomous communities）[2]。它们当中有一些具有历史和文化的独特性，如加泰罗尼亚、巴斯克和加利西亚，而其他那些自治区则是人为创造的，在此之前那些地区并不存在独立的认同意识，例如拉里奥哈（La Rioja）和马德里。当加泰罗尼亚、巴斯克和加利西亚即刻启动了朝向高度自治的进程时，其他地区在启动类似进程之前必须有一个为期五年的"有限自治"的过渡期。而一旦各地区完全实行自治以后，宪法在所有的自治区之间不再做任何区分。

目前，加泰罗尼亚人和巴斯克人对均衡放权的做法并不完全满意，他们明显地表达出被识别为西班牙国内"民族"（nations）的愿望。[3] 他们渴望获得更多的自治权，对于当年被动接受"人人都有咖啡"[4] 选择的不情愿情绪也在持续增长。要求改变当前的放权规定和财政体制的压力已经出现在许多自治区，包括加泰罗尼亚、巴斯克、安达卢西亚和巴利阿里群岛。

在加泰罗尼亚，对目前放权安排的不满导致一个新自治法的条款在 2006 年 6 月获得批准。随后，巴斯克政府发起了所谓"Ibarretxe 计划"（Plan Ibarretxe），这一计划已经被巴斯克省议会背书，但是被西班牙国家议

---

[1] Fossas, E. "Asimetría y Plurinacionalidad en el Estado Autonómico" in Fossas, E. and Requejo, F. *Asimetría Federal y Estado Plurinacional* (Trotta: Madrid, 1999), pp. 275 – 301.

[2] Guibernau, M. *Catalan Nationalism: Francoism, Transition and Democracy* (Routledge: London, 2004), pp. 70 – 84.

[3] Requejo, F. "Democràcia, Partits i Escenaris de Futur", *Idees*, no. 6 (April – June 2000), pp. 108 – 114. See also, Requejo, F. (ed.) *Democracy and National Pluralism*. London: Routledge: London, 2001); Keating, M. "The minority nations of Spain and European integration: A new framework for autonomy", *Journal of Spanish Cultural Studies*, vol. 1, n. 1, March 2000, pp. 29 – 42.

[4] Keating, M. "Asymmetrical government: Multinational states in an integrating Europe", *Publius: The Journal of Federalism*, vol. 29, no. 1, Winter 1999, pp. 71 – 86.

会否决。西班牙国家议会建议，巴斯克应该在与西班牙相联合的基础上成为一个"自由的州"（a free state），这项计划将使巴斯克在欧盟①内不享有真正独立的地位，非常接近于魁北克的"主权－伙伴关系"计划。

大多数的加泰罗尼亚人和巴斯克人支持当地在均衡放权基础上成为一个州的模式，这样将延续对加泰罗尼亚、巴斯克和加里西亚在历史上曾作为民族的独特地位的承认。在他们的观念中，这样的安排将以更为精确的方式反映西班牙的多民族、多文化和多语言的本质。

西班牙人支持放权

2003 年举行的一次民意调查②显示，大多数西班牙人反对一元化的国家模式。在各自治区当中，支持一元化国家模式的比例最高的是穆尔西亚（Murcia），那里有 19% 的人欢迎只有一个中央政府的模式；对这一模式的最低支持率的纪录出现在纳瓦拉（Navarra）和巴斯克（2%）、拉里奥哈（5%）、安达卢西亚（6%）、加泰罗尼亚和加里西亚省（7%）。这说明那些在历史上即已形成的民族像巴斯克、加泰罗尼亚和加里西亚强烈反对一元化国家模式。但是令人感到奇怪的是，一个新创建的自治区像拉里奥哈也表现出相同的态度，在另一个共享认同意识不断上升的地区安达卢西亚也是如此。

西班牙的大多数人认同现在的放权模式。我们同样看到，新近创立的自治区拉里奥哈对现状显示最高的支持度（66%），马德里也是一个新近创立的自治区，支持度达到 60%，最低分是加泰罗尼亚（28%），紧挨着的是巴斯克（30%）。

但是，相当大比例的西班牙人支持对自治区给予更多放权。支持实行进一步放权的最高比例出现在加泰罗尼亚（42%），最低的比例在马德里（13%）。

---

① This project was launched on 27 September 2002 by José María Ibarretxe, *lehendakari* or president of the Basque autonomous government, and obtained the support of the Basque Parliament.

② Datos de Opinión, *Instituciones y autonomías. Boletín* 31, *enero – abril Estudio CIS* 2455 *Instituciones y autonomías*, *septiembre* 2002（Centro de Investigaciones Sociológicas: Madrid, 2003），http://www.cis.es/boletin/31/autonomias. Consulted 16. February 2004.

表 2　问题：你更喜欢下面哪一种西班牙国家模式？

自治区	中央集权政府	现存模式	更多自治	国家承认自治社区有权独立
加泰罗尼亚	7	28	42	17
巴斯克	2	30	27	23
加里西亚	7	53	27	3
纳瓦拉	2	64	15	9
拉里奥哈	5	66	16	1
马德里	14	60	13	4
安达卢西亚	6	51	24	2

资料来源：*Datos de Opinion*，*Instituciones y Autonomías*，*Boletín* 31，*January – April* 2003. *Estudio CIS* 2455. *The above data correspond to a selection including the seventeen Spanish Autonomous Communities.* http：//www. cis. es/boletin/31/autonomias. htm *consulted* 15 *October* 2006.（results shown as percentage）

在多种选择中，有一种模式将导向承认各自治区有权成为独立国家，巴斯克对这种国家模式显示出最高的支持率（23%），紧随其后的是加泰罗尼亚（17%）。对开放这种独立可能性表示支持的最低比例出现在穆尔西亚（0），而在拉里奥哈、埃斯特雷马杜拉（Extremadura）、卡斯蒂利亚 - 拉曼查（Castilla - Lamancha）、阿斯图里亚斯（Asturias）、阿拉贡（Aragon）都是 1%，安达卢西亚和卡斯蒂利亚 - 莱昂（Castilla - León）是 2%。在马德里，只有 4% 的人支持国家允许各自治区成为独立国家。

总结一下，大多数西班牙人支持现在的放权模式。在西班牙，放权的政策并没有导致分离主义，但是在加泰罗尼亚和巴斯克则产生了对更多自治权的渴望。尽管如此，如果我们假定在二者之间存在一个直接的相关性并忽视历史性民族因素的影响，那就把问题看得过于简单了。尤其需要注意的因素，就是加泰罗尼亚人和巴斯克人对于 1970 年代晚期和 1980 年代早期启动的放权进程的内容、速度和财政安排都具有挫折感。除此之外，（2000 ~ 2004 年）新保守主义、新中央集权政策和阿兹纳尔政府（Aznar）在西班牙国会议会争取到了多数支持后所采取的态度，毫无疑问导致了激进的地方民族主义，并间接地滋养了分裂主义。①

---

① 　Resina，J. R，"Post - national Spain? Post - Spanish Spain?" *Nations and Nationalism*，vol. 8，3，July 2002. pp. 377 – 396.

在阿兹纳尔政府的指令下，一个支持巴斯克变成"与西班牙有联系的州"的"Ibarretxe 计划"被设计出来。在加泰罗尼亚，主张独立的加泰罗尼亚政党"加泰罗尼亚共和党左派"（Esquerra Republicana de Catalunya, Republican Left of Catalonia or ERC）的支持力量也迅速增长，这都是在阿兹纳尔的任期内发生的。支持独立的力量不断壮大，加泰罗尼亚共和党左派在 2006 年 11 月 1 日加泰罗尼亚选举后依然在加泰罗尼亚议会保持第三大政治势力的地位。需要注意的是，加泰罗尼亚共和党左派坚持加泰罗尼亚应在欧盟内享有独立的地位。① 在以上两个案例中，阿兹纳尔政府的态度和政策在强化民族主义感情方面扮演了重要角色。当然，还存在产生这种影响的其他因素，包括一些分别来自国内和国际的因素。但是对于这些因素的研究，超出了本文讨论的范围。

英国：工党政府和均衡放权

当工党政府仍然掌权的时候（1997 年），它决定采用一种均衡放权的模式，承诺给予苏格兰、威尔士和北爱尔兰以不同程度的自治。工党政府这样做，就是为了应对英国存在的独特民族认同，以及各群体提出的不同程度的放权要求。

英国模式与第二次世界大战后德国实行的均衡放权模式背道而驰。在德国，所有的州享有相似的权利下放政策；英国模式也与后佛朗哥时期的西班牙不同，西班牙在放权进程完成后，17 个自治区享有完全同等的权力。但是至今，联合王国的放权范围仅限于威尔士、苏格兰和北爱尔兰，居住在英格兰的另外 85% 的英国人是被忽视的。如果最终在英格兰将会出

① 在 2003 年，"加泰罗尼亚共和党左派"（ERC）把它在 1999 年选举的成果翻了一番，它获得了 16.47% 的选票和 23 个席位，成为加泰罗尼亚的第三大政治势力，并在未来政府的构成中可以扮演具有决定性的角色，因为无论是 CiO 还是 PSC 都没有获得多数议席。在 2006 年 11 月 1 日的加泰罗尼亚的选举中，ERC 获得了 14.06% 的选票和 21（-2）个席位，仍然能够在未来政府的构成中扮演决定性角色。如 2003 年的情形，ERC 决定组成一个包括 PSC（PSC - PSOE）的联合政府，它们获得了 26.81% 的选票和 37 个席位。CCV - EViA 获得了 9.56% 的选票和 12 个席位。CiU 赢得 31.52% 的选票和 48 个席位，但未获得独立组成政府的必要多数。

现地方议会选举，那么有可能会找到一些纠正的办法。有些人认为，正是英国放权政策中固有的不稳定性造成了这种缺失，而这与现存各殖民地的情况没有关联。[①]

对放权的支持[②]

在英格兰人当中，有57%的人支持英格兰政府的现行模式，22%的人支持英格兰地区应有自己的地方议会，16%的人认为英格兰作为一个整体应该有自己新的独立议会。[③]

当被问及他们对英国国家模式的偏好时，53%的苏格兰人[④]、25%的威尔士人和12%的北爱尔兰人支持现有的放权安排。此外，37%的威尔士人和31.4%的北爱尔兰人认为他们的地方议会应该有增税的权力，仅仅有5.6%的苏格兰人认为他们的地方议会不应该像现在一样拥有增税的权力。此外，18.6%的苏格兰人、7.2%的北爱尔兰人和6.5%的威尔士人支持他们的地区在欧盟内拥有独立地位。苏格兰更加支持现状，而威尔士和北爱尔兰则支持进一步放权。

当被问及关于北爱尔兰的长期政策，是继续作为联合王国的一部分，是与爱尔兰统一，还是成为一个独立国家时，我们很有趣地发现，25.3%的英格兰人和51%的北爱尔兰人认为它们应该保持为联合王国的一部分。同样令人震惊的是，55.4%的英格兰人和仅有25.8%的北爱尔兰人认为北

---

① Osmond, J., "A Constitutional Convention by Other Means: The First Year of the National Assembly for Wales," in Hazell, R. *The State and the Nations* (The Constitution Unit-Imprint Academic: London, 2000), pp. 37-77, p. 40; Tomaney, J., "The Regional Governance of England," in Hazell, R. *The State and the Nations* (The Constitution Unit-Imprint Academic: London, 2000), pp. 117 - 122.

② For a comprehensive analysis and statistical data concerning support for devolution in Scotland see McCrone, D. and Paterson, L., "The Conundrum of Scottish Independence," *Scottish Affairs*, no 40, summer 2002. pp. 54 - 75.

③ *SN 4766. ESRC Devolution and Constitutional Change* (2001), UK Data Archive, www. data - archive. ac. uk (consulted 16 February 2004), p. 42.

④ Slightly different percentages corresponding to 2002 are provided by Lindsay Paterson in the paper "Attitudes to Scottish Independence and to the SNP", Institute of Governance, University of Edinburgh, 29th May 2004. Web accessed on 15th March 2005, http: //www. institute - of - governance. org.

爱尔兰应与爱尔兰统一，只有 0.65% 的英格兰人和 6.4% 的北爱尔兰人认为北爱尔兰应该变成一个独立国家。[①]

当与西班牙的结果进行比较时，支持不放权的一元化国家体制的非英格兰英国公民的比重在英国更大（威尔士 22.5%，北爱尔兰 13.3%，苏格兰 9%）[②]。而在西班牙，反对放权的最高百分比出现在穆尔西亚（19%），紧随其后的是阿拉贡（14%）和马德里（10%）。[③]

根据以上的数据，1997 年以后英国实施的放权政策并没有加强地方分裂主义。但是，如果英国采用"均衡放权"模式，则有可能导致威尔士和北爱尔兰效仿苏格兰模式而对自治产生更高的期望。与加拿大和西班牙相比，英国的放权具有更独特的特征，这涉及这样一个事实，即到目前为止，在苏格兰、威尔士和北爱尔兰没有一个民族主义政党在本地区的选举中赢得多数席位。此外，全英范围的政党在 1990 年代晚期重建时就开始管理在苏格兰和威尔士的那些地方机构。但是这一格局在苏格兰的上一次选举（2007 年）中被打破，在这次选举中，苏格兰民族党（the Scottish National Party）在苏格兰议会赢得了多数席位，在他们的领袖亚历克斯·萨尔蒙德（Alex Salmond）的主持下该党组成了一个政府，亚历克斯·萨尔蒙德成为苏格兰首席大臣。相比之下，民族主义政府已经并仍然在魁北克、加泰罗尼亚和巴斯克执政。我们将要看一看，争取独立的苏格兰民族党是否会持续掌权并在未来的选举中增加所获得的选票。

单一认同还是多元认同？

放权政策已经在西班牙、英国和加拿大加强了人们的地区认同意识，在这三个案例中，放权政策都促进了地区和国家双重认同的出现和加强。

---

① SN 4766. *ESRC Devolution and Constitutional Change* (2001), UK Data Archive, www. data‐archive. ac. uk (consulted 16 February 2004), pp. 39–41.

② SN 4766. ESRC Devolution and Constitutional Change (2001), *UK Data Archive*, *www. data‐ar‐chive. ac. uk* (consulted 16 February 2004), p. 59.

③ Datos de Opinión, *Instituciones y autonomías. Boletín* 31, *enero‐abril Estudio CIS* 2455 *Institucio‐nes y autonomías*, *septiembre* 2002 (Centro de Investigaciones Sociológicas：Madrid, 2003). http：//www. cis. es/boletin/31/autonomias. Consulted 16. February 2004.

我发现在这些国家也存在其他类型的认同，如地域和跨国境的认同，而且这些认同有时表现得很强烈。但是由于篇幅所限，无法在本文中加以分析。

在加拿大，地区依附性表现得非常强。在纽芬兰岛和拉布拉多，97%的公民感觉自己隶属于他们的省；在英属哥伦比亚为88%，在艾伯塔有91%；在魁北克稍微低一点，为85%（包括讲英语的、讲法语的以及讲其他语言的魁北克人）。当问他们是否认为自己也隶属于加拿大，肯定的回答在英属哥伦比亚达到96%，在艾伯塔为95%，在纽芬兰岛和拉布拉多为92%，在魁北克为79%。① 这些数据显示，尽管加拿大的10个省中有7个省的居民感觉没有受到联邦政府适当的对待，但他们仍对国家具有很高的认同感。在纽芬兰岛和拉布拉多有85%的人感觉自己受到恶劣的对待，与此形成对比的是，只有16%的回答者认为他们所在的省得到了适当对待，相关的数据在魁北克是55%，在艾伯塔是42%。②

总之，尽管对联邦政府有很多的批评，加拿大人表现了相当强的双重认同：既认同自己所在的省份，也认同联邦。数据表明，在加拿大人当中认同国家的比例，要远远高于西班牙人和英国人中的比例。

在西班牙③，公民中认同自己"只是西班牙人"的最高比例，是居住在马德里自治区的人（30%）。相比之下，仅有12%的加泰罗尼亚人和5%的巴斯克人显示这种单一的西班牙国家认同。此外，有8%的加泰罗尼亚人和3%的巴斯克人感到自己"是加泰罗尼亚人或巴斯克人，但更是西班牙人"④。

---

① *Opinion Canada*, vol. 5, no. 17. 8 May 2003. http：//www. cric. ca Consulted on 5 March 2004.

② *Opinion Canada*, vol. 5, no. 17. 8 May 2003. http：//www. cric. ca Consulted on 5 March 2004.

③ Datos de Opinión, *Instituciones y autonomías. Boletín* 31, *enero – abril Estudio CIS* 2455 *Instituciones y autonomías*, *septiembre* 2002（Centro de Investigaciones Sociológicas：Madrid, 2003）. http：//www. cis. es/boletin/31/autonomias. Consulted 16. February 2004.

④ Alternative data concerning Catalonia provided by the Institut de Ciències Polítiques i Socials（ICPS）varies slightly from that produced by the CIS, Datos de Opinión. According to the 2003 ICPS opinion poll 9 per cent of Catalan citizens feel "only Spanish"; 4 per cent feel "more Spanish than Catalan"; 41 per cent feel "as Spanish as Catalan"; 27 per cent feel "more Catalan than Spanish"; and 16 per cent feel "only Catalan". *Sondeig d'Opinió* 2003（ICPS：Barcelona, 2004）, p. 84.

在公民当中，那些"仅仅"认同他们所属自治区的比例在巴斯克是25%，在加泰罗尼亚是16%，加里西亚是7%，加那利群岛是15%。那些把对自己所属自治区的认同置于对西班牙的认同之上的（"感觉自己也是西班牙人，但更强烈地认同是加泰罗尼亚人、加里西亚人、巴斯克人等"）比例在加泰罗尼亚得到最高分（24%），在加里西亚是25%，在巴斯克是19%。这清楚地表明，有相当比例的人——在加泰罗尼亚是40%，在巴斯克是44%，在加里西亚是32%——对自己所属地区的认同比对西班牙国家的认同更加强烈。

放权政策在西班牙加强了双重认同。对地方认同和国家认同都予关注的双重认同（这是指那些感到自己既是西班牙人同时又是加泰罗尼亚人、巴斯克人、安达卢西亚人等）的最高比例出现在埃斯特雷马杜拉（75%）、阿拉贡（73%）和安达卢西亚（70%）。与之相比，相应的最低比例出现在加泰罗尼亚（37%）和巴斯克（34%），在加里西亚为58%。这些数据反映，加泰罗尼亚人和巴斯克人所显示的认同感和加里西亚人相比存在差别，也显示有自己"历史上的民族"意识的公民们对其他西班牙人有着更弱的认同感。

在巴斯克，那些感到自己"只是西班牙人"的人，再加上那些感到"是巴斯克人但更是西班牙人"和"既是西班牙人又是巴斯克人"的人，总数只占总人口的42%（尚不到50%），这些人表现出一定程度的"西班牙认同"。以上的数据说明，巴斯克作为自治区有着最低的西班牙认同感，"只是西班牙人"的认同加上具有双重认同但更倾向于国家认同的比例仅有8%。在巴斯克，宣称各种类型双重认同的人的总比例仍然达到56%。而在加泰罗尼亚，相应的比例是69%。

在西班牙，放权政策没有导致对西班牙认同的削弱。相反，在后佛朗哥时期西班牙向民主体制、亲欧洲、世俗化、现代化、工业化的转型以及去中央集权化的政策导向，在一大部分人口中鼓励了双重认同。例如，已经使许多加泰罗尼亚人和巴斯克人以及其他西班牙人有可能认同西班牙国家。而在专制统治年代，当他们把西班牙政府视为一个镇压、限制和异国统治者时，这种认同是难以令人接受的。

在英国，17.7%的英格兰人、36%的苏格兰人和23%的威尔士人只认同他们的"民族"，即英格兰、苏格兰或威尔士，而不是英国。[1] 此外，13%的英格兰人、30.5%的苏格兰人和22%的威尔士人对他们所属民族的认同优先于对英国的认同。相比之下，那些感觉到自己"更多是英国人而非英格兰、苏格兰和威尔士人"的人相应的比例在英格兰是9%、苏格兰3%和威尔士11%。当公民们被问及他们是否感到自己"只是英国人"时，肯定回答的比例是非常低的，英格兰人是11%，苏格兰人是4%和威尔士人11%。[2]

英格兰41%的人、苏格兰23%的人和威尔士29%的人具有相同的双重认同，这些比例要低于西班牙的比例。那些宣称自己具有某种双重认同的人（不论他们是更认同地区还是更认同国家），在英格兰的比例是63%，在苏格兰是56.5%（与在巴斯克得到的比例接近），在威尔士是63%。令人惊奇的是，根据以上数据，加泰罗尼亚人具有双重认同的总比例要超过英格兰人、苏格兰人和威尔士人。

总之，除巴斯克和加泰罗尼亚之外，那些仅仅认同本地区（在英国是"民族"，在西班牙是"自治区"）的人所占比例，在英国要高于西班牙。在我看来，这可以用威尔士、苏格兰和英格兰在大不列颠王国的创建过程中长期被承认为"民族"（nations），以及帝国年代在英格兰推行"英格兰人"（English）和"英国人"（British）两种认同的彻底融合来加以解释。在那个年代，苏格兰和威尔士（在较低程度上）被允许培养自己独立的身份认同，这对帝国辽阔领地上的其他部分具有重大的影响。在西班牙，对巴斯克人和加泰罗尼亚人实施同化政策的失败，与长期不断尝试去消灭他们的特殊文化、语言和认同以及撤销他们的自治机构的历史压迫是有联系的。有关排斥和压制的近期记忆，是加泰罗尼亚联合马德里成为抵抗佛朗哥军队的最后堡垒。总之，镇压加泰罗尼亚人和巴斯克人的民族主义追求，促使他们与西班牙其他部分相比具有独特的认

---

[1]　*SN 4766. ESRC Devolution and Constitutional Change* (2001). UK Data Archive. www. data – archive. ac. uk (consulted 16 February 2004).

[2]　Simmilar data for Scotland can be found in McCrone, D. "National Identity in Scotland", Briefing Papers, Institute of Governance, University of Edinburgh. 10th January 2002. Web accessed on 15th March 2005.

同感。"只认同国家"的比重在两国相似（英国和西班牙），对国家的认同高于对所属地区认同的比重也大致相似。英格兰人显示出对英格兰和大不列颠的最高的双重认同感，这个特征是与长期在英格兰和大不列颠之间没有做出细致的区分是相联系的。

总的来说，我要说明的观点是，放权政策加强了之前已经存在的地区认同，并在以前没有地区认同的地区催生其出现。因此它在相应的年代里推动了双重认同的发展，即地区认同和国家认同。在西班牙和英国的案例中还有一个更高层次的认同，但是我在这篇文章中没有考虑，那就是欧洲认同的兴起。

放权会产生分离主义吗？

大多数西方的民族国家都出现了某些类型的放权。当然，具体到每个特殊的放权个案背后的考虑是多种多样的，每个国家实施放权的目的和机制也各不相同。各国在决定他们的地区边界时，往往会举出各种地理的、经济的、行政的、文化的以及历史的原因。[①]

在我看来，加拿大、西班牙和英国分享了四个共同特点。

第一，围绕联邦制、均衡放权和不均衡放权，各自接受了多种多样的放权模式。

第二，随着时间的流逝，各国的放权模式并不是静态不变的。

第三，在这三个案例中，存在一个或更多的强势少数民族，他们赋予自身一种共享的族群性和族群历史、文化和认同，这些发展成为争取自决的民族主义运动的强大动力，表现为争取更高程度的自治和政治分离的活动。

第四，到目前为止，在这三个案例中，没有一个地区的分离主义运动有效地推动其宣称代表的地区取得独立。尽管魁北克、加泰罗尼亚、巴斯

---

① Keating, M. "Asymmetrical government: Multinational states in an integrating Europe," *Publius*: *The Journal of Federalism*, vol. 29, no. 1, Winter 1999, pp. 71 – 86. See also Seymour, M. *The Fate of the Nation State* (McGill – Queen's University Press: Montreal&Kingston – London – Ithaca, 2004).

克和苏格兰的民族主义运动得到了强力支持，但所有这些运动似乎都通过政府设计的特定放权结构而得到了调解，这些结构到现在已经阻止了分离运动并弱化了对于独立的追求。然而，这些国家中主要的民族主义政党所追求的也并不是彻底的独立，而是鼓吹要求更多的放权或者某种"有资格独立"的身份，就像一些魁北克人所捍卫的"主权－伙伴关系"模式，这使得人们可能会怀疑他们在本质上是否真的是"民族主义者"。正如基廷（Keating）所争论的，"自治已不再意味着建立一个国家，或者是作为追求经济上自给自足的策略，它所牵涉的是创造出一个民族事业，围绕这个事业进行动员，并在一个复杂和相互依赖的世界中具备参与政策制定的能力"[1]。一个独立的魁北克将不得不依赖北美的其他部分。它将不得不通过谈判解决它在"北美自由贸易协定"（NAFTA）内的位置，"当面对美国和加拿大时，它的角色可能更多是一个规则履行人而不是规则制定者，不得不接受在其他地方制定的规则"[2]。

那么我们是否可以总结说放权政策表现为对分离主义运动的解毒剂的作用呢？如果是的话，为什么会发挥这样的作用？分离意味着民族自决和独立主权。这样，人们通过制定他们自己的法律和建立自己的制度以及认同来决定他们的政治命运。同时，一个新近建立的国家，要以独立国家的形式运行，需要被由民族国家组成的国际社会承认其具有一个平等的伙伴地位。而在西方民族国家这一方面，则是极其不愿意看到从他们的领土中分离出一些新国家的情况。

西方民族国家感到被分离的幽灵所威胁并强烈反对改变他们的领土边界。他们已经认识到当一个成功的分离主义运动导致一个新民族国家的建立后，会像苏联 1989 年后的情况一样，可能引发多米诺骨牌效应，使其他地方寻求独立的民族主义运动进一步激化。那么，我们是否可以推断说，对分离的警惕已经使各民族国家认识到，放权可以成为对有民族主义诉求的少数民族的一种安抚策略呢？在回答这个问题时，我们应当非常谨慎，

---

① Keating, M. *Nations against the State*: *The New Politics of Nationalism in Quebec*, *Catalonia and Scotland* (Palgrave: London, 2001), 2nd edition, p. 64.

② Keating, M. *Nations against the State*: *The New Politics of Nationalism in Quebec*, *Catalonia and Scotland* (Palgrave: London, 2001), 2nd edition, p. 134.

因为每个个案之间都存在细微差异。当加泰罗尼亚、巴斯克和苏格兰长期追求民族自决（self-determination）时，魁北克则更倾向于要求放权和"主权－伙伴关系"。在威尔士，放权的要求在1979年公投中被否决，但在1997年获得了刚过半数的支持。尽管这样，我相信我的观点是得到证实的，即前述加拿大、西班牙和英国的数据证明，在各个案例中实行的放权模式到目前已经对阻止分离主义做出了贡献。

加泰罗尼亚和巴斯克的追求独立的民族主义运动更倾向于维持与西班牙保留某种伙伴关系并获得欧盟成员的资格。在魁北克追求独立的运动支持与加拿大保持"主权－伙伴关系"。在苏格兰和威尔士，那些坚持要求更多自治权的政党比那些鼓吹完全独立的人获得了更多支持。而北爱尔兰则展现了不同的图景，从1997年重建以来，北爱尔兰议会（Stormont Assembly）被连续两次解散，揭示出在一个多年来充斥了仇恨、歧视和暴力的分离社会里，分享权力是何等困难。

我们研究的案例证明，放权的做法并不能完全满足有关自决的诉求，但可以削弱它们。它把地区运动和政党锁定在一个动态范围之中，导致其与中央政府之间几近永久的紧张关系，因为要真正落实那些关于更多自治和认同的诉求，并不那么容易。当然，放权也让少数民族得以享有某些实质的权力。在我看来，这些就是放权带来的部分成果，有助于解释其对分离运动所发挥的抑制作用。

1. 放权机构——国家议会、地方议会、省政府等的创立，对于公民社会发展的贡献可归为两个原因。第一，可以为推进那些彼此无关联的政策和区域预算规划提供资源的再分配。这些措施会使公民社会具有活力，鼓励在文化、经济和社会事业方面的地方/区域的创新动力。第二，鼓励在其他方面的投入，放权机构趋向于支持地方经济，恢复和继承地方历史遗产，创建地方性文化网络（如大学、剧院和图书馆）。正如我在这篇文章中表述的，以上没有一项与维护整体国家认同是不一致的。

2. 放权机制的建立必然会在一个地区催生出当地先前并不存在的共同地域认同意识，西班牙那些并非历史形成的自治区案例即可证明这一点。而在那些先前已经存在认同感意识的案例中，放权机构将会通过强化这些地区特有的文化、语言、地方艺术和选出有特定意义的区域地标物来加强这种区域认同。在这些元素中，有的发源于地方文化，其他的则是新近发明出来的产物。而不管它们是本土自生的还是发明的，是陈旧的还是新近的，这些文化的特征将会产生并持续维护当地的区域性集体认同。

如果在区域文化与国家象征之间出现了不和谐，通常区域文化都会对相关的国家象征提出质疑。所以，我想指出的是，放权以及由此而产生的地区机构——无论这一地区是否拥有历史或文化认同——将导致独立的地区认同的出现并不断强化它。没有其他地方比地方社区更能够在过去和今天的自决运动之间，在法律和特有的政治认同、文化认同和语言之间，建立起清晰的连接，而这些连接可以说明民族主义情感所具有的强大力量。加泰罗尼亚、巴斯克、苏格兰和魁北克即是展示这一点的突出案例。如马克斯·韦伯写道："在一个共同的民族或族群认同的构建中，共同享有的政治记忆是基本元素，即使在这些社区失去他们的政治独立后仍会保持一个很长的时期。"①

3. 放权的通常结果就是地区和国家双重认同的出现。像我在上面所展示的，地区认同的提升似乎可以与保持整体的国家认同和谐共存。

4. 放权加强了在地区层面建立的社区情感。当公民们得以参与决定他们的共同政治命运时，他们通常感到本地区领袖可以更好地代表自己的意见。更为重要的是，促进文化、经济以及改善公民生活的项目有助于通过鼓励他们的领导能力而增加他们的个人自尊。但这并不是说，我们应当忽略人们在面对放权安排中出现的资金缺乏状况、自私的政客、偶尔出现的腐败和不断增加的官僚主义作风时所表现出来的失望。

5. 地区政治精英群体的建立和巩固，使得这些精英人物得以享有不同程度的权力和声望。在地区范围内，这样的精英分子从相应的特权和尊贵地位中获得好处。② 一般说来，只有少数的地区精英分子能够在国家层面扮演重要角色，他们在自身所在地区所发挥的作用，取决于他们是否被认作政治、经济和文化方面的有重大影响的人。

---

① Weber, M. *Economy and Society* vol. 1 (University of California Press: Berkeley, 1978), p. 389.

② Guibernau, M. "Nationalism and Intellectuals in Nations without States: The Catalan Case", *Political Studies*, vol. 48, no. 5, December 2000, pp. 989 – 1005, see pp. 1003 – 1004.

当实质性的放权伴随中央政府提供的充足（甚至慷慨丰富的）资源时，这将自动地提高地方政治精英的形象。地区政府成员、本土资产阶级（如果存在这样一个阶级）的核心分子、一些杰出的知识分子是精英人物的主体。此外，被选出的那些代表不同政治派别的议会领袖们，毫无例外会在地方精英的范围内进行合作。

地方政治领袖们通常会与中央政府进行权力斗争，并常常没有底线。他们准备保持、强化，有时甚至减弱这种相互冲突的关系。但是，他们极少会为了争取独立而采取有可能带来不可预知后果的激进行动。在我看来，通过向分离主义的领袖们提供一些政治权力和社会声望，中央政府的放权政策驯化了他们。在放权过程中展示出一定的"安慰"效果，可以把分离主义者的目标引导到另一个方向，即无休止地追求享有更多权力和争取受到更多重视。

6. 放权有助于加强民主，使人们更加接近决策过程。问题在哪儿出现，就在哪儿被确认、分析和解决。地方政治家们通常对他们选民的需要和期望具有更清晰的认识。

总　结

依据已经展示的证据，我们可以得出以下结论。

（1）放权，伴随着权力的切实下放、地区机构的建立和重要资源的开放，正如加拿大、西班牙和英国的个案，会导致民众中区域认同意识的出现，但这并不必然会削弱民众对国家的认同。

（2）放权并不会促进分离，因为放权一般不会对民族国家的领土完整产生威胁。这篇文章中提供的证据表明，放权通过两种方法驯化分离主义：一是向那些寻求被接纳的少数民族提供重要的权力和资源，二是用权力、声望和津贴来吸引地方政治精英的合作。

总之，如果放权政策建立在相互信任、彼此承认和可靠的财政安排上，它就是一个把少数民族容纳进自由民主体制的成功策略。但是，在中央政府和地方机构之间的复杂关系中很可能始终会保持某种紧张，因为在一定范围内，他们各自的目标是不一样的。国家的决心是保护他的领土的完整，他的愿望是要在公民们中鼓励单一的国家认同，因此必然与少数民族（或者没有国家的民族）发生抵触，这些少数民族希望作为独立的民众（demos）得到承认，有权决定自己的政治命运和培养独特的认同意识。

（李冰　译）

澳大利亚的土著居民和中国的
少数族群：比较和对照

科林·马克拉斯（Colin Mackerras）*

在本文中，我们将会看到在这两个国家存在一些相似的情况，但是也有一些重大的差别。相似之处是这两个国家都强调经济发展和健康的重要性。不同的地方是在制定政策的过程当中，澳大利亚的法律体系发挥着更大的作用。在中国，中国共产党远远比澳大利亚的任何一个政党都更加具有影响力。

这篇文章的目的是对中华人民共和国和澳大利亚的少数族群政策做出一些比较。时间基本框定在 21 世纪，不过也涉及了 20 世纪 90 年代一些主要的简略而又必要的历史背景。中国的少数族群是中国政府现在称为"少数民族"的 55 个族群。而在澳大利亚，少数族群指的是被叫

* 中文名字为马克林，澳大利亚格里菲斯大学（Griffith University）国际商务与亚洲研究系教授（1939～）。获得 Australian National University 博士学位，曾多年主编 *Asian Ethnicity* 杂志，是研究中国少数族群问题的专家。先后出版了 *China's Minorities：Integration and Modernization in the Twentieth Century*（Oxford Univ. Press，1994），*China's Minority Cultures：Identities and Integration Since 1912*（St. Martin's Press，1995），*Western Images of China*（Oxford Univ. Press，1999，2nd ed.），*The New Cambridge Handbook of Contemporary China*（Cambridge Univ. Press，2001），*China's Ethnic Minorities and Globalization*（Routledge Curzon，2003）等著作并发表大量论文。他 1964 年来北京外国语学院任教，"文化大革命"期间返回澳大利亚，1980 年代后任北京外国语大学客座教授并来华授课多年。

作土著居民和托雷斯海峡岛民的原住民人口，不过这种界定仍处于争议之中。

我必须承认我的文章在一些方面并不是很符合 2007 年北京论坛的主题"文明的和谐"。然而，谁都难以否认人们把人类文明发展的多样性作为追求的中心要旨，这一要旨在本文描绘的澳大利亚和中国之间的比较和对比中得到了明显的体现，两个国家都为其族群关系的和谐而努力。尽管媒体常常报道不和谐的地方，尤其是在澳大利亚，但是在这两个国家中，事实上的和谐相处比日常关系中的冲突更为普遍。

导　言

中国和澳大利亚在大多数方面都有着极大的不同，但确实也有一些相似之处。这两个国家的政治体系和制度是非常不同的。中国很多世纪以来都有自己的中央政府，可是澳大利亚联邦正式发挥作用仅仅是从 1901 年开始的。中国有十分繁盛和悠久的文化。澳大利亚的文化则是衍生性的，它的原住民文化十分薄弱。根据 2006 年的人口普查①，澳大利亚只有2006.1646 万人，而中国则有 13 亿 1448 万人（2006 年底估计），澳大利亚的总人口并不比上海的人口（2006 年底是 1815 万人）② 多出多少。一个相似之处是两个国家的国土面积都很大，只不过澳大利亚是一个岛国，中国则位于大陆。对于少数族群来说，这个事实很重要，因为作为一个岛国就避免了潜在的边界划分问题。

对于一个少数族群究竟是如何构成的，澳大利亚和中国具有迥异的理解。中国共识别出了 56 个族群——汉族以及另外 55 个少数族群。尽管历史上发生过迁徙，并且人口迁徙在今天依然发生，可是在过去的很多世纪里，几乎所有的中国人都是中国的原住居民。相比之下，澳大利亚非常明显是一个移民国家。2002 年，在海外出生的人口所占比例是 23%，其中人

---

① 澳大利亚统计局（ABS），"最新国家统计简报"，2007 年 6 月 27 日，http：//www.census.abs.gov.au/websitedbs/d3310114.nsf/home/statistics + headlines？Open Document，2007 年 6 月 27 日发布。

② 中国国家统计局编《中国统计年鉴 2007》，中国统计出版社，2007，第 105、107 页。

数最多的来自英国（占人口总数的6%）①。澳大利亚有一项多元文化主义政策，认为来自世界不同文化的人们不仅应该彼此宽容，而且要相互接触。但是，在澳大利亚始终不存在关于族群构成的正式定义。在人口普查中会问及一些有关族群性的问题，其中包括血缘、母语、出生地以及英语口语的熟练程度。这次普查也问及人们是否将他们自己视为原住民，同时让他们做出许多关于自己的分类，例如关于工作、母语、人口规模和分布的分类。让人们自己来决定他们是不是"原住民"的观念，增加了土著人口的数量，因为这些年里土著积极分子组织的运动提升了人们成为"土著居民"的自豪感，因此许多人要求获得"土著居民"身份，即使他们血统中的土著人血统还远远不到一半。这篇文章考虑的只是原住民人口而不包括外来移民。

中国最近的人口普查是2000年，而澳大利亚两次最近的人口普查分别是在2001年和2006年。2007年6月底开始发布2006年人口普查的结果，这些结果虽被大量引用，但是仍有一些数据无法获得，因此我还是依赖2001年人口普查的结果。中国2000年的人口普查显示55个少数族群的人口占中国总人口的8.41%，即12亿6583万人口中的1亿643万人。② 根据澳大利亚2006年的人口普查，土著人口为45.5031万人，占到总人口的2.27%。③

20世纪90年代的历史背景

自从1990年以来，澳大利亚出现了一些重大的发展。1990年，霍克（Hawke）执政的澳大利亚工党（ALP）政府出台了一项和解政策。在1992年的6月，高等法院对原住民的土地权利做出了一项重大判决。托雷斯海峡岛民埃迪·马博曾呼吁在长期占据基础上的土地所有权，而他的对手则

---

① *The Complete Fact Finder on Australia & the World* 2005, Hardie Grant Books, Melbourne, 2005, p.51. 截至2006年的人口普查，澳大利亚总人口中海外诞生的比例是22.2%。参见ABS，"最新国家统计简报"。

② 《中国统计年鉴2007》，第108页。

③ ABS，"最新国家统计简报"。

争辩说如果土地没有明确的法律上的所有权归属，那么它就应该被列为"无人所有"（无主地）①，白人居住者就可以从土著占有者那里接管土地并享有法律上的所有权。高等法院站在了马博的一边，反对"无主地"的说法，并决定如果土著居民能够证明他们在很长一段时期内一直占据着这块土地，那么这块土地就归这些土著居民所有。

工党的保罗·基廷政府（Paul Keating，1991 年底开始掌权）在 1993年《本土权利法案》（*Native Title Act*）中将马博的决定上升为法律。基廷热情洋溢地支持土著人的土地权利。在 1996 年 12 月，高等法院通过了另外一项与原住民相关的决定。在一项涉及西昆士兰州的维克（Wik）人的案件中，高等法院裁决，牧民的租借不会威胁土著人的土地权利。这意味着即使白人牧民已经在很长一段时间内租借了土著人所有的土地，土著人的土地所有权仍然是合法的。这个案件更符合牧民利益的一个方面是，高等法院宣布，在因为土地使用期限而爆发冲突的地方，牧民的租约依然有效。1996 年 3 月，就在对维克人的决定施行之前，基廷在总理的竞选中被更为保守的自由和国家政党联盟领导人约翰·霍华德击败。霍华德对土著人利益的关心远远不及他的前任。

土著人事件的另一个方面是，基廷政府在 1995 年成立了一个委员会，观察那些为了接受白人抚养和白人社会教育而被带离母亲身边的土著孩子的成长环境。霍华德政府 1997 年 5 月在议会上提交了观察结果的报告。以《带他们回家》（*Bringing Them Home*）为题的这份报告称这段历史为"被偷走的几代人"（the stolen generations），并指责说以前的同化政策实际上将孩子们从他们原住社区盗走，给土著居民带来巨大的痛苦。

关于被偷走的几代人的争论包括：作为和解的一部分，要求政府应该对土著居民做出正式道歉。② 而霍华德拒绝道歉的理由，是他不应该为前任政府犯下的错误买单。同时他也注意到，任何让步都会导致众多的法律诉

---

① 关于无主地，更为详细和清楚的定义为"在欧洲人定居的时候，作为游牧人，土著人并没有提出索要的土地"。

② 在《带他们回家》这份报告的 54 条建议中，建议 5a 是"所有的澳大利亚议会：①官方承认前任政府强行修改法律、警政和实务的法律责任；②与土著居民和托雷斯海峡岛民委员会协商，对原住民个人、家庭和社区做出官方道歉，并在更广大的范围上和文化上适当地公开这些道歉……"。

讼，这最终会使澳大利亚的纳税人付出非常昂贵的代价。

无论是《带他们回家》这篇报告，还是道歉问题，公共舆论对它们的态度都分化得非常厉害。一位学者声称"政府拒绝和拖延的手法助长了歪曲、否认和指责的风气，并且让公众对真相的感知蒙上了阴影"。所有的州政府均发表了一份正式道歉，工党也声称，他们在组建政府之后也会做出类似的道歉。就在 2007 年 11 月拉德刚刚当选之后，他说会首先处理这个事件，但是道歉还取决于和原住民代表的一些讨论，阐明态度还需要一些时间。

霍华德政策的第一要务是提高土著居民的生活标准。他相信和解与道歉问题是象征性的，而非政治性的，相比于不道歉而言，土著居民的贫穷和低生活水平是他们过上体面生活的更为重大的障碍。霍华德在议会中说"我们不为象征主义所困扰，相反，我们关注实际的成果"。

经济发展问题是中国和澳大利亚共同面对的一个问题。新中国实行民族区域自治政策，对特殊地区的少数族群实行优惠待遇。在一定程度上，澳大利亚也实施了相似的政策，即针对土地所有权的设想。1990 年，澳大利亚政府成立了一个叫作土著居民和托雷斯海峡岛民委员会（the Aboriginal and Torres Strait Islander Commission，ATSIC）的机构，以照顾原住民的事务①。但是，霍华德政府倾向反对自治，在 2005 年 ATSIC 被废除。

这两个国家另外一项相似的政策是对少数族群文化生存的关心。在澳大利亚，土著居民对他们语言和文化将会灭亡的可能性极端敏感，相当数额的资金被用来试图保存独特的土著文化。在中国，民族区域自治政策规定少数族群在私人和公共场合都可以使用自己的语言，弘扬自己的文化。出于一系列原因，一些族群的语言和文化在 20 世纪 90 年代趋于消失，尽管还有一些语言仍旧保持着旺盛的生命力。中国宪法的第四条规定"各民族都有使用和发展自己的语言文字的自由，都有保持或者改革自己的风俗习惯的自由"。不过，在我看来，中国在 20 世纪 90 年代对少数族群施行的总体政策的动机和澳大利亚的情况是非常不同的。其中最重要的一个不同

---

① See "ATSIC" in Galligan & Roberts（eds），*The Oxford Companion to Australian Politics*，p. 50.

就是对社会稳定的关注，这主要是指中国政府坚持国家的统一以及中华人民共和国领土的完整。

21 世纪中国的发展

总体上看，21 世纪中国在族群事务的发展已经相当融洽。我上面已经提到的自治程度的提高，源于 2001 年对民族区域自治政策的修订。经济发展是如此之快。西部大开发战略在所有少数族群地区都取得了丰硕的成果，2006 年青藏铁路的开通，极大地加强了西藏和中国其他地区的联系。中国在政治、经济和文化方面的整合已经超过了历史上的任何时期。

我亲眼看到传统文化在所有少数族群地区尤其是在乡村生存的证据，而没有看到任何专门敌视少数族群文化的政策的迹象。不过，我也确实看到了汉语在中国大地上的普及越来越快、越来越广泛。虽然这种现象是自然和良好的，促进了国家融合，但这也意味着从长期发展的角度来看，少数族群语言会在公共领域逐渐消失，而一些类似于藏语和维吾尔语的少数族群语言有可能还会在私人领域幸存。这个问题并不是中国所独有的，事实上，这样的现象同样存在于所有拥有强大民族文化和诸多少数族群的国家。

虽然在中国仍然存在很多问题，但是，包括那些过去曾经给中国政府带来最严重问题的地区，族群事务现在表现出一种主要沿着和谐方向前进的趋势。

澳大利亚：《小孩子是神圣的》报告和政策影响

我们现在转向澳大利亚，迄今为止在 21 世纪最著名的事件是霍华德政府决定介入北部领地（Northern Territory，NT）土著人社区的事务，在那里的一个主要问题是性虐待（sexual abuse）。本文打算主要关注这个事件，主要有两个原因。第一，随着这次论坛的召开，这个事件不仅仅是澳大利亚族群事务，同时也是澳大利亚政治和整个社会的最新和最重要的事件。第二，这次论坛对中国的族群事务给予了大量的关注，而在澳大利亚出现的这个事件在世界其他地方很少或者根本没有得到关注。所以，尽管这个事件没有体现本次论坛的和谐主题，我还是要把它提出来。

2006 年 6 月，澳大利亚广播公司报道了一个令人震惊的电视报告，报道北部领地土著人社区的恋童癖和儿童性虐待事件。据说肇事者是社区的领导者们，他们常常被称为"叔叔"。报道同时宣称，暴力在这些地区流行。这一事件的披露在澳大利亚激起了广泛的争论。

这里所涉及的一个问题，是分析虐待之所以广泛存在的原因。这份报道声称，在这些社区，色情业在大规模地增长，孩子们从很小的年纪开始就成为性剥削的对象。但是，研究者往往更多地指责普遍的酗酒（alcoholism）和嗅闻石油（petrol sniffing），还伴随着因高失业率而带来的极度无聊，数年来政府对这些社区的忽视等。按照有影响力的知识分子罗伯特·曼恩（Robert Manne）的看法，事实上在 20 世纪 60 年代实施的改革措施的催发下，土著人社区的形势就已经更加恶化了。那些措施曾经被用来解决在长期同化、歧视和压迫政策之下出现的问题。他以一个在土著居民事务中长期获得公认的领导者尼尔·皮尔逊（Noel Pearson）为例，将普遍的酗酒、福利依赖和失业视为引发问题的原因而非症状。①

另外一个问题，就是对北部领地土著人社区的形势使用"习惯法"是否适当，或者说政府是否应该坚持土著人必须遵守所有其他国民所遵守的国家法律。土著人利益的一些拥护者争辩说，这种性虐待遵循的是土著人的习惯法，因为习惯法允许女孩儿在很小的时候结婚，而且给予传统的社区长者以很大的权力来支配当地每个成员的生活。而政府的部长们则坚持说，在这些案件的审判中应当禁止沿袭习惯法，土著居民应当和其他人遵守同样的法律。他们赞成一种"新家长制"（a new paternalism），将减少土著居民的自治权，宣称问题之所以产生，部分源于所谓的"政治正确性"，它阻止了围绕土著居民议题展开的正常的争论，而这些争论对所有其他澳大利亚人来说十分正常。很自然地，大部分土著居民的领导者认为这件事总的来说是侮辱性的，因为他们的文化被视作一个恋童癖非常普遍的文化，

---

① Robert Manne, "PM Deaf to the True Aboriginal Condition", *The Weekend Australian*, 11 – 12 August 2007, p. 26.

他们非常反感政府官员将此解读为土著居民无法管理好自身的事务。一个重要的例外是尼尔·皮尔逊，他指责"福利依赖"，认为给予土著居民好工作和禁止他们酗酒才是解决问题的措施。① 很多土著居民社区，尤其是在昆士兰州，已经变得"干燥"，这意味着不再出售酒类，像皮尔逊这样的人希望对酒精严格限制的地域应继续扩展，包括北部领地。

ABC 的报道以及随后的讨论立刻产生了影响，北部领地首席部长克莱尔·马丁成立了一个调查委员会，目的是对应当采取什么适当行动提出建议，从而解决这个重大问题。这个委员会有两个主席：资深律师瑞克斯·瓦尔德和土著居民的拥护者帕特里夏·安德森——她本人就是原住民奥亚瓦尔（Alyawarr）人。2007 年 6 月 15 日她进一步发表了题为《小孩子是神圣的》的报告，其中描绘了北部领地土著居民社区非常黯淡的生活画面。即使报告不能完全确证恋童癖集团的程度——在 2006 年 6 月的报告中，这个集团曾经如此的显著——但是这份报告的确揭露了广泛存在的对儿童的虐待。在肇事者当中，大约有一半与受害者相识但不是其家庭成员，另外 23% 是亲密的家庭成员，10% 是其他的亲戚。"根据这份报告，在所有被报道的土著居民社区中的儿童受虐待案件里，只有14% 的肇事者是受害者不认识的。"②

在瓦尔德和安德森发布的这份报告中，把糟糕的形势主要归咎于安德森所描绘的"酒水之河"。瓦尔德和安德森说："在酗酒、暴力和儿童性虐待之间存在着强烈的相互关联。酒精正在毁灭社区。"他们把酒精饮料形容为"对土著儿童安全最严重的也是增长最快的威胁"。至于解决办法，他们强调要把教育置于首位，"教育是帮助儿童和社区培育安全、良好家庭的关键"，他们说，"让孩子们上学是必要的，因为他们在学校里是安全的，教育提供了避免那些导致暴力发生的社会问题和经济问题的一种方式，孩子们在学校里可以信任他们的老师。"③

---

① 关于澳大利亚（也包括美国）的种族问题的一个非常深切的分析，可以参考 Noel Pearson, "White Guilt, Victimhood, and the Quest for a Radical Centre," *Unintended Consequences*, *Griffith Review*, no. 16, Winter 2007。

② Michael McKenna, "Plenty of Opportunities for Predators," *The Weekend Australian*, 23 - 24 June 2007, p. 7.

③ http://www.nt.gov.au/dcm/inquirysaac/media_ release. html, 2007 年 7 月 9 日访问。

尼尔·皮尔逊热烈地欢迎这份报道，呼吁政府立即采取行动拯救孩子们。他在6月19日国家广播电台的发言当中，把对种族歧视或者家长制的关注撇在一旁，在这两个议题上，人们通常会对政府的干预主义行动提出批评。他说："当一个狂欢酒会在大厅中举行时，你们去问问那些蜷缩在角落里的惊恐万状的孩子们，他们是否还需要一点家长制?"①

部分是由于被尼尔·皮尔逊的热情所感动，总理霍华德采取了果断的干预措施。他要求北部领地政府采取措施，在等待了一段时候后，霍华德声称他正在占领北部领地的土著社区，实际上他从北部领地政府手中夺取了政权。根据澳大利亚宪法规定，联邦政府在某些情况下拥有此项权力。霍华德和他的土著事务部部长马尔·布拉夫（Mal Brough）声称，这份报告中揭示的儿童受虐待的程度可以被视为国家紧急情况，需要立即采取行动。他的考虑是把警察、军队和医生派进去，并赋予他们大量的权力，包括对被怀疑是虐待受害者的儿童进行强制性医疗检查。政府取消了"许可证制度"，这一制度允许地方土著权威决定外来者是否可以进入他们的社区。

最初对霍华德果断行动的反应是积极的。澳大利亚工党领袖凯文·拉德（Kevin Rudd）宣布他支持这项行动。新闻界基本上也是支持的。《澳大利亚人》（*The Australian*）发表了一篇强烈支持霍华德行动的社论。在下面的这些文字中，社论攻击了那些敌视干预的人们：

> 至于对霍华德计划的批评，有些争论集中于讨论原住民的缺点是否是缺少关于权利和责任的意识，更多的却是强调原住民因自身受到压迫而在道德上具有的优势。一些批评家不是去寻找解决困扰原住民社区危机的办法，而宁愿通过描述很久以前的那些居民的悲惨境遇，来打击约翰·霍华德和现有秩序。对他们来说，最难堪的事，就是总理在做出应急反应时明显得到主流思想家的支持。更糟糕的是，并不是种族压迫的欲望导致了主流思想家的支持，主流思想家表达出来的是对澳大利亚土著居民后裔的真诚和善意。

在这个议题上，这些对政府的批评与普通民众的核心信念之间竟

---

① Patricia Karvelas, "Moved by Pearson's Passion," *The Weekend Australian*, 23－24 June 2007, p. 1.

是如此脱节。①

　　在干预之后的几个星期，这些行动仍然得到普遍的强力支持。Newspoll 公司在 2007 年 7 月 6～8 日这个周末进行的一项民意测验发现，61% 的回答者支持在原住民社区的干预行动，其中 34% 的人强烈支持，而只有 23% 的人持反对态度，16% 的人态度不明确。尽管与此同时，保守党政府的民意支持率持续地落后于工党。② 民意领袖对这一任务的支持——打击原住民社区的儿童虐待——仍旧很坚定。不过，霍华德的办法也遭受了来自多方的猛烈攻击，包括来自原住民社区的抗议，以及上述社论中提到的那些批评。一位工党领导人指责霍华德是种族主义，因为政府干预针对的只是土著居民社区，而不是所有的社区。另外一位领导人则指责他是在利用土著居民的苦难来拉高自己的政治优势，因为霍华德要面对在 2007 年末举行的联邦大选，而保守党政府的民意支持度始终落后于工党。绿党领袖鲍勃·布朗在 2007 年 8 月中旬的声明中认为霍华德的干预是违宪的，因为这一举动将土著人和其他公民区别对待，这是歧视性的和不公平的。

　　在澳大利亚，许多议题都被卷入霍华德采取的这一行动和对行动的反应当中。有些问题涉及州政府和领地的宪法权利，以及运用这些权利来对抗联邦政府的权力。还有一些问题是对政府的批评，因为这一行动采取了自上而下的方式，并没有事先征询土著居民群体的意见。政府认为有必要对土著居民的土地签订一份五年的租约来实施这一计划，有人因此指责说，这次行动其实不过是简单的抢夺土地和对原住民土地所有权与自决权的否定。有些人反对通过"福利检疫"来防止福利资金被用于酗酒。我这里需要考虑的最后一点是，在诸多相关因素之中，政府对《小孩子是神圣的》这一报告的反应是否有点过于强硬和突然。

---

① Editorial, "The Rise of Rights and Responsibilities: The Howard Intervention Finds a Receptive Mood to Help," *The Australian*, 26 June 2007, p. 13.

② 2007 年 7 月 10 日的《澳大利亚人》第 4 页上可以找到显示 Newspoll 调查结果的图表。结果显示了选民的意向，如果当时举行选举的话，强烈支持工党的人数比（56%）超过政府的获支持比（44%），数字显示这会是一个压倒性的胜利。几乎 2007 年所有的民意测验都显示国家政党联盟的支持率落后于工党。在 11 月 24 日的选举中，大约 53% 的选民支持工党，而 47% 的选民更支持国家政党联盟。

　　尽管这份报告关注的仅仅是北部领地，事实上瓦尔德和安德森的报告中所描述的条件也同样适用于其他一些地方，尤其是新南威尔士州、昆士兰州和西澳大利亚州。霍华德急切希望这几个州的政府也跟随他的领导禁止土著居民社区的酗酒和恋童癖。然而，这已被证明是相当困难的，因为即使儿童性虐待问题在全国很普遍，但是各州政府在土著居民事务上有不同的政策。昆士兰州州长皮特·比提声称他的政府已经禁止不少土著居民社区的酗酒，不需要联邦采取任何针对昆士兰州事务的干预行动。在新南威尔士州，州政府已经饱受批评，"一份揭露该州土著居民中猖獗的儿童性虐待问题的报告提出一些建议，但是政府却未能落实"①。霍华德行动再一次暴露了联邦体系存在的问题，在这个体系中，各州和领地疯狂地维护自己的权力和权利，并不支持和他们密切相关的国家行动。

　　上面引用的社论还有一个隐含之意，当涉及土著居民的事务时，人们已经惯于彼此指责。正因为如此，在原住民社区有许多人相信自己处于被责备的境地，便以强烈的反指责来回应来自非原住民的批评，尤其是政府的批评。Gunditjmara Nation 的土著长老罗伯特·露接受了 ABC 国家电台 2007 年 7 月 7 日《都在心中》节目的采访，我以此作为一个有代表性的事例。这个节目涉及的是与文化敏感性高度相关的问题。他被问及，为什么要传达出对受虐儿童困境的紧迫感会是如此之难。他承认，这的确是一个议题，但是政府同样应该受到指责，因为政府对待土著居民的关切采取了种族主义的态度，使原住民倾向于彼此信任因此他们不准备接受针对原住民的任何责备。我们可以看到种族隔离的鸿沟依然非常之深。

　　有许多人批评政府采用的方法是自上而下的、反民主和家长式的。右翼评论家为此辩护，他们提出的最简单的理由就是，长期以来当局过于害怕自身行动脱离大众的普遍观念，即任何人都不应该不经过协商而行事，结果许多该做的事没有去做。他们认为，如果有两位很受尊敬的人物在报告中描绘了一种紧急形势，那么政府的职责就是行动，并且应立即采取行动。他们宣称，那些在咨询中可能提出抗议的人，也许正是那些经常酗酒、

---

① Dennis Shanahan and Patricia Karvelas, "States Must Help Tackle Abuse: PM," *The Weekend Australian*, 23 – 24 June 2007, p. 1.

作奸犯科包括虐待儿童的人。尼尔·皮尔逊也加入了这种声音，要求对那些因为施虐者是家庭成员或者与自己相识而拒绝配合官方调查的父母追究刑事责任。①

对政府抢夺土地的指责基于这样的事实：政府公然租用土地五年，同时还辩解说这对实施政府的改革计划是必要的。许多批评者根本不相信契约是真实的。他们声称政府仅仅使用"契约"作为抢夺的外衣，这会使多年来取得的土地权利的进步出现倒退，其中一些权利在前面已经做过讨论。2007 年 7 月 9 日，一支游行队伍穿过北部领地的爱丽斯·斯普林斯镇中心，开始了为期一周的土著人文化的庆祝活动。示威者高举横幅，声讨霍华德的干预计划是一场土地抢夺。特别是 Lhere Arthepe Native Title Holders 的首领肯尼·劳顿告诉人们："这是要拿走更多的权利，制定更多的规则，以使政府能够更多地控制我们，让我们保持贫困。……这就是这个游戏的名称。在约翰·霍华德统治下的白人澳大利亚社会里，我们仍然是永远的三等公民。"②

政府回应说，土地一定会归还他们，绝对无意收回土地权利，是土著居民而非政府拥有这些土地。干预土著事务的行动发生后不久，原住民事务部部长马尔·布拉夫明确表示，联邦政府是租用土地，而不是拥有它们，所以原住民的土地所有权不会丧失。他说他已经就土地租用是否会剥夺原住民的土地所有权这件事寻求法律意见，得到的是否定的回答③。

具有讽刺意义的是，在这个案件中存在一个反向指控。许多人认为政府将无法取得行动的成功，所有一切仍旧会保持 2007 年 6 月之前的样子。在某种程度上，这与批评政府太强势、接管不属于他们的土地的指责是背道而驰的。如果政府仅租赁土地五年，他们很可能会迅速撤出。

"福利检疫"是政府计划中的一个主要组成部分。当局声称对那些可能将发放的福利金用来酗酒而非用于吃饭穿衣、子女教育和其他必需品的人，

---

① Tony Koch and Dennis Shanahan, "Get Parents Who Shield Abusers: Pearson," *The Australian*, 26 June 2007, p. 1.

② ABC 新闻，http://www.abc.net.au/news/stories/2007/07/09/1973716.htm. 2007 年 7 月 9 日发布。

③ Patricia Karvelas, "Native Title Safe, Brough Promises," *The Australian*, 5 July 2007, p. 4.

有必要停止对其发放福利金。有些人认为公平地推行这样的计划是不可能的，不过另外一些人认为采取这样的措施十分必要。土著人领导者尼尔·皮尔逊就是因为坚持主张对那些不能保证恰当使用福利金的人停发福利，因而获得了公众称赞。

是不是真的有必要出动警察和军队来实行这项计划？批评者认为这种方法是不必要的压制手段，而且如果不通过协商的方式得到土著居民的支持，就注定要失败。政府的回应是当许多人在酒醉状态实施犯罪时，必须要让警察和军队介入。除此之外，谁能阻止"酒水之河"的流动呢？如果罪行得到确认，那些罪犯难道不应该被追究责任吗？

谈到霍华德干预行动的结果，既然大部分人同意这项计划是一个长期计划并且需要这样做，那么在有任何清晰的结果之前，一定需要有一段时间。在最初的抱怨出现时，相关社区的土著居民害怕干预，也不理解干预行动的目标或者意义。穆图楚鲁镇（Mutitjulu）是在新计划之下派出警察和军队处理儿童性虐待的第一个土著人城镇。这个小镇在 2006 年曾经传出爆炸性新闻，那里的女孩早在五岁时就已经染上了有传染性的性病。在这个小镇，在干预行动实施后不久传出的报道，声称当地妇女和孩子正在逃亡，她们害怕会被强迫接受医疗检查，更害怕孩子们被强行带走，就像那些"被偷走的"几代儿童，她们担心孩子们被强行带走的理由是唯有这样才能使孩子免受虐待。①

但是，马尔·布拉夫在 7 月初访问了一些城镇，包括穆图楚鲁镇，他讲述了一个非常不同的故事。他的解释是土著妇女和其他一些人在祈求帮助，反对导致他们孩子遭受虐待的酗酒。他声称听到的所有批评并不是针对干预行动本身，而是指责干预来得太晚了。他认为被派去的警察和医生的表现令人钦佩，赢得了当地人们的尊重和感激。

在 2007 年 8 月中旬，为干预计划提供了法律基础的 500 页的国家应急法草案（National Emergency Response Legislation）被呈报澳大利亚议会。草案中的措施遵循了政府改革初始的模式：包括福利限制、许可证制度的改

---

① Patricia Karvelas, "Community Residents Flee, Fearing Children Will Be Taken," *The Australian*, 26 June 2007, p. 2.

变、酒精和色情禁令、儿童医疗检查以及在26个土著社区通过五年租约建立行政镇。就在不久前，一些土著领导人前往堪培拉，试图说服议会对草案投反对票，或者至少推迟投票，并要其在通过之前进行充分的讨论。在议会投票中，工党支持这一立法草案，只有少数政党——绿党和澳大利亚民主党投了反对票，结果这一法案在参议院和众议院获得绝大多数议员的支持。土著人中的主导意见是坚决反对这一立法，尤其反对霍华德政府在此之前不征询当地社区意见的行为方式。前北部领地内阁部长土著人约翰·阿·吉提（John Ah Kit）代表了这一派思想，他将这一立法批评为"种族主义的"①。曾促使霍华德政府采取行动的报告的合作者之一派特·安德森（Pat Anderson）也评论说，这一立法采取的措施"不过是虐待的另一种形式"②。她并没有改变她认为有必要打击北部领地虐待儿童罪行的初衷，但是对采用的办法感到非常失望。然而对于大多数澳大利亚人来说，这个议题并不是他们首要关注的问题之一，反对的声音也相当平淡。看起来多数人已经厌倦了对土著人权利的这种强调，认为其结果已经助长并恶化了一些重要的社会问题。即使他们不同意霍华德政府的办法，但是霍华德政府愿意咬紧牙关、战胜反对意见推行改革这一点是更为重要的。

　　在2007年11月24日的选举中，干预行动的主要支持者——约翰·霍华德和马尔·布拉夫不仅失去了政府职位，甚至也失去了他们自己的选区。他们已不再是部长，甚至不再是议会成员。在这一周的选举中，新任土著事务部部长珍妮·麦克林宣布她"计划和州政府谈判，在全国范围内实施北部领地的干预行动，发誓无论如何都要改善土著人的生活"。③ 她和总理凯文·拉德明确表示，他们会遵循干预行动的基本思想，包括使用武力阻止性虐待和控制福利基金以防止其被用于酗酒和赌博。在另一方面，珍妮·麦克林宣布，她将与当地土著领导者更加密切地商讨恢复许可证制度，以使当地领导人对于外人能否进入他们社区拥有更大的控制权。

---

① *See*, Ashleigh Wilson, "Busy Week for Changing Indigenous Way of Life," *The Weekend Australian*, 11 - 12 August 2007, p. 31。

② Selina Mitchell, "Safe Passage for Territory Package," *The Weekend Australian*, 11 - 12 August 2007, p. 6.

③ Patricia Karvelas and Simon Kearney, "Labor Eyes Expanded NT Scheme," *The Weekend Australian*, 1 - 2 December 2007, p. 1.

随着这一切的发生，2007 年 12 月在昆士兰州又爆发一桩丑闻，据透露，在北昆士兰奥鲁昆的一个原住民社区，由于法官和检察官的过分宽大，轮奸 1 名 10 岁女孩的 9 名罪犯在 2005 年被免于牢狱之灾。有报道称 2007 年 1 月在珀斯举行的记者招待会上，法官曾表示"对土著人判刑从来都不容易"。这也许揭示一个白人法官在与土著人打交道时可能受到限制，如果法官对待土著人过于严厉，就有可能背上种族主义的指控。昆士兰州政府对法官的判决结果提出上诉，认为应对罪犯实施更加严厉的处罚，而土著居民的一位学术领袖要求法官必须停止介入"当地事务"①。截至 2007 年年底，原住民社区中的性虐待问题似乎比以往任何时候都更具争议性和情绪化。

结论：一些主要领域的对比

最后，我提醒大家注意澳大利亚和中国在原住民问题领域方面的一些比较。

首先，原住民问题在这两个国家都非常重要。虽然对于主流群体的普通民众而言，这个议题也许不那么重要，但是这对各国政府和一个国家的国际形象非常重要。针对澳大利亚土著居民的处理方法损害了澳大利亚的形象。

其次，两国政府都十分关心经济发展和人们生活、少数族群的健康和教育水平。

文化生存在这两个国家也都成为一个议题。尽管文化不像经济那样重要，但是两个国家都感觉到了不能让土著文化消亡的压力。这两个国家都利用少数族群文化作为旅游资源，从而获得经济收入。令人惊奇的是，当土著领导人试图影响霍华德政府并反对其针对性虐待事件采取的特定干预行动时，有些人却指责政府在毁灭文化，不是因为政府正在努力消除性虐待，而是因为政府试图控制少数族群的文化和生活方式。

---

① Both the judge and academic are quoted in Margaret Wenham, "Justice Fails the Innocent," *The Courier-Mail*, 11 December 2007, p. 5.

在这两个国家政治自治都很重要，虽然霍华德政府似乎比他的前任基廷政府更不重视这一因素。对霍华德在北部领地的干预措施提出批评的理由，是认为这是由土著居民控制自己领地的政策的倒退。而在中国，西部大开发战略似乎推动了少数族群地区融入中国其他地区的经济一体化进程，这一趋势在政治方面的表现则是，自1990年以来少数族群地区拥有更多而不是更少的自主性。

在我看来，这两个国家之间一个很大的差异是法律的作用。在这两个国家，政策均由政府决定。然而，中国在制定政策时，中国共产党比政府实际上更为重要。而在澳大利亚，法律的地位优先于政府甚至凌驾于它之上。在"马博事件"中，裁定来自高等法院，政府只是遵从高等法院的意志。至于霍华德政府能够在北部领地土著人社区采取干预行动，正是2007年8月制定的一项法律发挥作用的结果，这项法律使霍华德政府控制了众议院和参议院。不过，高等法院也有潜在的权力宣布这种做法违宪，绿党领袖鲍勃·布朗在澳大利亚最高法院已经表明他将要起诉这个案件。不过在我看来，他要推翻这项法律的尝试不大可能成功。

（刘保中 译，马戎 校）

"亚裔人"、"黄种人"、"名誉白人"?

——亚裔族群在美国种族分层制度中的社会定位和身份认同*

周　敏**

　　我不是白人，也从来没想过要做白人。我的皮肤不是白的，祖先也不是白人。我的皮肤是黄的，祖祖辈辈的先人也是黄种人。但是像许多在美国土生土长的亚裔美国人一样，我感到自己被莫名其妙地赋予了一种新的族裔身份。大家都认为你是白人。这样一来，我好像在白人中间变成了"名誉白人"，而在亚裔人中间却变成了"香蕉"。人们甚至认为我已经从一个圈外人变成了圈内人，融入了美国主流社会的核心。也就是说，我的内心已经白化了。

——刘柏川，《偶然生为亚裔人》①

＊　本文发表在《华人研究国际学报》2013 年 6 月第 5 卷第 1 期，第 1 - 12 页。参见 Min Zhou, "Are Asian Americans Becoming White?" *Context* 3 (1) (2004)：29 - 37。

＊＊　美国加州大学洛杉矶分校社会学系和亚美研究学系教授、王文祥伉俪基金美中关系与传媒讲座教授，新加坡南洋理工大学陈六使讲座教授、社会学系主任兼华裔馆馆长，美国社会学学会国际移民分会前会长。出版的著作包括：*Chinatown* (Temple Univ. Press, 1992)，中译本《唐人街》由商务印书馆 1995 年出版。她出版的其他著作有：《美国华人社会的变迁》(上海三联书店, 2006)、《美国社会学与亚美研究学的跨学科构建》(中山大学出版社, 2011)、*The Asian American Achievement Paradox* (Russell Sage Foundation Press, 2015)、*The Rise of the New Second Generation* (Polity Press, 2016) 等。

①　Eric Liu, *The Accidental Asian：Notes of a Native Speaker* (New York：Random House, 1998).

亚裔美国人真的已经变成白人了吗？大多数美国政客会对此问题予以肯定的答案，因为亚裔美国人中的大多数族群（包括华裔在内）已经被列入以欧（洲）裔美国人为主的白人族群之内，不能享受联邦和地方政府对弱势少数族裔群体，如非（洲）裔黑人、拉美裔人、土著印第安人，以及东南亚难民的法律保护。然而，把亚裔美国人归类于白人是基于一个错误的前提，过于武断草率，甚至可以被视为对亚裔人的一种歧视。作为一个族群，尽管亚裔在社会经济方面（如教育、职业和收入等方面）成就的平均水平已经与白人不相伯仲，甚至已经超越了白人，并且他们大部分都住在白人区，有些还与白人通婚，但他们在美国社会中仍保留着自己独特的文化认同和族裔特性（ethnicity），仍被白人和其他少数族裔另眼相看。

由此看来，争论的焦点在于如何定义亚裔美国人和白人。"亚裔美国人"（Asian American）一词是由已故日裔历史学家市冈祐次（Yuji Ichioka）先生在 20 世纪 60 年代末风起云涌的非裔黑人和其他少数族裔倡导的平权运动中首创的。这个族裔身份认同标志（ethnic/racial identity）的提出，是为了否定西方人强加于亚裔并带轻蔑含义的"东方佬"（Oriental）的提法。如今，亚裔美国人是一个含义很广的概念，包括所有源自巴基斯坦以东的亚洲国家和民族的美国公民和移民。尽管这个概念已经被美国人包括亚裔人所广泛采纳，但是大部分亚裔美国人，尤其是第一代的移民仍然对此有所保留。这就反映出亚裔美国人对自己既是美国人，又是亚洲人的双重身份的认同感到既骄傲又困惑的矛盾心态。例如，到底应该是"亚裔"美国人还是"华裔"美国人、"日（本）裔"美国人、"越（南）裔"美国人？

同样，"白人"其实也是一个武断的概念，因为其社会特权的内涵要深远于族裔身份的内涵。在美国，原先被排斥在白人族群之外并被白人蔑视为"白皮黑人"的爱尔兰人、意大利人和犹太人，在第二次世界大战后由于其社会经济地位的上升而被纳入了白人的行列，并被同化成了白人。毫无疑问，许多有色人种的少数族裔群体成员向往以白人为主的主流社会，并向白人看齐，以白人化作为同化成功的重要标志。但是，对一些少数族群，尤其是历史上曾沦为白人奴隶的非裔黑人来说，变成"白人"就意味着背叛自己的族群，丧失自己的族裔特性，而屈服于自己的压迫者。因此，20 世纪 60 年代平权运动以来的少数族裔群体自身提出的族裔身份认同标志

［如"亚裔美国人"、"非裔美国人"（African American）、"拉美裔美国人"（Latino American）等］包容性很强且带有浓烈的政治色彩，是各个族裔群体的政治组织都极力主张维护和推崇的。不过，这种族裔身份标志一旦形成抗拒白人社会的文化力量，也有可能负面地影响群体成员融入主流社会的意愿并阻碍其向上社会流动（upward social mobility）的进程。

亚裔美国人族群内部的多元化

在非公开的场合，具有亚裔血统的美国人几乎没有人会自觉地认同于"亚裔人"（Asian）或亚裔美国人。他们往往把自己的族裔身份认同标志与具体的来源国或祖先民族联系在一起，如中国（或华族）、日本、韩国、菲律宾、印度或越南等。例如，我在圣地亚哥所做的一项对越裔青少年的研究发现，样本中有53%的人称自己为"越南人"，32%的人称自己为"越裔美国人"，而仅有14%的人称自己为"亚裔美国人"。值得注意的是，他们当中大约有60%的人认为自己所选择或所认同的族裔身份标志非常重要。

有些亚裔美国人的祖先移民美国的历史比许多东欧或南欧裔白人还要久远，但美国亚裔人口直到1970年以后才开始明显增加，从1970年的154万人增加到2010年的1700多万人，占美国总人口的6%。1970年以前，亚裔美国人主要是由日本人、中国人和菲律宾人组成。如今，华裔和菲（律宾）裔的美国人是其中最大的两个群体（分别为400多万人和300多万人），其次为印度、韩国、越南和日本（人数均过百万）以及其他的20多个亚洲来源国的群体。一些新出现的亚裔群体（如来自柬埔寨、老挝、泰国、印度尼西亚、巴基斯坦、孟加拉国等的新移民群体）在1980年后才正式出现在官方的统计数字中，他们在2000年的人数加起来大约有200多万。

美国亚裔人口近40年来增长了10多倍，一个主要原因是1965年国会通过了《移民法修正案》，又称《哈特－切勒法案》（the Hart-Cellar Act）。该法案废除了根据移民来源国所设立的定量配额制度，结果掀起了汹涌澎湃的国际移民潮。另一个原因是越战结束后出现东南亚难民潮，致使美国安顿了 200 多万的东南亚难民。现在，大约 2/3 的亚裔人口是在国外出生的第一代移民，约 1/4 是本人在美国出生但其母亲是在国外出生的第二代，只有 10% 左右的亚裔人口是本人在美国出生而父母也是在美国出生的第三代。唯一的例外是日裔美国人，他们已经进入第四代或第五代了，目前在美国出生的日裔老年人占相当大的比例。

早年的亚裔或欧裔移民大多是来自农村的低技能劳工，大多是暂居者（sojourner），目的是来美国淘金挣钱，然后返国还乡。与早期移民不同的是，当代亚裔移民各有不同的社会和经济背景。例如，原籍中国大陆、中国台湾、印度和菲律宾等地的美国人在科技人员、工程师、医生、护士及其他的专业技术人才中占有很高的比例。而原籍越南、柬埔寨、老挝等地的美国人，则大多数是以难民身份到美国的低文化和低技能的蓝领工人或农民。当代亚裔移民到美国的原因也不尽相同。例如，有的是为了家庭团聚，有的是为了来美投资或寻求专业对口和高薪的白领工作，还有的是为了逃避战争、政治或宗教迫害、贫困等的国际难民。因此，移民在美国定居的方式也不尽相同：受教育水平高和中产阶级出身的移民的就业机会相对较好，大多能较快打入美国主流经济的职场，获得收入较为丰裕和稳定的专业技术工作，并在舒适的以白人为主的中产阶级郊区安下家来；而受教育水平低、低技能的移民或难民的就业机会相对较差，大多只能干些低收入、劳动强度大的苦差，并被迫挤在中心城市里的贫民区。

亚裔美国人往往喜欢在大都市定居，主要集中在西部沿海城市。加利福尼亚州（California）集中了全美 35% 以上的亚裔人口。[①] 但是近年来一些历史上较少亚裔移民涉足的州，如德克萨斯州（Texas）、明尼苏达州（Minnesota）和威斯康辛州（Wisconsin）等，也已经快速成为亚裔移民定居的首选地点。在一些主要的大城市中，传统的和新生的少数族裔移民聚居区，例如唐人街、小东京、马尼拉城、韩国城、小金边、泰国城等，为刚到岸的同族新移民提供了社会、经济和精神文化等多方面的帮助，为他们解决了由于语言文化障碍而引起的各种生活困难。这些移民社区中有些是历史悠久的，也有些是近二三十年才出现的。与之相反，来自中产阶级

---

① 仅加州一个州就集中了全美将近 40% 的华裔人口。

的高技能移民大多不需要移民社区的帮助，他们刚到美国就能直接在城郊定居，住进白人中产阶级的社区。如今，一半以上的原籍亚洲的移民居住在中产阶级聚居的郊区，或居住在城郊新生成的移民聚居郊区（eth-noburb）。

来自不同的国家和民族、抵美时间的先后、收入的高低、居住区的社会地位等因素，对族裔认同感的形成起着关键的作用。例如，生长在美国的亚裔往往比新移民更倾向于认同自己为亚裔美国人。而新移民大多忙于安家立业，鲜有时间去思考他们究竟是亚洲人还是亚裔美国人以及他们是不是等同于白人的亚裔美国人等问题。他们来自不同的国家，语言/方言、宗教、饮食和风俗习惯等明显不同。不少新移民还会把各自的历史宿怨，如日本在韩国和中国台湾的殖民统治、日本侵占中国以及中越、中日、中菲（律宾）之间的领土争端等，也带到美国。

以中产阶级出身的白领阶层人士为主的移民群体（如中国台湾人、印度人、菲律宾人）或以小业主为主的移民群体（如韩国人和华人），与低文化、低技能的越南人、柬埔寨人和老挝苗族人（Hmong）等难民群体所考虑的人生问题和生活追求有很大的不同。此外，居住方式和地点也影响移民的世界观、生活观和族裔身份意识。例如，居住在亚裔人高度集中的旧金山（又称三藩市）或洛杉矶市的亚裔人，比居住在以拉美裔人为主的迈阿密市（Miami）或以白人为主的明尼亚波利斯市（Minneapolis）的亚裔人更能接受和推动族裔身份认同，族群的自我意识更强。一个政客有可能在迈阿密市把亚裔蔑称为"东方佬"而不受指责，但如果他在旧金山或洛杉矶用同样的字眼，就十分有可能会惹起亚裔群体的共同抗议甚至更大的麻烦。由亚裔群体内部的社会经济背景的多元化和居住模式的分散性所造成的不同的观点和认知，形成了打造泛亚裔（pan-Asian）美国人政治联盟的障碍。因此，泛亚裔身份认同感（pan-Asian ethnicity）基本上是在美国土生土长的、已经取得中产阶级地位的亚裔美国人的政治意识，而不是普通亚裔新移民的政治意识。①普通亚裔移民更关注的是他们来自哪个国家或

---

① David Lopez and Yen Espiritu, "Panethnicity in the United States: A Theoretical Framework," *Ethnic and Racial Studies* 13（2）（1990）: 198 – 224.

民族，他们自身的生存和温饱问题，以及他们祖籍国和家乡的政经发展状况。许多第一代移民由于终日忙于生计而漠视美国政治。

"模范少数族裔"的背后

"模范少数族裔"（model minority）是美国大众媒体为吹捧亚裔美国人而树立的一个新的刻板形象。这种形象成形于 20 世纪 60 年代中期，当时正值弱势少数民族的民权运动和少数族裔政治觉醒运动兴起的高峰，在源自亚洲的移民潮和难民潮涌来之前。1966 年，美国主流媒体发表了两篇颇有影响的文章：一篇是《纽约时报周末杂志》（*New York Times Magazine*）的文章，题为《成功的故事：日裔美国人的风格》（*Success Story，Japanese - American Style*）[1]；另一篇是《美国新闻和世界报道》（*U. S. News and World Report*）杂志的评论员文章，题为《一个少数族裔在美国的成功之路》（*Success of One Minority Group in U. S.*）[2]。这两篇文章及后来一系列陆续发表的相关文章，标志着大众媒体对亚裔移民及其后代的看法和描述开始发生根本的转变。这两篇文章高度赞扬了日裔和华裔美国人"完全通过自己的努力而不需外来救济"，百折不挠，战胜种种艰难困苦和种族歧视而取得巨大成功的精神和行动，这些是美国土生土长的白人都无法相比的。文章把亚裔人在美国主流社会所取得的教育和经济方面的巨大成功归结为个人努力和族群文化，如刻苦耐劳、家庭团结、严于律己、推迟享受、避免冲突、远离救济等的价值观念和行为准则。

1966 年以后，尽管随着移民潮和难民潮而不断涌现新的亚裔群体（其中包括一些社会经济地位很低的东南亚难民群体），"模范少数族裔"的形象始终没有多大改变。从 2010 年美国的人口普查的统计数字来分析，亚裔美国人继续保持着在教育和家庭收入等方面相等于甚至优于白人族群的杰出成就。例如，亚裔家庭在 2009 年的平均收入的中位数为 78000 美元，高于其他的族裔群体，包括白人群体家庭（70000 美元）。而他们的贫困率仅

---

① William Petersen, "Success Story, Japanese - American Style," *New York Times Magazine*, 1966.

② "Success of One Minority Group in U. S. ," *U. S. News and World Report*, 1966.

为 11%，是所有少数族裔群体中最低的。约有一半的亚裔成年人（25 岁以上）具有大学本科以上的学历，比全美成年人的平均水平高出 20 多个百分点。更为引人注目的是，亚裔青少年，无论是移民来的医生或科技工程人员的孩子，或是极为穷困、教育低下的难民家庭的子女，都一次又一次地在高中毕业时夺魁，一次又一次地在学术竞赛中获奖，在各大学名校录取的新生中占有极高的比例。例如，只占美国人口 4% 的亚裔族群，其青年学生在顶尖的私立名校中，如斯坦福大学、麻省理工学院、加州理工学院等却占了 20% 以上的新生比例，在著名的公立大学，如加州大学洛杉矶分校和加州大学伯克利分校等占了将近 40% 的新生比例。尽管有些亚裔群体，如柬埔寨、老挝的苗族等群体在总体上落后于其他东亚和南亚的群体，但他们的子女仍显示比较明显的向上趋势。主流媒体因而把亚裔美国人喻为"新犹太人"。正如曾深受美国社会歧视的犹太移民的后代，如今亚裔移民的后代也正以其优越的教育成就沿着社会阶梯迅速向上。

从本质上看，"模范少数族裔"也好，"名誉白人"也好，都不是一个可喜可贺的正面形象。更确切地说，它是强加于亚裔美国人的一个新的刻板形象。它所隐藏的、不易被发现的严重负面后果之一就是，为美国社会的自由、平等、公正以及没有种族主义的市场等虚言提供有力依据。也就是说，亚裔族群在历史上曾受过歧视和排斥，但现在能够获得成功，证明美国社会结构和制度是没有问题的，也由此证明某些少数族裔群体的整体滞后是因为他们自己个人和族群本身的文化落后、不愿吃苦或懒惰的结果。把某个少数族群吹捧为"模范少数族裔"，就等于公开批评和怪罪其他弱势少数族群。这样一来，既可以维护现存社会制度对少数族裔的不公，又可以挑起不同的少数族裔群体之间的竞争，从而达到阻止弱势少数族群争取社会平等的斗争和政治运动的目的，同时，还会挑起亚裔人和白人之间的对立。

此外，亚裔美国人表面看来好像与其他早期的欧裔移民的后代一样，逐渐成为白人族群的一员，但"模范少数族裔"和"名誉白人"的形象其实表示出亚裔人和白人并非同类。把亚裔人置于白人之上，实际上在公众的心目中已经把他们和白人或其他非白人的少数族裔美国人分离和对立起来。这一刻板形象更隐蔽的负面后果是提高了美国社会衡量亚裔人的标准，致使亚裔美国人成为有别于非洲裔族群或拉美裔族群的一个新的"异类"，从而强化了亚裔群体在种族分层制度的夹心定位以及由此带来的社会不公，还加强了少数族裔群体内部对社会制度的盲目满足感。有一次在我教的"种族问题"的课堂上，一位黑人学生问道："被捧为'模范少数族裔'有什么不好？我倒宁愿做模范少数族裔，而不愿做遭人白眼、被人蔑视的落后少数族裔（downtrodden minorities）。"其实道理很简单，不管是"模范少数族裔"或是"落后少数族裔"，衡量他们的标准都与白人的不一样，他们都被主流社会另眼相看，被排斥于主流社会之外。

此外，"模范少数族裔"的形象无形中造成和强化了亚裔天生就是搞数理化的科研和工程技术人才的观念。这种观念不仅导致主流社会对亚裔人的期望仅仅局限在某些领域如科学界和工程技术界等，给亚裔子女追求其他职业领域造成严重障碍，还致使亚裔族群和家庭对下一代的期望也局限在那些被主流社会公认的"适合"亚裔人的领域。譬如，在这种负面影响下，一个华人移民的父亲对他的儿子不想学工程而想改学英语的意愿会感到难以接受。尽管他的儿子十分喜欢并擅长文学创作，父亲仍会理论道："如果你学工程的话，你会有90%的把握找到一份工程师的高薪稳定工作。你将来要是拿着文学的文凭能找到这样的工作吗？你要是当个作家，你有把握养活你自己吗？"这个父亲的观点不无代表性。实际上，父母对子女职业选择的操心还反映了一种自我强化"模范少数族裔"身份所造成的不正常心态和行为准则。

把亚裔捧作模范的溢美之词，似乎有实证根据。例如，在教育、职业、家庭收入等重要社会经济指标的统计数据中，亚裔美国人都要比其他美国人更为出色。所谓亚裔人的成功故事，与美国社会制度的公平与否似乎关系并不大，而与移民本身的个人和族群因素关系更大。其实亚裔成功的因素还要从移民背景来分析。从个人的层面看，有中、上阶层社会经济背景的移民在部分亚洲移民群体如华裔、印度裔和韩裔等占有极高的比例。他们和他们的子女能够较为容易地在新的家园中重新获得中产阶级的地位。从族群的层面看，中产阶级比例较高的移民群体不仅人才资源丰富，从祖籍国带来的物质资源也相对丰富，结果有利于族裔社区的经济建设。族裔社区的发展和强大有利于族裔资源的再生产，并为其他出身低微、较为贫困的族裔成员提供了主流社会所不能提供的经济和社会资源，帮助他们较快地迎头赶上。如果没有这些族裔资源，那些被困于社会底层的少数族裔成员难以实现向上的社会流动。

是亚裔人、美国人还是白人？

大部分的亚裔移民及其子女似乎都把白人社会看作主流社会，白人的价值观和行为标准被视为正常的价值观和行为标准。他们以白人为参照群，努力寻求改善自身的社会地位，向白人族群而不是向非裔族群或拉丁裔族群看齐。同样，尽管白人族群内部也有各种不同的群体，政界和学术界却经常以非拉丁裔的白人作为标准来与其他的族群比较。正如其他大多数移民一样，亚裔移民也大多相信"美国梦"（American Dream），并以物质条件来衡量成功。例如，在一次采访中，一名华人移民对我说："我的美国梦包含三样东西：一是自己的房子，二是自己的生意，三是自己的孩子上名牌大学。"在亚裔社区中，不管是有文化、有技能和有钱的，或者是半文盲、低技能和贫穷的新移民，大多拼命工作，积累资金，争取早日脱离困境，融入白人中产阶级的主流社会。这样一来，许多亚裔的子女从小就住在白人社区，他们大部分的朋友都是白人，从小到大只讲英语。事实上，亚裔是美国移民族群中在语言方面最为同化的一个族群，大部分第二代的亚裔人几乎无法流利地讲他们父母的母语。20 世纪 90 年代中期在洛杉矶的一项研究发现，3/4 以上的亚洲移民的子女在家里只讲英语。相比之下，只有 1/4 的墨西哥移民的子女如此。同时，亚裔人与白人之间的通婚较为普遍。最近的一项研究发现，1/4 以上的已婚亚裔人有不同种族背景的配偶。在与外族人通婚的亚裔人中，87% 的人是与白人通婚。另外，有 12% 的亚裔人自称自己是有多族裔背景的混血儿，相比之下，只有 2% 的白人和 4% 的黑人自称如此。

尽管在美国出生或在美国长大的亚裔后代的语言文化同化率很高，与白人的通婚率也很高，但他们却对被冠以"白人"之称不以为然，甚至反感。在他们看来，白人仍然没有完全接受他们。但在现实生活中，在美国土生土长的亚裔后代和他们的移民父母长辈一样，有意无意地把白人与美国人等同起来。例如，我在新奥尔良越裔社区进行研究时采访了许多来自越南难民家庭的高中生，他们对是否可能同化为美国人的问题是这样解释的："我们是黄种人，人家怎么会把你当美国人看呢？在人们心目中，所谓美国人就是白人。经常可以听到，某某正在追一个美国人，你就知道她在追白人。如果她追的是一个黑人的话，别人就会说她在追黑人。"另一方面，虽然亚裔后代大多以白人作为参照群，向往并追求白人的社会经济地位，但仍有相当一部分人并不愿意被认同为白人。例如，在我的关于第二代新移民的课上，一名韩裔学生认为："白人归白人，干吗一定要认同白人才算是成为美国人。"这种对被认同为白人的反感情绪，普遍存在于学历较高、修过少数族裔研究学课程、在美国土生土长的亚裔大学生中。亚裔社区中的政治活跃分子亦如此。但是，大部分的第二代亚裔仍然像他们的父辈一样，继续争取与白人相等的社会经济地位。例如，大部分在美国土生土长的华裔青年，最终还是在大学里选择工程学、医学、法学等专业化程度高、市场急需的实用学科。他们相信这些学科的文凭能为他们带来高薪稳定的好职位和中产阶级的生活，由此增加和白人的社交接触，为白人所接受，最终融入主流社会。

在美国，对于弱势少数族裔的低下的社会地位所带来的一系列结构障碍、社会歧视以及其他不利因素，第一代的移民往往比他们的子女更容易看得开，因为移民美国是他们心甘情愿的选择。而面对这些不利因素，第二代的亚裔比他们的父辈更为敏感，因为他们认为自己在美国生长，是地地道道的美国人，美国社会理应平等地对待他们。面临残酷的现实，他们容易生气，抱怨社会不公。正如一名华裔妇女根据自己的经验指出："事实上，尽管你生在美国，只会讲英文，非常美国化，但是凭你的外表——杏仁眼、黑直发、黄皮肤——就足以被看作外国人。你可以像白人一样谈吐，一样爱好，一样出色，甚至比他们更优秀，但他们从来就不拿你当白人或美国人。"

这种心态普遍反映出亚裔第二代的困惑和苦恼。他们对种族歧视十分反感，不甘被认作移民或外国人。华裔第二代的经历和感受较他们父辈更强烈，他们向白人靠拢是因为白人是美国主流社会的核心。他们向往融入主流社会，成为不被另眼相看的美国人。经历与现实处境使他们明白，能说地道的英语，基本接受主流社会的文化价值观和行为准则，与白人交友甚至通婚等，也许在个人层面上可以减低这种"异类感"，但对于整体的亚裔群体则影响甚小。无论亚裔如何成功或同化，"外国人"的影子仍随时随地可见。例如，在美国能源部举行的一次亚裔传统纪念月（每年的 5 月份）纪念活动中，美国国会众议员吴仙标（Shien Biau Woo）应邀去能源部演讲致辞，但他和亚裔助手却被拦住不让进入能源部大楼，即使出示了国会证件也无济于事。看守的警卫不断询问他们的国籍和来自哪个国家，并说这是能源部的正常程序，国会证件不能算作有效证明文件。然而第二天，一个意大利后裔的国会议员则可以凭着国会证件通行无阻地进入该大楼。在美国，这种例子绝非偶然。这说明美国社会仍然普遍地把亚裔看作外国人。

结束语

"名誉白人"也好，"模范少数族裔"也好，其实不外乎是"永久的外国人"的翻版而已。[①] 如今，全球化和亚洲的崛起以及亚洲各国与美国之间的密切联系，加上不断高涨的国际移民潮，致使美国社会把所有亚裔美国人看成移民过来的外国人。历史上许多诸如"黄祸""异类""傅满州"（Fu Man Chu）等的偏见和刻板形象仍然充斥于现代美国社会。发生在 20 世纪 80 年代、广为人知的陈文森（Vincent Chin）无辜被杀的种族仇恨事件就是其中一例。陈文森是一个土生土长的华裔美国人，他在婚前告别单身酒会中被两个失业的白人汽车工人误认是日本人而发泄不满并乱棍打死，而两个杀人犯却被判无罪释放。还有 20 世纪 90 年代中期发生的李文和一案。李文和（Wen Ho Lee）是出生于中国台湾的美国人，前美国洛斯阿拉莫斯国家实验室（Los Alamos National Laboratory）的核物理学家。联邦调查局一口咬定他是中国政府的间谍，被无辜关押 278 天，最后因间谍罪不成立才被释放。还有 1996 年的总统竞选筹款的"献金"丑闻，有人暗示亚裔

---

① Mia Tuan, *Forever Foreigners or Honorary Whites? The Asian Ethnic Experience Today*, New Brunswick: Rutgers University Press, 1999.

美国人从外国为克林顿的竞选弄到捐款。此外在 2001 年，阿波克罗比和费奇（Abercrombie & Fitch）的 T 恤上印有带种族歧视和丑化亚裔的漫画形象，画面上的人物吊着歪斜的小眼睛，戴着厚重的眼镜，操着一口有浓重口音的英语。这些例子数不胜数。虽然亚裔美国人在社会上所取得的成就令人瞩目，但他们离主流社会结构的核心还有一大段距离。例如，最近的联邦政府统计数据显示，在全美法律界的各级法官、执业律师和其他法学专业人员中，5.7% 是亚裔（4.4% 是非裔黑人，2.9% 是拉美裔），而在联邦级的中高级法院的法官中，亚裔占比不到 1%（0.7%）。相比之下，非裔黑人占 10.7%，拉美裔占 6.5%。可见，亚裔族群在美国种族分层制度中的社会定位仍然处于边缘化状态。

有意思的是，一些具有矛盾心理而又想被白人社会接受的亚裔年青一代，被迫公开打起"（泛）亚裔美国人"［(Pan) Asian American］的旗号，联合各个不同来源国的族群，组织起来进行政治反击。这些行动增强了他们的亚裔种族意识。因此，对于他们来说，是否要成为白人好像已经无关紧要了。但实际上这些土生土长的亚裔美国人仍然有意无意地不断强调和证明他们是十足的、忠心耿耿的美国人。总而言之，目前亚裔族群在美国种族分层制度中仍处于边缘位置，他们如果要完全地融入主流而成为脱离少数族裔身份的、地地道道的美国人，还须进行不懈的抗争。

作为民族国家基础的公民与族群民族主义：文化多元主义处在十字路口了吗？

帕萨·内斯·慕克吉（Partha Nath Mukherji）*

拥有多元文化传统的中国和印度是民族国家（nation-states）吗？或者它们是众多民族（nations）共同居住的国家（多民族国家，multi-national states）吗？或者可被称作多族群的、多元文化的民族国家？斯大林所定义的"nationalities"①，究竟是民族（nations）还是族群（ethnic groups）？族群是民族（nations）吗？自由主义者和斯大林主义者对于"民族"的定义都集中于这些混乱的词汇上。那么，究竟应该如何给"民族"（nations）下定义？我们看到，印度与中国正以其独特的方式在为民族国家概念的重新定义做出贡献。

如果我们回顾经典的欧洲中心主义的概念化过程，就会发现所有的国家在其被定义为国家时，都预设它们具备了民族的地位，其中一些国家因为机遇而在内部差异方面具有文化丰富性。在传统的西方话语中，民族是

---

* 印度社会科学研究所所长、教授，曾任印度塔塔研究所所长。出版著作有：*People's Rights：Social Movements and the State in the Third World*（Sage Publications，1998），*Methodology in Social Research：Dilemmas and Perspectives Essays in Honour of Ramkrishna Mukherjee*（Sage Publications，2002），*Indigeneity and Universality in Social Science：A South Asian Response*（Sage Publications，2004）等。

① nationalities 在国内通常被译为"民族"。——译者注

一个文化/族群范畴，而与之相对，民族国家是"国家的一种特殊形式，其存在是为某个特定的民族提供统治疆域，并使之因此而获得其合法性"①。这也就是默认了，任何其他形式的国家都不是民族国家。从抽象理论上讲，与那些"历史上存在的国家"的区别之处在于，民族国家"意味着其公民共享共同的语言、文化与价值"。人们将"民族"的构成，定义为排他性的共同文化/族群成员资格，这种成员资格可以通过血统以及共享的历史经验、想象、发明等来追溯。② 这就意味着，民族在本质上是以族群为界限的。通过对这些词语的界定，我们可以说，民族国家就是指与一定的主权领土相契合的具有单一文化的族群（文化）实体，而符合这样条件的民族国家只能是"想象的"，因为它很难在经验世界中被找到。如果这样的定义能够成立的话，那么许多历史上的民族国家也将不再是民族国家。我们很难想象曾经存在过这样具有文化同质性的民族国家，如果真的存在过，它们是否也像今天的民族国家这样，需要通过想象来维持自身的生存，而这又将在什么样的环境条件下才能做到。

决定哪个国家属于民族国家，而哪个国家不是，这仅仅是一个定义的问题吗？由谁来定义？合法性在哪里？有什么理论依据？难道人们使用这些概念/理论是因为情绪的冷漠或激动吗？我认为，不管对于西方国家还是非西方世界，将民族国家视作单一文化的族群民族主义模式的这一基本原理，已经不再有效用了。现在到了用一个更综合的基本理论来取代它的时候了，而且这个基本理论必须能够适应从单一文化到多元文化的各种情况的差异性。尽管在全球化与经济自由化的时代，民族国家已经受到削弱而且似乎显得有些多余，但它仍然继续支配着世界体系的中心，虽然表现得不像以前那么清晰，但这仍是非常真实的事实。而且这种状况将持续下去，直到推动变迁的力量能够建立起一套可被接受的、可供选择以及有效的全球性治理系统，从而在日益异质化的世界中取代现有的民族国家体系。

有关族群、族群性、民族、民族性及民族国家这些概念的知识，既缺乏共识，也没有得到清晰的阐明。但是，它们对于国家这个概念的构建是

---

① Nation-State, Wikipedia, http：//en. wikipedia. org/wiki/Nation - state（Site visited 21 February 2007）.

② 法国被引证为构建单一文化模型民族的一个国家范例。

有所贡献的，在这个概念里，文化动员因素被置于首位，而结构仅仅被视作文化的产物。我不打算对存在于这一概念/理论领域里的种种变化做冗长的调查，但是，首先，如果存在一个区分族群/族群性与民族的清晰界限，那也是非常淡薄的。其次，这些定义的变化可以在两大范畴之下来把握：①把民族看作独立于国家之外的范畴，②把民族看作国家的重合统一体（congruent）。

我基本上赞成霍布斯鲍姆（Hobsbawm）基于历史角度的论证，他认为民族属于特定的晚近的历史时期，它"是与特定类型的现代领土主权国家即'民族国家'息息相关的一种社会实体"。他发现"如果不将民族（nation）和民族性（nationality）两者与民族国家放在一起讨论，就是毫无意义的，因为这两个概念都与之密切关联"。他认为"民族主义先于民族而产生，'真正的民族'只是在后天被识别出来的"。[①]

本文包括以下内容：①回顾在印度有关民族国家的经典争论；②检验多元文化的杂乱，这种杂乱困境使历史上经典的西方民族国家变得不稳定；③总结出一个希望更具综合性的概念/理论框架。

印度：关于民族国家的可选择的话语

印度和中国都是多元文化和高度文明的产物，都经历了一系列帝国和王朝的统治，国家疆界也变化不定。这样的历史过程为其居民提供了某种超族群（larger-than-ethnic group）的群体凝聚力或政治身份认同——在一个整体性的环境里，多元文化得以彼此共存、冲突、调适、整合或互相吸收。

印度具有独特的从帝国统治中解放出来的历史，产生了全国范围的非暴力斗争。印度民族主义精英面前从来没有一个有关印度前途的清晰蓝图，并以此来凝聚共识。在印度存在着两种相互对立的模式，即西方自由主义的和苏联社会主义的现代性；在某种程度上，所参照的模式还

---

① Hobsbawm, Eric G. , *Nations and Nationalism since 1780*: *Programme*, *Myth*, *Reality*, Cambridge: Cambridge University Press, 1990.

包括中国的解放斗争模式、代议制民主政治模式，以及英国殖民者的民主制度，即从其殖民政府那里继承下来的体制。圣雄甘地（后面简称甘地）是印度民族之父（the father of the nation），他领导了印度的非暴力斗争，他从印度丰富的传统中提取出一个平等主义的乌托邦式的印度国家建构模型。但是他的理想在战后的时代氛围中没有得到现代主义者的青睐。另外，在印度独立后不到一年，甘地就被暗杀，这使印度在混乱中探索它的道路。

具有重大历史意义的是，自我定义的次大陆与西方社会科学发生了直接的冲突。无论是西方世界的知识分子，还是被欧洲中心主义迷惑的南亚次大陆知识分子，都不肯非常明确地承认印度是或者将会成为一个民族（a nation）。[①] 关于民族国家的理想类型的定义[②]，源自威斯特伐利亚谱系。

穆罕默德·阿里·真纳是巴基斯坦的缔造者，他曾经是甘地领导的印度国大党的一位有影响力的成员，后来成为穆斯林联盟的领导人。当他决心使巴基斯坦成为一个主权独立的国家时，他引用了已成为经典的西方"民族"概念，并辩称：

> 穆斯林的印度不能接受任何必然导致由印度教徒多数派组成政府的宪法……根据任何一个民族定义来看，伊斯兰教徒都是一个民族，他们必须拥有自己的家园、自己的领土和自己的国家……我们希望我们的人民充分发展我们认为最好的精神、文化、经济、社会和政治生

[①] 到了 19 世纪末期，英国对殖民地历史的认知还不可能想象/接受"印度"的概念。Strachey 相信"印度现在没有而且从来没有存在过，不存在印度民族，也不存在'印度人民'"，John Seeley 先生将"印度"解释为"仅仅像欧洲或非洲那样的一个地理表达概念"。

[②] 在某种程度上，民族国家起源于 1648 年签订的具有里程碑意义的《威斯特伐利亚条约》，条约要求结束西班牙与荷兰之间长达八十年的战争以及德国的三十年战争。"国外势力不能干预国家内政"的原则反映了一种信念，即"国家的自治权是相关的国家垄断内部权力的前提"。众所周知，对"民族"概念的第一次清晰化发生在法国大革命时期，当时法国人宣称他们自己是一个"民族"，积极推行政策以构建一个单一的民族国家，法国公民在其中享有单一的文化和政治认同。因此，法国大革命对现代的、西方的、民主的、"民族国家"典范定义做出了贡献。这一模型仍然困扰着一些（不是全部）社会科学家。

活，发挥我们人民的天赋并与我们的理想相一致。①

另一方面，甘地选择了批评西方的"民族"话语。早在1921年，他就评论说：

> 英国人教育我们说，我们以前并不是一个民族，而我们要想成为一个民族还需要几个世纪的时间，这是毫无根据的。在英国人来印度之前，我们就已经是一个民族了……也正因为我们是一个民族，所以英国人才能够在印度建立了一个王国。但是随后，他们又将我们分裂开。

在构建"印度民族"（Indian nation）这一概念时，甘地在"族群"（ethnic）这一层面用"文明"（civilization）的概念来进行推理，并反驳欧洲中心主义的典范的民族国家定义。甘地宣称：

> 我们不是两个民族。……在印度，我们拥有共同的文化。在北方，印地语和乌尔都语是印度教徒和穆斯林都能懂得的。在马德拉斯，印度教徒和穆斯林都讲泰米尔语。在孟加拉，他们都说孟加拉语，而不是印地语和乌尔都语。当社区暴乱发生时，他们总是被有关神牛和宗教游行的事件所激怒。这表明是由于我们的迷信制造了麻烦，而不是在我们当中存在着彼此分割的不同民族。

甘地批评真纳的"两个民族"的理论，认为那是从外来的欧洲中心主义的、西方版的民族国家理论中寻求灵感和合法性。真纳煽动了宗教族群民族主义，以满足其寻求建立一个独立的巴基斯坦国的梦想。与之相比，印度民族运动是具有社会结构与文化多元性和公民－世俗民族意识的民族主义动员过程。甘地之后，作为民族主义者的领袖和印度第一任总理的贾瓦哈拉尔·尼赫鲁强化了公民－世俗国家（civic－secular nation）这一模式。尽管尼赫鲁"为现代西方国家的政治和经济成功所吸引……但对他来说，最基

---

① Desai A. R. , *Social Background of Indian Nationalism* （Bombay, Popular Prakashan, 1976, fifth edition）, p. 416.

本的原则是印度民族主义不能仿效欧洲的榜样 ……尼赫鲁自觉地拒绝了那种认为印度民族主义必须依照欧洲的这种或那种形象来塑造自己的思想"（例如，高卢版的享有共同公民权的社区，或者共享族群和文化起源的德国民族思想）①。

真纳和甘地分别是两个直接对立的"民族国家"模式的支持者——一个是欧洲中心的模式，另一个是本土的模式。真纳试图建立一个"穆斯林"的（不是伊斯兰教的）世俗的巴基斯坦国，但他没考虑到这两者之间的区别其实非常之小。显然，文化同源的欧洲中心模式对西方国家来说是本土的，但它的普适性并不足以符合南亚次大陆文明土壤上的现实情境，不论是对巴基斯坦还是印度都是如此。巴基斯坦是一个脆弱的民族国家，在一场族群民族主义冲突中，东巴基斯坦成为独立的孟加拉国，这就是明证。而巴基斯坦的痛苦并没有结束，它不得不应付西部边境好斗的族群民族主义。与之形成鲜明对照的是，印度这个由本国界定的民族国家，经历了激烈但有韧性的民主政治演变和充满活力的经济增长。印度所发展和追求的本土的、公民和世俗的、文化多元的、民主的民族国家模式，具有普遍性的国际基础，现在全世界都开始欣赏这一模式并从中获益。在民主框架内制定的各种各样的机制，使国家能够不断推进民族构建和民族存续的计划，并采纳不同意见，警惕分裂势力，避免少数族群聚居的邦陷入族群冲突的泥潭，增加对经济和社会发展滞后族群的扶持，将性别平等置于优先地位，并有尊严地开放自己的经济。这一世俗公民的民主模式增强了印度抵御族群民族主义的能力，使之失去发展空间，而正是这种族群民族主义被用来在印度的国土上分裂出单独的主权国家。所有这一切之所以可能，乃是因为印度有能力持续地创造民主的空间，从而使文化差异和社会结构的整合有可能长期发展。

南亚次大陆曾遭受的混乱，也反映在印度的社会科学界。我将提到两个具有代表性的实例来说明我的观点。杰出的印度马克思主义史学家伊凡·哈比卜（Irfan Habib）在回答"印度是一个民族吗？"时，答案是完全否定的。他说："马克思主义者必须毫不犹豫地否定地回答这个问题。印

---

① Khilnani, Sunil, *The Idea of India* (New Delhi, Penguin Books, 1999), p. 167.

度……不是一个民族，因为她既没有满足共同语言又没有满足共同文化的标准。"然而，在 22 年后，他变成一个出色的历史辩护人，为印度的复合文化和民族资格的文明起源进行辩护。①

杰出的印度社会学家奥门（T. K. Oommen）的思想也表现出这种在相反方向上前后摇摆的情形。他曾经承认"印度的民族统一体"的形成是反对帝国主义斗争的结果。"即使存在压力、紧张甚至冲突，……但事实上印度并没有分裂，……（这证明）了印度民族性（Indian nationhood）确实存在。"② 然而，后来他改变了这一观点。③

多元文化主义的困境

20 世纪 70 年代出现在西方国家的多元文化主义范式，已经成为另一个引起混乱的根源。按照字面理解，一个国家以多种多样的文化为特色就是多元文化。但是，多元文化主义是一种独特的哲学和强调文化平等的运动。它是又一个典型的西方范式，即相对于西方来说是原生的东西，但却被看作对

---

① 印度立国的演变轨迹，可以追溯到吠陀时代，通过梵文、希腊文和波斯文献记载，经历了阿伯如尼（Alberuni）、哈斯如阿米尔（Amir Khusro）、阿克巴大帝、德里苏丹国和莫卧儿人所创造的政治中心，普拉西战役，Ram Mohun Roy, Ishwar Chandra Vidyasagar 和 Keshav Chandra Sen，印度国大党和圣雄甘地建国方案的形成，以及左派领导的印度农夫运动。他指出："经过漫长的创造过程，印度民族终于形成了。在这一过程中，印度居民的意识或精神取向起到了至关重要的作用。但是，一个民族也会以其发展和形成时的方式衰退或灭亡。近代以来，正如民族意识的成长，同样导致其成长的因素（如印刷出版和传播）都强化了宗教认同感，而且比以往任何时候都拥有更大空间。"共产主义在印度不可避免地和民族主义并行发展。甘地曾警告说，"民族"可以和任何宗教都没有关系，而印度不同社区的人民必须拥有"统一的"生活。正是基于这一点，他一刻不停地奋斗，最终献出了自己的生命。"世俗主义一直处于我们国家建国的核心地位。" Habib, Irfan, "The Formation of India: Note on the History of an Idea," *Social Scientist*, 1997, pp. 9 – 10.

② Oommen, T. K., "Insiders and outsiders in India: primordial collectivism and cultural pluralism in nation – building," *International Sociology*, 1 (1), March, 1986, p. 63.

③ 奥门（Oommen）曾经回到了他以前的立场，即一贯地拒绝印度是一个民族，认为它只是一个拥有政治 - 法律地位的国家，并给予其成员以公民身份。民族性指涉一个文化实体中的成员资格，也就是民族。他没有排除"在联邦国家内的多元的民族有尊严的共存"，尽管这是值得的。一个民族并不是一定会"必然地渴求建立他们自己的国家"。他断言在语言和领土之间存在密切的联系，每一个语言群体组成一个民族。Oommen, T. K., *Nation, Civil Society and Social Movements*, New Delhi: Sage Publications, 2004, p. 40.

于非西方世界也是普遍适用的。多元文化主义发端于加拿大，然后开始在西方世界传播，从英国到美国到法国再到荷兰和澳大利亚，最后传播到其他国家。

共同的历史背景使多元文化主义现象成为公认的概念，这一背景就是大量非西方的具有异文化的移民，他们在殖民地时期、在战后的重建时期及经济全球化时期涌入西方国家。其结果，一方面是少数移民族群感到文化上的疏离、被征服和不安全感，另一方面是主流群体感到他们的西方文化和制度受到了威胁。移民群体正在获得他们所需要的经济"地位"，但他们的文化与社会要想获得欣赏和发展"空间"是存在问题的。① 这一矛盾也嵌入对种族关系和多元文化主义的群体政治和管理方面的探索。

从本质上说，"多元文化主义是一种意识形态，它主张社会应该由——或至少允许包括——各种不同的拥有平等地位的文化群体所组成"。1971年，加拿大成为第一个将多元文化主义接受为国家政策的国家。1988 年 7月 21 日通过的《加拿大多元文化主义法案》（*Canadian Multicultural Act*）进一步巩固了这一政策。② 自由移民政策将为少数移民社区发展他们的本土文化提供国家支持，这一政策是以迅速有效地适应全球化和贸易扩张的经济战略为前提的。该政策不仅仅是一项应对魁北克操法语者要求脱离加拿大的民族主义的战略。魁北克完全反对这一政策，他们指责操英语者淡化了"'两个创始民族'的哲学理念"（two founding peoples' philosophy）。魁北克省将法语定为该省强制性的官方语言，并定义了自己的多元主义跨文化模型，从这一事实中可以看出，魁北克人要求分离的压力之大。尽管有来自党内的强烈反对，保守派政府总理斯蒂芬·哈珀（Stephen Harper）已

---

① 我采用了利兹恩格（Litzinger）关于"地点"与"空间"之间的概念差异。地点涉及在共存关系中，元素是怎样排列的，位置的结构意味着一定程度的稳定性。另一方面，空间更富有流动性，持续变动的重要的元素、意义与社会过程在其中交叉汇合…… 空间超越了地理上的固定性。Litzinger, Ralph A., *Other Chinas: The Yao and the Politics of National Belonging*, Durham: Duke University Press, 2000, p. 88.

② 当加拿大自由党领袖特鲁多（Pierre Trudeau）在 1971 年 10 月 8 日获得"使用双语框架来执行多元文化主义政策的文告"时，加拿大便成为将多元文化主义作为国家政策的第一个国家。1988 年 7 月 21 日，加拿大"多元文化主义法案"获议会通过，并将其转变为多元文化主义国家。联邦基金被分配给少数族群，以保护和发展他们的文化。

经做出让步，承认操法语的魁北克人是加拿大的一个民族（nation）！①

在美国，多元文化主义与"代表黑人和其他少数族群在大学课程及学术外的文化与事务中能够具有平等的代表性这一要求"相联系。② 这是一场推动变革的社会运动，它试图使非统治群体在文化表达权利方面获得平等的承认，寻求实现社会平等，特别是在教育制度方面。

在西方国家中，英国可能是在多元文化主义方面处于进退两难困境的一个典型。它号称拥有欧盟各国中数量最多的外来移民，因而相继通过一系列的立法，继续实行令人瞩目的"融合而非同化"的政策。这些法案包括《大不列颠民族法案》（British Nationality Act，1948）、《种族关系法案》（Race Relations Act，1976）、《种族关系法案修正案》［Race Relations（A-mendment）Act，2000］等。左翼占多数的国会在保守党执政年代制定了明确的多元文化主义政策，这一政策在1997年工党上台后得到落实。但是很快，这项政策就引起了全国范围的党内和政党之间的争论。在2005年7月7日造成50人死亡的伦敦爆炸案发生前夕，圭亚那裔的黑人、颇有影响的工党成员特雷沃·菲利普斯（Trevor Phillips），作为种族平等委员会（Commission for Racial Equality）主席，表示在取消种族同化政策的同时，应该寻求"成熟的话语和积极的声音，以便找到处理差异的途径，发展更好的公共政策框架，鼓励良好的个人行为"。在伦敦爆炸案发生之后，特雷沃·菲利普斯警告说，要警惕"多元文化情境"中潜藏的危险的暗流。一方面是坚持"做什么都可以"的多元文化主义，导致了更深的分裂和不平等；另一方面是对异文化的不宽容，用压抑来达到一致性。这二者之间的平衡已经被打破……我们需要变成这样一个民族，她由很多不同肤色的人构成，但能联合组成一条彩虹。他警告说，这个国家已经"过多强调了'多元'

---

① 2006年12月4日，保守党总理斯蒂芬·哈珀在国会成功地提出议案，承认魁北克的操法语者是统一的加拿大国内的一个民族。这一事件导致了政府事务部部长Michael Chong的辞职，他曾公开宣称："我相信我们伟大的祖国，我相信只有一个不可分割的民族，那就是加拿大，她建立在公民而不是族群民族主义的基础上。"哈珀的这个议案使人们开始担心，这一决定可能会"鼓励分离，重新点燃魁北克分离主义分子寻求民族独立的希望，同时其他族群和原住民也可能会有同样的要求"。

② Turner, Terence, "Anthropology and Multiculturalism: What is Anthropology That Multiculturalists Should Be Mindful of It?" *Cultural Anthropology*, 8 (4), 1993, pp. 411 – 429.

的一面，而没有足够重视建立共同的文化"。

相关的争论集中在"融合"（integration）、"同化"（assimilation）和"多元文化主义"等关键概念上。"融合"一般被认为是解决族群问题的有效途径，而"多元文化主义"会形成文化社区，产生疏远和不满，激发愤怒、暴力和恐怖主义，导致人们寻求宗教原教旨主义的庇护，这些问题都需要妥善应对。菲利普斯和塔里克·莫都德（Tariq Modood）提出：人们期待那些有异文化特征的人要融入什么？他们同时指出，正在衰退中的"不列颠民族性"（Britishness）必须得到重生。①

为了回应像特雷沃·菲利普斯这样的主张融合主义者提出的争辩，莫都德指出，"群体融合应该采取多元文化的形式，而不是同化的形式"。事实上，他更喜欢"多元的整合"（Pluralist integration）一词，而不是多元文化主义（multiculturalism）。为了能够实现这一目标，"我们在英国确实需要努力工作，以发展一种全民族的（national），同时也属于每一个人的文化形式，以赢得少数族群和多数族群的人心，获得好的印象"。

在英国由迫切的政治关注所引起的争论，使一个历史悠久的、稳定的民族国家受到了威胁，这具有非常重要的教育意义。不列颠民族性的不断衰落，多元文化主义与组成大不列颠联合王国的苏格兰、威尔士、爱尔兰及英格兰的族群民族主义复苏在并行发展，这些都是不应被低估的。多元文化主义政策在英国正受到严重的质疑。那么，多元文化主义本身会出现逆转，发展得更加旺盛，还是将适应多元、世俗的民族文化？这些问题将引起英国左派、右派和中间派的关注。同时，社会科学界将不得不找出导致少数族群分离倾向的原因及其结果，以及如何使情况得以改善的方法。

---

① 菲利普斯确定了"不列颠民族性"的三个重要属性，并且"这些简单的真理应该使我们团结起来"：①民主与言论自由的共享价值观；②共同的传统，包括我们共同的语言、良好的礼仪、对子女的关爱。与我们不相冲突的新习俗，可以作为社区生活的一部分而被接受；③在我们的私人生活中，尊重"多样性的、个人主义的，甚至是古怪的生活方式"，只要他们"不妨碍我们的基本价值观和我们长期珍视的传统"。莫都德发出了一个明确的警告：多元文化主义者和左派不能再对"拥抱我们的民族认同和与进步的政治结盟"犹豫不决，并明确宣称"一个强大的、多元的、变化的、包容的不列颠认同"对"有圣战诉求的英国穆斯林有情感上和政治上的积极意义"。这"对于孤立和击败极端主义也是关键的"。坦白地说，"如果太多的白人感觉不到不列颠民族性的威力，那将仅仅成为一个法律概念，而其他的认同将会兴起"。

荷兰作为一个很纯净的单一文化的民族国家，也曾接受了多元文化政策。这是另一个经典的例子。但是 20 世纪七八十年代实行的开明的文化政策到 90 年代已经彻底失败了，这是因为人们明显地感觉到迅速发展的"荷兰的伊斯兰化"的威胁。这种威胁导致"欧洲各国积极地转向发展由政府主导的单一文化主义模式"。欧洲还有更多国家也经历了这种情况。

我想要指出的是，现在的单一文化的民族国家迅速异质化的情况，不同于那些在数千年的历史过程中早已异质化了的民族国家。在劳动力和服务全球化流动的时代，历史上的那些民族国家正在从"想象的"（imagined）同质的单一文化向"无法想象的"（unimaginable）异质文化转变。在文化上已经多元化的后殖民国家中，多元文化性的客观条件已经不再以原来的方式/形式存在了。因此，我们有必要将多元主义（pluralism）与多元文化主义相区分。

多元主义不仅仅是对文化多样性的肯定，如宗教、语言、习俗、礼仪、意识形态，它还表现在结构性的联邦制度、民主分权、经济、文化、政治制度、多党政治体系及自愿创办的协会中。在寻求共赢（common good）的冲突、对话、谈判的框架内，多元主义允许不同的利益群体共存和相互影响。多元主义框架的主要特征是"共赢并不是推理出来的……共赢的范围和内容只有在谈判的过程之中或之后才能（在后天的过程中）确定"。

共赢并不是由哪一个既定的群体来定义的，尽管每个既定的群体都可能成功地使其意识形态占据主导地位。即便如此，共赢的实现还是需要经过一个谈判的过程，不管这个过程是非暴力的还是暴力的。与此密切相关的是，谈判的结果很显然是为了争取共赢，这种共赢涉及那些利益和文化背景不同的、从属于不同次级群体的人们，他们共同居住在同一个主权空间——民族国家内。

对多样性的尊重，对不同文化的制度化表达予以宽容，"并不是将所有的文化或多或少都看作平等的（多元文化主义），也不是对一些不能被文明社会标准所接受的异文化无动于衷，例如：生殖器割礼（文化相对主义），更不是对文化多样性在社会制度中提供发展'空间'的需求不加以认定，以满足最低限度的礼仪与秩序（无政府主义的资本主义），也不是对次等的标准和价值保持沉默或不加批判（后现代主义），而是对不同的社会和个人价值观进行一个批判性的，但是给予尊重的、辩证的、相互补充的评价"。

多元主义必须由补充原则（principle of subsidiarity）所引导，在民族国家管控的范围之外的空间，是留给各种次级群体自由发展的。以此类推下去，所有的个体在共赢的框架之内也可以追求他们的价值。

通过在英国（也包括其他国家）的激烈争论，人们可以清楚地看到公民－世俗的多元政治过程所带来的复杂性。由此可见，莫都德更喜欢使用"多元整合"（pluralist integration）而非"多元文化主义"一词，这是非常有见地的。我们可以这样提出问题：通过实施多元文化主义政策，一个不包括同化的群体整合有可能出现吗？或者，我们可以从正面来提问：通过文化多元主义来实现的整合（integration through cultural pluralism），就是通向多元主义的整合（pluralist integration）的途径吗？

多元文化主义本质上是传统的、西方单一文化的民族国家内在矛盾的体现。在过去六十年中，印度的经验为这一思想的重构提供了坚实的基础。

族群、族群性与民族：概念的澄清①

我认为不管如何定义族群概念，"群体成员的文化共同性"都是一样的。客观的文化标志物如共同性，可以是任何文化特性（宗教、语言、种族，血统/种姓、部落、族群或任何其他的特征）。一个族群的认同逻辑有赖于从出生开始或经过长期的社会化过程形成的文化特性和/或价值的内化。文化特性通过祖先或历史——真实的或想象的——以达到内化，并提供把一个族群（范畴）区别于另一个族群的边界符号。归属感和/或长期的社会化，都是形成族群（范畴）的共同的因素。埃里克森（Eriksen）恰当地指出："只有当人们感觉到了文化差异性的重要性及与社会的息息相关，才会使社会关系注入族群的元素。"②

族群范畴的政治化导致了其族群化（ethnicisation），也就是导致族群性

---

① 我已经在我的一篇文章中充分地表达过这一观点，见 Partha Nath Mukherji，"Nation - State Reformulated: Interrogating Received Wisdom," *Man and Development*, December 1999。

② Eriksen, Thomas H., *Ethnicity and Nationalism*（London: Pluto Press, 1993），p. 12.

与族群认同的形成。为了在群体之间争夺稀缺的经济、政治、文化资源，或者为了抵制外来人不公平地开发他们自己的资源，或者是因此本群体受到了政治和文化的压迫，这些都使得族群性具有活力。因此，我们可以面对多种多样的族群——宗教的、语言的、部落的、种姓的和种族的等。族群是以文化为特性的，它并不必然为国家领土边界所限定。

族群性可以转变为族群动员和族群运动的基础。这可以达成他们推动变迁的目标：①在民族国家的框架范围内发展，②寻求建立新的主权民族国家。在前一种情况下，他们会成为在多族群民族国家构建的全盘计划中促进族群整合的部分动力。在后一种情况下，族群动员会采取族群民族主义的形式，以寻求建立其自己的主权国家。在这一理论图式中，民族并不是先于民族国家产生，而是与之相伴而生的。只有当族群民族主义转变为主权独立国家时，族群才能获得民族的资格。把族群民族主义的要求，硬性地和单一地看作寻求民族主义，这种观点并不能获得支持。公民民族主义（不是以族群－阶级为基础的）和/或多族群的民族主义是为了建立一个拥有主权的多元政体，与争取成为一个主权国家而取得民族性（nationhood）的途径是同样有效的。

关于民族国家的理论框架

通过中国、印度和巴基斯坦，特别是西方国家累积的经验，我提出下面的理论框架。

（1）不言而喻，民族国家是一个复合的概念。"民族"与"国家"在分析上是离散的，但又是相契合的。前者是一个"文化上的"建构，而后者是"结构上的"建构。如果没有一定数量具有合法性的公民，国家就不可能存在，而不管这种合法性是强还是弱，是"民族"组成了民族国家。假如不是一个民族，也就没有国家，同时没有为自己创造出国家的民族，也不成其为民族。

（2）总的来说，国家的形成和民族的构建是两个相互分离的历史过程。族群民族主义和公民民族主义都出现于后殖民时代的主权国家之前。嵌入民族主义的民族构建过程，只能发生于主权民族国家形成之后。巴基斯坦在形成民族国家初期时的失败，导致了其进一步的分裂。印度淡化了语言的、宗教的、种姓的、部落的、族群的冲突，并通过社会和政治整合的制度化机制形成了印度民族主义。中国果断地实施了社会主义现代化，并将其推进到发展滞后的少数族群自治地区，同时实施"优惠政策"（在教育机构和党政机构中保留一定比例的名额，免除一胎化政策等）以实现族群融合。

（3）每个民族国家都必须有自己的民族构建（nation-building）的计划，其内容是一个持续的演化过程和综合性的文化和政治、经济、社会制度的建设过程。它并不仅仅限制在族群范围内，而且包括其他领域如阶级、性别、生态、环境、社会正义以及限制整个人类生存的其他事物。一个民族国家如果忽视了这一必要的问题，就会非常危险。

（4）民族国家形成的过程，经常充满了为了价值与利益而发生的激烈的内部斗争与冲突。这样的破坏性行为的结果不会导致崩溃，而是带来社会关系的适应、调整以及新的整合和融合。

（5）多族群民族国家的形成过程有很多标志，包括国民一致同意以互相竞争的利益和价值来代表不同的文化，发展共享共赢的价值观并将其内化等。人们期待这些价值成为国家经济、政治、社会、文化等主要制度的基础。人们从以下活动中发展了共同的利益：①保存、追求、丰富多元文化的传统和认同，②享受共同的康乐安宁，③享有政治权利及公民权、履行公民义务等。最重要的是，这意味着国民具有超越分歧的能力——不必是从属、妥协或拒绝文化多样性的信念和实践——为了所有共同的和个人的福利，崇尚更具普适性的价值、规范和目标。民主制度持续创造了民主的空间，所形成的政治环境与民族国家的成熟和存续相和谐一致。我已经指出，而且重申："在中国和印度的情境下，族群认同和印度/中国的民族认同并不必然相互敌对和排斥——前者经常是后者的必要条件。"

（6）一个已定型的民族国家的发展过程，并不总是每时每刻都会出现矛盾和冲突。这仅仅意味着这样的国家的脆弱程度已大幅降低，因为公民对其民族国家的情感-文化感觉上的忠诚已经被内化了。民族国家提供了稳定的疆域，而矛盾、社会变迁与革新都可以在其中出现。

（7）一个建成的民族国家并不会永远保持其既有的形式。内生或外生的原因所导致的社会变迁可以产生新的矛盾，可以使既存的具有合法性的制度和机制不再稳固。这时，就需要新的、不同于以往的国民的共识。在此意义上，民族国家的构建不是一个一次性完成的任务，而是一个具有持续性的过程。在这一点上，无论是发展中国家还是发达国家都不能幸免。西方世界稳定的、拥有单一文化的民族国家正处于压力之下。在欧洲及其他西方国家，围绕多元文化主义引起的混乱更增强了我的理论观点的说服力。印度（及其他很多后殖民的民族国家）已经继承了文化上的异质性；因此在其民族国家的计划中，应该用"包容性的文化"取代西方标准的"共同文化"，这一切都发生在民族国家的形成过程中。

（8）寻求建立国家的民族主义，与一个民族国家同其他民族国家之间为了民族利益和安全而形成的民族主义，是需要加以区分开的。

毫无疑问，作为民族国家的当代印度，以及其他被现代历史形塑的民族国家，都见证了在资本主义世界经济的扩张中国际体系的演进和制度化。将中国或印度理解和解释为"现代世界体系的发明"，那就显得太过狭窄了。为民族引入文明的基础是非常重要的，这从印度的甘地、尼赫鲁及泰戈尔等人身上清晰地反映出来。

作为世界上最具异质性和复杂性的国家，印度对其主权国家地位日益增长的自信被不断证实，如果不是一直作为一个成熟的公民国家，这将是不可能的。在印度独立后的最近六十年中，她已经证明了其解决矛盾的非凡能力，这是通过不断创造民主的空间，形成文化差异性和结构整合的机制来实现的。这仅仅是前途无限的印度的一个有限的发现。中国同样走过了一条大体相似的道路，在这个过程中通过一系列成功的发展演化出自己的民族性（nationhood）。西方民族国家遭遇到了它们从未遇到的"多元文化主义"，而印度可以为其提供比较研究的丰富模型。

我在各种场合都会提到一个认识论的问题：源自西方的社会科学对西方来说是本土的，那它们对非西方世界也是普遍适用的吗？现在我将其修正为：源自西方的概念、理论、概括与表述并不必然适用于世界的其他地方，或者说只对西方是具有普遍意义的。我已经指出，只要特殊性中的普遍性不能对构建普遍性有所帮助，那么用普遍性来解释特殊性就存在问题。毫无疑问，社会科学的发展与制度化是在西方发生的。显然，这有助于掌握霸权的西方社会科学支配其他地方的学术。西方的训练有素的社会科学家会将理论与意识形态的话语运用于自身和其他的非西方世界，这并不奇怪。特别重要的是，要防止我们的心智受到迷惑（captive mind）综合征的感染。① 面对迅速变迁的世界，印度及许多其他非西方国家应该对主要的社会科学问题，在经验和理论方面提出重要观点，做出显著贡献。其中本土性（indigeneity）是使社会科学普遍化的必要条件。

（李健译，马戎校）

---

① 这一概念曾导致了 20 世纪 70 年代和 80 年代早期的激烈争论。依据 Syed Hussain Alatas 的说法，心智迷惑是高级研究机构的产物，指通过一种模仿的，不加评判的方式而使自己的思维方式受西方思想的支配。那"只是没有创造性和无能地重复原来的问题，……对流行的套路想不出独立的分析方法，……不懂得将科学中的特殊性从普遍性中分离出来，因此导致将科学知识的普遍有效性套用到特殊的局部情境中，……视野是碎片化的，……疏远社会的主要问题，……疏远他自己的民族传统，如果那是知识分子研究领域的一部分，……自己被禁锢而全然无知，对使自己成为自己的条件因素也不了然，……认为适当的定量分析经不起检验，但可以通过经验观察来学习"，这是"西方支配非西方世界的结果"。

民族身份认同"危机"视角下的
美国移民辩论困境

陈崛斌　梅仁毅[*]

2004 年哈佛大学政治学教授塞缪尔·亨廷顿出版了颇具争议的著作《我们是谁?》。在书中亨廷顿指出:由于移民的大量涌入,在不久的将来,美国将成为一个两种语言、两种文化并存的国家。亨廷顿认为,美国民族身份认同[①]正面临着危机。美国人亟须重申他们的核心价值观,正是这些核心价值观使美国人成为美国人。亨廷顿在新书中提出的担忧是否属实? 美国当前移民问题有多么严重? 为什么移民问题如此重要? 当前移民辩论中出现了哪些新的变化? 移民辩论结局将会如何? 本文将对这些问题进行探讨,并给出自己的答案。

一　亨廷顿的担忧:真实性和重要性

亨廷顿的新书分为四部分,对其担忧的问题进行了分析。亨廷顿认为,

---

* 陈崛斌,北京外国语大学英语学院讲师、北京外国语大学美国研究博士,研究领域为美国外交与中美关系,作为副主编出版《美国研究读本》(第一、二辑)(外研社,2012、2015),译著《美国简史》(外研社,2015);梅仁毅,北京外国语大学英语学院教授,美国研究中心原主任,研究领域为美国政治、美国外交与美国文化,主编《美国研究读本》(第一、二辑)(外研社,2012、2015)、《英语国家社会与文化》(外研社,2010)等。

① 即 national identity,在中译本中翻译为国民身份认同,本文中翻译为民族认同或民族身份认同。

美国民族认同的形成有一个历史过程，真正建立是在美国内战后的重建时期。然而，20 世纪 60 年代以来，美国民族认同不断被弱化，而冷战结束后，这种弱化进程在加速。亨廷顿将弱化加速的原因归结为以下几个方面。

①"现代化、经济发展、城市化和全球化使得人们重新思考自己的特征/身份，从较狭窄、较亲近、较社群的角度重新界定身份和特征。"①

②"苏联解体，消灭了美国安全面临的一大威胁，因此，相对于国民层次以下的身份，跨国身份、双重国籍身份和他国身份而言，国民身份的重要性下降了"②，因为"认同由自我界定，但又是自我和他人交往的产物"③。

③"多元文化论和多样性理论的意识形态出现，损害了美国国民身份和国家特性尚存的中心内容，即文化核心和'美国信念'的合法地位。"④

④第三次移民浪潮的移民主要来自拉丁美洲和亚洲，这批移民也是本文的研究对象。由于他们在文化和价值观上与美国有本质区别，而且，这批移民中多数只会西班牙语，因而对他们的同化比以往"将会慢得多、难得多"⑤。

⑤少数族裔在政治上的重要性日益突出、越发活跃，他们通过维护少数族裔权利的政治家来影响政治。

⑥"美国……精英人士广泛参与国际活动，其国民身份的重要性降低，因而日益将自己视为跨国人士，从跨国和全球的角度看待自己的利益和事业。"⑥简而言之，就是"精英的非国民化"⑦。

结果是，亚民族认同、超民族认同、双重认同，甚至他民族认同对美国民族认同提出了挑战。如果不采取具体有效的遏制措施，任由这种趋势持续下去，亨廷顿预测美国民族认同将会有四种可能的前景：①"多民族

① 塞缪尔·亨廷顿：《我们是谁》，新华出版社，2005，第 12 页。
② 塞缪尔·亨廷顿：《我们是谁》，新华出版社，2005，第 16 页。
③ 塞缪尔·亨廷顿：《我们是谁》，新华出版社，2005，第 22 页。
④ 塞缪尔·亨廷顿：《我们是谁》，新华出版社，2005，第 17 页。
⑤ 塞缪尔·亨廷顿：《我们是谁》，新华出版社，2005，第 17 页。
⑥ 塞缪尔·亨廷顿：《我们是谁》，新华出版社，2005，第 213 页。
⑦ Samuel P. Huntington, *Who Are We: The Challenges to America's National Identity* (New York: Simon & Schuster Paperback, 2004), p. 264.

主义";②"语言（英语和西班牙语）和文化（盎格鲁文化和西班牙文化）分歧";③"白人排外主义"卷土重来;④盎格鲁-新教文化复兴。

亨廷顿认为，形成美国民族认同意味着接受两个基本命题，"第一种是说美国是一个移民之国，第二种是说美国特性仅仅界定于一套政治原则，即'美国信念'"①，"其原则是自由、平等、个人主义、代议制政府和私有财产制"②。其他一些因素，比如英语和基督教也是美国民族认同中的关键内容。所有这些的根本就是盎格鲁-基督教文化。因此，要想达到美国民族认同，移民就必须接受美国信条、学习英语，进而为盎格鲁-基督教文化所同化。同化对于美国民族认同的形成至关重要，这也是美国被称为"大熔炉"的原因。

然而，自20世纪60年代以来，这种美国认同的地位、实质和受欢迎程度都发生了变化。美国不再被看作"一个人人共享共同的文化、历史和信念的民族大家庭，而是一个不同种族和不同亚民族文化的聚合体，其中所处地位不是由共同的国家特性所界定，而是取决于自己属于哪个群体"③。这种解构进程自20世纪90年代以来一直在加速。这让亨廷顿倍感担忧，而他的担忧也并非杞人忧天、毫无根据。新移民，尤其是拉美裔移民，主要集中在移民聚居区。在这些聚居区，新移民说自己的母语，忠于自己的祖国，不愿意甚至反对同化。据估计，到2040年，拉美裔将占美国人口总数的1/4，而欧洲裔白人将成为少数族裔。事实上，拉美裔已超过黑人成为仅次于白人的美国第二大族裔。皮尤拉美中心2006年的一项调查报告显示，从1996年至2006年美国的人口增长了1亿人，其中拉美裔的增长速度最快，增长了4倍。新增的1亿美国人口中，拉美裔占44.7%（见图1）。

此外，在20世纪末21世纪初，美国一些州普遍实行双语教育，如加利福尼亚、亚利桑那、马萨诸塞和科罗拉多。如果拉美裔人口的这种增长态势持续，文化隔离继续存在，甚至是其他少数族裔种群出现相同的状况，亨廷顿认为受损的将是美国民族认同。

---

① 塞缪尔·亨廷顿：《我们是谁》，新华出版社，2005，第33页。
② 塞缪尔·亨廷顿：《我们是谁》，新华出版社，2005，第36页。
③ 塞缪尔·亨廷顿：《我们是谁》，新华出版社，2005，第119页。

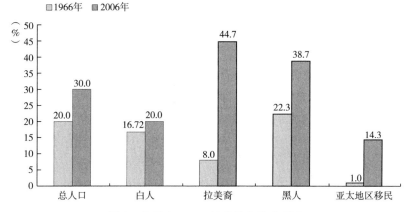

图1　美国人口——按种族和族裔划分

资料来源：皮尤拉美中心。

亨廷顿的论断颇具争议，众多学者对他的判断和分析提出了质疑，而这些质疑之声大致可以分为三类。第一类认为亨氏的论断带有种族偏见，因为"大熔炉"这种说法的基础就是白人至上的信条，这与主流的多民族主义－多元文化主义相冲突。亨廷顿的担忧事实上是保守派白人的担忧。第二类认为亨氏的论断夸大了美国的认同危机。事实上，大多数移民都认同美国信条，"9·11"事件后移民爱国主义情绪高涨就是佐证。美国民族认同并非表面现象，而是一种潜在的本质。当生存面临威胁时，民族认同所蕴含的真正力量就会释放。第三类则以一种历史的观点去看待移民问题，强调移民过去、现在和将来的贡献。他们认为，美国经济的发展和美国梦的实现巩固了移民的美国认同。使用何种语言并不决定美国民族认同的命运。事实上，皮尤拉美中心的调查显示，绝大多数拉美裔认为，要融入美国社会，就必须说英语，移民子女应该学习英语（见表1）。

表1　拉美裔对英语的态度

单位：%

	出生地		语言背景		
	美国以外	美国	英语	双语	西班牙语
要融入美国社会就必须说英语	57	52	55	52	56
让移民子女学习英语非常重要	96	88	88	92	96

资料来源：皮尤拉美中心/凯塞家庭基金会，《2004年拉美裔全国调查报告：政治和公民参与》，2004年4月21日～6月9日。

虽然亨廷顿和质疑其观点的学者在移民涌入问题的严重性上存在分歧，但是他们也有一个共识，即移民已经成为美国社会的重要问题之一，需要妥善处理。截至 2006 年 3 月，美国境内共有 1200 万无合法身份移民（undocumented immigrants）。如何处置如此众多的无合法身份移民成了一个重大的政治、经济和文化问题，与之相关的讨论和辩论正在激烈进行当中。皮尤中心的一项调查显示移民问题已成为美国日程上的第四大问题（见表 2），而且与之前相比，移民问题受重视程度不断提高。表 2 中公众对"政府和政治"关注度的提高也与移民辩论有关。

表 2   美国面临的最重要的问题

单位：%

	2005 年 11 月	2006 年 1 月	2006 年 3 月	2005 年 5 月	起伏
伊拉克战争	29	23	20	18	− 11
能源和汽油价格	4	5	5	14	+ 10
政府和政治	7	5	10	13	+ 6
移民	2	3	4	10	+ 8
经济	11	11	7	7	− 4
恐怖主义	6	6	8	5	− 1

资料来源：皮尤人民和新闻研究中心，2006 年 5 月 2~14 日。

移民问题的重要性也得到了其他一些研究和民意调查结果的证实（见表 3）。

表 3   公众对美国非法移民问题严重程度的评价

单位：%

	纽约时报/哥伦比亚广播新闻民意调查 2006 年 5 月 4~8 日	福克斯新闻/民意动态集团民意调查 2006 年 4 月 25~26 日	昆宁佩克大学民意调查 2006 年 1 月 21~28 日
非常严重	59	63	57
比较严重	30	28	31
不太严重	9	7	9
不 严 重	2	2	2

美国人关注移民问题是因为普通美国民众越来越将移民看作美国的负担。皮尤研究中心的调查显示，越来越多的美国人认为移民抢走了他们的工作、住房和医疗保健服务，持这种观点的美国人的比例从 2000 年 9 月的 38% 增长到 2005 年的 44%，2006 年 3 月则高达 52%[1]。

二　移民辩论的各方立场

当前辩论的中心议题是如何处置美国境内现有的 1200 万左右的无合法身份移民。辩论中出现了三种不同的立场。

立场一：不设定任何前提条件，使大多数无合法身份移民合法化，即大赦美国境内现有的无合法身份移民。这主要反映了众多移民团体和代表移民利益的思想库的观点。然而，美国民众并不支持这种无条件合法化的做法。尽管美国民众普遍愿意让无合法身份移民有机会获得公民身份，但 1/3 以上的美国人不支持有条件大赦，更不用提无条件大赦（见表 4）。

表 4　公众对处置美国境内现有的非法移民的态度

单位：%

	支　持	反　对	不知道
有条件 * 合法公民身份	63	30	7
有条件 * 大赦	54	39	7

＊条件指：通过背景调查、支付罚金并有工作。

资料来源：皮尤人民和新闻研究中心，2007 年 4 月 12 日。

事实上，为了反对国会移民改革计划，反对移民的强硬派利用了其手中最有力的武器：反大赦。虽然这些国会议案 "根本就不是'大赦'"[2]，强硬派仍然坚持反对大赦的论调，并成功阻击了国会议案。很明显，当前移民辩论的结论绝不会是实行大赦。

立场二：观点集中体现在 2005 年《边境保护、反恐和控制非法移民法

---

[1]　皮尤研究中心，"America's Immigration Quandary"，*Featured Report*，2006 年 4 月 4 日。

[2]　Joshua Holland，"Why the Immigration Bill Died in the Senate —— and Will Keep Dying"，*Alternet*，2007 年 6 月 12 日，http：//www. alternet. org/rights/53843/，最后访问日期：2007 年 6 月 12 日。

案》，即通常所说的众议院 4437 号法案。该法案主张采取强硬措施，并加强美墨边检。众议院 4437 号法案的主要内容包括：

①无合法身份移民"非法入境"是违法重罪，因此剥夺这些移民成为美国公民的权利；

②在国际边境线和入境口被拘押的移民将被拘留，直到被驱逐或获得移民保护；

③在明知移民无合法身份或无视移民是否有合法身份情况下，协助无合法身份移民者将被处以刑罚；

④在国境线 100 英里范围内发现的无合法身份移民应在 14 天内被驱逐；

⑤要求国家安全部沿西南边境修建 700 英里防护网；

⑥责令州和地方执法部门执行联邦移民法；

⑦有轻微违法行为的寻求庇护者和难民将被剥夺获得永久合法居住权和公民身份的权利；

⑧雇用无合法身份移民的雇主将受到罚款和处罚。

众多州议会也持此强硬态度。众议院 4437 号法案众多措施被州立法案所采纳。①

表 5　各州移民政策取向

	州　数	州　名
加强边检和巡逻	17	亚利桑那、阿肯色、加利福尼亚、康涅狄格、特拉华、肯塔基、马萨诸塞、明尼苏达、蒙大拿、新泽西、新墨西哥、纽约、北卡罗来纳、田纳西、得克萨斯、弗吉尼亚、威斯康率
剥夺政治权利和福利	13	亚利桑那、科罗拉多、佛罗里达、佐治亚、缅因、密苏里、新罕布什尔、纽约、俄克拉荷马、宾夕法尼亚、罗得岛、南达科他、怀俄明
雇主需确认被雇用者身份，违者将受罚	7	亚利桑那、科罗拉多、佐治亚、路易斯安那、南达科他、田纳西、得克萨斯

资料来源："States Take Action on Immigration Issue", *USA Today*, 2006 年 7 月 9 日。

---

① 参见 http://www.usatoday.com/news/nation/2006 - 07 - 09 - immigration - states_ x. htm，最后访问日期：2006 年 7 月 20 日。

表 5 中所列移民控制措施中,"雇主需确认被雇用者身份,违者将受罚"被视为能最有效地控制非法移民的方法。持这种看法的人的比例从 2006 年 3 月的 49% 上升到 2007 年 6 月的 55%①。

立场三:参议院司法委员会提交的《2006 年综合移民改革法案》(以下简称"参议院法案")集中反映了第三种立场的观点,即中间道路。参议院法案如获通过,将为 2004 年前入境美国的无合法身份移民获得合法地位铺平道路。参议院法案允许非法移民申请并获得 Z 类签证,前提条件是:必须在参议院法案生效 18 个月内提交申请、承认违反美国法律并接受缓刑处罚、支付高昂的罚款和手续费、接受犯罪记录调查、提供工作证明、能够流利使用英语,并等候边境安全部门做好相关安排。这些安排包括:增建边境防护网、增加南部边境的车障、扩编边境巡逻队、在南部边境沿线安装地基雷达和摄像塔等。同时,加强边检以防止移民持续涌入。此外,参议院法案还意图执行"客工计划"(guest worker program),针对"客工"制定具体政策以防止连锁移民。参议院法案与布什总统的移民改革提案不谋而合。布什的提案包括 5 个目标:增强边境安全、制订临时工计划、实行雇主对雇员负责的制度、允许在美国定居的非法移民申请公民身份、帮助新来者融入美国社会②。

由于采取了措施防止连锁移民、大赦和流氓移民,参议院法案与前两者相比支持率更高。洛杉矶时报/彭博社于 2006 年 4 月 8 日至 11 日进行的民意调查发现,2/3 的受访者支持参议院法案,众议院法案的支持率仅为 1/3。大多数美国民众倾向于支持参议院法案,这也与各民意调查机构的调查结果相符(见表 6)。

此外,国会预算办公室估计,参议院法案将"在 10 年内创造 256 亿美元的净财政盈余"③。这可以让那些担心合法化会加重美国负担的美国人少一些担忧。国会预算办公室的报告还指出:"参议院法案中涉及临时工、Z

---

① 皮尤人民和新闻研究中心,Effectiveness of Immigration Control Measures,2007 年 6 月 5 日。

② Angus Reid Global Monitor,"Illegal Immigration Important for America",2007 年 7 月 12 日,http://www. angus – reid. com/polls/index. cfm/fuseaction/viewItem/itemID/16465,最后访问日期:2007 年 7 月 12 日。

③ "Immigration Fact Check:CBO Report – The Rest of the Story",http://www. whitehouse. gov/news/releases/2007/06/20070606 – 19. html,最后访问日期:2007 年 7 月 27 日。

级签证持有者和将来的合法移民，这些人将对社会福利和美国联邦健康保险计划的资金状况产生积极影响。"①

表6　无合法身份移民：遣返还是允许其有条件留在美国

单位：%

	留在美国	遣返
纽约时报/哥伦比亚广播公司新闻民意调查，2006 年 5 月 4~8 日	61	35
全国广播电视/华尔街日报，2006 年 4 月 21~24 日	61	35
今日美国/盖洛普，2006 年 4 月 7~9 日	80	18
皮尤人民和新闻研究中心/皮尤拉美中心 2006 移民调查，2006 年 2 月 8 日~3 月 7 日	64	27

三　移民可以说"不"：2006 年 3 月和 5 月抗议示威

众议院 4437 号法案无异于在移民和移民利益团体中投下一枚炸弹，结果是移民抗议示威的浪潮席卷美国，且一浪高过一浪。这些抗议凸显了美国移民改革的复杂性和艰巨性，也让激烈的移民辩论热度升级。

2006 年 3 月 25 日，洛杉矶爆发了有 50 万人参加的抗议游行，规模之大，为 30 多年来所罕见。4 月 1 日，纽约也爆发了大规模的抗议游行，各少数族裔的移民走上街头，抗议歧视性的众议院 4437 号法案。这次大游行的发起者之一、纽约中国和平统一促进会会长花俊雄指出，"……如果将这些没有（合法）身份的移民都遣送回国，不知要闹多少妻离子散、悲欢离合"②。受到 3 月和 4 月游行的鼓舞，墨西哥裔美国人政治协会等代表移民利益的团体在 5 月 1 日举行的名为"无移民日"（Day Without Immigrants）的示威活动，导致工厂、学校和商铺陷于瘫痪状态，彰显了移民在美国日常生活中的重要性。当天，美国有数百万人在全国几十个城市举行游行示威。在芝加哥、洛杉矶、纽约和佛罗里达州的众多城市，

---

① "Immigration Fact Check：CBO Report – The Rest of the Story"，http://www.whitehouse.gov/news/releases/2007/06/20070606 – 19.html，最后访问日期：2007 年 7 月 27 日。

② 吴越，2006，《纽约华人抗议"新移民法"》，《国际先驱导报》4 月 7 日~13 日。

数以万计的人走上街头。正如 3·25 联盟协调员杰西·迪亚兹所说,"一旦移民走了,人们就会知道移民劳动力的价值"①。

"无移民日"的规模巨大,并产生了重大的影响。《北京晚报》于2006 年 5 月 2 日刊登陈济朋的新华社专稿所用的标题是《数百万移民上街闹转正美国各地交通、工厂和商铺基本瘫痪》。5 月 3 日的《纽约时报》刊登的一篇时事分析文章指出:"新兴的移民维权运动显示了它有能力建立组织,在全国动员数十万、数百万的群众,并展现其经济实力。"②《洛杉矶时报》记者斯科特·戈尔德在报道中引用了秘鲁移民马科斯·阿米内罗的话:"当我看到游行队伍时,我看到了力量。"③ 已于 1986 年成为美国公民的马科斯·阿米内罗指出:"也许出生在美国的人不喜欢这些来到美国的移民,但当我看到这些人在擦地板、洗盘子时,我知道他们是在干很多人不愿干的活儿。然而,我们的制度要惩罚这些人,这可不行。"④ 在洛杉矶韩国人聚居区,许多商铺在 5 月 1 日关门,担心类似1992 年的暴乱重演。许多韩国工厂老板都事先与拉美裔工人商定,5 月 1日他们可以参加抗议示威而不会因此被解雇,甚至有不少雇主和他们的员工们一起走上街头⑤。

然而,拉美裔、其他少数族裔和非拉美裔白人内部却存在分歧,甚至存在对立情绪。拉美裔全国委员会(National Council of La Raza)和拉美裔美国商会(Hispanic Chamber of Commerce)等拉美裔移民组织不赞成这次

---

① Brian Grow, "May Day: The Fight Behind the Protest", *Business Week online*, 2006 年 5 月 5日, http://www. businessweek. com/smallbiz/content/apr2006/sb20060428 _ 759420. htm,最后访问日期:2006 年 5 月 5 日。

② Sheryl Gay Stolberg, "After Immigration Protests, Goal Remains Elusive", *The New York Times*,nytimes. com, 2006 年 5 月 3 日, http://www. nytimes. com/2006/05/03/us/03assess. ht-ml?ex = 1304308800&en = 2e64ea34b5de7649&ei = 5088&partner = rssnyt&emc = rss,最后访问日期:2006 年 5 月 3 日。

③ Scott Gold, "When I See This, I See Strength", *Los Angles Times*. http://www. latimes. com/news/local/la - me - family2may02,0,7090578. story?track = tothtm,最后访问日期:2006 年5 月 5 日。

④ Scott Gold, "When I See This, I See Strength", *Los Angles Times*. http://www. latimes. com/news/local/la - me - family2may02,0,7090578. story?track = tothtm,最后访问日期:2006 年5 月 5 日。

⑤ Daniel Yi, "Koreatown Immigrants Blending in", 2006 年 5 月 4 日, http://www. latimes.com/business/la - fi - kore... - home - headlines,最后访问日期:2006 年 5 月 4 日。

抗议游行，担心结果会适得其反。在波士顿的柬埔寨移民聚居区、越南移民区和唐人街，人们生活基本照常，参加游行的人数甚少[①]。总部设在凤凰城的保守派民兵自卫队（Minuteman Civil Defense Corps）女发言人康妮·海尔说，3月25日游行以后，该组织志愿者人数由每周135人增至400人，并在一周内筹集了15万美元用以在私人土地上沿美墨边界修建防护网[②]。共和党艾奥瓦州众议员史蒂夫·金将5月1日的示威称为"咬喂你的手日"（Bite the Hand that Feeds You）。福克斯电视台新闻主持人尼尔·卡福托表示，他不知道该把这次游行看作言论自由的表现还是一种经济恐怖主义。在拉斯维加斯，68岁的杰姬·平居夫和另一位妇女走在游行队伍中，手中举着的标语牌写着："非法移民，回家去，你们权利在那里。"虽然被一群愤怒的游行者所包围，但她们不为所动。杰姬·平居夫说她不会改变观点，因为"我认为这些人在损害我们的国家，他们应该回去"[③]。在休斯敦，美国边境观察（U. S. Border Watch）主任莱斯莉·韦策尔女士说："如果你是非法（入境）的，你就该走。这不是种族主义，这是一个法律和秩序的问题。我们要么是一个法治国家，要么是一个无政府状态的国家。"[④]

这些游行示威对当前移民辩论产生的第一个直接影响是：人们对辩论的问题有了更多的了解。然而，了解程度的提高却在很大程度上导致了辩论陷入僵局。根据皮尤研究中心的民意调查，在对国会议案了解较多的人中，有52%反对，34%支持，而对国会议案了解较少的人中，支持和反对的百分比分别为32%和34%，相差不大[⑤]。虽然广受争议的众议院4437号议案在众议院获得通过，但是包括了众议院4437号议案大部分内容的参议

---

① Jenna Russell, "In Asian Communities, Just Another Day", *The Boston Globe*, 2006 年 5 月 2 日，http：//www. boston. com/news/local/massachusetts/articles/2006/05/02/in_ asian_ communities_ just_ another_ day/，最后访问日期：2006 年 5 月 2 日。

② Teresa Watanabe & Nicole Gaouette, "Next：Converting the Energy of Protest to Political Clout"，http：//www. latimes. com/news/local – la – me – analysis2may02 ,0 ,6261623 ,story？track = tothtm，最后访问日期：2006 年 5 月 2 日。

③ Monica Davey, "Producing Smaller Numbers, But Laying Claim to Majority", *The New York Times*, 2006 年 5 月 2 日。

④ Monica Davey, "Producing Smaller Numbers, But Laying Claim to Majority", *The New York Times*, 2006 年 5 月 2 日。

⑤ 皮尤人民和新闻研究中心，Effectiveness of Immigration Control Measures，2007 年 6 月 5 日。

院《2006 年综合移民改革法案》却在 2007 年 6 月 28 日的投票中未能获得通过。为了打破僵局，参议院对法案进行了多项修正，并终止辩论提付表决，结果是 46 票赞成，53 票反对，因为差 14 票（未能达到 60 票）而未能进行最终表决。然而，与众议院 4437 号议案相比，参议院议案被看作相对的“好”议案。这再次表明当前移民辩论陷入了僵局。有些人指责参议院议案过于严厉，因为“该议案极大地损害了移民的公民权，而在使美国数以百万计无合法身份移民合法化方面做得也很不够”①。另外一些人则指出参议院议案“给予非法移民的权利比普通美国公民还多”②，指责该议案过于慷慨，并因此反对。随着参议院议案未获通过，当前移民辩论何时能得出结论尚遥遥无期。

　　游行示威的第二个直接结果是：反移民组织迅速发展。例如，作为美国最大的移民限制组织之一，NumbersUSA 在 2001 年共有 1679 名活跃分子，然而 2007 年 7 月，这个数字达到了 419000 名③。这些反移民强硬派变得更加坚决、更有组织性，而且时刻准备用电话、电子邮件和信件对那些同情非法移民甚至合法移民的国会议员进行狂轰滥炸。美国移民改革联盟主席丹·斯坦说：“终止辩论提付表决未能通过的原因在于，美国民众用电话、电子邮件和抗议抵制了大赦外国人和实行客工计划的做法……他们还得到了广播脱口秀节目、有线新闻记者和互联网博客写手们的协助，阻止了布什政府及其国会盟友密谋损害美国人利益的企图。”④ 随着反移民组织变得日渐强大并更加强硬，他们与移民——不管是合法移民还是非法移民——之间的斗争现在还没有妥协的可能。当前，支持者和反对者之间的

①　Shankar Narayan，“Immigration Matters: Senate Bill Gets Harsher”，merica, We Have a Problem”，*New America Media*，2006 年 5 月 18 日，http: //news. pacificnews. org/news/view_ article. html?article_ id = 30bb5cf4b2cfd9037b367fa1f73db003，最后访问日期：2006 年 5 月 20 日。

②　Thomas Sowell，“The Senate's ‘Tough’ Immigration Bill”，http: //www. realclearpolitics. com/ articles/2006/05/bordering_ on_ fraud_ part_ iii. html，最后访问日期：2006 年 5 月 26 日。

③　Nicole Gaouette，“Immigration bill ignites grass - roots fire”，*Los Angles Times*，2007 年 6 月 24 日，http: //www. latimes. com/news/la - na - immig24jun24,0,551620. story?coll = la - tot - topstories&track = ntothtml，最后访问日期：2007 年 6 月 24 日。

④　Defeat of Cloture on Immigration Bill is a Defeat for Heavy - Handed Legislative Tactics and a Victory of Law Abiding Americans，http: //www. fairus. org/site/PageServer?pagename = media_ release6282007，最后访问日期：2007 年 9 月 4 日。

对峙再次使当前移民辩论在短期内无法得出任何有意义的结论。

此外，游行示威和美国政府的反应还表明美国缺乏统一的移民政策。目前，虽然美国有众多移民立法，但是缺乏系统的、纲领性的移民政策。和许多其他问题一样，美国有的是对策而非政策。"移民政策的制定经常是因为新移民请愿要求让他们的亲属来到美国，或者是因为入境美国的非法移民的存在，美国人和美国政府已经失去了决策程序的控制权。"① 美国人对当前移民辩论的期望远不止一项新的立法。移民抗议游行凸显了移民问题的严重性，这使得美国人的期望更大。2007 年 5 月纽约时报/哥伦比亚广播公司的一项民意调查显示，几乎所有受访者都认为美国的移民体系破败不堪。49% 的受访者认为美国移民政策需要"完全"重新制定，41% 的受访者期望进行"根本性的修正"。美国人需要的是崭新的或者全面升级的移民体系。

《国际先驱导报》的一篇文章说："美国是由移民建立的国家，一直自诩为受迫害者的庇护所并为之骄傲；而现在却要借情绪化的辩论来决定居留在此的 1200 万非法移民的命运，实在令人感叹。"② 当前移民辩论越来越变成有关于"谁是美国人"和"美国民主是什么"的问题，这些正是亨廷顿所提出的问题。人们将这些游行示威和民权运动相提并论，并认为"这些运动确实有关于'我们'。美国社会必须选择那些我们赖以生存的价值观"③。寻找这些问题的答案将是非常艰巨的任务。

四　当前移民辩论的六大特点

当前辩论中的分歧、冲突和抗议对于美国而言并不陌生，只是美国对移民矛盾态度的重现。这种矛盾从美国建国至今一直困扰着美国社会。美国人在是开放边疆还是关闭门户之间摇摆不定，具体措施往往取决于经济

---

① The Federation for American Immigration Reform，"Why America Needs a Immigration Time－out"，http：//www. fairus. org/site/PageServer?pagename = iic_ immigrationissuecentersd994，最后访问日期：2007 年 8 月 28 日。

② 慕娟，《移民美国的爱与哀愁》，《国际先驱导报》，2006 年 3 月 31 日 ~ 4 月 6 日。

③ Shankar Narayan，"Immigration Matters：Senate Bill Gets Harsher"，merica, We Have a Problem"，*New America Media*，2006 年 5 月 18 日，http：//news. pacificnews. org/news/view_ article. html?article_ id = 30bb5cf4b2cfd9037b367fa1f73db003，最后访问日期：2006 年 5 月 20 日。

状况、党派政治以及文化和种族偏见的程度。这种偏见在当前辩论中被强化了。除此之外，由于"9·11"事件的影响，对恐怖主义的恐惧和由此产生的不安全感也对移民辩论产生了负面影响。因此，当前移民辩论也显现了不同以往的特点，笔者将其归纳为以下六个方面。

1. "9·11"的影响和恐怖政治

"9·11"恐怖主义袭击对美国心理的影响巨大。世界上的唯一超级大国突然觉得自己很脆弱，国土安全成了美国人考虑的头等大事。撒旦统治世界的世界末日观卷土重来，恐惧和怀疑笼罩在美国人心头。2003年初，72%的美国人非常担心或者担心再次出现针对美国的恐怖袭击，他们认为恐怖主义者最有可能是穆斯林或者阿拉伯人。在这种情况下，阿拉伯裔和其他信仰伊斯兰教的国家裔移民成了首要怀疑对象。有报道称共有超过1000名阿拉伯裔和其他信仰伊斯兰教的国家裔移民被逮捕或无限期扣押，不得与他们的律师联系，但相关方没有披露这些移民被关押在何处。

在和平时期，这种做法往往会受到严厉的批评和指责，但是在战争或非常时期，公众往往支持这些严酷的措施。被问到是否需要对穆斯林民权和志愿者组织进行严密监控和调查时，29%的受访者给出了肯定回答。27%的人认为应该强令信仰伊斯兰教的国家裔移民在联邦政府登记其行踪①汉密尔顿学院于2002年开展了一次"伊斯兰国家裔美国人民意调查"，结果显示50%以上的受访者声称他们的亲友中有人成了针对穆斯林的歧视、骚扰和政治攻击的受害者，25%的受访者说本人就是受害者。

移民研究中心的一项报告指出，恐怖主义者利用了漏洞百出的移民体系中的各种漏洞对美国社会进行渗透，包括"9·11"事件中的劫机恐怖分子，以及1993年以来因为在美国进行恐怖主义活动而逮捕、判刑和认罪的48名美国本土以外出生的罪犯。"在他们认罪时，其中的16人（1/3）持有临时签证（主要是旅游签证），17人（1/3）是合法的美国永久居民，12人（1/4）为非法移民，剩下的3人正在申请庇护。"②

① Media and Society Research Group, *2004 National Omnibus Survey*, Cornell University, 2004年12月。

② Steven A. Camarota, "How Have Terrorists Entered the U. S.?" http：//www. cis. org/articles/2002/terrorpr. html，最后访问日期：2007年4月4日。

过去人们担忧边境安全和移民管制规定执行不力可能让恐怖主义分子入境美国，然而随着时间的推移，这种担忧的对象变成了无合法身份的拉丁裔移民。居住在美墨边境地区的居民担心，这些地区会成为真正的作恶者藏身和肆虐的天然巢穴。此外，由于存在大量的无合法身份移民，伪造证件的黑市和偷渡犯罪网络也随之形成。很明显，这其中蕴含着很高的安全风险。这也是反移民强硬派的论点之一。

2. 党派分歧和选举政治

表7反映了移民问题上的党派分歧。这种分歧在2006年中期选举后进一步加剧。无合法身份移民没有变成美国人，而是成了政党谋求自身政治利益的"受害者阶层"，移民的权利被无视。在中期选举之前，"民主党与共和党领导人都在寻求拉美裔选票。虽然拉美裔选票只占2004年选票的6%，但是考虑其出生率和其他因素，拉美裔选票在将来会占到更大比重。美国共有4200万拉美裔人口，占美国人口的1/7，新增拉美裔人口占美国新增总人口的近一半"①。

表 7　移民问题上的党派分歧

单位：%

	总体	共和党	民主党	独立	共和党		民主党	
					保守派	温和派/自由派	保守派/温和派	自由派
让无合法身份移民有机会成为美国公民								
支持	59	50	66	60	45	60	62	76
反对	37	46	31	35	50	38	36	20
不知道	4	4	3	5	5	2	2	4
沿美墨边境修建700英里防护网								
支持	46	65	38	43	71	54	39	34
反对	48	29	56	52	23	42	54	61
不知道	6	6	6	5	6	4	7	5

---

① Robert D. McFadden，"Across the U. S. Growing Rallies for Immigration"，http：//www.commondreams. org/ headlines06/0410 - 05htm，最后访问日期：2007 年 4 月 11 日。

续表

	总体	共和党	民主党	独立	共和党		民主党	
					保守派	温和派/ 自由派	保守派/ 温和派	自由派
比现在更加严格的控制移民入境美国								
同意	75	85	74	72	89	77	85	54
不同意	20	12	21	25	9	18	11	42
不知道	5	3	5	3	2	5	4	4
移民是对美国传统风俗和价值观的威胁								
同意	48	59	41	48	68	43	51	22
不同意	46	37	52	47	28	54	41	74
不知道	6	4	7	5	4	3	8	4

资料来源：皮尤人民和新闻研究中心，2007 年 4 月 12 日。

　　为了扭转 2006 年选举的颓势，共和党候选人寄希望于在无合法身份移民的问题上大做文章，从而争取保守派选民。他们鼓吹在全美制定和执行更加严厉的移民法律，并在这个问题上不断攻击民主党对手。在宾夕法尼亚州，参议员里克·桑托勒姆在其一则竞选广告中攻击其竞争对手，指责对手支持大赦非法移民和给予非法移民的优待多于美国工人。在科罗拉多州州长选举中，共和党人鲍勃·波普里兹指责其民主党对手支持非法移民获得州福利。共和党人在非法移民问题上持强硬态度，希望这样做能够克服失宠总统和公众对伊拉克战争日益不满造成的政治阻力。正如众议院移民辩论的领军人物、来自科罗拉多州的共和党议员汤姆·坦克雷多在一次电话采访中提到的，"有种说法在这里（国会山）很流行"，即"政治版图已经发生了变化，如果想要当选，最好不要在移民问题上被视作软弱之辈"[1]。然而，共和党人担心也采取强硬措施会让拉美裔投入民主党的怀抱，民主党也向来比共和党更加热切地寻求拉美裔的支持。

　　专家和投票出口民调估计，"在（2006）中期选举中，大约 70% 的拉

---

[1]　Robert D. McFadden, "Across the U. S. Growing Rallies for Immigration", http：//www. com-mondreams. org/headlines06/0410 - 05htm，最后访问日期：2007 年 4 月 11 日。

美裔把票投给了民主党，而 2004 年这一数字仅为 53%"①。2000 年，拉美裔占美国总人口的 12.5%，2004 年则占 14%，估计到 2050 年这一数字将高达 25%。即使拉美裔占大多数的无合法身份移民合法化在 2008 年总统选举前无法实现，我们仍有理由相信拉美裔选民将对 2008 年总统选举产生更大影响。因为当前移民辩论，拉美裔利用选票捍卫自己和家人权利的意愿更强了。考虑到 2004 年总统选举中游离选民的决定性作用，拉美裔选票的重要性就更突出了，因为"拉美裔将自己描述成不'倾向'任何党派的游离选民的比率比非拉美裔高 1 倍"②。各个民意调查的结果也表明，美国人普遍认为民主党更善于处理移民问题（见表 8）。

表 8　善于处理移民问题的政党情况

单位：%

	共和党	民主党
纽约时报/哥伦比亚广播新闻民意调查，2006 年 5 月 4 ~ 8 日	29	45
福克斯新闻/民意动态集团民意调查，2006 年 4 月 25 ~ 26 日	24	34
皮尤人民和新闻研究中心，2006 年 4 月 7 ~ 16 日	27	43
美国广播公司新闻/华盛顿邮报，2006 年 4 月 6 ~ 9 日	38	50

亲共和党的拉美裔联盟在一项调查中发现"在国会选举中，拉美裔登记选民支持民主党和共和党的比率分别为 56% 和 19%"③。该联盟的主席罗伯特·德·波撒达说："如果共和党在全国范围内能够获得 25% 的拉美裔选票，那就算是奇迹了。"④而在 2004 年美国总统大选中，布什获得了 44% 的拉美裔选票。如果 2006 年的趋势持续的话，民主党将从当前移民辩论中受益，最终获得对共和党的又一场胜战。虽然在 2004 年，布什获得 44% 的拉美裔选票，但是表 9 中的数据显示，拉美裔在 2008 年美国总统选举中已转向支持民主党候选人希拉里·克林顿，此趋势让很多共和党人甚为担忧。

① Roiberto Lovato, "Latino Backlash Could Doom GOP", http：//www. alternet. org/module/print-version/44257，最后访问日期：2006 年 11 月 16 日。

② Susan Page, "Hispanics Turning Back to Democrats for 2008", *USA Today*，2007 年 6 月 28 日。

③ Peter Wallsten, "Latino and Black Voters Reassessing Ties to GOP", *Los Angeles Times*，2006 年 10 月 24 日。

④ Peter Wallsten, "Latino and Black Voters Reassessing Ties to GOP", *Los Angeles Times*，2006 年 10 月 24 日。

共和党和民主党在移民问题上的态度将直接决定两党所能获得的拉美裔选票数。有共和党人指出:"如果我们不在移民问题上采取人道的措施,我们将失去拉美裔选票。"

表 9 拉美裔选民对总统候选人的态度

候选人	政党	支持	不支持	了解,但态度不明	不了解
希拉里·克林顿	民主党	63	20	7	9
约翰·爱德华兹	民主党	35	16	12	37
巴拉克·奥巴马	民主党	33	13	8	45
鲁迪·朱利安尼	共和党	46	16	10	28
约翰·麦凯恩	共和党	31	22	16	31

资料来源:Susan Page, "Hispanics Turning Back to Democrats for 2008", USA Today, 2007 年 6 月 28 日。

3. 利益冲突

无合法身份移民给美国经济和社会带来了动荡和不安。美国移民改革联盟的一项研究表明:"低技术美国人的薪金损失中有 40% ~ 50% 是由于低技术移民工人造成的……由于移民的涌入,美国每年有 188 万工人失去工作,为这些失去工作的美国人提供福利和救济每年需要花费 150 亿美元以上。"[1] 此外,无合法身份移民还占用了数以十亿计的医疗服务经费。"(无合法身份移民)在加利福尼亚州造成了大约 7900 万美元的医疗服务费用损失,得克萨斯州为 7400 万美元,亚利桑那州为 3100 万美元,新墨西哥州为 600 万美元。"[2]

反对移民的人大肆批评移民带来的成本和损失,但不乏赞成的声音。最近的研究表明,新移民"极大提高了美国本土出生的工人的工资……因为移民刺激投资,移民在技术和受教育水平方面能弥补美国人的不足,而且移民并没有和美国人竞争相同的工作"[3]。此外,美国劳动力的 13% 是拉

---

[1] Center for Immigration Studies Report: Immigration from Mexico, http://www.cairco.org/econ/econ.html, 最后访问日期:2006 年 12 月 16 日。

[2] 参见 http://www.newswithviews.com/your_ govt/your_ government50.html, 最后访问日期:2006 年 12 月 17 日。

[3] Stuart Anderson, "The Debate Over Immigration's Impact on U. S. Workers and the Economy", www.nfap.com/researchactivities/studies/EDO0706.pdf, 最后访问日期:2007 年 7 月 10 日。

美裔，大多数的无合法身份移民都从事农业工作，比如佛罗里达的橙子农场，加利福尼亚的草莓农场，诸如此类。没有这些人，美国农业的竞争力就要大打折扣。

因此，美国人在是否限制移民的问题上分成了两个阵营。鼓吹移民限制的阵营包括：保守人士、纳税人组织、人口控制鼓吹者、族裔和种族歧视的顽固分子、鼓吹法律和秩序的人以及一些工会组织。反对移民限制的阵营主要是企业，尤其是中小型企业、农业企业和制造业企业。这种利益冲突也反映在国会投票结果中。参议院司法委员会对参议院移民改革议案12 比 6 的投票结果就很典型。投票中，转入民主党阵营的 4 位共和党参议员包括：委员会主席阿伦·斯佩科特是一个温和派共和党人，曾被党内人士称为"只是名义上的共和党人"（Republican in Name Only），林赛·格雷厄姆来自农业和低技术水平制造业大州南卡罗来纳，萨姆·布朗巴克来自堪萨斯州，堪萨斯州的肉类包装厂雇用了大量的无合法身份移民，而来自俄亥俄州的麦克·德维尔在 2006 年的中期选举中面临再次竞选，所以在移民问题上也不敢过于强硬。

4. 国会僵局和州议会主动权

由于党派分歧和参众两院意见不一致，国会在移民改革问题上采取行动的可能性不大。国会出现的僵局让受移民影响较大的各州决定将解决问题的主动权掌握在自己手中，并采取了一系列措施。这些措施在总体上对无合法身份移民坚持强硬态度。截至 2006 年 10 月 31 日，43 个州共提出了570 项有关移民的州立法案。2006 年各州议会至少通过了其中的 90 项法案，其中 84 项成为法律，比 2005 年增加了 1 倍。教育、工作、身份证明和驾驶执照、执法、法律服务、公共福利、偷渡以及投票程序是州立法案关注的主要问题①（见表 10）。

在亚利桑那州，由于无合法身份移民的涌入，这个沙漠之州多年来社会矛盾不断激化，已然成为美墨边境上非法入境最猖獗的地方。皮尤拉美中心的研究表明，1996 年以来，亚利桑那州的无合法身份移民人口已经增

---

① "2006 State Legislation Related to Immigration: Enacted and Vetoed", http://www.ncsl.org/programs/immig/6ImmigEnactedLegis3.htm, 最后访问日期：2006 年 12 月 1 日。

表 10　已签署的有关移民的州法律

主　题	数　量	涉及的州数
教育	3	3
工作	14	9
身份证明/驾驶执照	6	5
执法	8	6
法律服务	5	5
公共汽车	1	1
公共福利	10	7
偷渡	13	9
投票	6	6
法院裁决	12	6
综合性	6	6
总　数	84	

资料来源：2006 State Legislation Related to Immigration：Enacted and Vetoed。

加了 3 倍多，从 11.5 万人增加到现在的大约 50 万人。这类移民的激增让亚利桑那州的监狱、学校、医院和执法部门不堪重负。公众对这种情况甚为不满，从而推动亚利桑那州通过了在全美最强硬的反非法移民法案。在 2006 年 1 月 9 日的《州情咨文》中，州长珍妮特·纳波利塔诺（民主党）提出了一项耗资 1 亿美元的打击偷渡计划。"为了让我们更加安全，我将提议一项耗资 1 亿美元的边检一揽子计划，从而保证州和地方执法部门有足够的资金用以确保边境的法治。"① 2006 年，亚利桑那州还曾考虑修改州宪法，剥夺重罪无合法身份移民申请假释的权利。共和党州议员还计划要不顾纳波利塔诺州长的反对，再次提出并表决有关只能使用英语的提案。另一提案则意在授权地方警察逮捕无合法身份移民。

在宾夕法尼亚州，州议会于 2006 年 6 月提出了一揽子提案，包括禁止

---

① 　Governor Janet Napolitano，"State of The State Address"，http：//www. governor. state. az. us/press/2006/0601/010906％7E2006StateoftheStateAddress. pdf，最后访问日期：2007 年 4 月 12 日。

将公共经费用于非法移民的服务和福利。此外，宾西法尼亚州的一些城镇也考虑禁止当地房主将房屋出租给非法移民或雇用非法移民的企业。哈兹来敦市政厅通过了一项法案，这使这座宾夕法尼亚州东北部的小镇成了全美对无合法身份移民最不友好的城市。据该市市长卢·巴莱塔称，通过《反非法移民法》是为了应对该市面临的一系列问题，如暴力犯罪、学校拥挤、医疗费用提高和服务需求过大等。根据这项法律，雇用非法移民的企业将被吊销执照，租房给非法移民的房主将被罚款 1000 美元，市政文件只能用英文书写①。

"直到 1990 年，所有移民（包括合法和非法移民）的 3/4 居住在 6 个州，70% 的拉美裔移民集中在加利福尼亚、纽约、得克萨斯和佛罗里达。"② 大多数美国人都对移民人口和新少数族裔的迅速增长有所了解，但其中大多数都只是通过电视或新闻杂志进行了解，真正亲身接触的不多。然而，现在情况就不一样了。移民大量涌入中部，尤其是农村地区和各农业州。"自 1990 年以来，25 个州的外国出生人口增长超过 1 倍，有 9 个州超过两倍。在过去 15 年内，北卡罗来纳州的外国出生人口和拉美裔人口分别增长了 390% 和 540%，佐治亚和科罗拉多的外国人口也增长了 200% 以上。"③这些州，加上艾奥瓦、明尼苏达和内布拉斯加已经成为新的移民目标州。

由于缺乏统一的联邦移民政策，新目标州不得不自己面对移民带来的一系列问题和挑战。对 2005 年 8 月哥伦比亚广播公司民意调查结果的分析显示，"新目标州 72% 的居民不赞成给予非法移民工人临时工作证，相比之下，移民大州的比率只有 54%。在有关是否需要调整合法移民政策方面，新目标州 57% 的人支持限制合法移民，而传统移民目标州支持限制合法移

① Governor Janet Napolitano，"State of The State Address"，http：//www. governor. state. az. us/press/2006/0601/010906％7E2006StateoftheStateAddress. pdf，最后访问日期：2007 年 4 月 12 日。

② William H. Frey，"The Silence Behind the U. S.'s Immigration Impasse"，*Financial Times*，http：//www. brookings. edu/printme. wbs? page＝/pagedefs/07259274ffe7ff3f6fd4dfca0a1415cb. xml，最后访问日期：2007 年 4 月 4 日。

③ William H. Frey，"The Silence Behind the U. S.'s Immigration Impasse"，*Financial Times*，http：//www. brookings. edu/printme. wbs? page＝/pagedefs/07259274ffe7ff3f6fd4dfca0a1415cb. xml，最后访问日期：2007 年 4 月 4 日。

民的比率为47%"①。

5. 反移民组织抬头

移民辩论期间，保守势力抬头。NumbersUSA、"民兵"（Minutemen）和美国移民改革联盟等反移民组织活动频繁。而且，强硬派往往更加坚决和狂热，影响力也在不断提升。

受到会员人数增长的激励，NumbersUSA 主席罗伊·H. 贝克说："在此之前，我们从未想过自己会成为一个大组织……乔治·布什改变了我们的想法。"②《纽约时报》的一篇报道甚至指出，NumbersUSA 原本是一个名不见经传的组织，然而《2006 年综合移民改革法案》未能在参议院通过"是一个小组织（NumbersUSA）十几年来游说国会缩减移民数量所取得的胜利"③。贝克还夸耀说虽然"该法案得到美国民意精英们的支持……我们建立了一支草根队伍，对我们的事业充满激情，用互联网战胜了精英们，阻止了一项灾难性大赦法案的通过"④。

"民兵"（Minutemen）一词原指保护家园和国家的早期美国爱国人士。"民兵"组织信奉的就是这种理念，将加强边检作为控制非法移民的核心措施。美国有两个"民兵"组织：亚利桑那州的民兵自卫队和加利福尼亚州的民兵计划。民兵组织成员主要是有种族偏见的白人排外主义者，活跃在美墨边境各州。2005 年，民兵计划在 12 座城市组织了花车巡游，敦促采取更加严格的边检措施。民兵组织还派出了数百名志愿者到美墨边境巡逻，帮助防止非法移民过境。2005 年，民兵计划奠基人吉姆·吉尔克里斯特参选加利福尼亚州第 48 选区国会议员，结果在竞选中所得票数列第 3 名，共获得了大约 25% 的选票。民兵计划还推动加利福尼亚州、新罕布什尔州、佛蒙特州和俄勒冈州建立类似组织。这些组织共同继续向国会施压，要求

---

① William H. Frey, "The Silence Behind the U. S.'s Immigration Impasse", *Financial Times*, http: //www. brookings. edu/printme. wbs? page = /pagedefs/07259274ffe7ff3f6fd4dfca0a1415cb. xml, 最后访问日期：2007 年 4 月 4 日。

② Robert Pear, "Little - Known Group Claims a Win on Immigration", *The New York Times*, 2007 年 7 月 15 日。

③ Robert Pear, "Little - Known Group Claims a Win on Immigration", *The New York Times*, 2007 年 7 月 15 日。

④ Robert Pear, "Little - Known Group Claims a Win on Immigration", *The New York Times*, 2007 年 7 月 15 日。

加强美国边境巡逻①。如表 5 所示，"加强边检和巡逻"已经列入 17 个州的州立法案，包括所有的美墨边境各州。这也是民兵组织的巨大胜利。

反移民组织的抬头到底在多大程度上反映了美国普通民众中排外主义的抬头？这些组织的影响力有多大，能够持续多长时间？这些问题都值得进一步关注。在解答这些问题之前，有一点很明确："排外主义的不宽容、未经训练的武装民众和偏激的阴谋理论加在一起很危险，容易爆发暴力事件。"②

6. 族裔间关系复杂化

在最近的移民游行中，墨西哥移民——无论合法与否——走上街头激愤抗议，而其他族裔却态度暧昧，这形成了一种强烈对比。本文前面曾提到，在"无移民日"游行期间，亚洲移民就不太积极，而美国黑人的态度则更加值得关注。如表 11 所示，美国黑人对拉美裔移民总体持肯定态度，

表 11　白人和黑人对拉美裔的态度

单位：%

		白　人	黑　人
拉美裔合法移民	勤奋工作	78	79
	家庭意识强	81	77
	大量增加犯罪	34	26
	常常靠社会福利过活	37	33
认为非法移民	应有权利享受社会服务	20	43
	允许其子女上学	67	79
认为本人或家人因为拉美移民丢掉工作	有	14	22
	没有	83	71
	不知道	3	7
认为移民从事的工作是	美国人不想干的工作	65	53
	抢走的美国人的工作	25	34
	两者/不知道	10	13

注：白人和黑人均非拉美裔。

资料来源：皮尤研究中心，2006 年 5 月 9 日。

---

① Daniel Wood，"Minutemen's Message on Immigration：On a Roll？"，http：//www. csmonitor. com/2006/0505/p02s02 - uspo. html，最后访问日期：2007 年 6 月 20 日。

② Susy Buchanan 和 Tom Kim，"Meet the Nativists"，at http：//www. alternet. org/story/32644/，最后访问日期：2006 年 3 月 4 日。

也支持移民权力①。然而，经济上，美国黑人是拉美裔非法移民的最大受害者。美国黑人和拉美裔移民在就业和利用政府资源方面是直接竞争的关系，目前看来黑人在这场竞争中败下阵来。65%的白人认为拉美裔从事的是他们不想做的工作，而只有53%的黑人持这种态度。美国黑人本人或家人因为拉美裔移民而丢掉工作的概率也比白人高出8个百分点。佐治亚州的黑人职员乔伊斯·泰勒说："如果工厂有10个职位，我敢说拉美裔现在将获得大部分……看看小杂货店，拉美裔开的店比美国黑人开的店要多。"②

在洛杉矶，美国黑人活动家纳吉·阿里说："当我看到50万抗议者走上街头，我感到害怕，害怕美国黑人在就业和政治权利方面被边缘化。"③阿里的担忧在美国黑人中颇具代表性。一方面，美国黑人支持双语教育，支持给予拉美裔移民一些社会福利；另一方面，这些新移民对社区、学校和工厂有自己的想法和要求。拉美裔人口的增加将最终带来政治权力的增长，从而形成与美国黑人竞争的局势。美国黑人最终将采取何种态度——支持还是竞争——现在还不明朗。然而，无论美国黑人的决定为何都将对族裔间关系产生深远的影响，进而影响移民政策的未来。

五　放眼未来

无论结论如何，当前移民辩论彰显了移民给美国带来的经济、政治和文化问题。鉴于这些问题的考虑，美国最终将不会大幅修改现行的移民政策措施。

经济上，拉美裔和亚裔移民的大量涌入必将改变美国经济的面貌。300年来，普通劳动者的涌入为美国带来了财富，也从未对美国经济真正产生过威胁。虽然有些美国人担心移民会抢走他们的工作，但事实上，

---

① Carroll Doherty，"Attitudes Towards Immigration: in Black and White"，*Pew Research Center*，2006年5月9日。

② Rachel L. Swarns，"Bridging a Racial Rift That Isn' t Black and White"，*The New York Times*，2006年10月3日。

③ Teresa Watanabe，"Immigrant Crusade Enlists Few Blacks"，*Los Angles Times*，2006年4月10日，http：//www. latimes. com/news/local/la－me－blacks10apr10,10,0,922033. story?track＝tothtm/，最后访问日期：2006年4月10日。

移民从事的大多数都是美国人不愿做的工作，或者是继承了上一辈移民所从事的工作。多项民意调查也证明大多数美国人赞同这种观点（见表12）。

表 12　公众对"非法移民夺走了美国工人的工作，还是他们从事的主要是美国人不愿从事的工作"的选择

	夺走了美国人的工作	美国人不愿从事的工作
纽约时报/哥伦比亚广播公司新闻民意调查 2006 年 5 月 4～8 日	36	53
福克斯/民意动态集团民意调查 2006 年 4 月 25～26 日	34	47
美国广播公司新闻/华盛顿邮报民意调查 2006 年 4 月 6～9 日	29	68
时代杂志民意调查 2006 年 3 月 29～30 日	35	55
美联社/Ipsos 2006 年 3 月 28～30 日	29	65

大多数美国人认可移民在经济上所做的贡献，这种认可在近期不会改变。在全球化和地区化并举的时代，劳动力流动对于任何国家而言都是有益的。"将移民视作威胁的警报……将让全球化经济付出沉重代价。"[1] 美国商务部部长卡洛斯·古铁雷斯在参议院的一次听证会上指出：移民占美国总劳动力的15%，在计算机、数学、工程、建筑和科学等高技术行业中，40%拥有博士学位的劳动者是移民[2]。从经济角度看，美国不应该向移民关闭大门。

政治上，移民人口增长意味着移民政治影响力的提升。现在美国共有4200万拉美裔移民，其中1600万是登记选民，数量之大让任何候选人都不

---

[1]　John Tirman，"Immigration and Insecurity：Post – 9/11 Fear in the United States"，*MIT Center for International Studies Audit of the Conventional Wisdom*，2006 年 6 月 6 日～9 日。

[2]　Sue Kirchhoff，"Immigration debate squeezes some businesses"，USA TODAY，http：//www. us-atoday. com/money/economy/employment/2007 – 03 – 13 – immigration – usat_ n. htm，最后访问日期：2007 年 3 月 13 日。

能等闲视之。如果到 2040 年白人真的成为少数族裔，而拉美裔到 2050 年真的如预测那样占到美国总人口的 25%，那么采取人道的移民策略对于美国两党和有政治抱负的人而言就是一项极佳的政治投资。移民政治实力和影响力不断增强，美国政府要采取反移民的措施将举步维艰。

文化上，新移民带来了自己的文化，被美国文化同化的进程也较慢，这使得文化和认同成为当前移民辩论的关键问题。是强化美国民族认同和坚持同化，还是重塑美国民族认同并加强非歧视性的文化多样性，美国人必须做出选择。亨廷顿考虑的也正是这些问题。王义桅教授所说的、亨廷顿所害怕的"美国人们的美国"是否会成为现实，这是当前美国移民辩论面临的最大问题。

辩论结束前，还会有冲突和妥协。美国人对于移民兄弟姐妹的情感仍会非常复杂。移民也仍然会继续作为美国经济、政治和文化的一部分而存在。这一次，美国的大门既不会对移民关闭，也不会敞开。当前移民辩论僵局不易被打破。移民辩论的结果更可能是决定美国的移民大门到底开多大，而非是否关闭。

参考文献

参见 http：//www. newswithviews. com/your_ govt/your_ government50. html，最后访问日期：2006 年 12 月 17 日。

慕娟，《移民美国的爱与哀愁》，《国际先驱导报》，2006 年 3 月 31 日~4 月 6 日。

皮尤人民和新闻研究中心，Effectiveness of Immigration Control Measures，2007 年 6 月 5 日。

皮尤研究中心，"America's Immigration Quandary"，*Featured Report*，2006 年 4 月 4 日。

塞缪尔·亨廷顿：《我们是谁》，新华出版社，2005。

吴越，2006，《纽约华人抗议"新移民法"》，《国际先驱导报》4 月 7 日~13 日。

Angus Reid Global Monitor，"Illegal Immigration Important for America"，2007 年 7 月 12 日，http：//www. angus - reid. com/polls/index. cfm/fuseaction/viewItem/itemID/ 16465，最后访问日期：2007 年 7 月 12 日。

Brian Grow，"May Day：The Fight Behind the Protest"，*Business Week online*，2006 年 5 月 5 日，http：//www. businessweek. com/smallbiz/content/apr2006/sb20060428_ 759420.

htm，最后访问日期：2006 年 5 月 5 日。

Carroll Doherty，"Attitudes Towards Immigration: in Black and White"，*Pew Research Center*，
2006 年 5 月 9 日。

Center for Immigration Studies Report: Immigration from Mexico，http://www. cairco. org/
econ/econ. html，最后访问日期：2006 年 12 月 16 日。

Daniel Wood，"Minutemen's Message on Immigration: On a Roll?"，http://www. csmoni-
tor. com/2006/0505/p02s02 - uspo. html，最后访问日期：2007 年 6 月 20 日。

Daniel Yi，"Koreatown Immigrants Blending in"，2006 年 5 月 4 日，http://www.
latimes. com/business/la - fi - kore... - home - headlines，最后访问日期：2006 年 5
月 4 日。

Defeat of Cloture on Immigration Bill is a Defeat for Heavy - Handed Legislative Tactics and a
Victory of Law Abiding Americans，http://www. fairus. org/site/PageServer?pagename =
media_ release6282007，最后访问日期：2007 年 9 月 4 日。

Governor Janet Napolitano，"State of The State Address"，http://www. governor. state. az.
us/press/2006/0601/010906% 7E2006StateoftheStateAddress. pdf，最后访问日期：2007
年 4 月 12 日。

Jenna Russell，"In Asian Communities, Just Another Day"，*The Boston Globe*，2006 年 5 月 2
日，http://www. boston. com/news/local/massachusetts/articles/2006/05/02/in_ asi-
an_ communities_ just_ another_ day/，最后访问日期：2006 年 5 月 2 日。

John Tirman，"Immigration and Insecurity: Post - 9/11 Fear in the United States"，*MIT Cen-
ter for International Studies Audit of the Conventional Wisdom*，2006 年 6 月 6 日 ~9 日。

Joshua Holland，"Why the Immigration Bill Died in the Senate - - and Will Keep Dying"，
Alternet，2007 年 6 月 12 日，http://www. alternet. org/rights/53843/，最后访问日
期：2007 年 6 月 12 日。

Media and Society Research Group，*2004 National Omnibus Survey*，Cornell University，2004
年 12 月。

Monica Davey，"Producing Smaller Numbers, But Laying Claim to Majority"，*The New York
Times*，2006 年 5 月 2 日。

Nicole Gaouette，"Immigration bill ignites grass - roots fire"，*Los Angles Times*，2007 年 6 月 24
日，http://www. latimes. com/news/la - na - immig24jun24,0,551620. story?coll = la -
tot - topstories&track = ntothtml，最后访问日期：2007 年 6 月 24 日。

Peter Wallsten，"Latino and Black Voters Reassessing Ties to GOP"，*Los Angeles Times*，2006

年 10 月 24 日。

Rachel L. Swarns, "Bridging a Racial Rift That Isn't Black and White", *The New York Times*, 2006 年 10 月 3 日。

Rbert D. McFadden, "Across the U. S. Growing Rallies for Immigration", http: //www. commondreams. org/headlines06/0410 - 05htm, 最后访问日期: 2007 年 4 月 11 日。

Robert Pear, "Little - Known Group Claims a Win on Immigration", *The New York Times*, 2007 年 7 月 15 日。

Roiberto Lovato, "Latino Backlash Could Doom GOP", http: //www. alternet. org/module/printversion/44257, 最后访问日期: 2006 年 11 月 16 日。

Samuel P. Huntington, *Who Are We: The Challenges to America's National Identity* (New York: Simon & Schuster Paperback, 2004), p. 264.

Scott Gold, "When I See This, I See Strength", *Los Angles Times*. http://www. latimes. com/news/local/la - me - family2may02,0,7090578. story?track = tothtm, 最后访问日期: 2006 年 5 月 5 日。

Shankar Narayan, "Immigration Matters: Senate Bill Gets Harsher", merica, We Have a Problem", New America Media, 2006 年 5 月 18 日, http: //news. pacificnews. org/news/view_ article. html?article_ id = 30bb5cf4b2cfd9037b367fa1f73db003, 最后访问日期: 2006 年 5 月 20 日。

Sheryl Gay Stolberg, "After Immigration Protests, Goal Remains Elusive", *The New York Times*, nytimes. com, 2006 年 5 月 3 日, http: //www. nytimes. com/2006/05/03/us/03assess. html?ex = 1304308800&en = 2e64ea34b5de7649&ei = 5088&partner = rssnyt&emc = rss, 最后访问日期: 2006 年 5 月 3 日。

Steven A. Camarota, "How Have Terrorists Entered the U. S. ?" http: //www. cis. org/articles/2002/terrorpr. html, 最后访问日期: 2007 年 4 月 4 日。

Stuart Anderson, "The Debate Over Immigration's Impact on U. S. Workers and the Economy", www. nfap. com/researchactivities/studies/EDO0706. pdf, 最后访问日期: 2007 年 7 月 10 日。

Sue Kirchhoff, "Immigration debate squeezes some businesses", USA TODAY, http: //www. usatoday. com/money/economy/employment/2007 - 03 - 13 - immigration - usat_ n. htm, 最后访问日期: 2007 年 3 月 13 日。

Susan Page, "Hispanics Turning Back to Democrats for 2008", *USA Today*, 2007 年 6 月 28 日。

Susy Buchanan 和 Tom Kim，"Meet the Nativists"，at http：//www. alternet. org/story/ 32644/，最后访问日期：2006 年 3 月 4 日。

Teresa Watanabe，"Immigrant Crusade Enlists Few Blacks"，*Los Angles Times*，2006 年 4 月 10 日，http：//www. latimes. com/news/local/la－me－blacks10apr10，10，0，922033. story?track = tothtm/，最后访问日期：2006 年 4 月 10 日。

Teresa Watanabe & Nicole Gaouette，"Next：Converting the Energy of Protest to Political Clout"，http：//www. latimes. com/news/local－la－me－analysis2may02，0， 6261623，story?track = tothtm，最后访问日期：2006 年 5 月 2 日。

The Federation for American Immigration Reform，"Why America Needs a Immigration Time－out"，http：//www. fairus. org/site/PageServer?pagename = iic_ immigration- issuecentersd994，最后访问日期：2007 年 8 月 28 日。

Thomas Sowell，"The Senate's 'Tough' Immigration Bill"，http：//www. realclearpolitics. com/articles/2006/05/bordering_ on_ fraud_ part_ iii. html，最后访问日期：2006 年 5 月 26 日。

William H. Frey，"The Silence Behind the U. S. 's Immigration Impasse"，*Financial Times*，ht- tp：//www. brookings. edu/printme. wbs? page =/pagedefs/07259274ffe7ff3f6fd4dfca0 a1415cb. xml，最后访问日期：2007 年 4 月 4 日。

中文"民族"和中国"各民族"的区别与联系

——理解中国族群关系（ethnic relations）的另一个视角

宁　骚[*]

"民族"（nation）和"族群"（ethnicity）是"族群政治"（ethnic politics）和"族群社会学"（sociology of ethnicity）的概念体系中的核心概念，而且这两个概念的含义已经得到清晰的界定，二者之间的区别是相当明确的。相反，在中文的日常用语里，由于"nation"和"ethnicity"都以"民族"一词来表达，所以"中华民族"（Chinese nation）和"中国各民族"（China's all ethnicities）这两个概念之间的联系和区别，则需要特别地给予辨析。

中国是一个以汉族为主体的国家，55 个少数民族的总人口只占到全国总人口的 8.41%，其中人口最多的一个少数民族（壮族）仅占全国总人口的 1.3%。因此，很多人认为中国是一个"单一族群的民族"（nation with a

---

[*]　北京大学政府管理学院教授，出版的著作有《民族解放运动史》（北京大学出版社，1985）、《非洲黑人文化》（浙江人民出版社，1993）、《民族与国家——民族关系与民族政策的国际比较》（北京大学出版社，1995）、（主编）《公共政策学》（高等教育出版社，2010）等。

single ethnicity）。然而，各少数民族居住的地域却占到全国总面积的63.8%，而民族自治地方竟占到全国总面积的64%。因此，中国又是一个典型的"多族群的民族"（nation with multi‑ethnicities）。正因为这样，"中华民族"和"中国各民族"之间的关系就成为研究中国民族关系的一个特别的视角。现在，笔者从以下两个层面进行分析。

概念和理论的层面

在这个层面上，我们要考察的基本概念是"中华民族"（Chinese nation）和"中国各民族"（China's all ethnicities）；基本的理论是二者之间应该是一种什么关系，而事实上又是一种什么关系。

汉语中"民族"一词，有人发现最早出现于中国唐代一部兵书的序言里。但是用来指称 community of people 的一种特殊形式，"民族"（minzu）一词是在19世纪末从日文中引进汉语的。而考察和分析中华民族和中国各民族的区别和联系，是理解近代以来中国族群关系（ethnic relation）的关键。

作为分析工具，"中华民族"和"中国各民族"这两个概念主要是在1911年辛亥革命之后形成的。作为一种自在的 community of people，中国各民族已经有数千年的历史发展过程。在中国历史上，夏、商、周三个朝代是华夏族（Huaxia people）形成和发展的过程。到了秦、汉时代，中国的东部和中部实现了统一，华夏族在广大的地域范围里形成了汉族（Han people）。从那时起直到清朝灭亡，在2000多年里，中国统一的时间占2/3，分裂的时间占1/3，而不管是统一还是分裂，汉族融合其他各族群（ethnic group）并不断扩大则是一个基本的趋势。纵观中国五千年文明史，生活在中国这片土地上的各族人民，既有和平相处、相互融合的一面，也有民族对民族的臣服、统治与压迫的一面，这两个方面构成了中国古代族群关系（ethnic relation）的一幅完整画面。应当强调指出，"中国各民族"这一概念的本质内涵，是在中国这片土地上生息繁衍的任何一个族群（ethnic group）——在法律上和相互的认知上被视为相互平等的一员。而在辛亥革命以前，生活在或曾经生活在中国这片土地上的各种族群（ethnic group），是不可能在国家的法律制度上和族群的相互认知上，产生族群平等（equality among ethnicities）的观念的，更谈不上在事实上建立起族群平等（equality among ethnicities）的关系。总体来说，在中国古代是不可能产生"中国各民族"这个概念的。

"中国各民族"这个概念是与"中华民族"（Chinese nation）这个概念同时产生的，都是随着辛亥革命的胜利和中华民国的建立而产生的，是随着中国各民族平等结合、共建一国这个观念和事实的产生而产生的。

中国各民族平等结合、共建一国这个观念是孙中山先生 1912 年 1 月 1 日在《临时大总统宣言书》中宣布的："国家之本，在于人民。合汉、满、蒙、回、藏诸地为一国，即合汉、满、蒙、回、藏诸族为一人。是曰民族之统一。"[①] 这里讲的"民族之统一"（unity of the nation），指的是中国各民族（China's all ethnicities）形成一个统一的中华民族（Chinese nation）；这里讲的"汉、满、蒙、回、藏诸族"，指的是中国各民族（China's all ethnicities）。孙中山先生的这一段话，是对一个刚刚诞生的现代民族国家（nation – state）内部民族与四部各族群关系（relations between the nation and the ethnicities）以及族群关系（relations among the ethnicities）的经典表述。

1924 年 1 月 23 日，孙中山先生在《中国国民党第一次全国代表大会宣言》中，正式提出了"中国境内各民族一律平等"和中国各民族"平等结合"这两个重要命题。

至此，在中国先进人物的认识上，"中国各民族"这一概念的本质内涵，已经得到界定和揭示。随着 1949 年中华人民共和国的建立，这一认识被中国共产党继承下来并开始在国家的制度和政策中表现出来。

"中华民族"同样是在 19 世纪末出现于汉语中的一个新术语，有的学者认为是孙中山先生提出的。辛亥革命以前，包括孙中山先生在内，人们在使用这个术语时其含义与汉人或者汉族相同。在孙中山先生当时的认识里，"我的民族"（my nation）＝"中国人"＝"我汉人"，而"中国"也就是"我汉人"的国家。

"中华民族"这一概念的外延在辛亥革命以后被扩大为包纳"五族"

---

① 《孙中山全集》（第一卷），中华书局，1981，第 2 页。

（Five Ethnicities）。所谓"五族"，在确指的意义上，包括汉、满、蒙、回、藏五大民族。这一扩大在对中国的民族关系的认识上具有根本的意义。从此，在中国这片土地上生息繁衍的各个民群（ethnicity）在相互认识上，特别是在汉族对各少数族群（ethnic minority）的认识上，"异族""异种""外族"一类的概念都须抛弃，新的观念应当是"五族一家""如兄如弟"。孙中山率先大力倡导这一新观念。他认为，辛亥革命"影响及于全部"，"今者五族一家，立于平等地位"。他又说："但愿五大民族相亲相爱，如兄如弟，以同赴国家之事。"①

进入 20 世纪 20 年代，"中华民族"这一概念的外延又被扩大到包纳中国所有民族。1920 年 11 月，孙中山修改了"五族共和"的主张，认为"实在这五族的名词很不切当"。他指出："我们国内何止五族呢？"所以他的意见是："应该把我们中国所有各民族融成一个中华民族。"② 孙中山的认识之所以有这么大的变化，是因为在"满洲以一民族宰制于上"这种状态结束以后，他越来越着眼于从中国各族人民与帝国主义的矛盾与对立，以及中国境内各民族根本利益的一致性与不可分割性这一视角去界定"中华民族"。

辛亥革命后孙中山对"中华民族"的外延的扩大，特别是通过重新解释民族主义所做的扩大，获得了包括少数民族（ethnic minority）在内的中国人民的广泛认同。1913 年初，内蒙古数十名王公在一项声明中表示："我蒙同系中华民族，自宜一体出力，维持民国。"③ 这可能是第一次在政治文告中，由少数族群（ethnic minority）代表人物共同决议宣告中国少数族群（ethnic minority）同属中华民族一部分。

中国共产党及其领导人的文献里，也都认同和承袭了孙中山在晚年对"中华民族"的界定。例如，毛泽东指出："中国是一个由多数民族结合而成的拥有广大人口的国家。"④ "中华民族的各族人民都反对外来民族

① 孙中山：《五族协力以谋全世界人类之利益》，《国父全集》（第二册），台北：执行委员会，1949，第 259 页。
② 《孙中山全集》（第一卷），中华书局，1981，第 394 页。
③ 田志河：《民国初年内蒙王公反分裂的爱国斗争》，《东北师大学报》1982 年第 6 期，第 20 页。
④ 《毛泽东选集》（第二卷），人民出版社，1991，第 622 页。

的压迫。"① "实行民族主义，坚决反抗日本帝国主义，对外求中华民族的彻底解放，对内求国内各民族之间的平等。"孙中山把"中华民族"这个共同体看作一个大家庭，把中国各民族看作这个大家庭里的各位兄弟。这一认识在中华人民共和国成立以来制定的各项民族政策中得到了广泛的宣示。例如，周恩来1957年《关于我国民族政策的几个问题》的讲话中说："我们整个中华民族对外曾是长期受帝国主义压迫的民族，内部是各民族在革命战争中同甘共苦结成了战斗友谊，使我们这个民族大家庭得到了解放。"②

概括起来，中华民族（Chinese nation）是中国所有族群（China's all ethnicities）按照族群平等（ethnic equality）的原则结成的一群人（a community of people），是中国全体国民的总和。

公共权力和公共政策的层面

中华民族（Chinese nation）与中国所有族群（China's all ethnicities）的根本区别，在于前者不仅是一个语言、文化共同体，而且更重要的是一个拥有民族国家主权（national sovereignty）的政治共同体，它通过自己的政府行使主权（sovereignty），从而能够建立起统一的民族市场（national market）、统一的国民经济体系（national economic system）、统一的民族教育体系（national education system）和统一的信息传播体系等。可是对于后者来说，尽管各个族群（ethnicity）作为单独存在的语言、文化共同体，其同质性可能高于民族（nation）的同质性，却完全不可能成为拥有主权（sovereignty）的政治共同体。因此，中华民族和中国各民族之间的关系，不仅是整体与部分的关系，而且在政治与行政的层级上是中央与地方的关系，也就是说，是一种权力关系。

同时，作为民族国家的治理机构，中国政府代表和表达中华民族的利益、意志和要求，而代表和表达的方式就是政府的决策，就是公共政策的

① 《毛泽东选集》（第二卷），人民出版社，1991，第623页。
② 《关于我国民族政策的几个问题》，《周恩来选集》（下），人民出版社，1984，第259页。

制定和执行。在中华民族和中国各民族的关系上，就是中国政府一系列民族政策（national policies）和族群政策（ethnic policies）的制定和执行。

中国政府制定和执行的民族政策（national policies）和族群政策（ethnic policies），基本内容有以下五点：

（1）实行单一国家结构，维护民族统一（national unity），中华民族作为中国各民族的一个大家庭是统一的、不可分割的；

（2）实行中国各民族的族群平等（ethnic equality）、团结互助、共同繁荣；

（3）在汉族地区和以汉族为主、各族杂居和混居的地方，按照一般的中央与地方权力关系的规范，建立和实行地方政府制度；

（4）在各少数族群（ethnic minority）聚居的地方，按照地域大小的不同，分别实行不同层级的民族地方自治，建立相应层级的地方政府（从自治乡到自治县、自治州、自治区）；

（5）由于各种历史原因，对由中国行使主权而不直接由中央政府管辖的中国固有领土（其居民以汉族为主体），中央政府坚持按照"一国两制"的方针实现中华民族的统一。

在政策实施的过程中，中华民族与中国各民族之间的关系中有以下三种主要形式的互动与博弈。

第一，民族融合（national integration）的推进与族群特征（ethnic character）的维护。

持续不断地推进民族交流、交往、交融，使中国各民族（China's all ethnicities）在族群平等、团结互助和共同繁荣的基础上，逐渐地融合成一个更大的人群——中华民族（Chinese nation），是中国各民族维系和发展的根本条件。1911 年辛亥革命以后，孙中山曾经从政策理念上思考过中国各民族"熔成"一个中华民族的途径与方法的问题。他的主张一为民族同化，一为民族融合。中国共产党没有明确地接受第一个政策理念，而在事实上接受了第二个政策理念。作为一项族群政策（ethnic policy），民族融合（national integration）以承认民族（nation）内部的族群（ethnic）多元性为前提，主张不同族群（ethnicities）相互接近与相互容纳，使各个族群（ethnicity）的生产技能、风俗习惯、价值标准和其他文化要素互相补充，结合成为一个文化同质性日益增加的整体。中国政府依据民族统一（national unity）、族群平等（ethnic equality）、重视族群（ethnic）特殊性、团结互助、共同繁荣五项基本原则来制定和实施具体的族群政策（ethnic policies）。这样的族群政策（ethnic policies）有其自身的特色和独有的内容，不能简单地将其归结为民族融合（national integration）；但是有关民族融合（national integration）的基本成分，都是被包括在内的。正因为如此，在现实生活中，民族融合（national integration）一直在广泛而深入地进行着。这一过程的进展，通常表现为各个族群（ethnic group）的个体在分布的地域上互相穿插、混合与杂居，在文化上的互相肯定、渗透与吸收，在经济上的互相依存程度的加深，在政治上对国家和民族制度（national regime）的认同和共同参与。

虽然在政策的正式内容里，民族融合（national integration）主张国内各族群（ethnicity）仍然保持自己的特性，如继续使用自己的语言，保持自己的文化和族群认同（ethnic identity），但是在现实的历史过程中，却在不知不觉中发生着民族同化（national assimilation），少数族群（ethnic minority）自身特性的丧失。由此可见，民族融合（national integration）与族群特征（ethnic character）虽然表面上是相容的，而实际上却可能是彼此冲突的。也就是说，在中华民族与中国各民族的互动中，民族融合（national integration）的推进与族群特征（ethnic character）的维护这两者之间存在着对立与摩擦。

第二，民族现代化（national modernization）的进展与族群发展（ethnic development）的要求。

在当代中国，民族现代化（national modernization）特别是经济的现代化是一个正在进行的、影响到社会各方面的历史运动。在现代化进程中，工业的发展需要不断地开辟原料和能源的新来源和商品销售的新市场，而一般来说开发较迟的少数民族地区则可以在相当大的程度上满足这种需求。但是在这种资源的新开发和市场的新拓展的过程中，大民族移民往往可以占据较多的就业机会、较舒适的和从事熟练劳动的工作岗位、较重要的技术职位和管理职位，成为开发项目的主持者、骨干队伍和主要的获益者。因此，民族现代化（national modernization）虽然能够推动统一的国民经济体系和国内市场的形成，缩小地区间发展的不平衡，但是它可能加剧族群（ethnic Groups）之间利益结构上的不平衡。而族群发展（ethnic development）则是对民族现代化（national modernization）所导致的这种结果的回应，这样的互动方式，我们在当代每一个国家里几乎都可以看到，也存在于中华民族与中国各民族的关系之中。

第三，民族国家主权（national sovereignty）的实行与族群自治（ethnic self - governance）的要求。

民族国家主权（national sovereignty）是民族国家（nation - state）区别于历史上其他类型的国家的一个根本特征。在中国，民族国家（The Nation）主要通过实行民族区域自治来与主体民族以外的中国各民族分享权力。这是在中华民族与中国各民族之间处理民族国家主权（national sovereignty）与族群自治（ethnic self - governance）关系的一个成功的方式和方法。同时，我们也要看到，民族国家主权（national sovereignty）要求权力的集中和专断，族群自治（ethnic self - governance）则要求权力的分散和共享，如何在这两者之间找到一个平衡点，仍然是中华民族和中国各民族关系的维护中需要进一步探讨的一个问题。

参考文献

《毛泽东选集》（第二卷），人民出版社，1991。

《孙中山全集》（第一卷），中华书局，1981。

孙中山：《五族协力以谋全世界人类之利益》，《国父全集》（第二册），台北：执行委员会，1949。

田志河：《民国初年内蒙王公反分裂的爱国斗争》，《东北师大学报》1982年第6期。

《关于我国民族政策的几个问题》，《周恩来选集》（下），人民出版社，1984。

少数民族教育政策与和谐的多元文化论

白杰瑞（Gerard Postiglion）*

自中华人民共和国成立以来，中国的少数民族政策已经发生了很多变化。然而，民族团结仍然是一个关键性主题，并且和别的地方一样，它和教育机会与公平是一对解不开链接的孪生主题。如果没有一个有效的国家教育体制，就会导致在许多少数民族居住的偏远地区出现各种各样的单一文化民族。① 当

---

* 香港大学教育学院讲座教授，副院长。纽约州立大学博士，主要研究领域为中国和东亚的教育与社会问题。出版著作包括：*Ethnicity and American Social Theory：Toward Critical Pluralism*（Univ. Press of America，1983）、*China's National Minority Education*（Falmer Press，1999）、*Education in China：Reform and Diversity*（Hong Kong Univ. Press，2004）、*Education and Social Change in China*（M. E. Sharpe，2006）、*Crossing Borders in East Asian Higher Education*，*Springer & Comparative Education Research Centre*（Univ. of Hong Kong Press，2010）、*Ethnicity and Educational Achievement*（Elsevier，2015）等。

① 参见 Sen，A.，*Identity and Violence：the Illusion of Destiny*（New York：W. W. Norton and Company，2006）。许多年前笔者写了一片关于美国族群的博士论文，论文回顾了关于多元论的各种观点，认为批判的多元论作为一种民族群体关系的形式，反映了市场导向社会的某一阶段的特征，即不以一种平稳或和谐的方式进行民族自身的整合，可参见 Postiglione，G.，*Ethnicity and American Social Theory：Toward Critical Pluralism*（Lanham：University Press of America，1983）。不久笔者迁居到了中国，在那里，笔者主要关注的是少数民族对主流文化和社会结构的仿造以及在此过程中，少数民族学生是如何回应的［Postiglione，G.，（Ed.），*Education and Social Change in China：Inequality in a Market Economy*（New York：M. E. Sharpe，2006）；Postiglione，G. and J. Tan，*East Asia at School*（New York：Greenwood Press，2007）］。早在1981年，笔者就开始访问中国少数民族地区和民族研究机构，并且在20世纪90年代进行了一些研究和发展项目，其中包括一个社会调查项目，调查中国西部的文化保护。美国的族群和中国的族群差异很大，但是无论在美国还是在中国都非常关注民族社会文化的生命力。

中国的教育政策致力于和谐的多元文化目标时，其在从计划经济向市场经济转变过程中所采取的行为方式很值得研究。这一点对于中国尤其重要，因为她还尚未进入这样一个阶段：56 个民族群体的同一代人被完全纳入九年制义务教育①。这不仅是由于文化上的差距，也是因为地理上的距离、贫穷和教育资源的匮乏，而最具挑战性的，是使最后一部分失学人口也能入学。就此而言，寄宿制学校已经成为一项为少数民族教育所选择的政策工具，数量庞大的少数民族群体将在这一制度下充分就学。本论文要思考的是少数民族寄宿制学校政策，特别是"内地班"政策在和谐多元文化主题里被置于怎样的位置。

教育的获得：对批判多元论的超越

费孝通关于"中华民族多元一体格局"的观点对理解教育在国家一体化过程中的角色十分有益。② 尤其是在从计划经济向市场经济转型的过程中，多元变化的方式可能有利于理解族群关系。计划经济向市场经济的转化，对于贫困的少数民族地区改变其传统价值体系，适应市场经济和城市生活环境，已经提出了挑战。③ 经济关系变得涵盖了更多不同的民族，文化断层使得代沟加宽，财政收入差距变得更为突出，城市人口流动更加频繁，新知识进入先前较封闭的少数民族地区并传播开来，尤其是当更多的孩子有学可上、教育通过提供多样的学习环境获得了一种激发深刻和创新思维的能力时，教育制度便成为一种从批判的多元论到和谐的多元文化论转型的方式。

为国家一体化服务的教育制度经常会面对一个较为微妙的平衡。如果少数民族学生在学校的成绩相对较差，或者学校的教学内容无法应用于实践，抑或学生找不到工作并无法改善家庭经济状况，那么他们作为主流文

---

① 55 个少数民族中，大约有 10 个少数民族的教育水平已经高于国家平均水平，然而其他大多数仍远远低于平均水平。

② 费孝通：《中华民族多元一体格局》，《北京大学学报》1989 年第 4 期；费孝通：《中华民族研究新探索》，中国社会科学出版社，1991。

③ Wang, S. L. & Lou, J. W., *Public Finance in China: Reform and Growth for a Harmonious Society* (Washington D.C., World Bank, 2007).

化的代表象征，没有登场就可能被忽视或抗拒，特别是在民族文化遗产对他们有影响有所减弱的情况下①。另外，如果少数民族学生变得过于局限于一个地域，以至于受困于一个有限的世界和未来角色安排，那么虽然他们还在本群体内，但是却很难融入整个中华民族的一体化体系。这可能是为什么中国已经清楚地表明要根据各地条件灵活执行少数民族政策的原因②。

背景、主题、政策和文献

自从实行改革开放政策以来，超过 1.1 亿的中国少数民族人口已经分享了教育发展的显著成果，但是大多数少数民族群体的识字率和教育水平仍旧低于全国平均水平③。1986 年生效的《义务教育法》在施行 14 年后，仅有 85% 的中国人被九年制义务教育所覆盖④，2006 年这一数字已经提高到 90% ⑤。而其余 10% 的那部分人口（特别是西部地区人口）包括多个少数民族，如何使他们普遍获得九年制义务教育，这一政策目标受到新的市场经济的重大挑战⑥。

---

① Ogbu，John，*Minority Education and Caste：The American System in Cross – Cultural Perspective* (New York：Academic Press，1978)；Ogbu，John，Education，Clientage，and Social Mobility：Caste and Social Change in the United States and Nigeria (pp. 277 – 300) in *Social Inequality：Comparative and Developmental Approaches*，Edited by Gerald Berreman (New York：Academic Press，1981)。

② Dryer，J. T.，*China's Forty Millions* (Cambridge：Harvard University Press，1976)。

③ N. A.，*Zhongguo Jiaoyu Tongji Nianjian* 1999 (*Educational Statistics Yearbook of China* 1999)，(Beijing：People's Education Press，2000a)。

④ N. A.，"Spending More in Rural Classrooms," *China Daily*，October 8，2003，http：//www. chinadaily. com. cn/en/doc/2003 – 10/08/content_ 269822. htm。

⑤ N. A.，*Zhongguo Jiaoyu Tongji Nianjian* 2005 (*Statistics on Education in China*)，(Beijing：People's Education Press，2006)。

⑥ N. A.，Shaoshu Minzu Jiaoyu Yanjiu Lunwen (Ethnic Minority Educational Research Selections)，(Lanzhou：Xibei Shifan Daxue，Xibei Shaoshu Minzu Jiaoyu Fazhan Yanjiu Zhongxin) (Lanzhou：Northwest Normal University，Northwest Ethnic Minority Educational Research Center，March，2000b)；N. A.，Xibu Dakaifa De Jiben Guoqing Yu Jiaoyu Fazhan (Basic Situation of Educational Development in Western China)，in *2001 Zhongguo Jiaoyu Lupishu* (*2001 Green Paper on Education in China*)，(Beijing：Jiaoyu Kexue Chubanshe，2001)。

中国少数民族教育

　　发展中国家的少数民族教育面临的挑战，已经成为一个国际性的紧迫问题。① 一个现代国家应该保证全民的受教育权和教育公平，但是当全球化已经使地域文化更加凸显的时候，少数民族教育的文化层面特别是语言和宗教，使得这一任务变得日益复杂。② 这对于中国来说尤其真实，少数民族群体期望通过学校教育提升他们在国家结构中文化地位的愿望普遍存在。大多数的教育内容反映了多元化和中华民族一体化的思想，这体现了把各民族文化整合为统一的国家文化的过程。中国的公办学校教育带有较浓厚的国家文化（中华民族文化）烙印。在以汉族文化为主体的背景下，学校教育担负有保留少数民族文化的职责。③ 这种职责包括少数民族教育应能充分和准确地表现本族传统文化，将学校教育的内容和民族文化价值和信仰相结合，并通过社会化促使其对中华民族整体的认同，同时确实保障在各级教育体系中的受教育机会平等和工作机会平等，以及结合少数民族教育来发展少数民族地区经济。

---

① UNESCO, Education for all: The Year 2000 Assessment Final Country Report of China (Cited as EFA 2000Country Report of China, 2000) Section 3. 3. 3 (www. 2. unesco. org/wef/country reports/china/contents. html).

② Berberoglu, B. (ed.), *The National Question: Nationalism, Ethnic Conflict and Self – determination in the 20th Century* (Philadelphia, PA: Temple University Press, 1995); Friedman, J., "Being in the World: Globalization and Localization," in M. Featherstone (ed.), *Global Culture: Nationalism, Globalization and Modernity* (London: Sage Publications, 1997); Featherstone (ed.), *Global Culture: Nationalism, Globalization and Modernity* (London: Sage Publications, 1997).

③ Heberer, T., China and its National Minorities: Autonomy or Assimilation, (New York: M. E. Sharpe, 1989); Gladney, D. C., *Muslim Chinese: Ethnic Nationalism in the People's Republic* (Cambridge, MA: The Council of East Asian Studies and Fellows of Harvard University, 1991); Dikotter, F., *The Discourse on Race in Modern China* (Hong Kong: Hong Kong University Press, 1992); Mackerras, *Colin China's Minorities: Integration and Modernisation in the 21st Century* (London: Oxford University Press, 1994); Mackerras, Colin, *China's Minority Cultures: Identities and Integration Since* 1912 (New York, St Martin's Press, 1995); Grunfeld, T., *The Making of Modern Tibet* (New York, M. E. Sharpe, East Gate revised edition, 1996); Liu, T. T. and Faure, D. (eds.), *Unity and Diversity: Local Cultures and Identities in China* (Hong Kong: Hong Kong University Press, 1996).

中国少数民族人口的规模、分布和多样性的特点，使得履行上述职责成为一项十分艰巨的任务。少数民族人口广泛分布于全国各地，其中33.4%的人口居住在西南地区，27.3%的人口居住在 5 个中西部省份，20.7%的人口生活在西北地区的 5 个省份，仅有 17.4%的人口散居于东部地区及其周边。[①] 中国少数民族可以按许多标准来划分：人口规模的大小；族群意识；群体间的文化和语言差异；宗教传统的力量；家庭价值、规模、结构和社会性别意识；书面和口头语言的使用；民族群体居住区域的大小、位置和地理环境；民族群体在所居住的自治区、自治县和民族乡中的人口比例；和其他族群包括汉族在内的关系与亲近程度；居住在附近的汉族是移居者还是本地居民；该民族群体是居住于城市还是农村，是从事农耕还是游牧，地处边疆还是内陆，是聚居还是散居；该民族群体是否作为少数民族或者主体民族跨境居住；这个民族群体是否有一个重要的境外或流亡社区；这个民族群体是否同其他国家人民有自己传统上的联系。[②]

考虑到少数民族群体的传统文化、居住地区和发展水平的差异，中国政府并没有把他们的教育需求作为一个整体来做出反应，而是针对不同地区的特定条件，灵活地制定和执行少数民族教育政策。然而在特定时期，当地领导和政府的议事日程在解释具体政策时，实际情况可能就是另外一种情形了。不管怎样，政府已经使中国西部成为新世纪最优先发展的地区。国内和国际的援助性发展计划也更多地集中于少数民族教育，尤其是九年制义务教育。国家已经采取了很多措施来改善入学条件和降低少数民族学生辍学率。例如，当学生家庭居住地距离学校太远以致影响学生上学时，政府提供教育特别补助金用于少数民族地区建立寄宿制学校。对于一些少数民族来说，主要是在民族中小学校接受民族语言教育，使用少数民族语言教材，共有 21 种民族语言在学校里作为教学

① Xia, Z., *Fazhan Shaoshu Minzu Jiaoyu Xuyao Zhengce Qingxie* (*The Needed Policy Inclinations for Developing Ethnic Minority Education*), (Paper Delivered at the Conference on the Development of Ethnic Minority Education in Western China, Baptist University, Hong Kong, October 8, 2001), p. 9.

② Postiglione, G. (ed.), "Bilingual Education in China," *Chinese Education and Society*, (34) (2001): 2.

语言使用。[①] 在义务教育阶段之后，符合条件的少数民族考生可以享受考试加分政策，尤其是参加高考的少数民族学生，其考试可以采取用少数民族语言命题的方式。一些重点大学为少数民族新生设置了预科班。政府设立一些民族院校，包括培训少数民族教师的师范专科学校，并给予特别补助。[②] 在这些院校和相关机构中，关于民族政策的研究做得较多，但是实践层面的研究较少。

除了特别为少数民族制定政策之外，还有一些试图改善少数民族居住的贫穷山区的入学条件和教育质量的其他措施。国务院在 2003 年召开了自 1949 年以来的首次全国农村教育工作工作会议，明确了发展农村教育的计划。会议产生的《国务院关于进一步加强农村教育工作的决定》（*Decisions of the State Council to Further Strengthen Education in Rural Areas*），重申了农村教育对于强国富民的重要性。该决定提出，要在五年的时间里努力加强并达到"两个基础"，提高西部 372 个县的九年制义务教育的质量，并肯定了职业教育和成人教育在解决农业问题中所扮演的重要角色。其中较具体的建议是，实施以县为中心的义务教育管理制度，从而完善教育经费的保障机制，并建立一个健全的系统，为贫困学生提供充分的援助，保障山区学龄儿童接受义务教育的权利。该决定进一步指出，到 2007 年之前，所有接受义务教育的贫困学生将被免除学杂费和教材费，并且获得寄宿补贴。该决定还包括加速改革学校人事制度，提高教师质量，实施远程教育计划，加强领导能力和动员社会力量支持农村教育。

尽管上述政策和实践存在较大差距，但是已开始显现部分效果。教育体系中各阶段的少数民族学生数量不断增加。在 55 个政府认定的少数民族中，有 8 个少数民族的入学率高于全国平均水平，它们是朝鲜族、俄罗斯族、达斡尔族、满族、鄂温克族、鄂伦春族、塔塔尔族和锡伯族。[③] 然而，

[①] Dai, Q. J, Teng, X., Guan X. Q, & Dong, Y., *Zhongguo Shaoshu Minzu Shuangyu Jiaoyu Gailun*（*Introduction to Bilingual Education for China's Minorities*），（Liaoning, Nationalities Press, 1997）.

[②] Iredale, R., Bilik, N., Su, W., Guo, F., & Hoy, C. (Eds.), *Contemporary Minority Migration, Education and Ethnicity*（UK, Edward Elgar, 2001），p.139.

[③] N. A., *Zhongguo Jiaoyu Dituji*（*Education Atlas of China*），（Shanghai：Shanghai Kexue Jishu Chubanshe, 1995）.

只有在小学和中等师范专科学校（培训小学教师）中，少数民族教师和学生的比例和他们在全国人口中的比例大致相称。[①] 尽管在 21 世纪初，十二年基础教育在北京和上海实质上已经相当普遍，但是农村地区仍在努力达到六年至九年的基础教育普及水平。根据教育部统计数据，1996 年，在包括内蒙古、新疆、西藏、青海、宁夏、广西、贵州和云南在内的拥有大量少数民族人口的西部 8 个省份，有 93.62% 的少数民族小学适龄儿童接受教育。[②] 一些农村地区不得不忍受残破的校舍，质量不高的、缺乏吸引力的教材，无效率的学校管理，社区参与和支持的缺乏，以及高辍学率和高复读率。在中国东部的 16 个省份，入学率高达 99.5%，而西北和西南地区的入学率一直处于该水平以下。例如在西藏，各年龄组别群体的入学率要低很多（1998 年为 81.3%[③]），虽然在 2000 年至 2005 年这一比例已在迅速提高。

中国在少数民族地区的教育项目所面对的因素，既包括一般地区教育面临的共同因素，也包括一些少数民族地区教育面临的特殊因素，直接的因素是当地的贫困问题。在市场经济环境下，家庭和社区被新的挣钱机会所吸引，许多学生离开学校，缺勤和学业终止成为一个严重问题。其他的因素包括：子女作为家庭劳动力的重要性，父母付不起子女的学费，家庭居住地距离学校路程遥远，与农村生活毫无联系的课程内容，一些学校的恶劣条件和缺乏受训练的师资，特别是缺乏对少数民族来说最需要的本民族语言教育的师资。[④] 当然，所有这些情况并不是中国特有

① *Zhongguo Jiaoyu Chengjiu Tongji Ziliao 1980 – 1985* (*Achievements of education in China 1980 – 85*), (Beijing: People's Education Press, 1986), p.5, 9, 16, 17; N. A., *Zhongguo Jiaoyu Shiye Fazhan Tongji Jiankuang* (*Essential Statistics in Education in China*), (Beijing: Department of Planning and Construction, State Education Commission, January, 1997); N. A., *Zhongguo Jiaoyu Tongji Nianjian 1999* (*Educational Statistics Yearbook of China 1999*), (Beijing: People's Education Press, 2000a).

② World Bank, World Bank Group data, http://devdata.worldbank.org/edstats/SummaryEducationProfiles/CountryData/GetShowData.asp?sCtry = CHN, China (accessed May 20, 2006).

③ Xia, Z., Ha J. X. & Abadu, A., *Xizang Zizhiqu Minzu Jiaoyu 50 Nian* (*50 Years of Ethnic Education in the Tibetan Autonomous Region*), *Zhongguo Minzu Jiaoyu 50 Nian* (*50 Years of Ethnic Education in China*), (Beijing, Hongqi Press, 1999), pp. 45.

④ Postiglione, G. Zhu Z. Y. & Ben Jiao, "From Ethnic Segregation to Impact Integration: State Schooling and Identity Construction for Rural Tibetans," *Asian Ethnicity* (5) (2004): 195 – 217.

的，大多数发展中国家也有相似的困难需要面对和克服，而且中国已经在这些困难和挑战的应对上，逐渐走到其他发展中国家的前面。另外一部分是文化的因素，少数民族群体必须面对的学校教育可能和他们的民族文化和民族意识的形成不同步，并且产生不了政府允诺的经济效益。对于政府资助的少数民族教育能否解决其在文化和经济方面影响就学率的问题，对于教育本身的发展至关重要。而这一点逐渐成为中国学者感兴趣的领域。[①]

　　尽管人们越来越关注文化因素，但是中国很少有文章赞同"文化间断性假说"或者这样一种观念：某些少数民族在学业方面的不佳表现，主要是由于在他们的家庭环境和学习主体民族（汉族）价值观的学校环境之间存在文化和语言差异。很多文章趋向于将其归因于特定族群的"低文化水平"。欧哥布（Ogbu）的著作，对倾向于自愿接受新的社会和教育体系的少数民族群体，以及那些可能抵制国家教育、反对不平等同化压力下的民族认同的少数民族群体之间，做了一个有用的区别。当少数民族认为教育制度削弱了他们的民族文化和民族意识，他们的民族文化和民族意识在更宽泛的社会范围内没有平等的发展机会时，这一区别的意义就特别明显。另外，如果少数民族相信他们能够通过教育获得成功，那么他们将克服文化差异引起的障碍。[②] 对于此种逻辑，关于中国少数民族教育的研究文献对此表示某种肯定。例如，马克尔斯（Mackerras）提出，少数民族文化的复兴可能部分地是对挑战少数民族价值体系的国家教育的扩展所做出的反应。[③]

　　简单地讲，近年来关于中国少数民族教育机会及其缺失原因的研究已经在不断取得进展，主要集中在以下几个方面：语言和宗教、文化传播、

[①]　N. A. , Shaoshu Minzu Jiaoyu Yanjiu Lunwen（Ethnic Minority Educational Research Selections）,（Lanzhou: Xibei Shifan Daxue, Xibei Shaoshu Minzu Jiaoyu Fazhan Yanjiu Zhongxin）（Lanzhou: Northwest Normal University, Northwest Ethnic Minority Educational Research Center, March, 2000b）.

[②]　Ogbu, John, Education, Clientage, and Social Mobility: Caste and Social Change in the United States and Nigeria（pp. 277 - 300）in *Social Inequality: Comparative and Developmental Approaches*, Edited by Gerald Berreman（New York: Academic Press, 1981）.

[③]　Mackerras, *Colin China's Minorities: Integration and Modernisation in the 21st Century*（London: Oxford University Press, 1994）.

家庭财务、移民和就业。① 斯提特②调查了中国在发展具有活力的少数民族双语教育政策方面所取得的成就。关于宗教，马克尔斯③认为，"国家教育体系严格地坚持世俗主义的原则"，他同时指出宗教复兴对此也产生了一定影响。杜磊④调查了中国穆斯林群体，从中分析宗教教育和国家教育怎样不同以各自的方式体现少数民族文化。林⑤的论点与其类似。索特曼⑥认为中国高等教育对少数民族的优惠政策及其实践领先于其他大多数国家，但是关于这种优惠政策负面影响的争论也日益激烈。教育常常和同化相关联，哈瑞尔⑦以彝族为例探讨了该问题，这个民族认为文化的融合不能而且不应该导致同化。在中国的多民族省份云南和附近的贵州省，也开展了许多类似的研究，包括汉森⑧的研究，他强调关于傣族文化落后的流行观点所带来的负面影响。特鲁埃巴和邹⑨则认为苗族学生有强烈的民族意识，他们从教

① Hannum, E., "Educational Stratification by Ethnicity in China: Enrollment and Attainment in the Early Reform Years," *Demography*, 39 (1) (2002): 95 - 117; Iredale, R., Bilik, N., Su, W., Guo, F., & Hoy, C. (Eds.), *Contemporary Minority Migration*, *Education and Ethnicity* (UK, Edward Elgar, 2001), p. 139; Lee C. J., *China's Korean Minority: The Politics of Ethnic Education* (Boulder: Westview Press, 1986).

② Stites, R., "Writing Cultural Boundaries: National Minority Language Policy, Literacy Planning, and Bilingual Education," in G. Postiglione (Ed.), *China's National Minority Education* (New York, Falmer Press, 1999), pp 95 - 130; Lam, A., *Language Education in China* (Hong Kong, Hong Kong University Press, 2005); Zhou, M. L., Sun, H. K. (Eds.), *Language Policy in the People's Republic of China: Theory and Practice Since* 1949 (Norwell Mass, Kluwer Academic Press, 2004).

③ Mackerras, Colin, "Religion and the education of China's minorities," in G. Postiglione (ed.), *China's National Minority Education: Culture, Schooling and Development* (New York, Falmer Press, 1999), pp. 23 - 54.

④ Gladney, D. C., *Muslim Chinese: Ethnic Nationalism in the People's Republic* (Cambridge, MA: The Council of East Asian Studies and Fellows of Harvard University, 1991).

⑤ Yi Lin, "uslim Narratives of Schooling, Social Mobility and Cultural Difference: a Case Study in Multi - ethnic Northwest China," *Japanese Journal of Political Science* 6 (1) (2005b): 1 - 28.

⑥ Sautman, Barry, Expanding Access to Higher Education for China's National Minorities: Policies of Preferential Admissions in Gerard Postiglione (ed.), *China's National Minority Education* (New York: Falmer Press, 1999).

⑦ Harrell, S., *Ways of Being Ethnic in Southwest China* (Seattle, University of Washington Press, 2001).

⑧ Hansen, Mette Halskow, *Lessons in Being Chinese: Minority Education and Ethnic Identity in Southwest China* (Seattle: University of Washington Press, 1999).

⑨ Hansen, Mette Halskow, *Lessons in Being Chinese: Minority Education and Ethnic Identity in Southwest China* (Seattle: University of Washington Press, 1999).

师、管理人员和同伴中获得的支持使他们能克服各种障碍，在学校和大学里取得成功。李①指出，欧哥布②研究中有关美国对抗性的族群认同现象，在他所调查的云南少数民族地区并不存在。同样也是在云南，聪③注意到在多民族语言使用的地区，基础教育面临的困难。南姆④研究了广东瑶族的社会资本和学业成就。俞⑤对云南纳西族学生的特征进行了研究，他认为纳西族学生的学习成绩比其他少数民族学生的成绩更为优秀，他们也较其他少数民族学习了更多关于其民族传统文化知识的课程。张⑥分析了基督教在山区苗族中的特征和其在教育中所扮演的角色。陈旸斌⑦发现，准备上大学的维吾尔族学生往往通过他们的同学关系网络获得社会资源，并以此来帮助他们适应在城市的高中教育。周⑧特别关注在中国主要的大学中，为何很少有学校认可蒙古族文化的特殊性。克罗斯⑨探讨在国家资助的民族院校中，民族语言是如何影响民族意识的强弱变化的。尼玛（Nyima）研究主流教育

---

① Lee, M. J. B., *Ethnicity, Education and Empowerment: How Minority Students in Southwest China Construct Identities* (Aldershot: Ashgate Press, 2001).

② Ogbu, John, *Minority Education and Caste: The American System in Cross – Cultural Perspective* (New York: Academic Press, 1978); Ogbu, John, Education, Clientage, and Social Mobility: Caste and Social Change in the United States and Nigeria (pp. 277 – 300) in *Social Inequality: Comparative and Developmental Approaches*, Edited by Gerald Berreman (New York: Academic Press, 1981).

③ Tsung, Linda, Language Policy and Minority Education in China: The Case of the Yi, Naxi, Dai and Tibetan Schools in Yunnan (Paper Read at the Meeting on Chinese Educational Research, Chinese University of Hong Kong, January 25, 2003).

④ Nam Yung, A Comparative Study of Pai Yao and Han Chinese Junior Secondary School Dropouts in Liannan Yao Autonomous County, Guangdong Province, the People's Republic of China, (University of Hong Kong doctoral dissertation, 1994).

⑤ Nam Yung, A Comparative Study of Pai Yao and Han Chinese Junior Secondary School Dropouts in Liannan Yao Autonomous County, Guangdong Province, the People's Republic of China, (University of Hong Kong doctoral dissertation, 1994).

⑥ Cheung W. C., Narrating Ethnic Identities: a Comparative Study of Education and Ethnic Identity Construction of a Minority Group (a Paper Read at the Meeting on Chinese Education at the Chinese University of Kong Kong, January 25, 2003).

⑦ Chen, Y. B., Uyghur Students in a Chinese Boarding School: Social Recapitalisation as a Response to Ethnic Integration (a Doctoral Dissertation Completed at the University of Hong Kong, Faculty of Education, 2006).

⑧ Zhou, A. M., *Xizang jiaoyu (Education in Tibet)*, (Beijing: Wuzhou Chuanbo Press, 2002).

⑨ Clothey, Rebecca A Study of the Ethnic Identity of Students at the Central University of Nationalities (a Paper read at the Annual Meeting of the Comparative and International Education Society, New Orleans, March 12 – 15, 2003).

是如何导致反映在辍学率上的民族自尊和学习兴趣的丧失的①。厄普顿（Upton）的研究证明，藏语学校作为培训民族精英的基地是如何对周围社区发挥主要影响的②。巴斯（Bass）概述了1950年以来西藏的教育政策和发展情况，指出西藏教育政策的基础是国家改善少数族裔教育机会的措施③。张、边觉和傅（Zhang，Ben Jiao and Fu）认为由于地区偏远、经济落后和寺庙教育传统的影响，加上人们的文化保留意识，西藏大学在教学方面仍旧相对保守④。巴斯指出文化落后的问题仍然突出⑤。塞伯格（Seeberg）提供的经验研究表明，西藏女性如何为获得教育而斗争，她们是如何变成新的社会网络的一部分的，而恰恰是这一网络，既将她们束缚于传统地域，也为她们的教育权能拓展新的空间⑥。邦斯布（Bangsbo）认为学校教育的内容与藏族家庭的日常游牧生活毫无关系，因此学生毕业后在牧区找不到工作。⑦ 王（Wang）提出，青海当前的教育改革对提高藏族在市场经济中适应力的效果并不充分。⑧ 易林（Yi Lin）的研究结果表明，青海地区的学校是如何限制藏族学生获取能够使他们进步的文化资本，导致他

① Nyima, Palden (Nima, Baden), "The Way out for Tibetan Education," *Chinese Education and Society*, 30 (4) (1997): 7 - 20; Nyima, Palden, *Wenming de Kunhuo: Zangzu de Jiaoyu Zhi-lu* (*The Puzzle of Civilisation: the Way out for Tibetan Education*), (Chengdu: Sichuan Education Press, 2000).

② Upton, J., "The Development of Modern School Based Language Education in the PRC," in Postiglione, G. (Ed.), *China's National Minority Education: Culture, Schooling, and Development* (New York, Falmer Press, 1999), pp. 281 - 342.

③ Bass, Catriona, "Tibetan Primary Curriculum and its Role in Nation Building," in Gerard Postiglione (ed). *The Education of Tibetans*, *Educational Review* 60 (1) (in press, 2008).

④ Zhang, Li - fang, Fu Hong and Ben Jiao, "Accounting for Tibetan University Student's and Teachers' Intellectual Styles," in Gerard Postiglione (ed). *The Education of Tibetans*, *Educational Review* 60 (1) (in press, 2008).

⑤ Bass, Catriona, "Tibetan Primary Curriculum and its Role in Nation Building," in Gerard Postiglione (ed). *The Education of Tibetans*, *Educational Review* 60 (1) (in press, 2008).

⑥ Seeberg, Vilma, "Girls First! Conditions for Promoting Education in Tibetan Areas of China," *in* Gerard Postiglione (ed)., *The Education of Tibetans*, *Educational Review* 60 (1) (in press, 2008).

⑦ Bangsbo, "Schooling for Knowledge and Cultural Survival: Tibetan Community Schools in Nomadic Herding Areas," in Gerard Postiglione (ed). *The education of Tibetans*, *Educational Review* 60 (1) (in press, 2008).

⑧ Wang, S. Y., The Failure of Education in Preparing Tibetans for Market Participation, *Asian Ethnicity*, 8 (2) (2007): 131 - 148.

们学业不良的①。王和周（Wang and Zhou）指出了政府所制定的针对少数民族教育的优惠政策的影响和学校寄宿制的错位②。

寄宿制学校现象

　　总之，中国少数民族教育的研究已经提供了一个关于了解少数民族教育政策和实践的广阔视野。然而，很少有人研究中国最值得关注的政策之一：在汉族人口占多数的城市中，为少数民族学生建立的寄宿制学校。针对两个边远西部省份新疆和西藏建立的内地寄宿制学校，较为独特并值得进一步关注。当然，中国并非唯一一个使用寄宿制学校来整合民族的国家，但是中国实施该制度比其他国家和地区更加成功。在美国最值得注意的例子是卡莱尔学校。澳大利亚和加拿大使用相似的方法，包括强制土著民族的孩子进寄宿制学校，在某些情境下，这已经成为居民遣返问题。所有诸如此类的措施长久以来被丢弃，这不仅是因为它不受欢迎，而且因为它不利于对土著民族的同化。在中华人民共和国成立35年后，从内地班小学毕业的孩子有20%被送到内地城市的寄宿制学校。这种西藏③内地学校教育计划已经持续了20年以上，不仅受到政府的欢迎，而且受到家长和学生的欢迎。在为国内少数民族普及寄宿制学校方面，中国比美国、加拿大和澳大利亚都更为成功。而且，中国到目前为止，没有采用其他国家所采用的压制性的学校管理方法。尽管寄宿制学校的教育内容没有太强调少数民族的历史和文化，但是已经使许多家庭相信，对他们的孩子来说，接受这样的教育是有价值的④。

---

① Yi Lin, *Muslim Narratives of Schooling*, *Social Mobility and Cultural Difference*: *a Case Study in Multi - ethnic Northwest China*, Japanese Journal of Political Science 6 (1) (2005b): 1 - 28.

② Wang, C. J & Zhou, Q. H, "Minority Education in China: From State Preferential Policies to Dislocated Tibetan Schools," *Educational Studies* 29 (1) (2003).

③ 西藏（TAR）是指中华人民共和国西藏自治区，区别于"民族西藏"的"政治西藏"。藏区是一个更大的区域，不仅包括西藏自治区，也包括其他四个相邻省份（青海、四川、云南和甘肃）的藏族居住区。

④ Zhu, Z. Y., *State Schooling and Ethnic Identity*: *The Politics of a Tibetan Neidi School in China* (New York: Lexington Press, 2007).

内地学校①的起源和发展

在国家文化和政治中心对非汉民族学生进行学校教育并不是新观念。1907 年，清朝政府在北京建立了一所满蒙学堂，并颁布了规则（《满蒙文高等学堂章程》）。该章程规定设立满族和蒙古族语言部，同时设立藏语部②。藏区首领（包括土司）可以送他们的孩子到学校的藏族班学习。1909 年，理藩院和驻藏大臣③讨论了关于在满蒙学堂扩充配额、征募更多的西藏学生的议题。除了满蒙学堂的藏族班以外，蒙古和西藏王公大臣于 1909 年 1 月在北京建立了一所殖边学堂。这些族群第一次在中国其他地区为他们的年青一代办学校。他们的目的是让学生接受现代教育，而不是中国传统教育。当时，中国的现代教育受西方教育观念影响很深，中国的改良主义者们广泛传播西方教育理念，清政府也派学生留学日本、美国和欧洲各国。晚清的政策在某种意义上具有多元性，只要不威胁到政府，各民族的传统习俗、语言和少数民族的管理体制不会受到干扰，并且儒家价值也不会对他们的日常生活产生多大的影响④。

尽管殖边学堂在 1912 年关闭，但是新建的中华民国中央政府在其蒙藏事务局⑤

---

① 将"西藏内地班"（Xizang neidiban）从中文翻译成英文时有很多困惑。政府以前的翻译是"Tibet Inland Schools and Classes"，这可能会给人们造成错误的印象，即认为该学校和班级设立在西藏。政府近期的翻译是"Hinterland Schools"。实际上，西藏内地班大多设在中国各大城市并且基本上都是汉语寄宿制学校，因此更精确的英语翻译应该将学校和班级区分开。本文使用"内地学校"代替"内地班"，意指我们关注那些藏族构成全部或主要部分的学校，而不是一些分散的、主要是汉族学生就读的中学里为藏族学生设立的职业班级。

② 理藩院主管招募学生。理藩院主要管理中国北部和西部地区的蒙古族、藏族、回族和突厥语系群体。这些群体中的世袭精英通过理藩院授予和他们在各自群体中相一致的阶衔被融入皇权体系。在西藏，达赖喇嘛在世俗和精神上的统治是被公认的。理藩院负责处理与这些族群的关系，包括文件的翻译，处理头衔继承纠纷以及进贡事宜。理藩院也指导驻扎在西藏、蒙古、新疆地区大臣和官员的行动，以确保一方平安。

③ 驻藏大臣指那些长期被派驻西藏拉萨，代表清朝中央政府的官员。

④ Dryer, J. T. , *China's Forty Millions* (Cambridge: Harvard University Press, 1976).

⑤ 1912 年在当时的国务院监督下，原清朝的理藩院改为蒙藏事务局。后来在 1914 年又被命名为蒙藏院。在 1927 年中华民国中央政府迁到南京后，政府设立蒙藏委员会来管理蒙古和西藏事务（参见 http://info.tibet.cn/newzt/rsxzzt/tyy/t20050217_14333.htm）。1923 年，当时政府的教育部下设了蒙藏教育委员会。

的倡导下，在北京建立了一所蒙藏专门学校①。第二年，政府教育部颁布了《蒙藏学校章程》，该章程的宗旨是"开启民智，弘扬蒙藏文化"②。最初，学校包括了三年专门的补习课程（"补习专科"）和一个四年预备科。学生由地方的蒙古族和藏族官员挑选入校，所有的费用由中央政府支付。优先开设现代科学知识和文化课程，目的是拓宽学生观察世界的视野。这所学校1926年关闭，中华民国中央政府1927年迁到南京后，发表了一个有关蒙藏的决议案（《关于蒙藏之决议案》），该决议案第三条明确提出要在南京建立一所蒙藏学校，为地方政府和中华民国培养行政管理人才③。西藏学生经西藏地方政府挑选，被送到南京和北京的各类学校学习。因此，1934年以前，包括南京和北京在内的所有为藏族学生开设的内地学校，主要集中在中学教育，也包括一些中学以上的教育④。中华民国政府在青海省和西康省也为藏族学生建立了学校。

　　1949年中华人民共和国成立35年之后建立了西藏内地学校。尽管这些学校与早期内地学校有许多相似点，甚至李大钊和邓中夏曾于1923年到蒙藏专门学校指导革命工作，吸收了中国共产党首批蒙古族党员，但是官方并不承认西藏内地学校和蒙藏专门学校或其他早期内地学校有什么关联。在中国文化和政治中心地区设立针对非汉族的学校教育并不是个全新事物，这一点在评估中国政府现在所运用的边疆少数民族教育方法的独特性时，显得非常有用。内地寄宿制学校作为构建民族团结和为西藏、新疆经济发展培养人才的长期策略的一部分，得到了普遍公认。但是，同样值得注意的是，送汉族学生到更远的地方接受教育是已经有很长历史时期的传统。这一传统始于19世纪末，也就是容闳到耶鲁大学

---

① Zhaqi, Siqin, *Bianjiang Jiaoyu*（*Frontier Education*），（Taibei：Mongolian - Tibetan Committee, 1961）.

② Shu, X. C., *Zhongguo Jindai Jiaoyushi Ziliao*（*Materials of Modern History of Chinese Education*），Vol. 3,（Beijing：The People's Press, 1961）.

③ Zhaqi, Siqin, *Bianjiang Jiaoyu*（*Frontier Education*），（Taibei：Mongolian - Tibetan Committee, 1961），pp. 14 - 15 .

④ 雍正二年（1724年），清朝政府为宗室子女建立了（左翼、右翼）两所学校，其中右翼学校即设立于此。民国二年（1913年），蒙藏学院建立了一个蒙古族和藏族的专门学校，即国立蒙藏学校（Beijing Meng Zang School），参见 http：//www. bjmuseumnet. org/wbdw/view _ sb. asp？pici = Sixth&page = 2。

学习的那个时代①。甚至在今天，大量居住在城市的汉族家庭也送他们的孩子到海外求学。据教育部的统计数据，2000 年到 2003 年期间，中国学生到其他国家学习的人数几乎翻了三倍，但是更重要的事实是，他们当中的小学生和中学生数量在增长，中国一些南方城市宣称，办理海外求学正式手续的群体中有 70% ~ 80% 的学生是中小学生。简而言之，这表明汉族总是希望送他们的孩子到远离家乡的地方接受更好的教育，这种教育可能提供更好的发展机会，并使他们家庭或家族的生活条件更好。这里产生了一个超越该论文范围的问题：为偏远地区少数民族青年建立寄宿制学校也许是与汉族的上述文化特征相呼应，而不仅仅是因为国家希望学校服务于民族团结。

内地西藏学校

西藏班（内地西藏中学和西藏班）政策具有相当明显的民族融合的含义，根据这个政策，西藏的一些小学毕业生被送往全国各地的中学②。这些学校的特别之处在于：首先，选送西藏最好和最聪明的小学毕业生到内地城市的西藏中学学习 7 年。其次，毕业生需要返回西藏任教或任职于政府部门。最后，考虑到汉族很少有人会讲藏语，而藏族又极少居住在内地城市，因此这些能说两种语言的年轻人对藏族和汉族之间的文化交流起着很好的桥梁作用。国家期望内地西藏学校（班）的教育形式和内容成为西藏教育的标准类型，部分家长对此类学校教育需求的增长，决定了西藏内地学校教育政策将持续下去。随着西藏本地学校资源和师资力量的改善，许多尖子生都被送到内地学校学习。

中国领导人胡启立和田纪云在 1981 年号召在城市建立内地西藏学校和

① Postiglione, G., " China's Hong Kong Bridge," in Cheng Li (Ed.), *Bridging Minds Across the Pacific* (New York: Lexington, 2005). 赴海外留学项目曾在清政府时期中断了一段时间，但是后来中华民国时期又继续进行。中华民国的第一任总统就曾在夏威夷的一所中学读书，后来留学日本。

② Postiglione, G. Zhu Z. Y. & Ben Jiao, " From Ethnic Segregation to Impact Integration: State Schooling and Identity Construction for Rural Tibetans," *Asian Ethnicity* (5) (2004): 195 – 217.

西藏班①。北京、兰州和成都在 1985 年建立了这样的学校，随后由于对西藏自治区的财政支援和作为主要城市的职责，截至 1986 年 9 月，上海、天津、辽宁、河北、河南、山东、江苏、陕西、湖北、重庆、安徽、湖南、浙江、江西和云南等 16 个省市都建立了此类学校②。1990 年，时任主席江泽民在回顾胡启立 1986 年关于内地学校政策将作为一个 10～20 年策略的阐述时，称这些学校帮助西藏人民了解自己祖国，拓宽了他们对世界的视野。内地西藏学校政策被认为是如此的成功，以至于在 1999 年，该政策覆盖面扩大到另一个远在西部的省份——新疆维吾尔自治区的学生③。

从 1985 年至 2005 年，超过 25000 名小学毕业生被选送到内地西藏中学学习，这些学校遍及中国 20 个不同的省区市④。2006 年，拥有内地西藏班的初中、高中和师范学校达 28 所，超过 90 所大学和学院接收西藏学生。在起初的 20 年，中央政府和地方政府对内地西藏班项目的投资分别达到 180.5 万元和 500 万元人民币⑤。值得注意的是，各省区市选派了数以千计的教师和教育行政管理人员援藏。然而，因为不能适应当地生活以及认为教授当地学生更艰难和缓慢，大多数人最多待上几年就离开了。

在内地学校政策实行的初期，多数学校为初级中学⑥。学校课程为四年，其中包括一年的预备期，目的是在进入国家标准三年制初级中学课程

---

① 中国领导人通常会在关于西藏发展和教育的国家会议上发言。这里有三种会议类型。第一类是中共中央书记处发起的，即所谓的"西藏工作座谈会"，该会议已召开了 4 次，分别是在 1980 年，1984 年，1994 年和 2001 年。第二类是由国务院组织，于 1987 年召开的"援藏会议"，该会议内容集中于教育。第三种类型由教育部和国务院组织召开，1993 年会议的主题是"支持西藏教育事业"。所有这些会议都强调教育在西藏发展战略中的重要性，参见《阴法唐同志在中共西藏自治区三届二次全委扩大会议上的讲话》，载郭福昌编《省、市、自治区少数民族教育工作文件选编（1977～1990）》，四川民族出版社，1984。

② N. A., Fourteen Thousand Talents were Nurtured by the Inland Tibetan Classes in the Past 20 Years, *Xizang Ribao* (Tibet Daily, Jan 29, 2007).

③ N. A., Fourteen Thousand Talents were Nurtured by the Inland Tibetan Classes in the Past 20 Years, *Xizang Ribao* (Tibet Daily, Jan 29, 2007).

④ Pingcuo, Xiangba, *Xizang Zizhiqu Jiaoyu Zhi* (*Education annals of the Tibetan Autonomous Region*) (Beijing, China Tibetology Press, 2005).

⑤ 参见 N. A., Fourteen Thousand Talents were Nurtured by the Inland Tibetan Classes in the Past 20 Years, *Xizang Ribao* (Tibet Daily, Jan 29, 2007)；《关于在内地创办西藏学校和举办西藏班培养人才的指示》（中发〔1984〕22 号文件）。

⑥ 至少 18 所学校是初中，虽然仅有北京、成都和天津的三所学校已经达到初中和高中水平（Zhu, 2007）。

之前提高汉语能力。学校也从西藏聘请教师教授藏语言和文学。随后几年，一些学校开始开办高中部。其他的内地学校从初级中学改为高级中学，并且从内地初级中学招募新生。刚开始时，大多数初中毕业生都要返回西藏，暑期结束后再去内地接受特别安排的三年职业技能教育，然后再回到西藏。然而近几年，越来越多的初中毕业生在他们返回西藏前，继续进入高中学习。这种继续接受高中教育的体制变化，为藏族学生进入大学深造打开了大门。然而，许多人是依靠针对内地西藏学校毕业生的优惠政策才进入大学学习的。大多数学生在 11 岁进入内地西藏初级中学，如果他们在连续接受 7 年中学教育后进入大学，这其中包括一年补习，那么这就意味着这些西藏学生将在内地城市生活 11 年或 12 年，其中仅有三个夏天回家。

除了内地西藏班，大多数内地西藏学校实行民族单独设班①。藏族学生不和汉族或其他民族的学生一起同班学习，除非是他们刚好都来自西藏，仅有一小部分来自族际通婚家庭的藏族学生和其他民族的学生一起学习。学校会组织学生和邻近学校的汉族学生举行体育和文化交流活动。藏历新年，学校为学生提供特别的食物，藏族领导也会拜访学校。

和世界其他地方的寄宿制学校一样，学校十分强调纪律，专门安排老师从事宿舍管理工作②。除了在周日规定时间内允许学生外出购物外，学校不允许学生离开校园。所有老师（除了一两个教授藏文和藏语言文学的老师）都是当地汉族人，他们当中很少有人到过西藏。校园里通常都有象征西藏的标志物，包括壁画、陶器、雕像、照片等。宿舍里有电话，学生能给家里打电话，不过学校不承担电话费。使用手机是新的现象，虽然在西藏许多农村和游牧地区仍然不能接收到通信信号，但是这能增加他们和父母的联系。

进入内地学校的小学毕业生，大约 3/4 来自以藏语授课的学校，其余来自以汉语授课的学校。根据周（Zhou）的调查，16% 的西藏自治区人口

---

① 多数西藏学生在内地学校单立为班的班级学习，尽管那里已经有一些试验。少数学业成绩优异的学生被送往邻近学校和汉族学生一起学习。这被看作朝向主流文化的积极步骤，但是也应该看到正是这样的措施使得内地学校最好的学生流失出去（这反过来也抢走了西藏自治区学校最好的学生）。

② 一些教授藏文和藏语言文学的教师和管理人员也被送到了内地班。

是城市人口，并且大部分城市居民要么能说汉、藏两种语言，要么具有汉藏文读写能力①。其他 84% 的人口居住在农村或牧区，通常仅仅只会说藏语②。1999 年前，在西藏自治区超过 95% 的小学使用藏语教学。然而，仅有 13% 的初中学生和 5% 的高中学生在使用藏语教学的班级学习。

内地学校的学生早期大部分都是西藏城区干部家庭的子女，不过主管当局计划招收更多的农牧民子女入学。然而，这对占总人口大多数的农牧民子女的入学率仍然没有影响。西藏每个地区都设定内地班学生配额，学生按照配额，参加考试选拔。内地学校定向在西藏各个地区挑选学生。学习计划、课程、任课教师和学费都由各内地学校来安排和承担。随着时间的推移，国家开办了更多的内地学校，学生配额增加，来自农村和牧区学生的入学人数也因此增加。内地城市和西藏自治区之间的合作关系被调整，那些在录取分数线以下的学生也能通过自费形式入学，但从西藏到内地学校的飞机或火车票费用负担，由政府转移到了家庭。学生进入内地普通高中和大学或学院的比例，随着受教育机会的增加而不断增加。

笔者最近对内地学校毕业生的口述史研究清楚地表明，寄宿制学校并不符合其破坏少数民族体系的刻板印象③。虽然宗教和国家教育之间有着严格的区分，但学校并没有被当作一种工具，通过禁止使用母语和磨灭学生的文化记忆来"去文化"。藏族家庭没有被强迫送他们的孩子去内地学校学习。而且，学生的考分如果达不到录取线，许多家庭愿意支付额外费用送他们入学。还有其他一些家庭把子女送到日益增加的城市私立（民办）中学读书，特别是在成都。

不像许多其他国家在 20 世纪为当地少数民族建立的寄宿制学校，中国内地藏族学校开设了本民族语言和文学课程。而且，学校环境通过许多艺术品和建筑物、音乐和藏族节庆仪式的表现形式来认可藏族文化。学校不通过肉体惩罚来控制学生的行为，学生在校内外说藏语也不受处罚。几乎

---

① Zhou, A. M., *Xizang jiaoyu* (*Education in Tibet*), (Beijing: Wuzhou Chuanbo Press, 2002).

② Goldstein, M. C., Ben Jiao, Beall, C. M., & Phuntsog TseringDevelopment and Change in Rural Tibet: Problems and Aaaptations, *Asian Survey*, 43 (5) (2003): 758 – 779.

③ Spack, R., *America's Second Tongue: American Indian Education and the Ownership of English*, 1960 – 1900 (Lincoln: University of Nebraska Press, 2002).

所有的学生都谈到他们与汉族教师之间的亲密关系。纪律而非恐惧成了规范学生行为的准则，当然学校也利用大量道德和政治教育课程、学校仪式和教师榜样去规范学生的行为。学校主管没有中断藏族学生和其家庭的交流联系。家长可以访问学校，尽管对于他们中的大多数人来说，旅行费用过高，但是仍有少部分家长访问学校，并且来访家长的数量日益增加①。

我们对内地学校的多数学生的观察发现，他们对环境的适应速度较快，不过对气候和食物的变化需要有一段时间来适应。农牧区藏族和城市汉族之间在经济条件上的反差对许多学生来说是一种心理压力。还有一个主要的挑战是汉语教学环境，这也是最普遍的困难。一个常见的教学实践是要求学生用汉语写日记，记录他们的日常活动。同时，在初中阶段，学生也学习藏语言和文学。由于地区方言的影响，学生在校园使用藏语的情况较为复杂。在初中，来自不同方言地区的学生通常使用拉萨方言，等到他们的汉语能力提高后，特别是在高中阶段，更多的学生使用汉语交流。英语也是一门必修课程，然而相对于学习藏语，学校更强调学习汉语和其他科目。当学生准备高考时，他们对藏语的学习和关注有所减弱②。

内地西藏中学毕业的学生们，一般都会感到他们比起待在西藏的同胞学会了更加自主和自信，他们也对内地西藏中学的教育方法给予了肯定评价。这些毕业生的雇主，其中不少是西藏各学校的校长，对内地学校毕业生的能力给予了充分肯定，尽管有时西藏学校和内地学校的政策不一致。校长们认为内地学校抽走了最好的学生，返回来的是不能用藏语授课的老师。内地学校毕业生的汉语能力自然比其他同胞好得多。然而，他们认为通常需要几个月或几年的时间进行调整，才能重新适应西藏的生活。在这之后，他们才会感到自己和其他藏民之间没有文化隔阂。

实际上，在我们访谈的人当中，几乎所有人都想在毕业后回到西藏。只有少部分人表示愿意继续留在内地，而这些人最终也回到了西藏。一些

---

① 资料来自对北京、成都和武汉三所内地学校的田野工作笔记。

② Zhou, M. L. & Fishman, J., *Multilingualism in China: the Politics of Writing Reforms for Minority Languages*, 1949 - 2002 (Berlin: Walter de Gruyter, 2003); Zhou, M. L., Sun, H. K. (Eds.), *Language Policy in the People's Republic of China: Theory and Practice Since* 1949 (Norwell Mass, Kluwer Academic Press, 2004).

人考虑继续接受教育并且希望回到内地上学。然而，留在内地工作并不是一个很好的选择，这不仅因为国家政策鼓励学生返回西藏就业，而且因为缺乏工作机会和地方藏族群体的支持。这与那些多数表示希望中学毕业后留在内地的新疆内地学校的学生形成了对比。和藏族不一样，新疆维吾尔族学生有更多的机会能得到来自回族和其他穆斯林民族的社会网络支持①。因此，对于藏族来说，留在内地城市的唯一办法就是上大学。具有讽刺意味的是，在西藏的藏族要和外地人为工作岗位竞争，而在他们受过教育的城市，他们却不准备为谋生而与其他人竞争。此外，计划分配就业制度的瓦解，虽然有利于市场经济，却使待业的毕业生数量不断增加。然而，西藏农牧地区学校对于教师的大量需求，实际上保证了内地学校毕业生的就业。学校可以负责分配学生去学校任教和从事安全工作，这也使得内地学校受到家长们的欢迎。

藏族内地班学生完成学业后留在内地工作几年的情况，类似于汉族学生在海外毕业后在当地找工作。而藏族学生出国学习是很少见的，一部分原因是他们的三重语言负担。国家也安排藏族学生在内地工作，甚至安排他们大学毕业后就在内地班学校任教。但是由于这些内地毕业生被认为在传播技能、汉语言教育和文化交流中扮演着一个关键角色②，因此目前对于这样安排的需求并不高。

内地学校政策还产生了另一后果，即毕业生藏语能力的退化③。回到西藏后，虽然不是所有工作都需要使用藏语作为工作语言，但是那些在农村工作、在学校任教的人就需要面对提高工作成效的挑战。内地学校毕业生认识到藏语言和文化在他们工作环境适应和他们对民族文化的理解力上的重要性，很多人都遗憾没有学好藏语，对藏族文化和历史了解不多。西藏自治区的学校没有很多的课程教授学生关于藏族历史和文化的知识，但是这些学生的藏语能力要远胜于内地学校的藏族学生。

---

①　Chen, Y. B., Uyghur Students in a Chinese Boarding School: Social Recapitalisation as a Response to Ethnic Integration (a Doctoral Dissertation Completed at the University of Hong Kong, Faculty of Education, 2006).

②　这情形不同于内地班中来自新疆的学生，因为维吾尔族已经和其他穆斯林民族特别是遍布于中国各地的回族建立了基于贸易和宗教的联系。

③　Postiglione, G. and J. Tan, East Asia at School (New York: Greenwood Press, 2007).

　　简而言之，内地学校政策间接强化了藏族的民族意识，但是没有培养出藏族毕业生在藏区以外地区的市场经济下与他人竞争工作机会并脱颖而出的自信心。在西藏，内地学校的教育背景确实使学生能够从事政府和教育机构的工作。此外，这些学生的工作单位都对他们的工作表现（除藏语外）给予肯定。在一个多元文化的环境中，他们比西藏其他的毕业生感到更适宜。这首先不仅是由于他们有在城市生活和学习的经历，还因为他们和其他藏区同学的联系。他们在民族意识方面表现出的独立、自主和领导能力，使他们能够适应多元的角色和情景。就这个意义而言，内地学校具有促进西藏和谐多元文化的潜力。但是缺陷是他们对藏族语言和文化遗产知识的认识和理解不够充分。

　　由于少数民族自治区占了中国陆地领土面积的64%，所以教育在促进跨文化理解和民族间关系和谐方面的作用不可低估，特别是在跨区域移民日益增加的形势下。这不仅要强调学校教育机会的重要性，而且要强调更多的多元文化课程的设置，从而避免中国成为多种文化相互分离、缺乏交流的"一盘散沙"。

　　不仅内地学校毕业生需要国家在他们进入大学时给予优惠政策，政府也应鼓励他们和汉族同胞一样到海外求学。此外，那些没能进入内地学校学习的学生，应该得到去中国的其他地方（包括香港和澳门）学习一段时间的机会，以求开阔视野并更多地了解中国和世界。这种做法会与中国在全球的影响产生共鸣，也将缓和社会阶层的矛盾，即由于西藏教育体系结构不平等产生的内地学校毕业生在西藏自治区学校毕业生中的精英身份。

教育、和谐社会和中国文化

　　少数民族教育的核心问题在于提高教育质量，促进社会、文化和经济资源的可持续发展。优质教育最基本的目标是教育学生如何读、写和沟通；如何理解、计划、行动和创新；怎样批判性和创造性地思考；学会如何学习；如何才能有信心积极投入和有效地致力于社区发展。它意味着发展一种特质，即更有效地使一个小社区整合进入一个更大地域、全国以及全球的场景。总之，为藏族学生提供优质教育的挑战，或许与运用、传播相关知识和技能去动员社区是分不开的，同时要培养学生适应新知识和多变社会的能力。在西藏，为了进步和领先，学生必须遵循从基础课程到核心课程的学习程式。

少数民族文化生命力的问题已经获得了多角度的研究，它一直是中国学者感兴趣的领域。因此，改善受教育条件也包括重视以下问题，即少数民族如何改变自身和适应学校，价值如何定义和传播，对少数民族族群认同的构建提供什么样的教育和学习环境，以及在少数民族区域实行怎样的管理模式来帮助他们选择和适应当地需要的学校课程。为了使藏民更好地利用日益增多的受教育机会，应该让学校课程更接近于社会需要，并同时保持同国家教育的联系，应加强教师的课程建设能力，要吸引更多的人参与学校管理，并且通过揭穿"少数民族文化落后"的错误认识，使学生的学习获得更多的活力。对于这一点，阿马蒂亚·森（Amartya Sen）已在其他文化背景中暗示过，尤其是在提及19世纪英国关于爱尔兰地区贫困的观点时指出："虽然贫穷在英国主要是由于经济的变化和波动造成的，但是在英国，爱尔兰地区的贫困却广泛地被认为是由于懒惰、漠视和不称职，因此英国人没有意识到自己的使命是'减轻爱尔兰的痛苦，而认为应该教化人民，指引他们的行为'。"[1] 爱尔兰成为富裕国家，人均收入几乎超过欧洲任何一个国家，这改变了人们对于少数民族地区的想象。

教育资金的提供往往强调文化成果和国家任务的对应关系。但是更重要的关注，应该被置于从计划经济到市场经济转变的背景因素，代际变化，扩大信息的获取，以及经济全球化的需要，而不是响应国家任务。正如费孝通所言，多元化在民族群体整合过程中是一个非常重要的概念，它是贯穿中国历史的文化生命力的源泉，即使是在不能完全避免民族冲突的元朝和清朝，群体整合的进程包括了和谐的同化和依靠强权归统两个方面。因此，教育主题之一是在国家背景下如何设置少数民族文化传承的自主权。现实的挑战是，学校教育工作采取什么样的方式，才能使少数民族文化以最小的误差进入国家和全球范围，因为国家这个更大群体的利益不仅来自

---

[1]　Sen，A.，*Identity and Violence：The Illusion of Destiny*（New York：W. W. Norton and Company，2006）.

经济资源，也来自更加丰富多彩的文化层面。关于文化保护、民族自治和国家学校教育的话语还是十分复杂的。正如阿皮亚（Appiah）在他有关身份伦理学的书中指出，"我们必须帮助孩子发展他们自己：并且我们必须按照我们的价值观来做这些事情，因为孩子起初并没有他们自己的价值观"①。在当代中国文化内发展少数民族文化，是一个持续的过程。关于这一问题的讨论自始至终涉及改善少数民族的学习环境和提高他们学业成绩的各种策略。在探讨为什么一些少数民族的教育成就和水平远远落后于其他民族时，学术界提出的观点是多种多样的，但是着眼于良好的资源分配和由社会推进的学校教育环境，是一种具有进步意义的新思维。

参考文献

费孝通：《中华民族多元一体格局》，《北京大学学报》1989 年第 4 期。

费孝通：《中华民族研究新探索》，中国社会科学出版社，1991。

耿金声、王锡宏编《西藏教育研究》，中央民族学院出版社，1989。

郭福昌编《省市自治区少数民族教育工作文件选编（1977～1990）》，四川民族出版社，1984。

哈经雄、滕星：《民族教育学通论》，教育科学出版社，2001。

吴德刚：《西藏自治区教育教育科研论文集》，西藏人民出版社，1999。

吴德刚：《中国西藏教育改革与发展的理论研究》，云南人民出版社，1995。

Appiah, K. A. , *The Ethnics of Identity* (Princeton：Princeton University Press, 2005).

Bangsbo, "Schooling for Knowledge and Cultural Survival：Tibetan Community Schools in Nomadic Herding Areas," in Gerard Postiglione (ed). *The education of Tibetans*, *Educational Review* 60 (1) (in press, 2008).

Bass, Catriona, "Tibetan Primary Curriculum and Its Role in Nation Building," in Gerard Postiglione (ed). *The Education of Tibetans*, *Educational Review* 60 (1) (in press, 2008).

Berberoglu, B. (ed.), *The National Question：Nationalism*, *Ethnic Conflict and Self - determination in the 20th Century* (Philadelphia, PA：Temple University Press, 1995).

Chen, Y. B. , Uyghur Students in a Chinese Boarding School：Social Recapitalisation as a

---

① Appiah, K. A. , *The Ethnics of Identity* (Princeton：Princeton University Press, 2005).

Response to Ethnic Integration (a Doctoral Dissertation Completed at the University of Hong Kong, Faculty of Education, 2006).

Cheung W. C., Narrating Ethnic Identities: a Comparative Study of Education and Ethnic Identity Construction of a Minority Group (a Paper Read at the Meeting on Chinese Education at the Chinese University of Kong Kong, January 25, 2003).

Clothey, Rebecca A Study of the Ethnic Identity of Students at the Central University of Nationalities (a Paper read at the Annual Meeting of the Comparative and International Education Society, New Orleans, March 12 – 15, 2003) .

Dai, Q. J, Teng, X., Guan X. Q, & Dong, Y., *Zhongguo Shaoshu Minzu Shuangyu Jiaoyu Gailun* (*Introduction to Bilingual Education for China's Minorities*), (Liaoning, Nationalities Press, 1997).

Dikotter, F., *The Discourse on Race in Modern China* (Hong Kong: Hong Kong University Press, 1992).

Ding, Z. P., *Zhongguo Jin Qi Shi Nian Lai Jiaoyu Jishi* (*Recent Seventy Years' Educational History of China*), (Peking: Compilation and Translation Publishing House of the State, 1935).

Dryer, J. T., *China's Forty Millions* (Cambridge: Harvard University Press, 1976).

Featherstone (ed.), *Global Culture: Nationalism, Globalization and Modernity* (London: Sage Publications, 1997).

Friedman, J., " Being in the World: Globalization and Localization," in Featherstone (ed.), *Global Culture: Nationalism, Globalization and Modernity* (London: Sage Publications, 1997).

Gladney, D. C., *Muslim Chinese: Ethnic Nationalism in the People's Republic* (Cambridge, MA: The Council of East Asian Studies and Fellows of Harvard University, 1991).

Goldstein, M. C., Ben Jiao, Beall, C. M., & Phuntsog Tsering Development and Change in Rural Tibet: Problems and Aaaptations, Asian Survey, 43 (5) (2003): 758 – 779.

Grunfeld, T., *The Making of Modern Tibet* (New York, M. E. Sharpe, East Gate revised edition, 1996).

Hannum, E., " Educational Stratification by Ethnicity in China: Enrollment and Attainment in the Early Reform Years," *Demography*, 39 (1) (2002): 95 – 117.

Hansen, Mette Halskow, *Lessons in Being Chinese: Minority Education and Ethnic Identity in Southwest China* (Seattle: University of Washington Press, 1999).

Harrell, S. , *Ways of Being Ethnic in Southwest China* (Seattle, University of Washington Press, 2001).

Heberer, T. , China and its National Minorities: Autonomy or Assimilation, (New York: M. E. Sharpe, 1989).

Iredale, R. , Bilik, N. , Su, W. , Guo, F. , & Hoy, C. (Eds.), *Contemporary Minority Migration*, *Education and Ethnicity* (UK, Edward Elgar, 2001), p. 139.

Lam, A. , *Language Education in China* (Hong Kong, Hong Kong University Press, 2005).

Lee C. J. , *China's Korean Minority: The Politics of Ethnic Education* (Boulder: Westview Press, 1986).

Lee, M. J. B. , *Ethnicity, Education and Empowerment: How Minority Students in Southwest China Construct Identities* (Aldershot: Ashgate Press, 2001).

Liu, T. T. and Faure, D. (eds.), *Unity and Diversity: Local Cultures and Identities in China* (Hong Kong: Hong Kong University Press, 1996).

Mackerras, Colin China's Minorities: *Integration and Modernisation in the 21st Century* (London: Oxford University Press, 1994).

Mackerras, Colin, *China's Minority Cultures: Identities and Integration Since* 1912 (New York, St Martin's Press, 1995).

Mackerras, Colin, "Religion and the education of China's minorities," in G. Postiglione (ed.), *China's National Minority Education: Culture, Schooling and Development* (New York, Falmer Press, 1999), pp. 23 – 54.

Maslak, Mary Ann, "School as a Site of Ethnicity? Results from a Content Analysis and Delphi Study of Tibetan Ethnicity in India," in Gerard Postiglione (ed). *The Education of Tibetans, Educational Review* 60 (1) (in press, 2008).

N. A. , Fourteen Thousand Talents were Nurtured by the Inland Tibetan Classes in the Past 20 Years, *Xizang Ribao* (Tibet Daily, Jan 29, 2007).

Nam Yung, A Comparative Study of Pai Yao and Han Chinese Junior Secondary School Dropouts in Liannan Yao Autonomous County, Guangdong Province, the People's Republic of China, (University of Hong Kong doctoral dissertation, 1994).

N. A. , Shaoshu Minzu Jiaoyu Yanjiu Lunwen (Ethnic Minority Educational Research Selections), (Lanzhou: Xibei Shifan Daxue, Xibei Shaoshu Minzu Jiaoyu Fazhan Yanjiu Zhongxin) (Lanzhou: Northwest Normal University, Northwest Ethnic Minority Educational Research Center, March, 2000b).

N. A. , "Spending More in Rural Classrooms," *China Daily*, October 8, 2003, http: //www. chinadaily. com. cn/en/doc/2003 - 10/08/content_ 269822. htm.

N. A. , Xibu Dakaifa De Jiben Guoqing Yu Jiaoyu Fazhan (Basic Situation of Educational Development in Western China), in *2001 Zhongguo Jiaoyu Lupishu* (*2001 Green Paper on Education in China*), (Beijing: Jiaoyu Kexue Chubanshe, 2001).

N. A. , Xizang Zizhiqu Minzu Jiaoyu 50 Nian (50 Years of Ethnic Education in the Tibetan Autonomous Region), in *Zhongguo Minzu Jiaoyu 50 Nian* (*50 Years of Ethnic Education in China*), (Beijing: Hongqi Chubanshe, 1999).

N. A. , *Zhongguo Jiaoyu Chengjiu Tongji Ziliao* 1980 – 1985 (*Achievements of education in China 1980 – 85*), (Beijing: People's Education Press, 1986).

N. A. , *Zhongguo Jiaoyu Dituji* (*Education Atlas of China*), (Shanghai: Shanghai Kexue Jishu Chubanshe, 1995).

N. A. , *Zhongguo Jiaoyu Shiye Fazhan Tongji Jiankuang* (*Essential Statistics in Education in China*), (Beijing: Department of Planning and Construction, State Education Commission, January, 1997).

N. A. , *Zhongguo Jiaoyu Tongji Nianjian* 1999 (*Educational Statistics Yearbook of China* 1999), (Beijing: People's Education Press, 2000a).

N. A. , *Zhongguo Jiaoyu Tongji Nianjian* 2005 (*Statistics on Education in China*), (Beijing: People's Education Press, 2006).

Nyima, Palden (Nima, Baden), "The Way out for Tibetan Education," *Chinese Education and Society*, 30 (4) (1997) : 7 – 20.

Nyima, Palden, *Wenming de Kunhuo: Zangzu de Jiaoyu Zhilu* (*The Puzzle of Civilisation: the Way out for Tibetan Education*), (Chengdu: Sichuan Education Press, 2000).

Ogbu, John, Education, Clientage, and Social Mobility: Caste and Social Change in the United States and Nigeria (pp. 277 – 300) in *Social Inequality: Comparative and Developmental Approaches*, Edited by Gerald Berreman (New York: Academic Press, 1981).

Ogbu, John, *Minority Education and Caste: The American System in Cross – Cultural Perspective* (New York: Academic Press, 1978).

Pingcuo, Xiangba, *Xizang Zizhiqu Jiaoyu Zhi* (*Education annals of the Tibetan Autonomous Region*) (Beijing, China Tibetology Press, 2005).

Postiglione, G. and J. Tan, *East Asia at School* (New York: Greenwood Press, 2007).

Postiglione, G. , Ben Jiao and Sonam Gyatso, Household Perspectives on School Attendance in *Rural Tibet*, *Educational Review*, 58 (3) (2006): 317 – 337.

Postiglione, G. Ben Jiao & Manlaji, Language in Tibetan Education, in A. W. Feng (Ed.), *Bilingual education in China: Practices, Policies and Concepts* (New York: Multilingual Matters, 2007).

Postiglione, G., Ben Jiao, Sonam Gyatso, "Education in Rural Tibet: Development, Problems, and Adaptations," *China: An International Journal* 3 (March, 2005)): 1 – 23.

Postiglione, G., " China's Hong Kong Bridge," in Cheng Li (Ed.), *Bridging Minds Across the Pacific* (New York: Lexington, 2005).

Postiglione, G. (Ed.), "Bilingual Education in China," *Chinese Education and Society*, (34) (2001): 2.

Postiglione, G. (Ed.), *China's National Minority Education: Culture, Schooling and Development* (Falmer Press, New York, 1999).

Postiglione, G., (Ed.), *Education and Social Change in China: Inequality in a Market Economy* (New York: M. E. Sharpe, 2006).

Postiglione, G. (Ed.), "The Schooling of Tibetans (I) & (II)," *Chinese Education and Society* 30 (4&5) (1997).

Postiglione, G., *Ethnicity and American Social Theory: Toward Critical Pluralism* (Lanham: University Press of America, 1983).

Postiglione, G., "School Access in Rural Tibet," in E. Hannum & A. Park (Ed.), *Education and Reform in China* (New York, Routledge, 2007).

Postiglione, G. Zhu Z. Y. & Ben Jiao, " From Ethnic Segregation to Impact Integration: State Schooling and Identity Construction for Rural Tibetans," *Asian Ethnicity* (5) (2004): 195 – 217.

Sautman, Barry, Expanding Access to Higher Education for China's National Minorities: Policies of Preferential Admissions in Gerard Postiglione (ed.), *China's National Minority Education* (New York: Falmer Press, 1999).

Sautman, B. & Dreyer, J. T., *Contemporary Tibet: Politics, Development, and Society in a Disputed Region* (New York: M. E. Sharpe, 2005).

Seeberg, Vilma, "Girls First! Conditions for Promoting Education in Tibetan Areas of China," in Gerard Postiglione (ed)., *The Education of Tibetans*, *Educational Review* 60 (1) (in press, 2008).

Sen, A., *Identity and Violence: the Illusion of Destiny* (New York: W. W. Norton and Company, 2006).

Shu, X. C. , *Zhongguo Jindai Jiaoyushi Ziliao* (*Materials of Modern History of Chinese Education*), Vol. 3, (Beijing: The People's Press, 1961).

Spack, R. , *America's Second Tongue: American Indian Education and the Ownership of English*, 1960 – 1900 (Lincoln: University of Nebraska Press, 2002).

Stites, R. , "Writing Cultural Boundaries: National Minority Language Policy, Literacy Planning, and Bilingual Education," in G. Postiglione (Ed.), *China's National Minority Education* (New York, Falmer Press, 1999), pp 95 – 130.

Trueba, Henry and Zou Yali, *Power in Education: The Case of Miao University Students and its Significance for American Culture* (Washington DC: Falmer Press, 1994).

Tsung, Linda, Language Policy and Minority Education in China: The Case of the Yi, Naxi, Dai and Tibetan Schools in Yunnan (Paper Read at the Meeting on Chinese Educational Research, Chinese University of Hong Kong, January 25, 2003).

UNESCO, Education for all: The Year 2000 Assessment Final Country Report of China (Cited as EFA 2000Country Report of China, 2000) Section 3. 3. 3 (www. 2. unesco. org/ wef/country reports/china/contents. html).

Upton, J. , "The Development of Modern School Based Language Education in the PRC," in Postiglione, G. (Ed.), *China's National Minority Education: Culture, Schooling, and Development* (New York, Falmer Press, 1999), pp. 281 – 342.

Wang, C. J & Zhou, Q. H, "Minority Education in China: From State Preferential Policies to Dislocated Tibetan Schools," *Educational Studies* 29 (1) (2003).

Wang, S. L. & Lou, J. W. , *Public Finance in China: Reform and Growth for a Harmonious Society* (Washington D. C. , World Bank, 2007).

Wang, S. Y. , The Failure of Education in Preparing Tibetans for Market Participation, *Asian Ethnicity*, 8 (2) (2007): 131 – 148.

World Bank, World Bank Group data, http: //devdata. worldbank. org/edstats/ SummaryEducationProfiles/CountryData/GetShowData. asp? sCtry = CHN, China (accessed May 20, 2006).

Xia, Z. , *Fazhan Shaoshu Minzu Jiaoyu Xuyao Zhengce Qingxie* (*The Needed Policy Inclinations for Developing Ethnic Minority Education*), (Paper Delivered at the Conference on the Development of Ethnic Minority Education in Western China, Baptist University, Hong Kong, October 8, 2001).

Xia, Z. , Ha J. X. & Abadu, A. , Xizang Zizhiqu Minzu Jiaoyu 50 Nian (50 Years of Ethnic Education in the Tibetan Autonomous Region), *Zhongguo Minzu Jiaoyu* 50 *Nian* (*50 Years of Ethnic Education in China*), (Beijing, Hongqi Press, 1999), pp. 45.

Yi Lin, "Choosing Between Ethnic and Chinese Citizenship: the Educational Trajectories of Tibetan Minority Children in Northwest China," in Vanessa Fong and Rachel Murphy (eds.) Chinese Citizenship: Views from the Margins (London and New York: Routledge,. 2005a).

Yi Lin, M*uslim Narratives of Schooling*, *Social Mobility and Cultural Difference: a Case Study in Multi - ethnic Northwest China*, Japanese Journal of Political Science 6 (1) (2005b): 1 - 28.

Yu, H. B. , Schooling and Identity Among the Naxi (a Doctoral Dissertation Submitted to the University of Hong Kong, 2007).

Zhang, Li - fang, Fu Hong and Ben Jiao, "Accounting for Tibetan University Student's and Teachers` Intellectual Styles," in Gerard Postiglione (ed). *The Education of Tibetans*, *Educational Review* 60 (1) (in press, 2008).

Zhao Zhenzhou, Am I Privileged?: Minority Mongol Students and Cultural Recognition in Chinese Universities (Doctoral Dissertation at University of Hong Kong, 2009).

Zhaqi, Siqin, *Bianjiang Jiaoyu* (*Frontier Education*), (Taibei: Mongolian - Tibetan Committee, 1961) .

Zhou, A. M. , *Xizang jiaoyu* (*Education in Tibet*), (Beijing: Wuzhou Chuanbo Press, 2002).

Zhou, M. L. & Fishman, J. , *Multilingualism in China: the Politics of Writing Reforms for Minority Languages*, 1949 - 2002 (Berlin: Walter de Gruyter, 2003).

Zhou, M. L. , Sun, H. K. (Eds.), *Language Policy in the People's Republic of China: Theory and Practice Since* 1949 (Norwell Mass, Kluwer Academic Press, 2004).

Zhu, J. L. , *Zangzu Jinxiandai Jiaoyu Shilue* (*Brief History of Modern Tibetan Education*), (Xining: Qinghai People's Publishing House, 1990).

Zhu, Z. Y. , *State Schooling and Ethnic Identity: The Politics of a Tibetan Neidi School in China* (New York: Lexington Press, 2007).

作为族群认同担当者的族群企业家

——中国凉山彝族（诺苏）的个案研究

托马斯·海贝勒（Thomas Heberer）*

　　本文呈现的是一项关于四川省凉山彝族自治州的彝族企业家的研究成果，考察的内容是企业家精神与族群认同之间的关系。我们将首先对"认同"这一术语做一探讨，然后再提炼出在诺苏企业家中创造认同的重要因素。对诺苏彝族而言，家支和世系直到今天仍扮演着重要角色。借由企业家精神，一种超家支的体系与族群认同正在形成。接下来，我们将依据重写的官方彝族史的内容来探讨与认同相关的主题。若要了解企业家们如何理解"认同"这个概念，就必须明白：他们有关地位与认同的话语通常是与发端于彝族学者圈的争论相一致的。在诺苏企业家当中，这些学者深孚众望，因而，学术话语的痕迹会再现于企业家的争论中。作为新兴的经济和社会精英，诺苏企业家们正在参与形塑一种全新的诺

---

　　*　中文名字王海，德国杜伊斯堡－埃森大学东亚研究所所长、政治科学院教授。长期研究中国社会和中国少数族群问题，出版的著作有：*China and Its National Minorities*：*Autonomy or Assimilation?*（M. E. Shaper，1989），*Private Entrepreneurs in China and Vietnam*：*Social and Political Functioning of Strategic Groups*（Leiden：Brill. 2003），*Doing Business in Rural China*：*Liangshan's New Ethnic Entrepreneurs*（University of Washington Press，2007），《作为战略群体的企业家——中国私营企业家的社会与政治功能研究》（中央编译出版社，2003），《凉山彝族企业家——社会和制度变迁的承载者》（民族出版社，2005）等。

苏集体意识。

对诺苏彝族的认同来说，时间（历史）和空间（凉山作为"家园"）是至关重要的标识。但我们将阐述的是：经济成功为发展一种新认同提供了一个附加因素。族群认同并不是由完全重叠的认同模式所构成的，它的特点是由一片共享空间的相似性所塑造的。认同并不仅仅是由个体经验所定义的，更是一个集体性的过程。因此，企业家精神的认同赋予效应（identity – giving effect），只有在与其他阶层的互动中才能发生。进而，我们认为：企业家既是族群符号的承载者，也是现代化的代理人，他们在积极地形塑认同。同时，我们也将对作为诺苏认同特殊标识的食物和酒予以讨论。

彝族和凉山自治州

"彝族"是 20 世纪 50 年代早期的产物。在那时，通过统一的分类法，"民族"以一种多少有些主观的方式被创造出来。正是在这个意义上，郝瑞（Harrell）提出了族群分类的三重模式：族群史（*ethnohistory*）——关于某一族群或某一区域历史的学术话语；国家的族群分类话语——由中国政府规定的官方分类；族群认同——某个人的自我认知与族群认同①。

像"彝"这样的称谓，是国家的族群分类话语的一部分。那些并不认为彼此属于同一"民族"的群体被归类于一个共同身份之下，而他们的"自称"则通常被忽略了。例如，被归类在"彝"之下的 50 多个群体实际上并不认为他们属于同一个民族。直至今日，彝族内部的不同群体对自己身份的真实理解，仍与官方分类不尽一致。然而，正如彝族学者的研究所显示的那样，就像其他那些新近被创造出来的民族一样，彝族也开始逐渐认同他们的新称谓。②

---

① Harrell, Stevan, "Languages Defining Ethnicity in Southwest China," Romanucci – Ross, Lola/ DeVos, George, eds.: *Ethnic Identity, Creation, Conflict, and Accomodation* (London: Alta Mira Press, 1995a), pp. 97 – 114.

② 例如伍呷在 1998 年指出，尽管"彝"是一个建构的官方术语，但大多数人都认为"彝"在文化与思想方面具有独特的共性（类似的观点参见 Pan Jiao, 1998）。

彝族是中国人口规模排在第七位的，约有 800 万人，主要分布于四川、云南及贵州等西南省份。直至 20 世纪 50 年代中期，居住在凉山地区的彝族群体还自称为"诺苏"①，并在很大程度上已成功地形成了他们的社会、政治和文化认同。值得注意的是，直到那时，凉山地区还是被各个或多或少处于独立状态的诺苏家支所控制。

在 20 世纪 50 年代，诺苏人的社会形态被划定为"奴隶社会"。因此，相对于"封建制度"最高阶段的汉族地区②而言，诺苏社会被认为尚处于落后、原始的历史阶段。在 20 世纪 50 年代，诺苏社会被视为中国仅存的奴隶社会。这一评价不仅符合马克思主义关于社会发展阶段的历史概念（从原始社会逐步发展为奴隶社会、封建社会、资本主义社会到社会主义社会），而且符合关于中国的认知——一个包含处于不同历史发展阶段的地区的国家，其中汉族地区经济、社会、文化及政治发展水平最高。

在凉山地区，直至 1956~1957 年，广泛的改革才开始实施，"奴隶制"被废除。自此，政府开始试图把诺苏整合进社会主义的政体和社会中。20 世纪 50 年代初期的渐进式改革相当成功。

凉山彝族自治州辖地 60423 平方千米，含 16 个县和 1 个县级市（西昌市，州政府所在地）。截至 2001 年底，全州总人口 410 万人，其中 43.4% 为诺苏彝族，52.9% 为汉族（超过 1/5 的汉族人居住在西昌），其余（3.7%）为其他少数民族。在一些县中，诺苏人所占比例超过 80%。

无论是与全国平均水平相比，还是与其他少数族群地区相比，凉山州都算得上是中国最贫困、最不发达的地区之一。至 20 世纪 90 年代末，有 12 个县被列为政府认定的"贫困县"。在 1992 年，对"贫困"的定义是人均年收入低于 200 元（约合 25 美元）。那时，凉山超过一半的诺苏人被认定为"极度贫困"，即他们的生活标准在贫困线之下。2001 年，"贫困"的标准是人均现金年收入低于 1000 元且粮食实物年收入少于

---

① 在本文中，当论及凉山彝族社会的特征时，我们将转而使用"诺苏"这个名称，这是因为我们的观察结果并不一定适用于其他地区（如云南和贵州）的彝族。这也反映了诺苏彝族是一个不同于其他彝族群体的社会。

② 汉族是最大的民族，人口超过 11 亿。

800 千克①。照此标准，仍有 40 万诺苏人生活在温饱线之下，163 万人的年收入低于 1000 元②。

研究、方法和数据收集

本文的数据资料来自一项为期四年（1999～2002 年，每年一次调查）的大规模田野调查。这项研究的执行团队包括作者本人和四位来自凉山州民族研究所的诺苏学者。

田野调查的地点覆盖了全州的 16 个县中的 10 个，分别是：甘洛和冕宁（1999），昭觉和盐源（2000），雷波、美姑、布拖和普格（2001），喜德和金阳（2002），其中大多数为国家级、省级或州级贫困县。

此项目的着眼点为下列问题：①诺苏彝族企业家对地方政治的影响；②新型企业家在诺苏社会的结构性变迁中所扮演的角色；③诺苏人的族裔企业家精神（ethnic entrepreneurship）的发展及其对社会动员的影响；④社会组织（家支）和经济思维在经济和社会变迁中的作用；⑤企业家精神与民族认同之间的关系等。

这一调查的经验部分采取了问卷调查与半标准化访谈相结合的方式。这两种调查方式能够提供不同类型的信息，并分别适用于某些特殊的调查问题（比如，某些具有政治敏感性的问题就不宜列在问卷中）。

调查问卷包括 43 个问题，涉及以下方面：以前的工作经验，独立创业的原因，与其他企业和企业家的联系，与当地政府及其工作人员的关系，对地方政策和政治的评价，与自己所属家支的经济关系，社会与族群关系的作用，对获得经济成功所需要素的评价，公共捐赠，非政府的企业家协会的必要性及其功能，族群区隔，对各社会阶层的经济、社会和政治威望

① 关于凉山彝族的贫困状况，参见 Jike Quri, 1999：39 - 44；更多关于彝族的信息，参见 Harrell, 2001b；Harrell, 2001a；关于凉山州的社会与经济发展的内容，参见 Heberer, 2001：214 - 237。

② Xiao Lixin, "Minzu Pinkun Diqu Fupin Kaifa yu Renwen Suzhi de Tigao," ("Anti - poverty Alleviation in Poor Areas of Nationalities and Improvement of the Quality of Human Resources). In *Xinan Minzu Xueyuan Xuebao* (*Journal of the Southwestern University for Nationalities*), 10/2002：10 - 11.

的评价，对当地政府和党组织的工作及族群关系的评价，对生活目标、社会问题、市场经济、私营企业家的社会和政治功能的评价，对他们自己在社会和政治中所扮演角色的评价等。

访谈则试图揭示诺苏企业家与汉族企业家是如何看待自身的，以及一个群体的成员如何使自己区别于另一群体。此外，家支的角色、区隔状况、私营企业家的困难以及关于族群关系的个人态度等也是访谈所要了解的内容。

总共有 138 位私营企业家接受了问卷调查和访谈，每个县还有 8 ~ 10 位地方政府（县级、乡镇级）工作人员和村委会成员接受了访谈。此外，调查团队还搜集了相关的统计数据和书面材料（党政机关的文件和出版物）。访谈和问卷调查基本上是以普通话进行的，只有在一些企业家（主要是年老者）不会说普通话时，访谈才以诺苏语进行，并由团队中的诺苏学者为本文作者翻译成普通话。

此外，我们的研究中也包括了汉族企业家。通过对彝族和汉族企业家进行比较，我们可以识别出两个民族的企业家在经济和社会行为上的不同特点。这种比较是我们最重要的研究兴趣。调查配额约为 2∶1（彝族∶汉族），这一比例反映了彝族企业家是我们的主要调查对象，同时又因与汉族企业家进行比较而采集了足够的信息。这项比较主要关注他们在社会、经济方面的思想与行为的差异，对社会和族群资源的不同利用，以及对彼此的看法。

调查对象当中只有 16 位女性，其中 3 位为汉族，主要从事第三产业，诸如贸易、制衣、大型餐饮等。

各县接受访谈的企业家数目不等，这主要是因为各县的企业家总量存在差异，在一些县里只有很少的企业家。因此，我们不得不放弃只访谈工业部门的企业家这个最初意图，而决定把访谈对象的范围扩展到第三产业部门的大型企业。

被访谈的诺苏企业家的年龄主要集中在 30 ~ 55 岁（占 87.7%），其中有 21.0% 从未上过学，39.5% 上过小学，34.6% 上过中学，只有 4.9% 的人接受过中学以上水平的教育。在自主创业之前，诺苏企业家大多是农民、干部或雇员/工人。近 1/4 的人（23.5%）在其职业生涯中至少有过一次担任干部的经历，其中多数是村干部。由于在党内工作并接受过培训，他们通常拥有更高的学历、组织能力和知识，也掌握着人际网络资源。也有很多诺苏企业家是通过从事农业生产或在个体和私营公司中做雇员来积累经验的。

在1999年上半年，全州的"个体户"（雇员少于或等于7人）有54169个，雇员77689人，规模稍大的私营企业（雇员多于7人）有888个，雇员为16231人[①]。至20世纪90年代末，劳动力中的很大一部分都就职于私营部门。大部分的私人企业都是个体经济领域及工艺、运输、建筑、餐饮（饭店、旅店等）、商贸及其他服务行业（修理、电脑服务、娱乐）中的小型企业，特别是私营农业已发展成为当地的支柱产业。大型企业正在稳步出现，但发展速度还很缓慢。诺苏人所拥有的企业——尤其是大型私营企业——所占比例依然很小。数据显示，1999年上半年，凉山州的少数族群成员（几乎全为诺苏人）在私营部门（包括个体与私营企业）就业的仅有9.2%，而且主要是集中在那些诺苏人占多数的县中。在这些县里，他们是劳动力的主要来源。

认同的含义

对我们而言，"认同"意味着什么？无论是在一般意义上，还是专就诺苏认同的塑造过程而言，以下四种相互关联的模式都是至关重要的：作为一种集体模式、作为共享社会空间中的相似性、作为忠诚或"我群"感、作为一个过程。下面，我们将对这四种模式进行逐一讨论。

在最一般的意义上，"认同"指的是作为集体身份之一部分的自我身份。个体把自身认定为某个集体的参与者，而这个集体被想象为具有某种共性。用一个现代术语来说，这些参与者可以被集体性地理解为一个文化网络。借由这个认定过程，个体既发现了自己的身份，也找到了一种态度模式。这个模式会塑造思想、行为，以及关于自我与他人的印象。族群认

[①]　根据位于西昌的凉山自治州工商管理局1999年8月24日提供的信息整理。关于中国私营企业家的总体状况的信息，参见 Heberer, 2003；更多关于彝族族群企业家的内容，参见 Heberer, 2005b；2007。

同，指的就是"个体对某一个由文化来定义的集体的认定程度"①。

然而，认同并不是一个简单的认知过程，也不仅仅是一个发明或想象的过程。在认知之外，它还需要特别的先决条件，只有这样，才能促使这种认知性的认定得以形成。在一个共享的社会空间中，族群认同是由与他者的亲近性所刻画的。在凉山的彝族人之间，诸如血缘（亲属）、地域、历史或神话，以及共同的语言、宗教、习俗等，在一个社会空间中塑造了这种亲近性。尽管这些要素看起来只是些概念，但在我们所关注的那些人的意识中，它们代表着共性。凭借这些共性，一个群体可以将自己与其他群体区别开来。认同的核心要素是与他者的差异问题——差异的延续性、族群共同体的自我欣赏感，以及象征着共同体身份的共同地域。文化理论家斯图亚特·霍尔（Stuart Hall）曾阐述道，文化认同是认知中的非稳定部分，它在历史与文化的话语中形成，不是一种"状态"（being），而是一种"定位"（positioning）②。

"忠诚圈"的概念也有助于我们对族群认同的讨论。这类圈子由具有共同信仰与关系体系的人组成。我们可以将忠诚区分为"暖"与"冷"两类。"暖忠诚"指的是能够被"自然地"感受到的情感关系，如家庭、亲属、家支或民族；"冷忠诚"指的是与诸如政党、俱乐部、协会、政府机构等外部组织之间的理性的、人造的关系。温暖的忠诚圈能够在社会或族群空间中创造亲近感。这种温暖或亲近性是通过体验行为、历史记忆、象征符号、语言等方面的相似性来实现的。诺苏人的共同语言是交流这种温暖、忠诚和"我群"感的主要媒介。与"他者"、他群（汉）之间的边界，是个体与集体认同的核心部分。在这个范式中，认同形成是一种使之前冰冷的身份要素"暖起来"的过程。如果人们在说到"彝族"或中国时，能够体验到一种温暖的感觉，那么，族性（ethnicity）建构或民族建构的工程就是非常成功的了。

认同研究的新方法是基于这样的理念：认同是持续的过程而非静态概

---

① Hutchinson, John/Smith, Anthony D., eds., *Ethnicity* (Oxford and New York: Oxford University Press, 1996), p. 5.

② Hall, Stuart, Rassismus und Kulturelle Identität. Ausgewählte Schriften 2. Hamburg: Argument Verlag, 1994, p. 30.

念。认同会适应社会变迁，会在快速变迁过程中"学习"。一个人对自己的历史、传统与未来的反思，会形成新的认同。迪特里克与拉德克认为，"认同存在于控制不断变化的新情境的能力之中"①。简单说来，认同就是认定属于某一群体。这个群体不仅能被感知到，而且具有一些共性，并由此产生一种强烈的"我群"感（暖忠诚）。如果把这种一般性的认同概念运用到诺苏企业家身上，我们会发现四个要素影响着他们的认同形成：时间与空间构成了族群认同的标识，经济成功促进了个人与族群自我意识的增长，企业家具有族群象征担当者与现代化代理人的双重角色，食物和酒成为产生认同的标识。

家支认同与族群认同

诺苏社会是深嵌于血缘性的群体结构——家支——之中的。各家支的成员拥有共同的祖先、相同的姓氏，并将彼此视为血亲。在农村地区，一个家支的成员大多生活在同一个地方，在相同的范围内从事经济活动，举行宗教仪式并相互支持，由此形成了稳定的单元。家支内部又分成不同的世系，这是源自同一祖先的不同分支。家支在诺苏社会中扮演着重要角色，它既是经济单元，又是团结的源泉。家支成员由于彼此为近亲而认可同一套义务，诸如相互帮助与支持。一个家支可能会包含数万人。

即使在今天，家支依然是产生认同的中心要素。既然诺苏人都是某一家支的成员，并且他们在传统上就是通过家支——而非民族——来将自己与他人区别开来的，那么，家支便成为认同的主要参考点。诺苏人的心理稳定性就是通过家支的内部团结来保障的。②

---

① Dittrich, Eckhard J./Radtke, Frank - Olaf, eds., Ethnizität. Wissenschaft und Minderheiten Opladen: Westdeutscher Verlag, 1990.

② 关于彝族家支与世系的内容，参见 Lin Yueh - hua, *The Lolo of Liang Shan* (New Haven: Hraf Press, 1961); Hill, Ann Maxwell//Diehl, Eric, "A Comparative Approach to Lineages among the Xiao Liangshan Nuosu and Han," *Harrell, Stevan, ed., Perspectives on the Yi of Southwest China* (Berkeley et al.: University of California Press, 2001), pp. 51 - 67; Ma Erzi, "Liangshan Yizu Jiazhi he Hunyin Guoqu he Xianzai de Jingji Gongneng" (*Former and Current Economic Function of Clans and Marriage among the Liangshan Yi*), *Liangshan Minzu Yanjiu* (Liangshan Nationalities Studies), 2001: 10 - 25。

目前，我们面临着一种矛盾的情形：一方面，家支作为一种社会组织，仍然发挥着提供社会确定性、相互支持与个体认同的功能；另一方面，在许多企业家看来，家支体系妨碍（或限制）着诺苏人的共同（族群）意识的形成。迄今为止，家支利益被置于作为一个民族的彝族的利益之上。本文认为，随着企业家的涌现，一种超家支的意识正在出现。伴随着社会变迁与社会的经济发展，道德经济的基础不再稳固，认同已变得异常脆弱。

就家支的社会与经济功能而言，亲属或家支关系对企业家获得创立企业所需的投资发挥着重要作用。既然私营企业家几乎没有可能获取银行贷款，家庭成员和亲属就成为资本的重要来源。这可以表现为不同形式：由那些本身就是企业家的家支成员提供贷款；那些与银行和信贷机构拥有良好关系的家支成员帮助同一家支的企业家获得贷款。只要我们能在一个家支内找到几位具有良好偿付能力的企业家，那么一个相互支持的体系就可能存在。在某种程度上，甚至家支本身就扮演着担保人的角色。这种情形不仅出现于银行贷款中，也出现于私人贷款中。在这类情况下，家支荣誉构成了信任和信用的基础。一个企业家甚至告诉笔者，如果有德国公司来给他的企业投资，他的家支会担任担保人。①

在单个家支内部能够形成企业家网络（无论具体形式是供货、运输、贷款或资助，还是获得客户），同样，在家支内部也会形成分别从事生产和市场营销的公司体系。如果有一群人创建了一个生产公司，那么其他人创建的运输公司就可以把生产公司的产品运送到周边城市，而在城市中开公司的另一群人就可以销售这些产品。② 同时，家支的社会经济功能也愈加强大了，例如，家庭和家支的成员可以成为资本提供者或劳动力。这样，家支的经济化过程就发生了。

另一个反映这种经济化情形的指标是，成功的企业家被要求担当家支领导者的角色。在 81 位诺苏企业家中，有 27 位——主要是大型企业的企业家——承认他们被自己的家支或世系成员推举为这样的"首领"。他们的意见举足轻重，在家支进行重大决策时，他们会被邀请参与决策过

---

① 访谈，甘洛县，1999 年 8 月 9 日。
② 访谈，甘洛县，1999 年 8 月 9 日。

程并提供建议。依照传统，能否成为诺苏家支头人与特殊的出身、血统或成员资格并无关系。同时，家支头人也不是（至今仍不是）由选举产生的，能做家支头人的这个人及其能力（聪明、勇气、智慧和信誉）和成就要得到广泛认可。这样，他就能自然而然地担当起这个角色，成为一名首领。①

与此同时，家支还发展出了某种可称为"家支协会"的组织形式。在一个个案中，一位企业家呼吁创建了这个协会，把所有担任县级、州级或省级官员的家支成员都包括了进来。最重要的是，这种关系是建立在平等的基础上的，因为所有的家支成员都拥有平等的权利。在一年一度的火把节上，协会都要举行一次所有成员都参加的"小聚会"，每三年还要举行一次"大聚会"，费用则由所有参加者均摊。因此，家支协会便构成了一种典型的族群网络。②

家支和亲属关系，具有对内与对外两种功能范围。在一个企业内部，它指的是雇用家支成员，以及家支成员彼此合作。在我们所调查的几乎所有诺苏企业中，家庭和亲属成员都扮演着重要角色，以至于企业所有的领导职位都是由这些人担任的。就我们的调查而言，超过 1/4（占 25.9%）的被调查企业可以被归类为"家支企业"。不过，对家庭和亲属成员在自己企业工作的问题，被访者的意见并不一致。超过 40.0% 的受访者赞同这种方式，并认为对非家庭成员的信任是冒险甚至危险的。在困难时期，只要需要，亲属员工甚至会无偿工作。他们可靠、顺从。最重要的是，彼此间存在着一种信任关系。一位企业家辩称，即使外人拿着很高的薪水，他们也很少是真正可靠的。③

然而，并非所有企业家都同意这种观点。超过 1/3 的企业家认为，随着企业规模的扩大和现代化程度的提高，亲属关系的影响在逐渐减弱，他们开始倾向于雇用非亲属成员（亦可见表 2）。家庭纽带和义务往往会削弱公司的运作，因为如果要批评或解雇那些工作绩效不佳的亲属，就可能导致家庭内部出现大规模对立。家庭成员通常更难控制或指导，而这些非理

---

① 关于头人角色的内容，参见 Liu Yu, 2001: 104 - 117。
② 访谈，冕宁县，1999 年 8 月 17 日。
③ 访谈，甘洛县，1999 年 8 月 9 日。

性的模式可能引发冲突。另外 1/3 的被访者相信，家庭和亲属成员不应该在自己的公司工作，因为这经常会导致公司的运作出现问题并产生意见分歧。那些企业家声称，他们无法按照评估普通员工的方式来评估家庭和亲属成员的绩效。他们必须按照正确的方式做事，但要想批评或调任那些绩效低的亲属是非常困难的。有 21.0% 的企业家曾辞退过家庭和亲属网络的成员。正如一位企业家所说：

> 我不愿雇用家支成员，因为很难控制和管理他们。相反，我会给他们钱或其他形式的物质支持。对我而言，最重要的是我的企业的发展，而不是某人是不是我的家支成员。（访谈，喜德县，2002 年 8 月 19 日）

这指向了另一种趋势，即企业家精神导致家支凝聚力弱化。但同时，企业家精神也提供了一种帮助克服不安全感的备选方案，因为它能够促进经济发展，创造就业机会，从而增强族群企业家的自信。具有社会意识的企业家阶层也会关注他们的社会义务，而这种功能是家支所难以实现的。通过新兴的企业家群体，一种超家支的意识正在发展。关于家支，被访的诺苏企业家表达了非常不同的观点，有人视其为一种负担，也有人视其为一种不可或缺的支持（见表 2）。家支赋予了诺苏企业家以相当大的责任与义务。

表 1 呈现了企业家对其家支所提供的支持。

表 1 诺苏企业家对家支的援助

项　目	内　容
社会福利	在家支成员患病、贫困和负债时予以帮助，支付学费，资助继续教育
社会义务	承担用于仪式性节日的费用（诸如婚丧嫁娶的家庭节日）
为家庭提供的商品和服务	建新房，支付亲属的嫁妆，出资置办摩托车、小汽车和供电设备
社区公益	出资修建饮用水设施、供电设施、电视信号接收装置和卫星电视天线，建设学校和医院，退耕还林，修建公路，承担饮用水和电力费用等
就业和培训	在企业家自己的公司里提供就业机会或培训，为创建公司提供启动资金

资料来源：调查资料。

　　尽管大多数人都无法逃避这些责任，但有 1/3 的企业家对这些负担抱怨连连（见表 2）。作为家支成员，企业家在市场上将陷入两难困境。他们有义务照顾家庭或家支成员，即使这些人对公司的发展几无贡献，企业家们也需要给他们提供工作或物质支持。但这会阻碍公司在市场上的有效运作。如此说来，对许多企业家来说，作为族群网络的家支是个不利因素，只有在家支团结最小化的情况下，企业家们才能在财务上生存下来。这正是"商人困境"的确切表现，即一种二元对立的局面：一方面，要赚取利润；另一方面，要与家支共同体分享收入的道德义务[①]当家支贫困时，一个或几个企业家就有义务资助它们，家支很快就成为一种负担。正如一位被访者所言：

　　　　我是一名企业家，得顾及我的公司，使它盈利从而获得发展。但我也得资助我的家支。就我作为企业家而言，家支是一个巨大的负担。你不得不雇用你的亲属，而他们的人数是如此之多。一旦你富裕起来，就几乎不可能逃脱家支的压力。[②]

表 2　诺苏企业家对家支及家支资助的评价

单位：%

评价内容	肯定者
增加对家支的资助是重要的人生目标	49.4
家支负担是造成诺苏企业家落后的原因之一	33.3
如果我有很多钱，我会资助我的家支	28.4
资助家支是捐赠的主要动机之一	18.5
来自家支的资助对商业成功非常重要	14.8
由亲戚占据高级职位对商业成功非常重要	2.5

资料来源：调查资料。

---

① Evers, Hans - Dieter, "The 'Traders' Dilemma," Evers, Hans - Dieter/Schrader, Heiko, eds.: The *Moral Economy of Trade. Ethnicity and Developing Markets* (London, New York: Routledge, 1994), PP. 7 - 14.

② 访谈，美姑县，2001 年 9 月 5 日。

另外，如表 2 所示，在很多诺苏企业家的观念里，家支的作用越来越小。大多数人已不再将资助家支视为人生目标，只有很少一部分人至少在口头上表达了资助家支的意愿。多达 1/3 的人则明确地将这种由社会组织引起的负担视为诺苏企业家落后的原因之一。

此外，对企业家来说，与朋友及具有共同经历的人的关系变得更加重要，这导致在家支以外形成了一套不同的关系。50.6% 的被访者认为，朋友和非亲属的其他人对获得信贷或商业资助起着重要作用，而强调村落共同体（这类共同体并不等同于家支）的影响力在增加的人所占的比例则小得多（9.9%）。尤其是对城市里的企业来说，与同学和前同事的关系发挥着越来越重要的作用。对干部来说，由于曾在同一个地方性党组织或党校中工作或学习而建立起来的关系非常重要。

结果，超家支网络的作用正日益凸显。其中，属于同一族群共同体越来越成为社会关系的一个中心要素。另外，市场和城市将两个民族的企业家带入了以密切沟通为特征的情境中。政府则以要求企业家们加入企业家协会的方式，来促进超越族群性的整合和包容。

超过一半的诺苏被访者定期与其他企业家交换意见。但从百分比来看，企业家（尤其是诺苏企业家）之间进行每周一次的定期交流的比例相对较低。这并不仅仅是因为商人们都没有足够的时间，更因为诺苏企业家在各县中的分布相对分散，而汉族企业家则集中于各县的县城。值得注意的是，企业家们并不只是通过企业家协会来相互联系的。既然几乎一半（44.4%）的诺苏企业家是党员，那么，我们可以很自然地猜测，他们与官员的关系要好于与汉族人的关系，并且通过这些关系也更容易解决社会问题。汉族人的方式则与此相反，他们通常是通过与汉族企业家的关系来联系当地其他也具有"少数人地位"的人——如其他汉族人——来解决问题。

随着非亲缘关系的作用日益增长，诺苏人作为一个族群（而不仅是一个亲缘群体）的共同认同出现了。这种认同还在成长过程中，而且社会与经济变迁及人口迁移在一定程度上都削弱了家支的权力，人们区分彼此的界限越来越多地依据族群，而越来越少地由家支决定。

表3　与其他企业家交流个人商业经验情况

单位：%

被访者 交流情况	交流对象	
	诺 苏	汉 族
很少交流	41.7	33.3
每月交流 2～3 次	45.8	42.9
每周交流一次	12.5	23.8
总 计	100.0	100.0

资料来源：调查资料。

　　企业家精神使得经济化的过程和超家支团结形式的形成都变得更为容易，因为企业家们认为自己不再仅仅是家支成员，更是（想象的）诺苏企业家共同体的成员（76.5%）。如此一来，族群就变为一个社会空间，团结可以在其中产生。企业家精神为诺苏企业家带来了全新的族群自豪感，他们富裕起来，拥有了许多新型的消费品，发展了新的技能和知识。这些都将改变族群之间的关系。

时间、空间与企业家的角色

　　对诺苏人来说，时间（历史）与空间（凉山）是重要的认同标识。在下文中，我们将对彝族学者的历史话语进行探讨。这套话语正在经历变革，并且在诺苏企业家当中传播。我们还将考察作为"家园"（homeland）概念的凉山，以及这个概念如何激励企业家们致力于推动本地发展。

　　诺苏族群认同的重构，是指通过把历史的、疆域的、语言的以及族性的要素或符号整合起来，从而创造一种集体认同的努力[1]。历史（时间）会在社会、人们的认知地图乃至他们的认同上打下烙印。科拉科夫斯基（Kolakowski）正确地指出，历史记忆是民族认同的先决条件[2]。

---

[1] Eisenstadt, Shmuel Noah, "Die Konstruktion Nationaler Identitäten in vergleichender Perspektive," Giesen, Bernhard, ed.: Nationale und Kulturelle Identität. Studien zur Entwicklung des kollektiven Bewusstseins in der Neuzeit. Frankfurt/M.: Suhrkamp (1996): 21 - 38.

[2] Kolakowski, Leszek, "ber Kollektive Identit t.," Michalski, Krzysztof, ed.: Identität. im Wandel, Stuttgart (Klett - Cotta) (1995): 47 - 60.

在 20 世纪 90 年代以前，并不存在现代意义上的企业家。因此，诺苏企业家的出现可以被视为诺苏社会的"落后"状态已经结束的一个指标。企业家——作为现代性的代理人——是诺苏人的"先锋队"。一个企业家解释道：

> 在落后条件下，我们彝族人没有发展出企业家团体。但时代已经改变，我们已经有了相当数量的彝族企业家和彝族官员，为什么我们不能通过我们自己的努力而使我们现代化呢？（访谈，西昌，2002 年 8 月 27 日）

这不仅是一个有关变迁过程的指标，也反映了一个自我意识正在成长的经济精英群体开始重新加强诺苏认同。

除历史（时间）外，地域（空间）也是诺苏认同的一个具体参照点。汉语"凉山"，对应彝语的"诺苏穆地"（Nuosu Muddi），意思是诺苏人的土地。他们定居于此已一千多年，云南和贵州的大部分彝族人都把这个地区看成他们的祖先与整个彝族人的故乡①。因此，诺苏穆地是一个"私人地方"，即对诺苏人来说具有特别的亲近感或一体性的地方。诺苏人对这个地方魂牵梦绕，视其为他们的族群领地和文化中心。文学作品、歌曲和日常生活的符号体系都反映着诺苏人对这里秀美的自然景观的赞颂和对家园的深刻眷恋。在宗教画像、传统服饰和诸如碗碟之类的日用品的式样中，都充满了高山与动物的象征符号。郝瑞曾形象地称之为"高山图样"②。

对大多数企业家来说，与家乡的紧密联系是他们进行现代化尝试的动力之一。在他们对为什么要提升企业的影响力和以基础设施、教育与社会福利等形式给予本地村落以"发展援助"进行解释时，凉山的"发展与现代化"是一个重要理由。美姑的一位企业家如是说：

> 当然，我没有能力开发整个凉山地区，所以我首先要扶助自己的村

---

① Harrell, Stevan, *Ways of Being Ethnic in Southwest China* (Seattle and London: University of Washington Press), 2001b.

② Harrell, Stevan, *Ways of Being Ethnic in Southwest China* (Seattle and London: University of Washington Press), 2001b.

子。我资助修建了通过村庄的道路，还打算在此建个小学。这不是只为家支考虑，而是包括整个村子。在我们村里，如果有人建新房需要砖头，我会免费提供给他。如果有人需要钱来做生意，我也会给予经济支持。我不仅想要发展自己的生意，也想发展这个村庄（访谈，2001年9月6日）。

盐源的一位大企业家在解释改善本地状况的动机时，给出了类似的说法：

> 毫无疑问，我是本县最重要的企业家，给彝族人和汉族人都提供了工作，还通过修路、修桥、建学校，以及提供电力、医疗服务和经营水厂等方式来促进当地发展。因此，我为这个以前极端贫困的地区的繁荣做出了贡献，随之而来的是民族关系（诺苏人与汉人）改善了许多。过去，彝族人常常偷汉族人的东西，汉族人也偷彝族人的东西。现在，他们的关系已经改变了，因为我使他们双方都兴旺发达起来……尽管我的生意在西昌非常成功，但我还是要回到这个穷地方。为什么呢？因为只有通过努力发展凉山，建立起新的经济、社会与政治声誉，我们才能改变这种印象。我决定致力于实现这种改变！（访谈，2000年8月26日）

这样的说法显示，作为私人与族群地方的诺苏穆地，同时也是自豪感的源泉和安全的空间。企业家们了解他们在凉山的位置，并与各种族群与社会网络联系在一起。企业家们认为自己对凉山的发展负有某种责任，而这种责任感是来自族群身份的。被访者们都认同一系列"被发明的"共性与忠诚圈，由此，大多数人都将自己的角色定义为族群企业家（ethnic entrepreneurs），而非单独的个体。诺苏企业家认为自己是勇敢的、具有社会责任的人，拥有社会性的共享知识，为本地和本族群的发展做出了贡献。他们希望能够通过开拓经济发展和提高凉山教育水平来确保诺苏族群共同体的长久存在。

经济成功：提升个体与族群自信的助推器

经济实力是地区发展的重要前提。凉山州严重依赖国家补贴，几乎不能实现完全的自给自足，这使得其发展较为缓慢。进一步讲，如果要实现更大程度的发展，就意味着要出现一些新的社会群体，知识分子和企业家就代表了这类战略性的社会群体。

然而，经济发展的成功是与族群竞争和对经济资源的控制紧密相连的。因此，通过竞争或对抗来定义的族群认同，就具有了经济性的意涵。布哈斯（Brass）把族群认同的形成描述为一个三重对抗的过程：发生在族群内部的对抗，以控制物质与象征资源为目标；发生在族群之间的对抗，表现为对权力、特权与资源的竞争；发生在国家及外部群体与本地群体之间的对抗①。

诺苏企业家与诺苏地区干部间的博弈就体现了第一个过程。尽管干部们曾长久地控制着各类资源，但企业家阶层已成为一个重要的挑战者，开始争夺对诺苏人的物质与象征资源的控制权。企业家作为一个战略性群体，对其新获地位的自信正在成长。他们在社会与经济领域中所发挥的作用正反映了这种自信。他们既为自己是一名企业家而骄傲，也为自己所属的企业家阶层为"他们的"地方共同体发展做出了重要贡献而感到自豪。这种自豪感不仅提升了他们对自身能力的评价，甚至也提升了他们对整个民族获取成功的可能性的认识。正如一位彝族企业家所说："我们已经证明了我们能够成为成功的企业家，并且很成功。"

企业家的双重角色：族群象征的担当者与现代化的代理人

人类行为大多遵循符号行为的机制，这些符号对社会行动者具有解释性的意义和价值。恩斯特·卡西尔（Ernst Cassirer）曾宣称，人类对世界与自我的理解中包含着符号，因此，构建符号和理解符号的能力就构成了人类区别于动物的标志②。族群符号承载着族群信息，在创造族群认同中具有重要功能，因而构成了族群性（ethnicity）的核心。对诺苏人来说，族群服饰，传统的木质酒杯、木碗，传统的族群菜肴——坨坨肉（成块成块的熟

① Brass, Paul R., *Ethnic Groups and the State* (London: Sage, 1985).

② Cassirer, Ernst, Philosophie der Symbolischen Formen, Erster Teil: Die Sprache, Darmstadt: Wissenschaftliche Buchgesellschaft, 1994.

肉），祝酒歌与情歌，卷烟和米酒，作为族群机构的毕摩，传统建筑等，都是重要的符号。那些企业家创建、致力于教授诺苏语言和文字的小学校同样是符号性的，通过集体事务的表达来彰显其族群性。

每位接受访谈的企业家都表达了这样的愿望：穿上传统服装来拍照，用坨坨肉招待客人，使用装饰有传统图案与符号的木质碟子和勺子，并借此来展示他（或她）的族群认同。这些物品在每个企业家的家中都能找到，它们既发挥着日用品的功能，也承担着符号功能，因为它们象征着诺苏人与其他人在日常生活中的差别，并表明了这些企业家都是属于诺苏族群的。因此，这些物品承载着关于社会认同与集体记忆的文化符号。此外，这个符号体系覆盖了所有的家支，并代表所有的诺苏人。作为想象的现代性代理人，企业家们同时也肩负着传统的象征符号。

象征性建筑与私人空间的装饰品代表了一个人的地位与身份认同。大企业家们都依照传统的诺苏风格来建造新房子和布置室内陈设：刻有传统符号的家具、收集的毕摩文本、护身符与神像。有一位企业家经营着当地最大规模的企业，他所住的大房子是按照土司宅邸的传统样式来建造的（土司是明清时代被任命的世袭性首领）。他解释说："我的房子的内部陈设很简陋，这样就不会有人嫉妒了。"然而，房子的室内灶台是由从雷波县开采的高品质石材打造的，盛酒的器皿是来自邻近的木里县的藏式银碗。他的公司的办公大楼、几栋分属于不同部门的建筑，以及在公司的森林休闲区中的建筑，都是按照传统风格建造的。公司的信息栏中的内容全是用诺苏文字书写的，只有很少几处同时配有汉文。

美姑县的一位从事传统木制品与皮革制品加工的诺苏企业家，在强调他的产品要优于其他产品时，重申了许多诺苏人的观点：他的原料——包括木材、牛皮和天然染料——都是有机的、环保的，因此他的产品是"绿色物品"。他争辩说，相较于其他的瓷器，诺苏人的日常用品都是木质的，它们更不容易破碎，使用寿命也就更长。

城镇中的餐馆，大都是供应中式菜肴的汉人餐馆。只有很少几家餐馆供应具有诺苏特色的菜肴，并提供传统的诺苏餐具。今天，尽管在当地的日常生活中已普遍使用陶瓷餐具、玻璃杯和筷子，但在诺苏企业家的家中，款待宾客的却是传统餐具：以黑、红、黄三色装饰的木质酒杯代替了玻璃杯、长柄勺子代替了筷子、木碗代替了瓷碗。主人以骄傲的语气将这些餐具解释为诺苏人的习俗与传统。可能正是因为日常生活中主要都使用汉式日用品，所以使用诺苏器具来招待客人就流露出一种庄严的气氛。①

作为族群的代表人物，企业家们依据关于共同的祖先、世系、历史和诺苏文化的信念来定义自身。他们共享民族文化受到威胁的共同经验，并认为自己的文化生活模式值得保存。企业家们还通过他们共享的语言、文字，以及对毕摩的信仰来定义自身。他们宣称，毕摩是文化资本、社会资本、符号资本、宗教传统、信仰与知识传统的载体。

然而，只有少数企业家——主要是大企业家——认为他们自己是传统文化要素的承载者与保护者。对多数人来说，市场竞争的压力、低受教育水平，以及对个人利益的追求，都比这种理想主义更能影响他们的行为。总的来说，企业家中间盛行着一种多少有些悲观的看法，他们认为诺苏人的经济发展落后，受过较多教育的人和年轻人都不再会说诺苏语言。

与此同时，诺苏语言与文字的使用都在减少。尤其是在城市地区，诺苏语言正在变为一种私人语言，并且只在政治宣传或文学与诗歌中才被使用。这种情况在当地干部与党员中更为严重。汉语当然是日常的、城市的、公共生活中的通用语言，但许多家庭即使在家中也只说汉语。大企业家、受过良好教育的阶层，以及干部的子女，现在大多只说汉语。尤其是在西昌及凉山州以外的城市地区的诺苏家庭中，使用诺苏语言的年轻人正急剧减少。越来越多的企业家子女在西昌的精英学校接受教育，或者被送到自治州以外就学，在那里他们只使用和学习汉语。因此，一位企业家认为，诺苏人及他们的"文化"前景堪忧，而这当然是接近真实状况的。

至此，我们已涉及诺苏企业家作为现代性代理人的问题了。然而这是一个含糊的术语。以地方发展和社会变迁的形式呈现的"现代性"，同时也伴随着以冲击地方习俗、语言与文化的形式呈现的"现代性"。对企业家们来说，"现代化"意味着生活方式的改变。这种新生活方式对年轻人具有巨大的影响力。通过展示他们的富有、消费行为、习惯和生活方式，企业家

---

①　同样的例子可参见 Harrell, Stevan, ed. , Perspectives on the Yi of Southwest China（Berkeley et al. : University of California Press, 2001a, pp. 183 - 188。

们设定了新的社会性和象征性的（族群）标准。例如，大企业家通常开着比干部更为豪华和昂贵的汽车，于是，当地民众以名贵汽车作为判定企业家成功与否的标准。盐源县的一位诺苏企业家就从美国购买了一辆克莱勒斯吉普车，尽管他需要为此支付高额的进口税。然而，在消费行为上也存在着巨大的地方性差异。并非每个企业家都追求奢侈的生活方式，同时，这种炫耀性消费在城乡之间、大企业家与小企业家间也都有不同的表现。在那些企业家收入较高、生活方式更为高贵优雅的县里（如西昌、甘洛、冕宁），奢华正在上演（但只是在成都、昆明等城市或凉山以外的其他城市，而不是在企业家的老家所在的县城里）。此外，越来越多的诺苏企业家把子女送到凉山以外的昂贵的私立精英学校读书。

大电视机、冰箱、洗衣机、录影机、立体音响系统、空调、汽车、摄像机、最新款的移动电话、舒适的公寓以及奢华的室内陈设（如现代西式家具），都是彰显社会地位的重要符号，标志着至少达到了小康的生活标准。许多大企业家都拥有至少一所房子，通常还拥有其他房产。由于私营企业家的收入显著高于平均收入，因此，他们的支出也要相应提高，从而明白无误地反映出他们更高的生活水平。

生活方式——关于行为或品位的共享生活模式，同样具有显著的社会标识作用。一些生活方式包括了社会学所说的炫耀性消费。这种生活方式，生产出符号性的差异，并形成了一种“适宜的语言”[①]。它们象征着某个特殊阶层或群体的成员资格，并划出一条区分他人的边界。企业家把他们的生活方式当作展示企业成就的一个图标。拥有一栋房子或公寓以及某个品牌的汽车；消费昂贵的名牌烟酒；装备昂贵的消费品；经常出入高消费的餐厅和卡拉OK厅；乃至拥有漂亮动人的年轻女友都被认为是生活方式的构成要素，并由此来辨别某个人是否属于新兴的（族裔）企业家阶层中的一员。诺苏企业家与汉人企业家均是如此。然而，在诺苏企业家当中，还有一种特殊的生活方式，包括建造传统诺苏风格的房子，象征性地收集银器、具有历史意义的古物或古旧而稀有的文物。

① Bourdieu, Pierre, Praktische Vernunft, Zur Theorie des Handelns, Frankfurt/M.: Suhrkamp, 1998.

　　炫耀性消费还通过其他方式对日常生活予以形塑。在昂贵的餐厅里聚餐，促进了企业家网络与群体意识的形成。"餐桌政治"（Gastro‑politics）是与干部及其他重要联系人建立商业关系的一种方法。对于那些把相当比例的利润用于待客的企业家来说，这就是他们的生活之道。然而，与此同时，"餐桌政治"也塑造了关于"客人"意味着什么、群体行为、如何划分企业家地位等方面的观念。这个过程形成了一种价值观念和"社会语言"①。尤其是在城市地区，购置名牌商品或出入知名餐厅与娱乐场所的行为，较少服务于炫耀财富的目的，而更多是为了展示个体的商业成功、对社会地位的自信，以及向上的社会流动。

　　然而，这种消费风格还是会对非企业家的诺苏人产生影响。对年轻人、公务人员、小企业家及其他人来说，拥有这种生活方式的企业家树立了榜样。越来越多的诺苏人开始追求这样的生活方式。他们坚信，通过模仿企业家的行为，他们就能够实现这种生活方式，因为在他们看来，利润是与企业家精神紧密相连的。

　　我们并未访谈非企业家的诺苏人并询问他们关于商人的态度。可能有人会存在一些敌意，有人可能会觉得企业家类似于过去的土司。然而，我们的印象是，大多数诺苏本地人——尤其是年轻人——都很羡慕企业家的成功与财富，并想要效仿他们。他们的羡慕之情，与这些成功企业家是否资助他们的共同体，以及在习俗、服饰、日用品等方面的行为是"像汉人"还是"像诺苏人"紧密相关。在人们关于企业家及其行为的评价中，可能也存在代沟——老年人可能有些反对他们，而年轻人则可能支持他们。

　　作为现代性代理人，诺苏企业家对诺苏社会的态度与价值观的变迁具有影响力。他们是潮流的引领者，是关于成功、财富、财产与奢华的品位标杆，也是关于竞争、经济自由、创新和市场行为等问题上的行为与价值榜样。此外，他们还推动了新结构的产生，如利益表达组织、地方性的公众收入结构、劳动力市场等。

　　企业家的一个关键特征是创新。创新不仅仅是一种经济行为，更涉及

---

① Chang, K. C., ed., *Food in Chinese Culture. Anthropological and Historical Perspectives* (New Haven: Yale University Press, 1977).

社会变迁和价值重估。企业家会以不同的方式阐释价值观，并对旧的思维模式提出质疑。企业家是变革的生产者。相关文献都忽略了企业家的这种本性上的革新精神。

作为认同符号的食物与酒

在乡村进行访谈时，我们一般会被邀请到家中，并接受传统待客之道的盛情款待。他们会宰杀一只动物（一只羊、一头猪或一头牛），然后大家坐在一起吃，同时享用着不限量的美酒。菜肴总是同样的：坨坨肉，配以荞麦煎饼、大蒜汤，以及带皮煮的马铃薯。

这样集体性的享用食物与酒，不仅仅是为了摄入营养，更具有一种社会功能。吃同样的食物、喝同样的酒和抽同样的烟，能够创造和谐融洽的关系并建立共同体。马塞尔·莫斯（Marcel Mauss）指出，食物形式的礼物或与主人一起进餐的邀请，具有一种特别的黏合力[1]。因此，食物和酒是一种交流形式，同时也是个人的族群所属与社会地位的标志。此外，食物和酒也可以用来定义族群差异，从而用来划定诺苏人与其他人之间的族性边界。

然而，酒通常也会以一种过度的方式被消费，在公共场合的情形尤为如此。在我们的讨论中，不会把酒视为一种病理学的"问题"（如酗酒），而是作为一种社会化和平等化的现象，作为一种"在公认的社会情境下被实践的社会行为"[2]。希斯（Heath）曾指出，"甚至在很多社会中，醉酒经常是一种被高度赞赏和积极寻求的状态"，因此，实际上并不存在"酗酒"这一现象[3]。这正是凉山彝族的情况。实际上，诺苏人主要是聚在一起喝

---

① Chang, K. C., ed., *Food in Chinese Culture. Anthropological and Historical Perspectives* (New Haven: Yale University Press, 1977).

② Douglas, Mary, ed., Constructive Drinking. Perspectives on Drink from Anthropology (Cambridge, Paris et al.: Cambridge University Press and Editions de la Maison des Sciences de l'Homme, 1991).

③ Heath, Dwight, "A critical review of ethnographic studies of alcohol use," Gibbons, R./Israel, Y./Kalant et al., eds.: *Research Advances in Alcohol and Drug Problems*, 2 vols. (New York: John Wiley & Sons, 1975).

酒，因而，酒可以被用来生成社会资本。例如，一起喝酒可以建立或发展社会联系与人际网络，促进社会交流；与陌生人喝酒则可以帮助克服陌生感。这是一种好客的表现，是一种将人们团结起来、结为一体的互动方式。在这种情况下，拒绝饮酒则是一种破坏凝聚力的冒犯行为。有些人认为是高山气候孕育了喝烈性酒的习惯，其他一些人则认为过度饮酒是在适应工业化、城市化、非农化的过程中产生的问题，或是政治体系的功能失调①。

彝族学者潘文昭（Pan Wenzhao）写道：

> 彝族的酒文化是优秀的彝族文化的一部分。酒是一种物质载体，反映了彝族的生产与生活文化的构成方式。政治、经济、军事、宗教与一套习俗准则都跟饮酒密不可分。酒已成为凉山诺苏人生活的一部分。有一句诺苏谚语说："汉人贵在茶，彝人贵在酒。"

根据潘文昭的说法，酒在彝族社会具有多种重要功能。一起喝酒，能够建立友谊，促进人际关系与感情共享，强化家支纽带与两性间的恋爱关系，在葬礼与宗教典礼上承担仪式功能，创造信任，见证兄弟关系、合作与结盟，解决冲突与纠纷。酒还被视为一种帮助身体康复的滋补品和良药②。

饮酒还具有一种强烈的仪式特性。按照规矩，人们会力劝他人喝酒，并喝干每杯敬酒，而毫不考虑他的族群身份。就算他是外国人，也要遵守这个规矩。任何视自己为"真正彝族人"的人，都会被迫喝酒，而不管他/她是否喜欢喝酒，是否正在生病。尤其是在聚会时，人们都要敞开饮酒，尽量多喝，而这类聚会又非常频繁。凉山诺苏彝族视自己为"老大"，是彝族中最能喝酒的人。好酒量被视为优越性的标志和族群认同的一部分。尤其当与非彝族人对比时，情形尤为如此。

① Bennett, Linda A. , "Ethnography, Alcohol, and South – Central European Societies: An Intro-duction," *East European Quarterly*, 4 (1985): 385 – 413; Chase, Charlotte, "Alcohol Con-sumtion – An Indication of System Malfunction in Contemporary Poland," *East European Quarterly*, 4 (1985): 415 – 429.

② Pan Wenchao, "*Liangshan Yizu Jiu Wenhua*," (*The Culture of Alcohol among the Liangshan Yi*), (Paper presented to the Third International Conference on Yi Studies, Shilin/Yunnan, 4 – 7 Sep-tember, 2000).

然而，大量饮酒是一个被发明出来的诺苏"传统"。根据霍布斯鲍姆的说法，这是一种符号法则，"试图通过不断地重复来灌输某些被认为体现了与过去的连续性的价值观与行为规范"，并通过"半强制的重复"来重塑过去①。事实上，普遍的过量饮酒只是一种"大众记忆"（popular memory），而非如汉人和很多诺苏人所说的那样是一个"传统"。事实上，是共同体的权威、仪式与团结的削弱，才导致无节制饮酒行为的增多。关于这种"被发明的传统"的特性，人们意见不一。例如，一位县级政府公务人员认为饮酒是彝族的一个特色，而一位诺苏企业家则反驳了这种观点：

> 敬酒时通常要喝干的习惯，是从其他地方那边传过来的新习惯，彝族过去并没有这个规矩。年轻人在有长者在场的情况下绝不敢喝醉，通常只是小啜一口。只有在诸如婚礼或葬礼的典礼上，人们才喝烈酒。说敬酒时应一饮而尽是彝族的规矩，这是不对的。

在历史上，传统的饮酒行为是受到严格限制的，就像这句格言所说的："犁地是自下而上，喝酒是自上而下。"换句话说，长者与更高位的人应先喝酒。另一句格言说，"老人喝酒，年轻人吃肉"②。对饮酒量的限制也体现在格言中："喝一杯是好人，喝两杯是英雄（ssakuo），喝三杯是狗皮（kenji）一张。"③

然而，今天，饮酒对诺苏人建立或创造社会资本、增强族群认同非常重要。这种共同消费的仪式强化了群体内部的凝集力，同时刻画出了排除他者（汉人）的族群边界。从社会心理学的角度来看，成群地喝酒可视为"建设性饮酒"④，因为它可以促进社会整合和缓解潜在冲突。然而，社会

---

① Hobsbawm, Eric J., "Introduction: Inventing Traditions," Hobsbawm, E. J./Ranger, Terence, eds.: *The Invention of Tradition* (Cambridge et al.: Cambridge University Press, 1984) PP. 1 – 14.

② Ma Xueliang, "Yanjiu Yiwen Guji, Fayang Yizu Wenhua," (Study ancient Yi Scripts, Develop Yi Culture). In *Xinan Minzu Yanjiu, Yizu Zhuanji* (*Special Collection on the Yi, Studies on Nationalities in Southwest China*), (Kunming: Yunnan Renmin Chubanshe, 1987), PP. 428 – 440.

③ 特别感谢 Stevan Harrell 提供这个信息。

④ Douglas, Mary, ed., Constructive Drinking. Perspectives on Drink from Anthropology (Cambridge, Paris et al.: Cambridge University Press and Editions de la Maison des Sciences de l' Homme, 1991).

衰退与贫困也经常会导致对酒的过度消费。醉酒不仅能使人们忘却日常烦恼，还能减缓饥饿感并产生一种温暖的身体感觉。研究表明，在少数族群当中，饮酒通常是一种应对由社会变革带来的情感危机——如群体瓦解的威胁——的方法。

总　结

我们的研究表明，诺苏人并无统一的个体认同，而是有着多元的个体认同。诺苏人隶属于许多不同的社会群体，他们是中国公民，也同时是彝族，凉山诺苏彝族，某个特定的诺苏阶级、家支、世系与村落共同体的成员；他们还可能是共产党员与/或企业家阶层的成员，等等。对诺苏企业家来说，情况同样如此。他们既是企业家及企业家阶层的成员，也是家支与企业家协会的成员。他们既是中国企业家，也是"少数民族"企业家。尽管他们可以在各种身份及各不相同的参考系之间"转换"（switch），但每一种身份仍联系着不同的忠诚圈与温暖网络，并在每个个体的意识中创造了一个认同等级体系。并不存在一种固定不变的身份或认同，诸种认同都是在动态过程中不断发展的。这导致我们得出如下结论：各种竞争性的认同是以不均等、不平衡的状态存在的，这从根本上对将诺苏人与诺苏企业家视为同质性群体的看法提出了挑战。

此外，我们的研究表明，诺苏人和诺苏企业家们总体上并不以"民族"来认定自己的身份。一般而言，凉山诺苏彝族这个内部异质的共同体的不同成员对自己的民族的认同度和忠诚度是不尽一致甚至相互矛盾的。然而，除此之外，企业家们在文化、发展路径、与族群共同体的关系等方面又拥有诸多共性。如果企业家们开始意识到他们在诺苏社会的现代化过程中所发挥的功能，他们也就有可能在塑造未来的征程中发挥重要作用。对整个族群的关心将逐步取代对家支的关注，道德经济也将更少地局限在家支的范围里，而渐渐地关涉整个彝族。然而，当行动者的义务是针对像凉山彝族（诺苏）或整个彝族这样大的群体时，道德经济就很难维持了。因此，道德经济可能会沿着不同的方向重建，或者整体性地慢慢消亡。

今天，诺苏人中存在两种不同的忠诚转变趋势。一种趋势是在市场和作为交流体系的企业家精神的影响下发生的。发生在企业家之间和市场情境中的经济互动，产生了超越家庭与家支范围的忠诚圈。诺苏人的民族身份与企业家的地位成为新的参照点。另一趋势是由国家和党组织的努力所激发的，众多成功的企业家被整合进非本土的、超族群的忠诚圈——成为企业家协会、共产党、民主党派或群众组织中的一员，成为一名人大代表或政协代表。这些情况都能够创造这种新联结。

正如我们在上文中分析过的，诺苏与彝族的民族主义可能获得了彝族学者关于历史与文化的研究的支持。然而，如果彝族是中国文化的创始者，那么他们就不可能希望从中国分离出去。

对企业家来说，尽管国家或政党在努力从他们身上赢取一种超越亲密的温情关系的新型忠诚，但他们在那些基于冷忠诚而建立的组织里所扮演的却是一种双重角色：一方面，族群企业家（ethnic entrepreneurs）都是中国公民，对他们来说，党或国家是一个获得认同、值得效忠的新群体；另一方面，他们又都是各自民族的代表，应该在政治组织或协会中表达他们的族群共同体的利益。

新型的冷忠诚与超族群联结并没有消解那些以族群和家支为对象的传统式暖忠诚，相反，后者也获得了加强。在我们田野调查中，企业家在定义自身时，首要身份是作为族群的一员，参考系是自己的家支或族群①。

族性（ethnicity）是能够以经济理性建构，并能被应用于商业目的的。格兰诺维特（Granovetter）指出，特定群体或个人可能会策略性地利用族群特征与特质，以便达到收入最大化、解决经济问题、确保忠诚等目标②。例如，企业家们穿上传统的诺苏服装，请毕摩做仪式，或在建筑物与店铺中印上诺苏符号，从而强化本族雇员的忠诚度，并加强与诺苏顾客及消费者的关系。在此情境下，文化与符号资本就是依据经济理性而被利用的。

---

① 更多细节可参见 Heberer, Thomas, "Ethnic Entrepreneurship and Ethnic Identity: A case Study among the Liangshan Yi (Nuosu) in China," *The China Quarterly*, June 2005a: 407 – 427。

② Granovetter, Marc, "The Economic Sociology of Firms and Entrepreneurs," In Portes, Alejandro, *The Economic Sociology of Immigration*, *Essays on Networks*, *Ethnicity*, *and Entrepreneurship* (1995): 128 – 165.

企业家开始消除劳力的文化分工，即赫克特（Hechter）所说的"内部殖民主义"[1]。尽管经济起点不同，但在成为自雇者甚至企业家方面，诺苏人与汉人拥有平等机会。

此外，诺苏企业家正在为地区发展而发声。在过去，公司主要是由汉人创建并运作的，就连工人也是由来自其他地区的汉人构成的。因此，经济发展便成为确保生存的一种方式，并能够促进向上流动。

然而，如果将诺苏企业家简单地视为一个"反抗性"族群，则是片面的，因为它的"反抗性"特质只体现在对经济发展的反应上。企业家精神还是一种维护与发展诺苏文化的现代化力量，它并不是抵制发展，而是要创造一种塑造当地发展的能力。企业家精神也有消极功能，即企业家们的生活方式与社会形象会对诺苏社会的其他人产生影响。斯卡曼（Scarman）认为，族群企业家精神与更高程度的商业化有助于共同体的稳定，因为它使得少数族群能够在经济上和政治上都更多地参与社会。然而，从诺苏社会的情况来看，此观点正确与否并未得到证实[2]。

对企业家来说，遵照市场规律"适应"看来是最恰当的行为策略，而政府官员则可能会争取社群主义甚至更激烈的自治主义。然而，无论如何，究竟采取哪种策略或策略组合，要取决于这个族群共同体独特的历史、社会、经济与政治环境。因此，不同族群会求助于不同的策略。社会变革会引发更多的社会流动和分层，这可能更容易导致同一个族群内部的不同阶层选择不同的策略。因此，那些宣称适用于中国境内所有族群的结论显然都是不适当的。

所有族群共同体当中的企业家，都是经济、社会与政治过程的关键组成部分。然而，社会与制度环境的变迁不仅改变着族群，还改变着它们与其他民族的相互关系与互动。中国各民族间的关系也在改变，但各自的方

---

[1]　Hechter, Michael, *Internal Colonialism*, *The Celtic Fringe in British National Development*, 1536 – 1966（London：Routledge & Kegan Paul, 1975）.

[2]　Scarman, Lord, *The Brixon Disorders*, 10 – 12 April 1981：*Scarman Report*（New York：Penguin, 1982）；Mars, Gerald/Ward, Robin 1984, "Ethnic Business Development in BritaIn Opportunities and Resources," Ward, Robin/Jenkins, Richard, eds.：*Ethnic Communities in Business*, *Strategies for Economic Survival*（Cambridge, London：Cambridge University Press, 1984）, pp. 1 – 19.

向并不相同。一个富有企业家精神的经济精英群体正在出现，他们强烈的自我意识有助于强化本群体的族群认同与现代族性，同时也发挥着发展与现代化的代理人的功能。我们已经用诺苏人与诺苏企业家的例子展示了这幅图景，但还需要更多关于中国其他族群共同体的企业家的研究来检验这些结论，并继续探究中国的族群企业家在社会与制度的变迁中所发挥的作用。

参考文献

Bai Xingfa, *Yizu Wenhua Shi* (*A Cultural History of the Yi Nationality*), (Kunming: Yunnan Minzu Chubanshe, 2002).

Bennett, Linda A., "Ethnography, Alcohol, and South – Central European Societies: An Introduction," *East European Quarterly*, 4 (1985): 385 – 413.

Bourdieu, Pierre, Praktische Vernunft, Zur Theorie des Handelns, Frankfurt/M.: Suhrkamp, 1998.

Brass, Paul R., *Ethnic Groups and the State* (London: Sage, 1985).

Cassirer, Ernst, Philosophie der Symbolischen Formen, Erster Teil: Die Sprache, Darmstadt: Wissenschaftliche Buchgesellschaft, 1994.

Chang, K. C., ed., *Food in Chinese Culture. Anthropological and Historical Perspectives* (New Haven: Yale University Press, 1977).

Chase, Charlotte, "Alcohol Consumtion – An Indication of System Malfunction in Contemporary Poland," *East European Quarterly*, 4 (1985): 415 – 429.

Dittrich, Eckhard J. /Radtke, Frank – Olaf, eds., Ethnizität. Wissenschaft und Minderheiten Opladen: Westdeutscher Verlag, 1990.

Douglas, Mary, ed., Constructive Drinking. Perspectives on Drink from Anthropology (Cambridge, Paris et al.: Cambridge University Press and Editions de la Maison des Sciences de l' Homme, 1991).

Eisenstadt, Shmuel Noah, "Die Konstruktion Nationaler Identitäten in vergleichender Perspektive," Giesen, Bernhard, ed.: Nationale und Kulturelle Identität. Studien zur Entwicklung des kollektiven Bewusstseins in der Neuzeit. Frankfurt/M.: Suhrkamp (1996): 21 – 38.

Elwert, Georg, "Switching Identity Discourses: Primordial Emotions and the Social Construction of We – Groups, " Schlee, Günther, ed. : *Imagined Differences, Hatred and the Construction of Identity* (Münster and New York: Lit Verlag and Palgrave2002), PP. 33 – 56.

Evers, Hans – Dieter, "The 'Traders' Dilemma," Evers, Hans – Dieter/Schrader, Heiko, eds. : The *Moral Economy of Trade. Ethnicity and Developing Markets* (London, New York: Routledge, 1994), pp. 7 – 14.

Francis, Emerich K. , Interethnic Relations, *An Essay in Sociological Theory* (New York et al. : Elsevier, 1976).

Fu Shouzong, "Zhonghua Minzuxue he Minzu Shi Yanjiu de Xin Chengguo, " (New Successes in the Research of China's Ethnology and Ethnic Histories). In *Yizu Wenhua (Yi culture)*, 3 (2000): 1 – 7.

Gelong Ahong, *Yizu Gudai Shi Yanjiu (Research on the Ancient History of the Yi)* , (Kunming: Yunnan Minzu Chubanshe, 1996).

Granovetter, Marc, "The Economic Sociology of Firms and Entrepreneurs," In Portes, Alejandro, *The Economic Sociology of Immigration, Essays on Networks, Ethnicity, and Entrepreneurship* (1995): 128 – 165.

Hall, Stuart, Rassismus und Kulturelle Identität. Ausgewählte Schriften 2. Hamburg: Argument Verlag, 1994.

Harrell, Stevan//Bamo Ayi, "Combining Ethnic Heritage and National Unity: A Paradox of Nuosu (Yi) Language Textbooks in China," *Bulletin of Concerned Asian Scholars*, 2 (1998): 62 – 71.

Harrell, Stevan, ed. , Perspectives on the Yi of Southwest China (Berkeley et al. : University of California Press, 2001a).

Harrell, Stevan, "Introduction. Civilizing Projects and the Reaction to Them," Harrell, Stevan, ed. : *Cultural Encounters on China's Ethnic Frontiers* (Seattle and London: University of Washington Press, 1995b), pp. 3 – 36

Harrell, Stevan, "Languages Defining Ethnicity in Southwest China," Romanucci – Ross, Lola/DeVos, George, eds. : *Ethnic Identity, Creation, Conflict, and Accomodation* (London: Alta Mira Press, 1995a), pp. 97 – 114.

Harrell, Stevan/Li Yongxiang, "The History of the History of the Yi. Part II," *Modern China*, vol. 29, No. 3, July (2003): 362 – 396.

Harrell, Stevan, "The History of the History of the Yi," Harrell, Stevan, ed. : *Cultural Encounters on China's Ethnic Frontiers* (Seattle and London: University of Washington Press,

1995c), pp. 363 – 391.

Harrell, Stevan, "The Survival of Yi Culture," Harrell, S./Bamo Qubumo/Ma Erzi: *Mountain Patterns, The Survival of Culture in China* (Seattle and London: University of Washington Press, 2000), pp. 3 – 9.

Harrell, Stevan, *Ways of Being Ethnic in Southwest China* (Seattle and London: University of Washington Press), 2001b.

Heath, Dwight, "A critical review of ethnographic studies of alcohol use," Gibbons, R./Israel, Y./Kalant et al., eds. : *Research Advances in Alcohol and Drug Problems*, 2 *vols.* (New York: John Wiley & Sons, 1975).

Heberer, Thomas 2001, "Nationalities Conflict and Ethnicity in the People's Republic of China, with Special Reference to the Yi in the Liangshan Yi Autonomous Prefecture," In Harrell, Stevan, ed. , *Perspectives on the Yi of Southwest China* (University of California Press, 2001a), pp. 214 – 237.

Heberer, Thomas, *Doing Business in Rural China: Liangshan's New Ethnic Entrepreneurs* (Seattle/London: University of Washington Press, 2007).

Heberer, Thomas, "Ethnic Entrepreneurship and Ethnic Identity: A case Study among the Liangshan Yi (Nuosu) in China," *The China Quarterly*, June 2005a: 407 – 427.

Heberer, Thomas, *Liangshan Yizu qiyejia. Shehui Yu Zhidu Bianqian de Chengzaizhe* (Beijing: Minzu chubanshe, 2005b) ,.

Heberer, Thomas, *Private Entrepreneurs in China and Vietnam, Social and Political Functioning of Strategic Groups* (Leiden: Brill, 2003b).

Heberer, Thomas, *Zuo Wei Zhanlüe Qunti de Qiyejia, Zhongguo Siying Qiyejia de Shehui Yu Zhengzhi Gongneng Yanjiu* (*Entrepreneurs as Strategic Groups. A Study on the Social and Political Function of China's Private Entrepreneurs*), (Beijing: Zhongyang bianyi chubanshe, 2003a).

Hechter, Michael, *Internal Colonialism, The Celtic Fringe in British National Development*, 1536 – 1966 (London: Routledge & Kegan Paul, 1975).

Hill, Ann Maxwell//Diehl, Eric, "A Comparative Approach to Lineages among the Xiao Liangshan Nuosu and Han," *Harrell, Stevan, ed. , Perspectives on the Yi of Southwest China* (Berkeley et al. : University of California Press, 2001), pp. 51 – 67.

Hobsbawm, Eric J. , "Introduction: Inventing Traditions," Hobsbawm, E. J./Ranger, Terence, eds. : *The Invention of Tradition* (Cambridge et al. : Cambridge University

Press, 1984) pp. 1 – 14.

Hutchinson, John/Smith, Anthony D. , eds. , *Ethnicity* (Oxford and New York: Oxford University Press, 1996).

Jike Quri, Lun Liangshan Yizu Pinkun Yuanyin, Xianzhuang Ji Fupin Duice (Reasons and Current Situation of the Poverty of the Yi in Liangshan and Poverty Alleviation Policies) , *Liangshan Yixue* (*Yi Studies of Liangshan*) , 10/1999: 39 – 44.

Kolakowski, Leszek, "ber Kollektive Identit t. ," Michalski, Krzysztof, ed. : Identität. im Wandel, Stuttgart (Klett – Cotta) (1995): 47 – 60.

Lin Yueh – hua, *The Lolo of Liang Shan* (New Haven: Hraf Press, 1961).

Liu Yaohan, Yizu Wenhua Dui Guo Nei Wai Zongjiao, Zhexue, Kexue he Wenxue de Yingxiang," (The Impact of Yi Culture on Religion, Philosophy, Science and Literature in China and Abroad) , *Yizu Wenhua Yanjiu Wenji* (*Collection of Studies on Yi Culture*) , (Kunming: Yunnan Renmin Chubanshe, 1985b) , pp. 26 – 104.

Liu Yaohan " 'Yizu Wenhua Yanjiu Congshu` Zongxu" (General Introduction to the 'Series of Yi Cultural Studies') , in: Pu Zhen, ed. : *The Philosophy of Daoist Chaos and the Yi's Myth of the World Creation* (Kunming: Yunnan renmin chubanshe, 1993) , pp. 1 – 27.

Liu Yaohan, *Zhongguo Wenming Yuantou Xintan – daojia Yu Yizu Huyu Guan* (*A New Approach to the Origin of Chinese Civilization: Daoism and the Yi's Concept of tiger's cosmos*) , (Kunming: Yunnan Renmin Chubanshe, 1985a).

Liu Yu, "Searching for the Heroic Age of the Yi People in Liangshan," Harrell, Stevan: *Perspectives on the Yi of Southwest China* (2001): 104 – 117.

Li, Yongxiang/Harrell, Stevan, "The History of the History of the Yi, Part II," Preprints No. 1, *International Workshop on Yi Studies* (Harvard – Yenching Institute, Cambridge, Mass, 2001).

Mackerras, Colin, *China's Minorities: Integration and Modernization in the Twentieth Century* (Hong Kong: Oxford University Press, 1994).

Mackerras, Colin, *China's Minority Cultures: Identities and Integration since* 1912 (Melbourne et al. : Longman and St. Martin's Press, 1995).

Mackerras, Colin "Conclusion. Some Major Issues in Ethnic Classification," *China Information*, *July* (2004): 303 – 313.

Mackerras, Colin, ed. , "Ethnic Minorities in China," Mackerras, C. , *Ethnicity in Asia* (London and New York: Routledge Curzon, 2003) , pp. 15 – 47.

Ma Erzi, "Liangshan Yizu Jiazhi he Hunyin Guoqu he Xianzai de Jingji Gongneng " (*Former and Current Economic Function of Clans and Marriage among the Liangshan Yi*), *Liangshan Minzu Yanjiu* (Liangshan Nationalities Studies), 2001: 10 – 25.

Mars, Gerald/Ward, Robin 1984, "Ethnic Business Development in BritaIn Opportunities and Resources," Ward, Robin/Jenkins, Richard, eds. : *Ethnic Communities in Business, Strategies for Economic Survival* (Cambridge, London: Cambridge University Press, 1984), pp. 1 – 19.

Mauss, Marcel, Die Gabe. Form und Funktion des Austauschs in archaischen Gesellschaften. Frankfurt/M. : Suhrkamp, 1990.

Ma Xueliang, ed. , *Yizu Wenhua Shi* (*History of the Yi culture*), (Shanghai: Shanghai Renmin Chubanshe, 1989).

Ma Xueliang, "Yanjiu Yiwen Guji, Fayang Yizu Wenhua," (Study ancient Yi Scripts, Develop Yi Culture). In *Xinan Minzu Yanjiu, Yizu Zhuanji* (*Special Collection on the Yi, Studies on Nationalities in Southwest China*), (Kunming: Yunnan Renmin Chubanshe, 1987), pp. 428 – 440.

Pan Jiao, "*Minzu Rentong Lilun ji Yizu Rentong de Jiangou*," (*Theories of ethnic identity and the making of the Yi*), (Paper presented to the 2nd International Conference on Yi Studies, Trier, 19 – 23 June, 1998: Trier University, Center for East Asian and Pacific Studies).

Pan Wenchao, "*Liangshan Yizu Jiu Wenhua*," (*The Culture of Alcohol among the Liangshan Yi*), (Paper presented to the Third International Conference on Yi Studies, Shilin/Yunnan, 4 – 7 September, 2000).

Qiesa Wuniu, *Yizu Gudai Wenming Shi* (*History of the Ancient Civilization of the Yi*), (Beijing: Minzu chubanshe, 2002).

Riggs, Fred W. , "Ethnonationalism, industralism, and the Modern State," *Third World Quarterly*, vol. 15, 4, December, 1994: 583 – 612.

Scarman, Lord, *The Brixon Disorders*, 10 – 12 *April* 1981: *Scarman Report* (New York: Penguin, 1982).

Smith, Anthony D. , *Myths and Memories of the Nation* (Oxford et al. : Oxford University Press, 1999)

Smith, Anthony D. , *The Ethnic Revival* (Cambridge et al. : Cambridge University Press, 1981).

Wu Ga, Discovering and Re – discovering Yi Identity: Shared Identity Narratives from the

Classics of Yunnan, Sichuan, Guizhou and Guangxi (Paper presented to the 2nd International Conference on Yi Studies, Trier, 19 – 23 June 1998: Trier University, Center for East Asian and Pacific Studies).

Wu Gu, "Reconstructing Yi History from Yi Records," Harrell, Stevan: *Perspectives on the Yi of Southwest China* (2001a): 21 – 34.

Xiao Lixin, "Minzu Pinkun Diqu Fupin Kaifa yu Renwen Suzhi de Tigao," ("Anti – poverty Alleviation in Poor Areas of Nationalities and Improvement of the Quality of Human Resources). In *Xinan Minzu Xueyuan Xuebao* (*Journal of the Southwestern University for Nationalities*), 10/2002: 10 – 11.

Yang Jilin/Shen Pulian, *Zhongguo Yizu Hu Wenhua* (*Tiger Culture of China's Yi Nationality*), Kunming: Yunnan Renmin Chubanshe, 1992.

（陈强 译，王娟 校）

劳动力市场跨国化和跨国的非正规经济

李明欢[*]

    我要谈的题目是：劳动力市场跨国化和跨国的非正规经济。我想到一件事，大概是 2001 年吧，我到加拿大 UBC，即位于温哥华的不列颠哥伦比亚大学参加一个学术研讨会。会上，一位加拿大教授在谈到跨国技术移民问题时，非常激动地挥着拳头大声说道：是千百万中国农民养育了比尔·盖茨！当时正是比尔·盖茨的微软事业如日中天之时，此言一出，全场一片唏嘘声，我作为在场唯一来自中国大陆的学者，感到强烈的震撼。千百万中国农民与比尔·盖茨的事业关系何在？当时我的理解，比较直观、比较简单，我认为：中国农民培育了无数青年才俊，其中好些人成才后加入了比尔·盖茨的事业，共同将微软的事业推向了巅峰。从这个意义上讲，是中国的农民养育了比尔·盖茨。前不久，我和项飚探讨他的英文大作 *Global Body Shopping*，中文译名是"全球猎身"。这是一本通过研究印度技术移民流动探讨国际劳动力市场结构的优秀著作。我们在讨论技术移民问

  * 厦门大学公共事务学院教授，暨南大学华侨华人研究院特聘教授，荷兰阿姆斯特丹大学博士。出版的著作有："*We Need Two Worlds*"；*Chinese Immigrant Associations in a Western Society*（Amsterdam University Press，1999）、《欧洲华侨华人史》（中国华侨出版社，2002）、《当代海外华人社团研究》（厦门大学出版社，1995）、主编《福建侨乡调查：侨乡认同、侨乡网络与侨乡文化》（厦门大学出版社，2005）等。

题时，也涉及了非正规经济问题。对上述问题的思考，吸引我前来参加这个会议。

首先我得讲讲我对非正规经济的理解与定义。昨天我们讨论了对非正规经济的不同理解。我对非正规经济的理解主要基于国际劳工组织的定义，我关注的是正规经济中的非正规雇佣和非正规操作。也就是说，我关注的是在跨国劳动力迁移领域，在资本主义福利国家中，那些不能享受完全社会保障和应有福利待遇的跨国劳动力移民。我思考的问题是，如此违背人权理念的非正规经济或曰非正规雇佣，如何能够在国家利益、民族利益或曰国族利益的旗号下享有合法性，并大行其道。

我讲两个问题：一是劳动力市场的跨国化，二是跨国的非正规经济。

根据联合国的最新数据，当今全世界共有 2.14 亿跨国移民，也就是说，全球大约每 30 人当中，就有一个人"生活在非本人出生国长达一年以上"，这是国际通行的关于国际移民的基本定义。跨国移民虽然是自有民族国家以来就长期存在的社会现象，但是，跨国移民潮流，却是伴随着资本、商品、信息的空前的大规模流动，伴随着交通、通信、科技的空前发达而大幅度上升的。就绝对数量而言，当今跨国移民的规模已经超过了既往任何时代。

就移民人口的构成而言，大致可以分成以下三个主要部分。国际移民群体的顶端，是一些我们说的有财、有才的顶尖精英人士。对他们而言，国界似乎是不存在的，因为几乎所有国家都对他们敞开大门。处于国际移民群体最底层的是难民，包括战争难民、灾害难民等。在庞大的国际移民群体中，除了这首尾两端，绝大多数可以归入劳动力移民范畴。虽然直接的跨国劳动力雇佣有限，但在我看来，无论是通过家庭团聚的迁移，或是从留学转移民，从"非法"转"合法"，他们中的大多数实际上都进入了移入国的劳动力市场，因而也就成为跨国劳动力的组成部分。

跨国劳动力流动是和人的本能追求联系在一起的，也就是我们常说的"水往低处流，人往高处走"。发达国家（或者用世界银行的说法，高收入国家）总体较高的收入水平、较高的福利待遇，以及相对平和安宁的生活环境，对于发展中国家或曰低收入国家的普通劳动者有相当的吸引力。

以我们中国为例，中国长期是以人口外迁为主的国家，仅以近 30 年而言，向境外流动的人口有五六百万。但是，进入 21 世纪以来，随着中国的经济发展水平和中国人的生活水平大幅度提高，中国也成为移民的目的国，并且在中国出现了外国人相对集中的特殊社区。在北京望京，有所谓"韩国人社区"；在广州的小北路等地，有非洲裔居民社区；再比如在浙江义乌出现的"阿拉伯一条街"等。

联合国的数据显示，自 20 世纪 90 年代以来，外来移民平均占发达国家人口增长总量的 3/4。从 1990 年到 2005 年，北美接纳的外国移民人数增加了将近 1700 万人，欧洲接纳的外来移民增加约 1500 万人。日本历来对外来移民较为封闭，迄今也不承认自己是移民国家，但是，从 1990 年到 2005 年，日本也接纳了大约 120 万外来移民，目前全日本外来移民总数已经达到创纪录的 200 万人。

当代人口大量跨国流动与世界人口生态的不平衡相关。发达国家在战后的 1950 年代出现所谓"婴儿潮"之后，人口出生率就不断下降，导致近年来日趋严重的人口老龄化及青壮劳动力人口的缺失。从日本的"少子老龄化"、俄罗斯的"人口危机"，到欧洲的"银发潮"，有数据显示，在 21 世纪的第一个 25 年内，发达国家至少需要补充 2000 万青壮劳动力；反之，同期发展中国家则至少有 10 亿青壮人口要进入劳动力市场。

资本主义国家劳工运动的成果之一是社会福利制度的确立，尤其是在西欧国家，更是为全体国民提供了从摇篮到坟墓的社会保障。当然，随之而来的就是劳动力成本明显上涨。20 世纪 70 年代之后，由于国际市场的价格竞争，这些国家的劳动力密集型企业、高能耗高污染企业，纷纷向发展中国家转移，向劳动力价格低廉的地区转移，似乎这是降低其产品价格的有效途径。但是，这些国家很快又发现，好些劳动力密集型企业是搬不走的，比如建筑业、服务业、资源性产业，因为无论是房屋、道路、桥梁的建设，还是为本地人口提供服务的餐饮、娱乐、医疗护理乃至养老服务，都只能在本土进行，而采油炼油、煤气能源等产业，也无法任意搬迁。可是，这些产业几乎都被贴上"脏、累、险、贱"的标签，成为英文中的所谓"Dirty, Difficult, Dangerous, Demeaning"的"4D"工作。如何填补劳动力市场的缺口？唯一的途径是向发展中国家招收价格低廉的劳动力。

因此，资源占有的不平衡性、经济发展的不平衡性，伴随着全球化时代信息、交通的高度发达，必然导致人口的大规模国际流动。当代西方一些国际移民学者将此描述为继商品、资本流动之后"全球化的第三大浪潮"。

一方面，全球化浪潮势不可挡，以跨国公司为龙头的跨国利益追求者正在挑战国家市场而成为经济活动的中心，人力资源的全球观相伴而生，"走向开放的社会"已成共识。但是，另一方面，众多民族国家却严格固守甚至日益强化自己"封闭的边界"，主张本国利益至上。因此，"走向开放的社会"与固守"封闭的边界"就成为当今一个严重的时代悖论。这是当代以牺牲劳动者利益为代价的非正规经济能够在跨国领域大行其道的时代背景。再进一步，还可做如下剖析。

第一是在资本层面的剖析。众所周知，资本以利益最大化为根本追求，非正规经济为资本创造的超额利润相当可观，尤其是跨国的超额利润。我举一个简单的例子。我曾经在巴黎制衣厂做过一个实地调查。法国是一个典型的福利国家，"完美"的社会福利来自高额的税收。以 2000 年的收入计算，一个无专业文凭、领取法定最低工资的正式车衣工每月所得纯收入为 823 欧元。但是，除工资外，其雇主还需为其缴纳全民社会捐助、社会疾病保险、养老基金、工伤事故基金、退休基金、失业基金等各类款项，因此，老板为一名正式车衣工所支付的实际费用总额达 1650 欧元。反之，如果雇用一个外国移民，尤其是无证外国移民当车衣工，那么，雇主一般只需支付 600 欧元工资。换言之，雇主用于支付一名正式工人的费用，可用于雇用 2.75 名无证工人。

同样，在我前面提及的项飚的大作中，也列举了这样一个发人深省的数据：2000 年美国微软总部的 2 万名员工中，有 6000 人是由中介机构招聘雇用的。他们当中许多人已经为微软工作多年，但其劳动关系仍然在中介机构，被称作"永久的临时工"，他们能够享受的社会福利也就大打折扣。

资本从跨国非正规雇佣中获取超额利润的情况，显而易见，不胜枚举。

第二是在国家层面的剖析。在跨国移民问题上，还需进一步把"国家"区分为移出国和移入国。

就移出国而言，大多数发展中国家都乐意看到本国劳动力通过跨国流动实现脱贫致富、国家增加外汇收入等有益成效。在当今世界，墨西哥、菲律宾、印度等是劳动力向外流动的主要国家，相关国家的政府也为本国劳动力的跨国流动提供制度性保障。在跨国迁移中，既有正规迁移，也有非正规迁移或曰非法迁移——人口走私、偷渡等，而相当一部分迁移是介于正规与非正规之间的"灰色操作"，这是一个比较复杂的问题，在这里我就不展开了。但我认为需要指出的是，作为主管部门，如果对"偷渡"成功者的"衣锦荣归"赠予鲜花荣耀，而对"失败"的回归者处以拘留罚款，那是极不公平的，其潜在影响也是极其恶劣的。

就移入国而言，移民接纳国主要是发达国家、高收入国家、资本主义福利国家。这些国家对待外来移民的政策，往往是在国家利益至上的旗号下，在国民和非国民之间划清界限。尽管他们也讲人权，但是，在国家利益的旗号下，非国民不能分享社会利益，其劣势地位也就被合理化了。

联合国的统计资料显示，目前全世界共有 72 个国家制订了鼓励外来移民返回原籍国的政策，对于高福利、高收入的国家来讲，这是最为有利可图的政策。因为，身强体壮的外来移民将其最富创造力的青春年华贡献给移入国后，不得不返回其原居地养老，这无疑大大减轻了移入国的社会负担。

以中东石油国家为例。在中东石油国家，随着国际油价持续上涨，其国家财富与日俱增，外国劳动力早已成为这些国家经济运转不可或缺的组成部分，其中在阿联酋、卡塔尔、科威特等国，外国劳动力在其本国劳动力总量中所占比例已经高达百分之八九十。然而，这些国家的高福利仅仅限于由本国公民共享，外来劳工无论在当地工作多久，都不能入籍，无权享有当地国民的任何福利待遇。当地公司一般与外籍工人签订三至五年合同，有些在合同期满后还可续签，但是，外籍工人即便工作十几二十年，最终还是得离开，得回到原居地去。像迪拜这样的酋长国，在总人口中只有 17% 的人是完全国民，只有完全国民可以享受由国家提供的生老病死等一揽子福利。

有鉴于此，一位西方著名的移民学教授曾经一针见血地指出：发展中国家是发达国家的"托儿所"。我认为还得加上一句：发展中国家同时也是发达国家的"养老院"。

第三个层面，就是工人本身。同样需要将工人分为跨国的移民工人及移入国的本国工人。跨国移民工人为什么"愿意"接受低于当地人的待遇呢？有几个原因。一是劳动力培育的成本不一样。无论在哪个国家，劳动力从嗷嗷待哺到长大成人，都需要总量可观的培育成本。然而，如果将同一成本置于发达国家和发展中国家之间进行比较，那么差别是十分明显的。在发展中国家，无论是父母、老师、妻子、社会公共服务人员的劳动，或是住房、医院、学校、交通等公共设施，都在低成本运行，或者干脆被隐性化、零价值化，甚至负价值化，因此劳动力成长的价格是低廉的。他们进入发达国家之后，尽管收入低于当地人，但是向后看，与自己原居地的收入相比，他们大多认为还不错，可以接受。而且由于不少人的家庭还留在原居地，维持着发展中国家的消费水平，这也使他们不但能够接受低于当地人的收入，而且还可能感觉不错。

世界银行曾经做过统计，以同一职业在高、低收入国家的不同境遇相比较：若以该职业在高收入国家的平均工资为1的话，那么，在中高收入国家大约是0.42，在中低收入国家是0.28，在低收入国家则仅为0.20。也就是说，低收入国家与高收入国家的工资差距可能是五与一之比，甚至更大。因此移民工人的"较低收入"仍然可能高于原居地。

另外，移民自身也存在自我剥削或曰自群体的内向剥削。三个月前我刚从南非回来。在南非期间，我对当地由中国新移民经营的商贸业做了一点调查。我发现，当地中国新移民开的店铺有好些雇用了黑人，开始我以为是因为安全原因雇用南非的黑人，但经过访谈发现，原来他们雇用的是来自津巴布韦的黑人移民。为什么？可以这么说，雇中国移民比雇南非人便宜，而雇津巴布韦黑人则比雇中国移民更便宜。由此不能不令我想到：市场的利润追求促使移民不仅自我剥削，即超时超量工作，而且，还包括去剥削那些比自己更弱势的群体。

那么，发达国家的国民怎么看待外来移民呢？这是一个尖锐的问题。发达国家的国民基本是"正规"就业者，包括工人阶级、知识分子中产阶级等。我从调查中明显感到，他们对外来移民的态度是矛盾的。一方面，作为享受主体国家全面保障的国民，他们从非正规经济中获益，由外来移民所创造的非正规经济给他们提供了廉价的产品，提供了即便是中下收入家庭也可能享受的服务。在欧洲，为什么中餐馆、土耳其餐馆那么便宜？

为什么市场上有那么多价格低得令当地人"难以置信"的商品？为什么曾经只有富豪家庭才能享受的家庭帮佣现在也进入了一些中产阶级甚至中低收入家庭？不就是因为外来移民工人"自觉自愿地"提供了大量的廉价劳动！

然而，另一方面，发达国家的国民们又不能不看到大量外来移民工人及非正规经济所造成的潜在的"威胁"。昨天有老师提到，乘坐正规出租车要600块，打"私车"其实也就是"黑车"只要200块，因此乐意打私车。但是，这200块的廉价，其实是逃避理应担当之社会责任的表现。如果大家都不纳税，不交正规的管理费，那么，筑路架桥的钱从哪里来？交警的工资从哪里来？无路无桥、无红绿灯、无交警，这车还能开吗？同理，在发达国家，当地国民也看到了非正规经济的负面影响，他们担心自己的岗位被廉价劳动者替代，他们担心国民的长远利益可能遭受多重伤害。

总而言之，以"非正规雇佣"为主要内涵的非正规经济之所以能够在跨国领域大行其道，根源之一在于：全球化正如同由跨国资本把握方向盘的巨型"压路机"，力图突破一切不利于其扩张之国境边界，朝着政治和经济的国际化目标呼啸前行。全球化时代劳动力的大规模跨国流动，以发展中国家的廉价劳动力进入高收入的发达国家劳动力市场为主导，又因前者被标签化的不同身份地位而被资本的"看不见的手"推入与移入国正规劳动群体的竞争。劳动力市场跨国化的发展趋势，已经造成资本获益的提升与劳动者权益保护的下降，在可预见的将来，如此趋势还将延续。

回到中国自身，在此意义上，我们似乎可以说：千百万中国农民，不仅养育了比尔·盖茨这样的跨国资本巨头，也以他们的廉价劳动，为全世界不同阶层民众生活质量的改善做出了巨大贡献。同时，也正是在这一意义上，当我读到关于比尔·盖茨将全部捐出其财富的新闻报道时，我的第一反应是：这位世界首富的裸捐，其实是将发展中国家亿万农民的隐性贡献，在阳光下返还社会！

关于国际移民问题，前些年联合国提出了移出国、移入国及移民个人"三方共赢"的努力目标。也就是说，通过劳动力的跨国流动，移入国获得了自身所需要的人才或劳动力；移出国既增加了人口就业，也可望利用资金回报减少社会贫困；而移民个人在这个过程中则获得了较高收入，并且有可能追求自己社会地位的向上流动，实现"移民梦"。三方共赢显然看上去很美，是一个很理想的模型，但是，三方共赢，究竟三方中的谁能共赢？这是一个值得进一步思考的问题。

我从三个层面谈谈我的思考。

第一是资本的层面，我前面已经说过，资本通过跨国的非正规雇佣追求跨国的超额利润，这是总趋势。我最近刚刚完成一个课题，是关于国际移民政策的比较研究。总体可以说，发达国家的资本大多希望本国政府实施更开放、更宽松的移民政策，因为这可以使他们获得更充足的廉价劳动力。但具体分析，我们也会看到一些不同。给大家举个发人深省的例子。历史上中国移民尤其是来自福建晋江地区的华人在菲律宾经济中十分活跃。这一连锁移民现象长期延续。近年来，菲律宾市场中出现许多来自福建的小商小贩，他们将海量的廉价"中国制造"带入菲律宾，当然许多人是非正规经营的，因而商品价格极其低廉。其结果严重冲击了当地已经步入正轨经营的大型超市。而当地最大的连锁超市的老板也是华人，是已经在当地安身立命的华人。他们对此极其不满，强烈要求政府对这些中国新移民的小商小贩的"非正规经济"进行打击、限制。这就是一个资本、阶级的利益冲突超越了民族或族群边界的典型例子。

第二个层面是国家，更具体地说，国家政策、行政管理是支持还是打击非正规经济？这是比较宏观的话题，同样需要具体分析。我在做国际移民政策比较分析时注意到，移民政策的文本制定与具体实施之间有差距，有时差距还挺大。刚才陈先生提到山东的劳务外派。是的，前些年我的研究中也涉及山东的劳务外派问题。相对说来，山东的劳务外派是比较规范的。比如福建人的偷渡曾经是欧美报章的热点话题，但山东人就没有。但是，由政府部门主管的操作并不一定就是正规的操作。我在调查中就了解到，山东外派劳务到了国外，与福建人、浙江人一比，总觉得自己吃亏吃大了。为什么？因为他们在国外辛辛苦苦的收入经过七折八扣后，比那些通过"非正规途径"出去的福建人、浙江人少多了。那么，这中间的缺额到哪里去了？移民操作的规范与不规范如何区分？诸如此类，都是值得探讨的问题。

又如，日本的研修生制度，正经八百地是国家许可的制度。招收外国研修生，去学习技术，去接受专业培训，听起来同样很美。但实际上又如何呢？日本许多企业将外国研修生当成廉价劳动力无情剥削，这已经是人所共知的事实了，有些内幕简直令人触目惊心。日本学者对此也已经进行了揭露与批评。

第三个层面是人，是劳动者。可以说，全球化时代跨国移民潮的直接后果之一，就是把大批发展中国家的工人和发达国家的工人置于面对面的境地。表面上看，这是不同文化的相互碰撞，实质上却是利益的直接冲突。原本应当由国家担当的责任被推给了市场，在不同身份地位的劳动者身不由己的竞争中，出现了劳动者工作条件及劳工相对利益"奔向底层的竞赛"（race to bottom）。而这成为跨国资本"制造出来的"、劳动者"心甘情愿"接受的不公平待遇的又一典型例证。

正是在这一意义上，全球化把世界劳工运动的成就一扫而光。市场的胜利，无论是在国家层次还是在国际层次上，都意味着许多当权者已不再把极端不平等视作一个问题，而是把它视为提高经济体制效率的关键。在我看来，这应当是我们今天思索非正规雇用为何能够大行其道的关键所在。

民族形象之擅用：
全球化进程中韩国的大米之文化政治学

金光亿 *

20 世纪 70 年代和 80 年代后期，少壮派知识分子为了将韩国的历史、文化以及国家的正体性以自己的角度进行再记述，积极开展了在"*minjok*"（民族的）、"*minjung*"（民众的）文化旗帜下的革命运动。他们为了发现民族文明源泉的纯粹性，对历史文物给予关注。同时，将农夫群体刻画成本性善良而老受欺瞒，在帝国主义者、殖民主义者和资本主义者暴力下饱受苦难的形象。如与"土地"或"土"、"故乡"（*gohyang*）、"农村"（*sigol，nongchon*）、"过去"（*yetnal*）、"传统"（*jeontong*）、"母亲"（*eomma*）之类的词语相关的形象及其所内含的意义，被用于象征国家的道德健康以及神圣生命之精髓。

在积极投身反文化活动的激进派知识分子和被他们刻上保守派烙印的

---

* 韩国首尔国立大学人类学教授，英国牛津大学社会人类学博士。创立韩国当代中国研究会和首尔国立大学中国问题研究所，曾任首尔国立大学跨文化研究所所长、社会科学研究院院长及韩国文化人类学学会主席。2009 年被韩国授予"国家杰出学者"奖。出版的主要英文著作有：主编 *Multi-disciplinary Approaches to Culture*（2000），合著 *Humanistic Understanding of Kimchi and Kimjang Culture*（Minsokwon，2013），合著 *Re-orienting Cuisine：East Asian Foodways in the Twenty-First Century*（Berghahn，2015），主编 *Humanities for Healing*（UNESCO，2015），以及多部韩文学术著作。

学会会员之间，围绕由激进派知识分子提出的理论是否具有合法性的疑问，进行过爆发性的讨论。但是即便如此，被认为是历史的记忆的以及在政治化、理念化操作的情况下，被具有政治偏向的知识分子和民族主义运动家们提出的，有关韩国人的一般文化和大米的理论的民族主义观点是否已被多数人接受，还有待考证。

政治家和有政治偏向的文化运动家们力图将有关大米的问题置于他们的理念空间里。相反，消费者们则认为大米的问题是由生活里的审美学观照的主题。这一点非常有趣。事实上，如何看待民族正体性的理论态度和与大米相关的消费者的立场，经常是不一致的。人们被要求从"有机的"、"无污染的"、"自然的"等相关词语来理解韩国大米的形象。相反，对于进口大米，则冠之以"化学的"、"被污染的"、"有转基因嫌疑的"，因而"非自然的"形象。通过这种两分法，普通韩国人在对待本土大米和饮食文化时会联想到纯粹、纯洁、神圣、优秀、健康，以及审美学角度的精致等。

从事生产和流通大米的这些人，具有从自身的生存战略出发推动其民族主义主张的倾向。但是，消费者主要关心的则超过了民族的境界，他们为了享受大米的审美学的味道，对其品质和价格进行理性的计算考量。从此观点而言，大米已进入近现代民族主义和全球化背景下，讨论如何再定义、再命题的文化政治学的空间。

插曲一

在乌兹别克斯坦首都塔什干，我看到在一个叫作 Quiryuk 的市场的粮食柜台里，有很多高丽人①（韩国人）在卖大米。其中一个女商贩拿着的牌子上写着"韩国进口大米"，见此状，我就问她为什么卖韩国进口大米。她答道："是高丽人，Kareiski。"我又问："为什么？"这时她并没有直接回答，而反问我说："吃自己祖国产的食品不是理所当然的吗？"

大学毕业的"伊戈尔·金"说他爷爷从来不吃大米饭，而坚持吃面条。相反，伊戈尔的父亲则离不开大米饭。伊戈尔给我讲述了爷爷为什么不吃米饭而一直吃面条的缘由。他说爷爷在年轻时跟其他的高丽人一

---

① 在日本占领时期，超过三百万的贫困朝鲜农民迁移到中国东北地区和西伯利亚沿海地区。第二次世界大战结束后，那些留在苏联领土上的朝鲜人自称高丽人，从此一方面与朝鲜和韩国保持距离，另一方面也和在中国境内的朝鲜族相区分。

样，非常贫困，吃不起大米饭①，为了节省大米，爷爷只能靠土豆、蔬菜以及其他可以吃的东西充饥，其中，面粉是爷爷所能找到的最高级的食料。当时他们只有在非常特别的日子才可以吃上大米，像忌日、婚宴、生日宴、新年、中秋等。因为从小开始习惯了吃面食，所以直到现在，爷爷还是为了节省大米而吃面食。与之相反，爷爷的儿子，也就是伊戈尔的父亲，在其成长的年代里可以吃上大米饭了。伊戈尔说他的父亲讲过："我小时候我们高丽人的生活条件都达到了吃大米饭的水平，但是我们还是要吃面食，因为我们的父辈们强求我们要节省大米。但是我不喜欢那样，现在大米很多，为什么还不能吃呢？每次见到面条的时候，我都想起过去艰苦的日子。这就是我不喜欢面食的理由。"好像每当见到大米的时候，伊戈尔的父亲就会想起过去悲惨的经历，因此对他而言，很从容地享受大米看似并不容易。由此可以看出，某种特定食品会成为唤起对过去历史的记忆的媒介。如今，伊戈尔主张韩国人骨子里有种与大米相关的特殊因子，因为他也非常喜欢大米，他觉得没有大米的生活是无法想象的。

在特殊的日子里，乌兹别克斯坦的伊戈尔和他的同族（高丽人）做各种饼（tteok）、大米酒以及不同味道的饺子和面条，这些都是他们用大米发明出来的。

插曲二

住在中国东北的朝鲜族朴哲洙的一家，从爷爷那一辈儿开始就住在中国。在20世纪60年代初的饥荒时期，他的哥哥朴晚洙去了朝鲜。80年代中期，哥哥来中国探亲时，看到父母为自己准备的一桌饭菜，自豪地说，在他的"祖国朝鲜"也能吃到这些菜。十年之后，朴晚洙再次踏上中国土地时，朴哲洙和他的父母发现朴晚洙明显瘦了。心疼的家人们为朴晚洙准备了丰盛的狗肉宴。但是，第二天朴哲洙的家人们发现长期没吃过肉的朴哲洙的哥哥因为突然吃肉的缘故得了严重的腹泻症。有一天，朴晚洙看见自己的侄子，即朴哲洙的儿子正在给狗喂大米饭，见到此状，朴晚洙非常生气地训斥说："你怎么能把这样贵重的东西给狗吃呢？大米神

---

① 在第二次世界大战刚刚结束时，根据斯大林的密令，在沿海地区的朝鲜人被遣送到中亚的无人荒野像克孜勒－奥尔达州这样的地方。他们当中有许多人死于饥饿和恶劣环境，幸存者开始种植稻谷并最终形成了朝鲜人自己的族群社区。

会诅咒你的。"

插曲三

我同首尔国立大学的校友们一道访问平壤时，我们每天晚上都吃朝鲜方面为我们准备的晚餐。他们准备的晚餐里有大米饭、荞麦冷面和狗肉。他们介绍说，这些都是我们民族的正统的民族料理。当时，在我们对他们的介绍表示认同的同时，为了表达我们是同胞，刻意表现出我们是多么幸福地品尝狗肉，而且假装夸奖他们准备的这些都是"正统料理"并"特别可口"。当我们说在韩国无法品尝到这些正宗或纯粹的"民族风味"的时候，他们看起来非常自豪和满足。

有一次去妙香山时，他们给我们准备的盒饭里有大米饭和几个肉片、煎鸡蛋、几片火腿、泡菜、朝鲜青辣椒和用辣椒酱、白醋拌的桔梗。当我问其中一名当地导游，为什么朝鲜向韩国要求提供大米的时候，那名导游用指责的口气说，韩国曾向朝鲜提供过越南和泰国产的大米。而在朝鲜，这些大米被认为是劣质的。他很不满地说："我们又不是乞丐，怎么能吃那些大米呢？作为血脉相通的同胞，吃上跟韩国同胞所吃相同的大米，不是理所当然的吗？"我又问道："那为什么向朝鲜提供援助的时候，不准标上'韩国产'的字样呢？"他答道："送礼的时候应该是以纯洁的心相送，不能以通过送礼为理由进行任何讨价还价。我们兄弟之间只能有用纯洁的心送的礼物。"

我说我想吃正统的牛肉汤。那天晚上，我们被邀请到虽然不像在韩国吃法似的提供酱油但提供配有生菜、大蒜、黄瓜和酱汁的烤牛肉饭店。（用生菜包着烤肉吃的方法是最近从韩国介绍到这里的。烤蒜片也是从韩国学过来的吃法之一。）我们边吃晚餐，边想到了饭店外在饥饿中死去的人们，此时我们都难以下咽。这时候，不知是谁低声告诉说，我们的晚餐费用比朝鲜人所交的费用高出二十倍，我们吃得越多，所付的费用就越高，这样就能帮助更多在饥饿中挣扎的同胞们。想到此处，我们开始大口大口地吃起牛肉。或许，我们正在吃的牛肉，说不定是郑周永先生于十几年前亲手牵过来的牛的呢[①]。

---

① 郑周永是韩国第二大型企业集团现代集团的创业人。他送给朝鲜 1001 头牛。

插曲四

家住在首尔的李医生在电视上看到在国会大厦前反对 FTA 的农民示威者和警察之间发生冲突的场面。

李先生说，只要好吃，他就不会计较是本土产的还是进口的。但是他还是担心韩国国内市场被进口大米充斥。他的夫人说，从农场订购的特殊"有机大米"和加利福尼亚产的大米没有多大差别。相反，她的朋友认为加利福尼亚产的 Calrose 大米的味道不如韩国本土产的大米。正在上大学的李先生的二儿子提议说一家人一起去 TGI 吃牛排，此时大儿子说，目前是所有人都应抱以民族心、深刻考虑开放大米市场问题的时期，此时在美国餐厅聚餐是不合时宜的，由此反对弟弟的提议。

一　介绍

本文探讨面向全球化而涌动的韩国的有关大米的民族主义问题。将关注的焦点特意放在大米如何成为"民族主义"象征的问题上。已有许多民族主义者和有"运动"（*undong*）倾向①的活动家，强调大米是韩国人纯正的人生之象征或韩国民族精神之纯洁性的象征。通过这篇论文，我想给读者提供一个有关大米的文化实践反思的机会，并从文化政治学的角度探讨有关大米的观念是如何在今天的韩国扎根为文化民族主义的。本文还要对理论中的文化和实际的文化之间是否存在差距这一疑问进行分析。在对大米的象征意义、理念、意义和实在意义的认识方面，大米的生产者和消费者分别站在不同的立场上。这种事实说明，一个国家或一个民族的组成成员之间会存在文化上的不一致。这种不一致、矛盾和折中是应对全球化进程的政治战略。就此观点而言，我认为有关大米的问题，与其说是个文化主题，还不如说是政治主题，或者说大米在韩国提供了文化和经济相对立的空间。

---

① 这意味着在 20 世纪八九十年代的民主化市民运动中突出的政治性、社会性、文化性运动。但是很难判定这些活动家的理念观点。虽然与老一代人被刻以保守的烙印相比，少壮派们往往被誉为进步派，但是在 WTO 问题上他们都是民族主义者。

二　大米的三个层面

对于韩国人而言，大米被分为"稻谷"、"大米"、"米饭"等①三类。而这三类分别与栽培、加工、消费阶段有关。"稻谷"作为一种植物和果实，被赋予了宗教性的意义。成熟的"稻谷"经加工后变成"大米"。人们从对民族的文化同质性的身份确认的脉络上解释大米的外观、色泽、大小、重量，以及软硬等。人们就是用这种加工后的大米来谈论品质和文化意义。巫师在施法术时要使用加工后的大米，巫师通过向当事人抛撒大米来读取当事人的命运。根据加工处理程度的不同，大米可以分为几类。例如（深加工的）白大米和（半加工的）糙大米，它们的色泽、口味以及营养程度均有差异。第三类是被烹煮过的大米，即"饭"。"饭"一词通常代表可以吃的东西，它意味着用餐或所有可以吃的东西。因此，被蒸煮过的大米应该称之为"大米饭"。但是因为大米大体上代表主食，所以人们通常习惯性地叫它为"饭"。

过去大米一度属于昂贵的食品，并且根据地位和身份严格规定了大米的消费。因此在过去的年代，大米是社会、政治以及经济地位的象征。在各种各样的大米饭、白大米饭之外，拌饭（用各种蔬菜和肉相拌的大米饭）是目前在韩国最具代表性的主食。其中，全州拌饭和安东拌饭具有相当的人气。全州拌饭以用生牛肉、生鸡蛋、豆芽、菠菜等配料摆出各种色彩样式而出名。安东的拌饭又称为"假的祭饭"，因为它跟安东地区的人操办祭祀活动时用的蔬菜拌饭相同，而这时并没有实际的祭祀，故叫作"假的祭饭"。拌饭所用的材料都是儒家传统仪式上用的，例如油炸豆腐、干明太鱼、蒸明太鱼、各种蔬菜、拌牛肉等。这种拌饭被认为是安东地区的特产，而安东在韩国是儒家文化传统保存最好的地区之一。

用糯米、红豆、黑豆、小米、高粱米五种不同的谷物做成的五谷饭，是每年正月十五要准备的节日食物。另外一种五谷饭是用白大米、红大米、

---

① Hahm Han Hee, "Rice and Koreans: Three Identities and Meanings," *Korea Journal* 45（2），2005. 但是我并不完全赞同她的这种象征性分类。

黑大米、糯大米、糙大米五种不同的大米做的。

20 世纪 90 年代以后，在韩国开始出现了各种新品种的大米。为了追求特别的味道和营养价值，将松针、栗子、红枣、蘑菇或各种豆类作为配料，与大米一起料理。黑大米和红大米作为稀有而特别的谷类，开始从中国进口。这些谷类被认为是吉祥之物，自古以来只有皇室才可以品尝。

三　历史经验中的大米

体现韩国民族正体性的大米的象征意义，是由民族主义民俗学者、媒体、舆论界创造并大众化的。这些人的关于大米的理论和 Ohnuki - Tierney 在他的一本著名的论著①中介绍并普及的日本精神很相似。

我认为，把大米作为民族的象征，是在国家最近的历史时期创造出来的。过去，大米虽然被认为是贵重的主食，但是在日本殖民统治之前，很难找到民族主义者对大米的理论。当时大米十分昂贵，且只有王公贵族们才有品尝大米的特权。使饮食尤其是大米跟民族意识产生关联的第一个历史事件，是为了将韩国南部地区 Honam Plain 产的大米运往日本，由日本殖民主义者在群山和木浦建立港口的事件。通过新的农业技术和化肥的使用，大米的产量提高了，但是所生产的大米全部被运往日本，让日本人和日本军队享用，留给韩国人的几乎为零。韩国人只能靠用传统农作方式在贫瘠的土地上耕种的黄米和高粱米艰难度日。

通过土地登记制和土地改革，韩国民众的土地先被叫作 Toyo Takushoku Gaisha（东洋拓殖会社）的日本公司强占，后来这家公司又将这些土地出售给了非居民的日本地主们。结果，失去土地而在贫困中挣扎的韩国农民们为了寻找新的机会，背井离乡去了中国东北。殖民政府开展了"农村振兴"和"心田开发"运动，运动隐含的目的在于不准韩国农民从事商业和产业之类的非农业活动，并欺瞒和安抚他们，使这些农民不会对被剥夺的社会经济状况表示不满。直到韩国独立之前的 20 世纪 40 年代，韩国农民所生产的大米被运往日本由日本人享用的时候，留给韩国人的只有日本人

---

① Ohnuky - Tierney，E.，*Rice as Self*：*Japanese Identities through Time*，Stanford，1993.

榨完油后剩下的芝麻渣和豆渣而已。

我还记得当年大人们经常说，日本军人们为了吃韩国大米杀死韩国人民。在安东实习时，我听说当年有位巫女被日本警察打伤后疯掉的故事：当时该地举办了一场安抚饿死鬼的祭祀活动，在各种祭品中有大米，那位巫女在祭祀桌前开始施法，为苦难家人而哀痛的饿死鬼附在了那位巫女的身上，通过巫女的嘴，饿死鬼说："你们看吧，多毛而矮小的鬼（日本人）抢走了我们那富饶的农田，我们则饿死了。啊！大娘，您没有一点能给自己唯一的亲人——我这侄儿吃的东西。每次您说自己吃饱了的时候，其实您都是躲在厨房喝着一碗水，这我都知道。我们不知道我们的'naratnim'（指我国国王的尊称）把我们抛给这可怕的日本人之后去了哪里。看吧，他们来了，为了吃掉我们他们来了。"日本警察当场逮捕了那位巫女，他们一边暴打一边问"naratnim"是什么意思，为什么在韩国人面前把日本人描绘得那么丑陋。巫女说自己被鬼附身，她说的话其实是饿死鬼说的，所以自己并不记得当时说了什么。三天之后，巫女被放了出来，但是大受惊吓的巫女再也不能施法了，而且还经常失去意识，最终疯掉了。

朝鲜半岛解放以后，朝鲜半岛又被分成朝鲜和韩国，紧接着爆发的战争使韩国再次变得荒芜。战争后的重建阶段，在美国的特别救济计划下，很多人通过奶粉和玉米粉度日。大部分韩国人同日本殖民统治后期所经历的一样，在半饿死状态下勉强度日。20世纪50年代我上小学，当时很多同学的午饭是黄米饭或高粱米饭。几个有钱人家的孩子们吃的者是白米饭或者是带了一半是白米饭、一半是黄米饭或高粱米饭的盒饭；也有一些同学带了撒有白糖的西红柿；有些同学因为没带午饭，只好跑到教室外喝自来水来充饥。当时能吃上午饭就是一种奢侈。对日本殖民地时期和解放以后年复一年的饥饿的记忆，深深地烙在了如今韩国六十岁以上岁数的人的心灵之中。

20世纪60年代，朴正熙政府为了节省大米，强求百姓食用混食和粉食。上课时还根据大米和非大米的标准检查学生们所带的午饭。为了节省大米，还奖励食用粉食（面食）。为了强调与大米对智力发育和身体成长所造成的不良影响相比，面粉具有良好效果的作用，还派了营养专家去学校演讲。采取这些措施的原因，一部分是为了使韩国工业产品出口到美国，而作为其交易条件，需要促进美国面粉的进口。与面粉一道，面包也成了日常主食。因为一见到面粉，就想起贫穷的过去，所以人们不喜欢面粉。当时作为进口美国产品政策的一环，鼓励购买美国大米。此项政策后来造就了臭名昭著的"Park Dongseon Gate"，禁止了传统上把大米作为主原料的制饼业和酿酒业，面粉、玉米、牛奶和土豆代替了加工用大米。

1948年以后，为了确保大米供应和控制物价，政府采取了将韩国农民生产的大米以固定价格强制收购后推向消费市场的措施。因为大米价格直接影响了其他所有日用品的价格，为了鼓励和保护农民从事大米生产的积极性，政府制定了比较好的价格，农民也在获取市场和收入方面从政府那里得到了实惠。至此大米成为政府与农民之间、民族与外国之间的政治 - 农业的主题。

20世纪70年代，一个叫作"统一大米"的新品种问世并被介绍给了农民。与其他品种相比，此品种的产量倍增，一些温暖的地区还可以一年两熟。虽然其口味不甚令人满意，但价格很低廉，最重要的是可以解决每年的缺米问题。政府以此作为正式理由，强行推出了扩大大米产量的其他措施。例如，统一大米的稻草很短，不适合铺在屋顶上，因此政府在"新农村运动"（Saemaul Movement）的旗帜下鼓励农民将屋顶换成石板①。随着统一大米的普及，小米、高粱米、黄米、荞麦等其他农作物逐渐从农田里消失了。韩国史上第一次出现了所有百姓一天三顿都能吃上白米饭的盛景。但是，随着70年代中期以后工业化和城市化的推进，农业人口急剧下降。

同一时期，废除了酿酒业和制饼业不许用大米做原料的禁令。大米年产量超过了国内大米年消费量，每年都有新大米堆在了还剩下不少前年大米的国家粮库里面。作为促进经济发展和促进消费的一系列政府措施，出现了追求高档的生活质量和物质消费，强调"精细"口味的很多理论。通过长期艰苦不懈的努力，韩国人开始吃上了更好吃的大米。通过驻韩美军，日本和美国的大米开始出现在市面上，与各种韩国本土品牌的大米在市场

---

① 传统上韩国农民们用稻草制作屋顶，并每两三年定期更换屋顶。人们认为草屋顶可以在闷热的夏天使房间便凉快。但是作为1970年的"新农村运动""Saemaul Movement"的结果，屋顶的材料被换成石板之后，很多人在酷热中受苦。

上展开了竞争。与此同时，人们的饮食习惯也开始转变。肉制品的消费明显增加，面包和咖啡占领了都市年轻人的早餐桌。美国披萨和意大利面条、麦当劳和肯德基在中产人家的孩子们之间得到了追捧。之后，Friday's、Coco's和Outback等提供家族聚餐的饮食店成为年轻人喜欢的场所。同时，更加高档的西餐店成为中老年中产阶层的消费场所。意大利餐厅、法国餐厅，还有英式Fish-and-chips成为时尚。"庭园"成了"烤肉店"的代名词，在韩国随处可见的教会十字架的中间，叫作"庭园"的牌子也能显而易见了。日本的生鱼片和寿司也广受欢迎。过去一般向简朴的市民配送的老式中餐馆，被各种高档的中华料理店所取代。自助餐厅成了时尚，人们喜欢自选各种符合自己口味的食品。除了若干老年人之外，大米再也不是韩国人餐桌上的主食，尤其在自助餐厅更是如此，取而代之的是牛排、腌制烤肉、海虾、黄瓜泡菜、日式生鱼片、法式洋葱汤或肉清汤、意大利牛肉番茄酱饼或意大利面条、牛排、中式糖醋肉、用日式黄酱做的乌冬面、咖啡和冰淇淋、用肉桂汁调味的柿子干等，这些食品开始广受欢迎，而大米却被冷落。

四　回眸前现代时期

20世纪八九十年代，对于理解韩国民族学以及韩国民族文化的学术理论和政治结构彻底变革而言，是一个极其重要的时期。反政府（民主化）活动家们利用大众文化作为自己传播"革命性"理念的媒介。他们没有因循已有的艺术式样、形式和类型，开发了可以表现自己思想和政治态度的新的类型和形式。在"minjok yesul"（民族艺术）或"minjong yesul"（民众艺术或群众艺术）的旗帜下，他们将农民的传统演出大众化。被日本殖民主义者和朴正熙、全斗焕军事政权欺瞒、剥削和压迫的可怜的农民们，成为这种演出或艺术的中心主题。同时，这些活动家将美国的形象刻画成操纵韩国政治、支持军事政权和不道德的资本主义者的"帝国主义"国家。这些"农民的敌人"被描述为穿着军服的、带有攻击性的形象。年迈农民的妻子和饥饿的孩子们、空旷的农田里愁眉苦脸的农民们、被军靴践踏过的黄油油的农田或手脚被铁链捆锁的穿有传统农装的农民们，构成了大众艺术的重要主题。所谓的地下歌谣，都是描写在外国资本家和军事政权的剥削下的韩国人，尤其是工厂劳动者的生活是多么悲惨。现代韩国历史通过被外国强盗侵占大米、受剥削农民的妻子形象，出现在叫作行为艺术和表现艺术的领域里。曾经有一幅大型画，描绘的是抱着空空的米袋的一位饥饿的农民。他身处秋收后的广阔平野，在他身后能看到一个场景，就是一群日本人正在为了将韩国大米从群山港运往日本而忙碌着，还有粮食救济米袋上印刷的褪了色的美国国旗图案。这些图画表现了被深受殖民主义者和帝国主义者剥削的生动经验所贯通的韩国现代史。大米成了读取这段历史的象征性的空间。

通过民族主义者的文化运动，人们开始重新思考韩国的文化、技术、历史等。他们将 sintobuli（身土不二：身体和土壤是一体的、绝不是分开的）的词语加以大众化，并强调韩国农产品的优越性。特别是用代替现代科技的传统耕作方式栽培的农作物，成为"真正"的、"正确"的食品。反现代主义和反西方主义得到了大众的支持。

在（西方化的）现代主义理论脉络上，可以翻译成"土"的"土地"、"陆地"等都被理解为具有负面的含义。"土"以前被用作表示"土地"、"落后的"、"不太精致的"、"土种的"、"原来的"等意义的词。现在，Tojong（土种）则表示品质或技术上处于劣势。Jaerae（土种的或自古传下来的）一词类似于 jeontong（传统），它包含"非现代"之意。

但是到了 90 年代，像大米、蔬菜、水果甚至是肉类，只要他们是在韩国土壤中生长和使用传统的技术栽培的，就被说成对韩国人很有好处。因此，像 tojong、jaerae、jeongtong、jongga（宗家：长子的家）等词语，被人们认作可让人想起诚信、纯洁的农产品品牌。此外，"聪明人"和资本家被描写成欺骗纯真消费者的人，而与之相反，"农民"则代表了真实诚信的形象。因此，除了使用表示原产地的许多地名以外，韩国人还将 sigol（家乡村）、halmony or halmae（奶奶）、omoni or omma（母亲）、chogajip（草屋）、gohyang（家乡）、huk（土）、hwangto（无污染的农村的黄土）等词语当作农产品和韩国料理店的品牌使用。同时，出现了由知识人、"开化"的农民和宗教机构主导的"新生命共同体"（New Life Community）等文化运动团体。他们拒绝使用任何形式的现代的耕作技术、使用化肥和农药的

"非天然的"农业管理方法。生产者和消费者之间产生了提供"真"而"正"食品的"后援者－顾客"的关系网。他们组织了所谓的"回归农业（或农村）"的运动；为了生产纯天然大米，开发并再生了传统的耕作方式。采用这些方式生产的农产品被赋予了"高品质"的商标，进而卖出只有中产阶层才可以买得起的高价钱。

但是，政府只能从农民手中购买大米。从农村选区中当选的国会议员们为了使自己的支持者们得到生活保障，主张维持政府采购大米的政策，同时要求提高采购价，因为农民通过生产大米能够享受稳定的收入，他们不需要开发新的、能赚钱的农产品。甚至出现了很多都市人购买土地后租赁给农民或将自己登记成农民的现象，通过此举，他们可以享受到低税率和高米价的差价所产生的利润。这些人被称为"柏油路农民"，因为政府保障大米生产者的市场和收入的稳定，所以成为农民，就像是在一条平坦的柏油路上开车一样没有危险，很舒适。有时候都市人为了在自己购买的农田里度过"农民"的周末，开着汽车通过高速公路来到村里。

在1993年的乌拉圭回合谈判中，农民和政府主张韩国的农业尚未做好应对世界市场势力的准备，因此，他们获得了十年的特别保障许可。大米再也不是民族精神的战略象征，而成为国际政治的核心问题。每当国际上要求韩国开放农业市场时，大米生产者和从农村地区起家的政治家们就开始批判支持全球化政策的人们。他们认为外国大米侵占韩国市场以后，韩国将被污染和破坏；或者，转变人们对大米的口味，意味着改变人们的灵魂和国民特征。他们就是这样编造勾起一百年前失去过国家的人们的记忆的理论。全球化主义者和市场理论家们从自身的立场出发，认为20世纪初失去国家，都是因为锁国政策。而针对这些观点，保护主义者或民族主义者们则认为，在帝国主义者的武力侵犯面前失去民族精神和民族意识，才是沦陷为殖民地的原因。

五　从自然的大米到米的美学

现在，都市人的生活方式经历着一场彻底的变革，因此理解现代韩国的家族与家庭，需要新的人类学和社会学研究的帮助。大多数都市人（农业人口只占韩国全国人口的不到8%）的午餐和晚餐都是跟朋友或同事在外面解决的。虽然他们在家吃早餐，但是他们的早餐变得很简单，都是面包、牛奶、水果、咖啡①等西餐。按照传统的韩国饮食习惯，早餐被认为是一天中最重要的一顿，但是如今多数年轻人都不吃早餐。年轻的"白领"们在上班途中或在公司简单地解决早餐，他们的早餐一般是一杯咖啡加一块三明治、面包片、紫菜包饭或方便面。

因此很多人对大米没有兴趣。有些人出于卫生考虑，跟进口的大米相比，更多选择韩国本土大米。人们用有机的、非化学的、固有的、天然的、人性的、sintobulyi（身土不二）等词语描述韩国大米。与之相比，人们认为外国大米的栽培过程和方式与韩国大米相反。因此，韩国大米虽然非常昂贵，但是人们还是选择新鲜的韩国大米。大部分韩国人每天只有一顿是在家吃饭，所以为了健康选择韩国大米。

同样的缘故，韩国的餐厅非常在意自己餐厅使用的大米的质量。他们为了推出在米的色泽、口味、香气和营养方面具有新特征的米饭，开发并发展了很多新技术。为了做出新品种的米饭，混用具有不同色泽和口味的米。为适应新的服务方式，商家对食具的模样、大小、色彩、材质给予特别的关注。有些餐厅为了保持米饭的温度，使用特殊的瓷器和石器（石锅），根据每位顾客的订餐量分别提供米饭。有些地方为了改善视觉效果，放入不同色泽和模样的米饭。通过这种方式，关于款式、口味、香气以及卫生的审美观念出现在饭桌上。

向年轻女性们传授用细致而审美的方式制作和享受米饭的方法的新型学院相继出现。出色的菜肴和具有特殊品质的米饭，非常慎重地挑选的新鲜蔬菜、季节蔬菜、发酵蔬菜、肉和鱼、海鲜、泡菜、汤、铝制食器、银制勺筷等，一起呈现在精心准备的优雅的晚餐桌上。过去韩国的一顿餐由一碗作为主食的米饭和各种菜肴组成，偶尔有像烤肉之类的菜肴作为当日的特别料理出现；如今的菜谱则由含有各种传统料理的精心准备的菜肴组成，在这里，米饭往往在最后呈上，而客人们已经吃饱了，所以大部分客

---

① 有关咖啡的消费，请参考 Bak Sangmee，"From strange bitter concoction to romantic necessity：The social history of coffee drinking in South Korea，" *Korea Journal* 45（2），2005。

人都不吃米饭。即便如此，米饭还是特别重要，因为人们通过餐厅提供的米饭的品质来评判餐厅，他们经常对色泽、香气、口味、饭粒的样子和大小、咀嚼时的软硬度进行谈论。

餐厅的主厨或管理者解释他们是如何发展、发明或继承了制作具有如此梦幻般品质的米饭的秘方。而且也不忘记强调他（她）们非常慎重地挑选高品质的大米。甚至有些餐厅为了给自己的顾客提供特殊的大米，拥有专用农田。纯天然的水、清新的空气、无污染的土壤、新鲜的风、充足的日照、适当的温度、适度的气候、风水和耕作者的诚意等词语经常被人提起。

作为决定米饭品质的最重要的因素，人们很关心大米生产的手艺或技术，而关注这一事实是件非常有趣的事情。如前所述，根据不同的生产阶段，"大米"有"稻谷"、"大米"、"米饭"等三个名字。秋收后尚未加工过的米叫作"稻谷"，它的品质是由耕作技术和过程以及自然因素决定的。农民们有时为了祈求丰收而祭拜农业神，因此还会含有宗教的因素。消费者要确认大米的产地，而生产者则将表示其产品在水、空气、气候、土壤、种子、栽培技术等方面具有优秀性的词语印在大米包装袋上。为了让消费者确信产品的品质，因此将栽培者的姓名和责任单位的名字及其法人代表的签名印在包装袋上。他们强调，在决定大米品质方面，加工技术、干燥、运输、保管等处理比耕作技术更为重要。形态、色泽、口味、香气、营养等是由加工过程中的技术和加工前后特别的保管技术决定的。为了给消费者提供没有瑕疵、形态完整和品质上乘的大米，一些碎米将被筛选出来。

对大米的生产、调制和流通方面如此细致的关心，使人们对进口大米的品质产生怀疑。从中国进口的大米除了便宜的价格以外，也许是最不被人们认可的大米。中国大米被当作酿酒或制饼等工业原料使用，一部分则充当救济朝鲜的大米的角色。有些生产者或生产单位自诩为大米领域的特别专家，并不在一般市场上销售其产品，而力图与顾客建立闭锁的销售网。而且为了维持品质，他们具有限制产量的倾向，因此其价格也比其他大米贵了许多。这些生产者主张只有注重品质而愿意为品质买单的人，才有资格享用他们生产的大米。有些生产单位瞄准中上层顾客，在高档百货店专门开了特别卖场。因此不仅在消费者之间，大米本身也出现了阶层化现象。

正在出现一些饮食专家和厨师，他们以类似的论调，主张为了享用大米，正确认识烹饪办法才是最重要的因素。即便是相同的大米，根据烹饪手艺，其口味和品质会变得完全不同。技术、工具、厨师（厨具）、过程、调味料甚至水和料理时间，还有火的种类和火候（或者是能量）都对米饭的品质产生影响。电视和大众媒体都有传授制作美味米饭方法的节目，甚至在料理学院或烹饪学习班也传授制作高级米饭的各种技术。有趣的是，他们都说自己有制作美味米饭的独有秘方，但是几乎没有人提起所用大米的品牌。

为了提供栽培阶段、加工阶段和消费阶段相互连接的系统，京畿道的仁川、丽州等城市联合运营以对大米的特别经验为目的的农业旅游项目。这些城市自古以来以生产皇室贡品大米而广受认可。作为农业观光的最后一项活动，旅游者们在这些城市的主要国道两侧的餐厅中，随便找一家进去，在那里品尝用当地产大米做的米饭。餐厅老板们自豪地劝体验者们与平常在家吃的大米做个比较。体验者们回家时，都买一两袋当地产的大米。这些体验者们在餐厅里还可以学到提高米饭品质的特别技术和方法。

最近开始出现了很多将米饭加以特别对待的餐厅。以前人们为了品尝牛排、烤肉、辣鱼汤、蒸安康鱼或狗肉汤等特殊的菜肴而光顾餐厅。现在，他们从整洁而卫生的设施、漂亮的酒杯、盘子和餐具、优雅的餐桌摆设、宾客至上的服务氛围等角度来展示自己的审美情趣。穿着漂亮传统服饰的年轻服务员们按照传统礼节提供服务，餐厅老板们则强调自己将饮食当作艺术的一部分，向顾客推荐季节蔬菜、发酵海产品或特殊加工的豆腐等特殊菜肴。在这些餐厅里，作为过去主食的米饭被当作一种配菜，客人们对米饭的品质没有多大的关注。

但是，最近我们发现在一些自称为正宗、传统的王宫料理店的餐厅中出现了新的关心点。这些餐厅的室内设计具有韩国的传统风格，经营者们大多数强调韩国传统饮食的优秀性，并展示自己掌握了有关大米的了不起的知识和理论。过去是用大型铁锅或电饭锅做饭，而在这些餐厅，则是用小石锅给每位客人单独做米饭，客人们享用各自石锅里的米饭。这些餐厅炫耀自己使用不同品种、色泽、口味的大米做出各种米饭的独特手艺。除了白米，还使用红黑米，而据说这些米在过去只有国王和王妃才可以享用，其营养价值非常高。有些餐厅试用绿色、粉色或黄色米，他们还添加松仁、栗子、人参片、红豆，或用白米、黑米和红米制作米饭。一些餐厅则用竹筒给每位客人单独制作米饭，竹子是纯洁的象征，同时能给米饭增加特殊的香味。

韩国人用喝锅巴汤（sung-nyung）来结束一顿餐。这是一种用锅底上的锅巴做成的米茶。随着不产生锅巴的电饭锅的普及，韩国人再也喝不上锅巴汤了。因此为了满足韩国巨大的需求，锅巴生产逐渐产业化并大量使用从中国进口的锅巴产品。餐厅里为了制作锅巴汤使用中国产的锅巴，除此之外，锅巴还被用在各种制饼行业里。但是最近出于卫生考虑，针对中国产的锅巴有批判之声，因为有可能为了保存而使用了过多的化学药剂。因此以米饭出名的一些餐厅强调自己只使用韩国本土大米或使用单独提供的餐具才可以做成真正的锅巴。

从大众广播和媒体上也可以看到对"民族"饮食的特别关心。例如，某家具有影响力的日报曾经报道过在2006年世界杯足球赛期间可以享用的菜谱。新罗饭店的首席厨师推荐的菜谱中，早餐有瑞士muesli、沙特阿拉伯tubules沙拉、英国muffin、多哥橙汁；午餐有波兰蘑菇和奶油汤、巴西鸡肉沙拉、西班牙paeya和意大利tiramisus；晚餐有韩国的纯豆腐米饭和日式炸海虾、澳洲的牛排和墨西哥jalapeno pickle。所有这些"民族"料理被认为对健康和体力特别有好处。使用大米的料理中包括意大利risotto、土耳其pilaf和西班牙的Paeya，而这位首席厨师以其味道同用微辣的海鲜做成的韩国的大米食品类似的理由，推荐了西班牙paeya。

我们要关注在逐步扩大、多样化和创造性的饮食产业当中大米的应用，大米还可以作为洗发液、香皂、化妆品、面膜、茶以及药品的原料使用。

六　政治、经济以及全球化

据政府报告，截至2004年12月底，全国共有350家农民团体，其农会会员总数达到了14万人。今年（2007年）年初由韩国农民协会（Korean Farmers Association）和韩国妇女农民中央理事会（Central Council of

Korean Women Agriculturalists）联合组建了名叫 Commandos to Protect Korean Rice with Death（大米死守队）的特别小组。四月和五月，二万多名会员在国会议事堂前举行了反对开放韩国大米市场的激烈示威，并与武装警察发生了冲突。为了反对把韩国大米市场开放问题列为最重要协商课题的韩美两国 FTA 协商，作为象征性的抗议活动，他们组织了全国范围内的破坏自己农田的集体行动。农民选举区的议员和民主劳动党的党员也参加了示威。

在 1993 年召开的乌拉圭回合谈判中，韩国以尚未做好开放农业市场的准备以及农业在韩国属于极其敏感的政治问题为理由，得到了十年（到 2004 年）暂缓期限的特殊照顾。在此期间，韩国政府通过与进口大米相比更高的大米收购价的方式，来安慰国内的农民组织和相关利益团体。

表 1　进口大米和韩国大米的价格比较

单位：韩元/80 公斤

年份	进口大米	韩国大米
1996	31627	136815
2000	35300	155407
2001	31328	151419
2002	32351	159508

资料来源：韩国农业部。

在表 1 中，我们可以发现，韩国政府以进口大米价格的四倍到五倍的高价收购了韩国大米。政府的这种政策受到了消费者团体的强烈指责。他们提到的疑问有以下几点。第一，韩国消费者购买韩国大米时，为何要支付如此高昂的代价？第二，韩国大米跟外国大米相比，其品质与价格差异有如此大的优势吗？为了强制采购韩国大米而不断增多的使用更多税金的政府政策，是否成为造就所谓"柏油路农民"的主要原因？是否正因为这些政策，在十年暂缓期过程中政府未推动应对世界市场的任何农业改革？这些对政策的质疑不断被重新提起。

还有，与逐年减少的大米消费量相比，国家粮库里的大米库存日益增加的问题也被提了出来。只要政府继续采取通过强制采购的方法保障农民收入的政策，大部分农民就不会考虑缩减其产量，因此，这种状况几乎没有改善的可能性。[①]

表 2　大米产量和国家粮库中大米库存量

单位：10000 som

年份	产量	库存量
1996	3696	169
2000	3674	679
2001	3830	972
2002	3422	1040

注：1 som 等于 5.12 美国 bushels。

资料来源：韩国农业部。

关于 FTA 和市场开放问题，主张全球化的一派和主张保护主义的一派之间，展开了激烈的讨论和争辩。前者中的知识分子们指责政客、农民和有某种政治倾向的文化活动家们为了自身的利益利用民族主义理论，而且批评后者因为固守狭隘的农业领域，正在牺牲对国家经济命运具有致命影响的、规模更大的贸易以及科技产业市场。对此，保护主义者则指责前者缺乏民族意识和主权意识，只看重经济利益。保护主义者为了说服人们反对 FTA 而使用的词语，包括：与自己家人有关的食品安全性、粮食主权、为下一代的民族健康、为 21 世纪的以人类生命为主的文化、人类和自然环境等。他们认为在我们民族的历史中，农民们一直受到剥削，因此应该得到国家的补偿，所剩余的大米则出于人道主义考虑，应该运往朝鲜。非常有意思的是，通常被认为是保守主义者的人们正在支持面向全球化的政策，而在政治上、社会上、文化上掌握权力的以所谓"386 世代"[②]为代表的进步而激进的少壮派知识分子们反而坚持民族主义观点。

[①]　跟蔬菜等其他农作物相比较而言，由于机械化的普及，耕作水稻只需要最少的劳动力。由于韩国大部分农村如今面临的劳动力短缺问题，种植蔬菜等农作物的收入更高，但是农民们依然选择耕作水稻。

[②]　20 世纪 80 年代韩国民主化运动的中心势力是 60 年代出生而 80 年代做过大学生的人。他们在 90 年代达到年龄 30 多岁。所以他们被称为 "386 世代"。

七   结论或暂定解释

韩国人为了找到支持"保护（韩国）大米是圣洁的老天之命"的自身主张的依据，经常引用东学党农民革命的领袖 Choe Jaewoo 曾经说过的 bap is haneul（米乃天）这句话。但是，这种说法并不是韩国独有的，中国和日本也有类似的说法。这里所说的 bap 并不是单单意味着大米做的饭，它是一般统称饮食的政治经济学用语。有趣的是，人们为有关大米的民族主义文化打造了 bap 的一种变形象征。ssal bap（煮好的大米）代替了作为普通意义上的食品的 bap。这样一来，bap 和 hanul 的关系就可以代表韩国人和神、（韩国固有的）文化和（圣洁的）自然的关系。从这种脉络上看，韩国人和圣洁的（自然的）神之间神秘而圣洁的关系代表了对抗外来污染因素的民族正体性。

韩国人不仅把历史遗物、独创的形象，而且把"韩民族"这一理念性的词语也用在大米（ssal 和 bap）的身上。为了组成象征性的复合概念，韩国人唤醒了过去的记忆：有关殖民地时代被日本人抢走韩国大米的苦涩的历史经验、国土分裂以及韩国战争之后的彻底的荒芜和饥饿的记忆、为实现非道德的资本主义现代化而牺牲民主和人权的朴正熙政权下绝对权力的记忆、被认为也许受到过美国以及跨国资本势力支持的全斗焕政权的政治暴力的记忆。

20 世纪 70 年代和 80 年代后期，少壮派知识分子为了将韩国的历史、文化以及国家的正体性从自己的角度进行再表述，积极地开展了 minjok（民族的）、min – jung（民众的）文化旗帜下的革命运动。他们为了发现民族文明之源泉的纯粹性，对历史文物给予了关注。同时，将农夫群体刻画成本性善良而总受欺瞒，在帝国主义者、殖民主义者以及资本主义者的暴力之下饱受苦难的形象。如与"土地"或"土"、"故乡"（gohyang）、"农村"（nongchon）、"乡村"（sigol）、"过去"（yetnal）、"传统"（jeoong-tong）、"母亲"之类的词语相关的形象及其所内含的意义，被用于象征国家的道德健康以及神圣生命之精髓。

茶及其"他者"

王铭铭[*]

嘉庆十年（1805），饺子山的九泉庵住持通福召集青城山僧道开会，协商如何圆满解决搁置已久的贡茶问题。

青城山一带僧道向朝廷进贡茶叶，始于康熙年间。到康熙十三年（1674），官府让灌县堂主传令，让道众李太浩、苗一伦承办贡茶。两位在收集茶叶时没有固定斤两。不满之下，不少寺庙干脆拖着不交。而那时青城山 35 家寺观庵堂中，就有 14 家只有守门的，没有住持，这让贡茶承办人为找不到"接头人"而大伤脑筋。有责任心的通福"弗惮重劳"，以通情达理之人的面目出现，召集会议，为的是充当了一个"两面抹光的人"。通福一方面建议僧道联名上书，要求官府尽快制订出贡茶的定额；另一方面解释说，只要有了定额，僧道还是应义不容辞地准时交纳茶叶。万事只怕有心人。果然，请求书递交官府不久，这项提议得到了钦命四川等处承宣布政使、总理铜政铸法加五级记录十二次的董老爷和署四川成都府灌县

* 北京大学社会学系、社会学人类学研究所教授。伦敦大学东方非洲学院人类学博士，曾兼任芝加哥大学、欧洲跨文化研究院（巴黎）、中央民族大学、大阪国立民族学博物馆客座教授，出版的著作有：《村落视野中的文化与权力》（1998）、《王铭铭自选集》（2001）、《经验与心态》（2007）、《西方作为他者》（2007）、《中间圈》（2008）、*Empire and Local Worlds*（2009）、《人生史与人类学》（2010）、《超越"新战国"：吴文藻、费孝通的中华民族理论》（2012）、《超社会体系》（2015）等。

事候补县正堂加三级记录五次陈老爷的关注。两位官员同情通福的苦衷，在达成协议后迅即颁布文件，宣明了官府对于僧道贡茶之事的态度。得到有关贡茶定额的文件后，通福将大体协议篆刻在石头上，立在九泉庵边上（之所以"镌石永远存照"，除了标榜通福的威望之外，更主要可能是要防备僧道再以各种理由拒贡）。

九泉庵位于今都江堰市中兴镇上元村辖区，经历史的风风雨雨，庵毁碑佚，遗憾之至。

两个世纪之后，我在夏季到青城山住了两夜，正好倾盆大雨持续从天而降，山涧流水哗哗组成雄壮至极的"自然交响"，我坐在溪边的亭子里，享受着单色调却变幻莫测的青城，除了去过天师洞之外，全无去别处的意图。临离开时，为了留作纪念，我才后悔，在山门边上的小店铺里买了本王纯五先生主编的《青城山志》（四川人民出版社，1998），准备好好读读以备重访。从青城山回成都的路上，我翻开那书，在目录中看到《贡茶定额记碑》条目。"茶"这个字，对于我这个嗜茶的闽南人自有它的吸引力，好奇心使我翻到书的那页，去读有关那次涉及贡茶的僧道大会的记载。

《贡茶定额记碑》妙趣横生，值得一说，故先抄录于下：

> 伏维我皇上，德迈三山，治臻二帝。一应征徭俱视土地之肥饶，雨露之滋濡，与夫物产之迟早，斟酌尽善，以定厥贡。僧道等生逢圣际，含哺鼓腹，乐何如也。所有贡茶，理宜急输，以摅草野之忠款，期为向化之良朋。茅邑僻处西隅，山高气寒，而茶又属干老，勃发较迟，难供采摘。如照向例，于谷雨前交，则僧道等又将别购充纳，不惟致累当身，亦且贻罪斯慢。是以呈恳县，遵饬从缓办。惟正贡蒙恩，爱民襁子，纤民手足，拟于谷雨以后，立夏以前，上纳贡茶一百二十斤，余茶六百八十斤。详情藩宪永远定额，旋荷批札，以如禀办解，勿任差徭多索扰累。并饬该典史武弁一体遵照等示在案。似此仁慈，沾被殊多，理应镌碑，用奉章程。庶不上误国贡，而下可洽舆情矣。
>
> （上揭书，第 173 页）

碑文的前几句话，吹捧了皇上的"德"。紧接着，作者列举了青城山僧道无法准时纳贡的因由。理由看起来还很充分：以往官府硬性规定僧道于谷雨前交纳贡茶，而青城山的实际情况是，这里地处西部，"山高气寒"，茶叶生长得较迟，到谷雨官府要求纳贡时，茶树上的叶子还没长好，采摘下来，怎么可能做成好茶？为了应付官差，僧道到别的地方采购茶叶，鱼目混珠，充作本地特产，而收取贡茶的负责人又时常更换纳贡的数额，造成"差徭多索扰累"的结果，又没有达到僧道向皇上表达敬爱之心的目的。为了解决这个矛盾，僧道代表建议将贡茶时间定为谷雨之后、立夏以前，而且建议官府对贡茶的数量给予明确规定。碑文的作者宣称，只有这样，才能一箭双雕，既避免"上误国贡"，而又"下洽舆情"——合乎民意。

《贡茶定额记碑》有以下两个引人入胜之处。

其一，碑文记载的那个小小的历史事件，生动地反映了 19 世纪初期僧道、官府和介于两者之间的贡茶承办人之间复杂的关系和互动。

其二，反映这一复杂关系和互动的历史面貌的同时，碑文还比较明确地给予青城山的僧道一个"有自知之明"的文化定位。

前面一条史家研究已多，我便不多说，我更注意后一条。文中说，僧道心存"草野之忠款"，期待通过贡茶来表达自己乃是"向化之良朋"，也就是归向朝廷道德教化的"良民"。为什么这么说？答案显然与青城山宗教团体的文化身份有密切关系。四川分东西两部。东部是"天府之国"，农业历来发达，地方以里社制度为基础，形成对"化内之民"（汉人）的严密控制。西部是"藏彝走廊"，横断山脉南北纵贯，为那些不甘于定居的民族提供了天然的流动道路。东西两部之间，在山脉与平原的交接地带，存在一条富有意义的文化线索。这条线索，由僧道营造起来的佛寺和道观构成。佛道宗教建筑处在不高不低的山上，维持着山区的民族走廊和平原的汉人定居聚落之间的文化界线。古代青城山的僧道，便是介于东西之间的双重意义上的"边缘人"。对于山下的平原居民来说，他们远在山边，既是汉人，又与频繁流动的"走廊民族"离得较近。对于山上的"土著民族"来说，他们远在走廊的边缘，是教化的化身，与"土著文化"相去甚远。而僧道自己则似乎很明了充当"化内"与"化外"之间"边缘人"角色的好处，知道当这样的人，他们用一点点贡茶，便可表示自己的"草野之忠款"。

除了这两个方面之外，碑文还能让我们联想到许多别的事情。其中，饶有兴味的是，茶叶这种我们司空见惯的东西，对于我们人在自身生活实践和观念视野中"创造世界"，竟有着这样不可忽视的重要性。

当《贡茶定额记碑》被通福树立在饺子山之时，茶叶从此前数百年的辉煌，走到了巅峰，在巅峰预示了自身的式微。在19世纪初的时间转折点上，天朝自视拥有天下，而以英国为典范的欧洲国家也因正处在热火朝天的工业革命中，而对世界开始产生一种民族中心主义的想象。对于天朝与工业化的欧洲国家，茶叶都做出了贡献。毋庸置疑，此前，明末来华的耶稣会士即已在中国接触茶叶。不过，这种东西在他们看来，无非是奇怪的饮品。例如，利玛窦在他的札记中记述茶，说"有一种灌木，它的叶子可以煎成中国人、日本人和他们的邻人叫作茶（Cia）的那种著名饮料"，并认为，"它的味道不很好，略带苦涩"（《利玛窦中国札记》，中华书局，1983，第17页）。而到了17世纪后期，茶在欧洲则开始流行起来，渐渐成为人们生活中的常见饮品。如萨林斯（Marshall Sahlins）所注意到的，工业革命需要的是机器日以继夜地运转。而资本家要机器日以继夜地运转，先需要让劳动者超时工作，而同时又不因疲劳而引起劳动效率下降。幸而，也就是在这个时候，通过探险、经商、传教、军事征服在世界别的地区发现了诸如咖啡、糖和茶的人们，使欧洲的人们初步意识到了这些稀奇古怪的东西的好处。其中，带有苦涩之味的茶，其提神的作用，渐渐地为欧洲人所知。用茶来给劳累过度的工人提神，成为许多工厂老板提高生产率的手段。于是，工业化中的国家对于像茶这样的饮料的需求越来越大。加之，资本主义的文化似乎一开始便必然是以反讽为特征的，渐渐地，茶这种本来是用来剥削劳工的饮品，随着时间的推移成为痞子、妓女的"时髦"之物。只是到了17世纪中叶才知道茶的英国人，到了18世纪，社会上过日子的人和标榜自身品位的人，都已难以摆脱茶对他们的诱惑。到了1793年，也就是马戛尔尼使团来华之时，饮茶习惯已风行于英国所有社会阶层。其结果是，大量的白银流入自明代中期以来便对之有大量需求的中国。外贸的不平衡，让英国人头疼至极，他们想尽一切办法来抵销贸易的逆差。但是，无论是羊毛、金属，还是机器，对于天朝来说，都无非是些粗制滥造的东西，而机器充其量也是"奇技淫巧"而已（参见萨林斯《资本主义宇宙观》，《人文世界》第一辑，第81~133页）。

人类学家萨林斯敦促我们将茶当作资本主义宇宙观的典范表征来看待，将茶当成近代中西关系的关键要素来分析。他说，茶的那些"非麻醉性"的属性"都与那些出于日常消费目的的更强大的对手如牛肉、啤酒、杜松子酒等等之类形成了强烈的对比"（上揭书，第 112 页），茶"把温驯且富有效率的工人阶级送进了发展资本主义的喉咙之中"，本身成为资本主义宇宙观的"情景性运作模式"。资本主义宇宙观，是将个人的永久不幸当成经济智慧的前提和国家福利的源泉（上揭书，第 113 页），而为了避免不完美的人时常感受到的痛苦，这一宇宙观又"将人的世俗存在化约为肉体的愉悦"（上揭书，第 112 页）。工业革命的年代也就是资本主义宇宙观得到强化的年代，在这个年代，亚洲进入了欧洲人的视野，被当成毒品、美食与养生之地，这些事物闪亮登台，出现于欧洲，成为欧洲人治疗痛苦的药品。茶作为东方的典范形象，树立了自己的地位，成为资本主义社会发展中减少劳役之苦、消除心灵创伤的饮料。萨林斯说：

> 因此，无论有怎样的痛苦，"喝杯茶，什么都会好起来"。饶有趣味的是，像咖啡和巧克力一样，茶在其原产地并不甜喝，而在西方，所有这些饮料，从其引进之初，都要加糖饮用。饮料那种甜蜜的苦味，似乎味道也蕴含了那种已在道德存在中完成的转型。或许，再没有比下列事实更能说明这些魔力效果的社会起源了：在英国，茶很快就获得了与其化学属性无关的心理学价值。无论如何，茶含有咖啡因，在很早的时候就作为一种刺激物被大肆宣扬了。（上揭书，第 113 页）

茶的"国际地位"上升到顶点之时，恰是青城山的僧道为如何交纳贡茶而开会讨论、上书官府之日。其时，朝廷和官府对于茶的交易为天朝国库创造的财富，想必是清楚了解的，而出于这个原因，人们对于茶这种不起眼的东西给天朝的世界地位之维持做出的独特贡献，也有不言而喻的认识。茶使工业化国家大量需要的白银流入一个非工业化帝国中，使"进步的欧洲"意识到经济危机的可怕，同时使"落后的亚洲"意识到自身"特产"的意义。

诚然，阅读那块镌刻着文字的石碑，我们不能了解青城山贡茶的最后去处。碑文中"宣誓"向上纳的一百二十斤贡茶和六百八十斤"余茶"，最终是由皇上品尝，还是分品质由皇上和大臣分饮，还是被纳入朝廷垄断交易（如"出口"）的物资名单之内？种种疑问的答案需要从我无力从事的分析中得出。而至于皇上是否也像工业革命中的西方人那样，需要用茶来消除朝政的劳顿，并以此来解除其人生的痛苦？我们则更难以获知。

　　然而，从1805年发生在青城山僧道当中的那个事件，我们却还是能想到更多。也就是在这片方圆不能算太大的山地里，围绕着茶，历史曾以另一种方式演绎过自己。

　　假使你硬要将所有一切追溯到先秦，那你似乎也不是不可以说，中国人饮茶的历史始于先秦。不过，就受证据支持的常识而言，茶这种具有刺激精神之属性的东西，并非自古有之。利玛窦曾敏锐地猜测到，"中国人饮用它为期不会很久，因为在他们的古书中没有表示这种特殊饮料的古字，而他们的书写符号都是很古老的"（《利玛窦中国札记》，第17页）。大致说来，茶在唐朝才开始出现于人们日常生活的消费清单中，到了五代十国成为社会各阶层消费的显要商品，到了宋元明清几代，它的产业和交易则日渐繁盛。饮茶习惯在宋代特别兴盛，这是否表明宋代的社会已像近代西方资本主义那样，具有了萨林斯所揭示的那一"苦乐相生"的宇宙观？有关这个问题，学界那些主张"宋代资本主义论"的同人怎么解释，我还需要在未来恰当的时机请教之。我自己仅能猜想，宋代的茶叶贸易之所以达到如此兴旺发达的地步，以至于朝廷能从茶叶交易中征收大量税额，从官办茶叶买卖中得到成为国家财政支柱的收入，显然是茶的饮用已很流行。宋代朝廷和地方官府需要依据地区的形势制订出种种符合现实的"茶法"来。"化内之人"依据其社会地位，分化成"休闲品茶等级"和"以茶消劳等级"，恐怕也是完全有可能的。而在偏远的地区，将茶神圣化为药，更符合那些地区的"巫文化"特色。宋人周去非的《岭外代答》就提到，广西修仁县的"土人"，将茶制成块，上面印着"供神仙"三字。茶又分成上、中、下品，"煮而饮之，其色惨黑，其味严重，能愈头风"（《岭外代答校注》，中华书局，1999，第234页）。

　　更引人入胜的是，茶有促成宋朝与它的北方对手之间"互通有无"关系的作用。

　　中国的"化内之人"，自唐代才渐渐了解饮茶的妙处。而到了临近宋朝建立时，华夏周边特别是西部和北部的游牧民族已养成饮茶习惯。这些被中原人叫作"戎"、"狄"、"蕃"的民族，吃的是肉，喝的是奶，满肚子油腻。随着茶叶的发现，他们得知了这种物质的好处，用它来消除油腻。到宋初时，北方游牧民族的日常生活已无法脱离茶叶这种东西。与此同时，中原的宋朝又日夜面对着游牧民族的挑战。可以想见，无论是要抵御这些骑着马瞬即能冲到家门口来的游牧民族，还是要"征服"他们，宋朝统治者都需要强大的军事力量，而在那个没有机械化部队的年代里，武器之外的马匹，成为朝廷维持境内安全的重要工具。

正是在宋朝需要游牧民族的马匹，而游牧民族也需要宋朝的茶叶的时刻，茶成为尊贵的货物。宋朝最早曾用铜钱与游牧民族换马。可是，这些不了解金钱力量的民族，竟将得来的铜钱销铸。他们更喜欢来自宋朝的布匹、茶叶和别的实物。于是，朝廷于太平兴国八年（983）改弦更张，用主要包括茶叶在内的实物来"博马"。当时出产于青城山等适宜种茶山区的茶叶，有的被运往四川设有的买马场与马互市，有的被运输出川，进行同类交易。为了表明宋朝是一个比前朝"文雅"的政府，朝廷曾在宋初于四川罢除后蜀对于茶叶贸易的强制性垄断政策，改行通商法。从公元 965 年到 1074 年，通商法实行了一百多年。这时，宋朝突然间觉得政府不直接管制茶叶贸易不行了。原因与茶与马的互换制度密切相关。熙宁四年（1071），宋开始对吐蕃和西夏用兵，获得了辉煌的战果，招抚大量兵员，这就使朝廷面临军费开支增加的局势。从那时到熙宁九年（1076），考虑到军费开支和军队对马匹的需求的大幅度增加，朝廷渐渐通过摸索，对川茶实施了茶叶的"禁榷制"。研究宋代茶法的黄纯艳在所著《宋代茶法研究》一书中列举了榷茶制度的以下内容（黄纯艳：《宋代茶法研究》，云南大学出版社，2002，第 173～179 页）。

（1）官府垄断茶叶的收购；

（2）商人入官场买茶，持茶引贩茶；

（3）划定川茶边界，以保障卖茶的收入用于博马；

（4）打击私茶贸易；

（5）创造运川茶入陕博马的交通运输网络并加以军事化管理。

茶叶对于博马的重要性日益增加，茶叶管理机构的权力也日益强大起来，最终成为一种与茶和马直接相关的特殊行政权力类型。如黄纯艳指出的，"由于川茶是由市易司经营逐步向建成独立的禁榷机构转变的，因而在前期作为专门管理茶事的茶场司与市易司有着密切的关系。又因为川茶禁榷主要是为了熙河博马，所以茶场司与买马司直接相关。正因为川茶是博马的保障，事关国防大计，茶场司也就被赋予比一般地方政府更大的权力，甚至可以凌驾于其他地方机构之上"（上揭书，第180～181页）。久而久之，官府负责买马的部门，与负责征收茶叶的部门，在业务上出现诸多重叠之处。于是，官府曾将两个部门合并，组成"茶马司"，所谓"茶马互市"、"茶马古道"，与"茶马司"这个部门有着直接的关系（上揭书，第193～205页）。

在宋代茶叶的军事色彩如此浓厚的时期，青城山僧道与寨民种植的茶园，恐也只能属于川茶的范畴。在川茶与"戎狄"的马匹互易的年代，青城山的茶园到底是什么样的状况？这需要专家给予解释。此外，有待梳理清晰的还有，从北宋的茶马互市到19世纪初期青城山僧道向朝廷进贡茶叶之间，我们所经历过的那段漫长的历史。南宋偏安东南，包括四川东部在内的汉人地区与非汉的北方民族之间的茶马互市锐减。后来，隔着明代，中国大地上出现了元和清两个由北方民族促成的大一统帝国。在民族融合逐渐增多的年代，由汉人的茶与游牧民族的马构成的差异与关系，是否随着游牧民族入主中原而转变？明王朝在元"以夷变夏"之后，重新确立了华夏文化的中心地位。那时，游牧民族又成为以农耕为中心的汉人的"他者"。此时，茶与马构成的差异与关系，是否会重新浮现？茶带有的历史负担是否也会随之加重？问题有待研究，这里我所能做的，无非是在读到的史料中，寻找与问题相关的个别历史线索。

《金史》记载，金泰和五年（1205），尚书省官员看到入主中原之后金国百姓仍然习惯饮茶，"市井茶肆相属"，上等人和下等人都争相饮用。这导致一个后果，即"商旅多以丝绢易茶，岁费不下百万"。官府以为，这样的买卖是"以有用之物而易无用之物"，如果不加以禁止，就可能将财富消耗殆尽。于是，朝廷对饮茶进行了等级规定，"命七品以上官其家方许食茶"。后来，宋朝向金国求和，作为和谈的条件之一，泰和年间金国的禁茶令暂时取消。在宋金交兵的时期中，金国又实行禁茶的规定，可是一直无法有效地阻止金国百姓喝茶。金国朝廷认为,"茶本出于宋地",又不是金国人的生活必需品,商人利用百姓爱茶的习惯,从中牟利。于是,又于元光二年(1223)重申了禁茶的命令。从金国禁茶令看到,茶虽是金的敌人宋朝的产物,但到了金国国力强盛之时,却被规定为只允许权贵品尝的饮品。从一个角度看,茶的这一具有反讽意味的角色转变,表明它的力量甚至比武器还大。

一样值得关注的是,据《元史》记载,忽必烈在得天下后于至元二十三年(1286)下令,对曾与茶对易的马匹之拥有权属给出规定,命令"色目人有马者三取其二,汉民悉入官,敢匿与互市者罪之"。元朝廷的政策是"括天下马",并在官僚权贵中依据等级实行重新分配,"一品二品许乘五匹,三品四品三匹,四品五品二匹,六品以下皆一匹"。忽必烈针对马下的命令,转变了茶叶作为社会等级象征的状况,使北方民族的马匹成为等级社会的"本土文化资源",与金国的政策形成富有意味的差异。

宋以后,茶受入主中原的北方民族统治者的排斥和禁止,已不再作为贡品生产。明末《笔精》一书有以下记载:"北苑团茶盛于宋,民编徭役,名曰茶户。及至我朝(明),久罢其贡,而茶户子孙年费数十金输官,多至破产,历洪武迄万历初,无有议免其额者。"(福建人民出版社,1997,第304页)也就是说,北苑团茶到明末一直不再被规定为贡品,但因官府横征,过去被编为茶户的百姓仍为这种贡名承受着大量经济负担。

宋以后,茶不如以前兴盛,这是事实。但是,明清两代茶似乎还是作为一种与外来的货物相对比的东西存在着,而特别是从17世纪末到19世纪初,茶与欧洲中心的"海洋帝国"之间渐渐形成了一个结构性的紧张关系,这一紧张关系愈演愈烈,终于在历史进程中排挤了中国的汉人与北方游牧民族之间茶马二元对立/互补的结构关系,使中国进入了一个与欧洲中心的"世界体系"交往的时代。在一般被称为"近代化"的时代中,茶的重要性仍是显而易见的。不过,它的对照物已不再是马。从明中叶以后,它已与来自欧洲的"白银资本"构成了直接的交换关系(弗兰克:《白银资本》,中央编译出版社,2000),随着这一交换关系的破裂，茶与鸦片之间的对峙出现了，战争随之而来……在如此宏大的历史场景面前，青城山的僧道无非是一些微不足道的生灵，但从他们在有关贡茶的碑文中所力求表现出的一丝不苟态度，我们仍然可以看到茶所具有的社会生命，可以看到这种微观的、物化的社会生命对于理解所谓"中国大历史"的关键意义。

汉藏历史关系的新思考：
一个反思性历史研究

王明珂[*]

对于汉、藏间的历史与文化关系，长期以来在学界便有许多不同的意见与争议。这不只是学术之争，也涉及一些现实的文化、国家与族群认同；此争议又不只涉及汉、藏两个民族，也涉及近代史上与西藏相关的欧、美、日等国。简单的说，一位学者如何描述藏族的历史、文化，反映着他心目中藏族的定义、范围，以及今日藏族在中国（与中华民族）中的地位。或者，相反的，学者心目中的藏族及其在中国的地位，影响他对藏族历史、文化的理解。而且，经常是非自觉的，学者自身的社会文化背景、学术背景，也影响他们对藏族历史文化与今日藏族境况的看法——建立一种历史或人类学知识，说明藏族自古以来便是中国的一部分；或建立另一种历史或人类学知识，说明藏族自古以来便为一有独立文化与政治主体性的民族。

---

[*] （台湾）中研院院士、历史语言研究所研究员，美国哈佛出版社大学东亚系博士，出版的著作有：《华夏边缘：历史记忆与族群认同》（允晨文化出版社，1997）、《羌在汉藏之间：一个华夏边缘的历史人类学研究》（联经出版公司，2003）、《游牧者的抉择：面对汉帝国的北亚游牧部族》（广西师范大学出版社，2008）、《英雄祖先与弟兄民族：根基历史的文本与情境》（中华书局，2009）等。

对于这样的学术争议及其与社会现实的纠结关系，我们似乎能从法国社会学者布迪厄（Pierre Bourdieu）对许多社会科学研究的批判得到一些启示。基于其反思社会学（reflexive sociology）理念，布迪厄指出学者常有三种知识偏见——因其社会身份（性别、阶级、族群）造成的认知偏见，因其在学术圈中的境况、地位所造成的偏见，因其学究思想（将外在世界视为待诠释的客观现象，而非有待实际解决的一些具体问题）与相关学术预设而造成的认知偏见。① 布迪厄对学术研究的如此批判，应对我们有很多启发，特别是研究者个人的社会背景与学科知识预设如何影响其学术认知。在这篇文章中，我不拟在此主题（汉、藏历史文化）上讨论任何个别文章或作者之论述。我认为"解构"一些知识并无多大的意义。更重要的是，我们如何从新的观察角度与分析方法来发掘我们知识理性中幽闭的一面——如布迪厄所称的"未被深思的思想范畴"（unthought categories of thought）——并借此产生新知。

在我们的学术探讨以及日常思想言谈中，许多词语如汉、藏、历史、文化等，其本身的指涉意义已被我们刻板化了。我们经常对这些词语的内涵不假思索——所谓"未被深思的思想范畴"——甚而在日常言谈、行为中，或在研究论述中强化这些刻板概念。譬如，学者将某人群的"文化"视为一个有内在逻辑与一致性的整体，以"文化"来描述该"民族"的外在表征（如体质外观、服饰、行为）与内在思想逻辑（如人观、宇宙观），并以"历史"来说明此一"民族"之共同过去。如此，学者建构被"历史"与"文化"界定并彼此区隔的一个个"民族"，如汉族与藏族。这样的词语概念，也影响我们对当今世界的观察、认知，以及我们对过去的集体回忆；使得我们注重核心、典范、结构（如核心地区的汉族或藏族，典范的汉、藏文化），而忽略边缘、个人与违反典范、结构的异例。以这篇文章的主题——汉、藏历史关系——来说，朵康藏族或氐羌系民族便是介于汉、藏之间的边缘，典范外的异例。

朵康约指的是今青藏高原的东缘，由青海东部、四川西部到云南西北

---

① Pierre Bourdieu and Loic J. D. Wacquant, *An Invitation to Reflexive Sociology* (Chicago: University of Chicago Press, 1992), pp. 39 – 40.

部的狭长地带，今日当地绝大多数居民为藏族。其东边紧邻着的羌族、彝族与纳西族地区，有时也被视为广义朵康的一部分。在这篇文章中我将说明，如果将眼光集于此汉藏间的边缘，我们将发现在本地既有藏文化因素又有汉文化因素，如此混杂汉、藏与本土因素的又并非一个统合的、同质的"朵康文化"，而是本地各区域多元的族群文化。以"历史"而言，汉文献记忆中的羌人或羌族历史，或藏文书中的朵康之人的历史，都将本地人群视为我族的一部分。但这些也是核心、主体观点的"历史"——借以宣称朵康之人为我族，又视之为我族边缘。虽然深受汉、藏文化与历史记忆影响，朵康地区各人群自有其凝聚与界定"我族"（以及与邻近他族之关系）的"历史"。认识以上这些历史、"历史"与文化，有助于我们反思各种典范观点的汉、藏历史文化论述。

本文首先概略说明朵康之地理环境与历史，接着分别介绍华夏观点的"羌史"、以卫藏为中心之藏人观点的"朵康史"，以及朵康之人——在汉、藏影响下，以及在本土人类生态情境中——如何述说自身的历史。基于此，我提出一种对汉藏历史关系的反思性历史知识，并借此讨论反思性研究的一些方法、旨趣及其现实意义。

朵康地理与历史简介

朵康位于青藏高原东缘。"朵"又称"朵麦"，大致指的是说安多藏语的地区，也就是青海东部、东南部，以及川北的松潘草地一带。拉脊山以北、日月山以东的湟水流域是有名的西宁河谷，古藏文书中称此地为"宗喀"，为广义之"朵"的一部分。湟水及其支流切割本区，形成一个个的高山河谷。相较而言，本区河谷低平（海拔高度在 2200～2400 公尺），气候条件较好。在汉代，它是汉帝国在此的主要军屯区。拉脊山以南的黄河上游谷地，山高谷深而平原狭小。目前主要农业区为沿黄河的循化、尖扎、贵德等河谷盆地。阿尼玛卿山脉以南的黄河、长江源流地区，海拔高度大多超过农业可存在的上限，只有在海拔低的零星向阳河谷能种少量青稞、小麦，其余大部分地方只宜放牧。

"康"是指"朵"之南，由四川西部到云南西北的康藏地区，这也是部分藏文献中狭义的"朵康"①。整个区域在南北走向的岷江、大渡河、雅砻江与金沙江之间，北起川西北的壤塘、石渠、德格，南至云南的中甸、维西，西至西藏的昌都一带。在此地带上，农业人群聚落散布在各个大小河谷之中。河谷上方是高山与起伏的高原，这是游牧人群活动之地。沿着大渡河由马尔康到金川、康定、石棉，以及沿岷江的茂县、汶川及映秀一带，有较低广的河谷台地，这是本地的主要农业区。西部与北部的壤塘、石渠、德格、色达、白玉，农业只见于河谷，其余为农牧混合或纯牧区。

　　约从西汉中期开始，由于汉帝国军政势力的西向扩张，朵康各地人群与汉帝国有了往来互动，因此关于他们的生计、社会与相关事件被记载于汉历史文献之中。首先与汉帝国有密切接触的是本地北部河湟地区（青海东北部）的部落人群。因汉帝国势力侵入河湟谷地，并在此驻军屯田，使得当时兼营农牧的各个"西羌"部落几度组成联盟以对抗入侵者。然而，在本地资源环境与人类经济生态下，对各部落而言最重要的是拥有一片山谷（及附近可放牧的高原草场），因此人群资源"边界"存在于各拥河谷与邻近山区的诸部落之间。在此资源区内，各牧团与次级部落也各自划分资源边界。由于发生在各个地域部落间的资源竞争是经常的、严酷的，因此他们难以集结力量一致对外。汉晋时期中国文献记载，西羌每一次为了对抗外敌而需组成部落联盟时，都需要各部落先"解仇、交质、盟诅"②。汉代将领赵充国也曾对皇上表示，羌人其实很容易对付，因为他们各部落都有自己的首领，彼此经常相互攻击，不团结。③

　　不团结并不表示他们容易对付。后来，汉帝国不堪西羌之降叛不定，将降服的河湟西羌迁至汉帝国的西北边郡。这样的政策，造成让整个汉帝国西疆残败的"羌乱"。然而羌乱中的"羌人"是已相当汉化的羌人，其主要影响区域是关陇一带的西北边郡，而非河湟。无论如何，移徙关中或近边塞地区的羌人后来成为华夏的一部分，以农牧生存于新资源环境里；

---

① 如《安多政教史》中所称的多康（朵康）三岗为多康（又称玛尔康）、多麦（又称野摩塘）、宗喀（吉塘）；此即表示"朵康"有广义与狭义之别。见智观巴·贡却乎丹巴绕吉《安多政教史》，兰州：甘肃民族出版社，1989，第3～4页。

② 《汉书·赵充国传》，《后汉书·西羌传》。

③ 《汉书·赵充国传》。

河湟至青藏高原东缘的羌人，则仍在无止境的部落战争中。川北至云南北部山间与草原上的各部落，在汉晋华夏心目中也是"羌人"。这部分羌人部落与汉晋华夏帝国的关系较平和，偶尔也有些部落首领来对汉帝国称臣进贡。

到了隋唐时，华夏称甘肃西南之洮河流域至川西北的诸部落为"党项"，认为他们是汉代羌人之裔，所以也称之为"党项羌"。《新唐书》记载，党项"以姓别为部，一姓又分为小部落，大者万骑，小数千，不能相统"。此也是说，他们有层层的部落组织，但各部落间难以产生统一全体的政治威权。该文献又称，党项各部落间常相互劫掠，以及报血雠；此也表示，应对资源不足本地人们倾向于对内分配、相争、互夺来解决问题。这一切，都与汉代西羌的情形没有差别。隋至唐初，有些党项族落经常掠夺中原王朝边境。除了征讨驱逐外，隋唐帝国将一些归顺的党项族落移入西北各边疆州县，以便辖控——此作为也与东汉帝国对付羌人的方法类似。在川西（约当今之康区）之羌人方面，由于王朝对本地的影响与控制逐渐增强，许多羌人部落归附，隋唐在此设了许多的州与羁縻州行直接或间接辖治。

公元 7 世纪，吐蕃兴于藏南并向北扩张。在此王国的发展过程中，最关键的步骤便是吞并了羊同（象雄）与青藏高原东缘的苏毗、白兰、党项、吐谷浑等政治体下的各部族。无论是羊同、苏毗皆如党项一般，由许多分合无常的部落与部落联盟所构成。吐蕃之所以能迅速扩张，并对唐帝国之西北造成严重威胁，主要原因之一便是其能凝聚这些游牧、半游牧与山谷中行混合经济的部族。利用他们常用于内斗的强大武力侵入唐帝国西疆，掠夺并分配物资以强化此军事联盟的凝聚。青藏高原东缘原属苏毗，党项、吐谷浑之各部族的加入，是吐蕃得以向北、向东扩张的主要战力基础。居于唐与吐蕃之间的党项羌受此战火波及非常严重。除了降于吐蕃的部族之外，还有许多党项羌被迫东迁。唐帝国恐党项为吐蕃所用，因此让大量党项部族移入今日甘肃、宁夏、内蒙古、陕西等地。

在立国约 200 年后的公元 9 世纪时，吐蕃各部"种族分散，大者数千家，小者百十家"[①]，部分原因为其无力稳固地统治青藏高原东缘诸部族，

---

① 《宋史·吐蕃传》。

或说，其无力消弭本地（朵康或整个藏区）因资源不足而生的内部部落战争。进入陕甘、宁夏等地的"羌人"部族，如汉晋时期的"羌人"一样，很快地融入中原王朝西北疆的政治、经济与族群文化体系。相反的，他们与吐蕃的关系日益疏浅。所以到了宋代一切又回到原点。移居关陇的"羌人"逐渐成为汉人，或被纳入党项豪族所建的西夏王国。青海河湟至川西北的高原、河谷，部分成为中原王朝的边郡，但王朝对此地的统治松散且不稳定。在中原王朝能控制的据点之外，绝大多数地方仍是各部落、村寨分立，彼此瓜分、争夺本地资源。

古华夏观点：羌人之历史

在这样的历史背景下，我们可以分析一些"历史"——汉、吐蕃（或藏）对朵康之人的族源历史记忆。借此，我们可尝试理解这些"历史"书写者——汉或吐蕃作者——对朵康之地与人的观念、情感与意图。首先，我们看看后汉魏晋时期（在此约指的是公元 1～5 世纪）华夏的"羌人"族源历史书写。

我曾在《华夏边缘》一书中说明，"羌"原来并非一凝聚认同的族群自称，而是华夏心目中的西方异族概念。因此，华夏文献中对羌的描述，也就是华夏对其西部族群边缘的描述。从殷商至汉代，随着许多西方"羌人"成为华夏，华夏心目中此一异族空间概念逐步西移。到了汉晋时期，此"华夏边缘"推移至青藏高原东缘而止，并在华夏心目中形成一稳固的"羌人"地带[①]。

写成于公元五世纪的《后汉书·西羌传》（以下简称《西羌传》），是第一篇华夏对其西方"羌人"之生计、社会与历史的书写文献。由于《后汉书》为官修史籍，因而其内容可代表当时华夏的典范观点。《西羌传》中所描述的"羌"主要是河湟各部落人群，但也包括川西至滇西北各部族（如白马羌、白狗羌、旄牛羌等）。关于这些被称为"羌"的人群之族源，

---

① 王明珂：《华夏边缘：历史记忆与族群认同》，台北：允晨文化出版社，1997，第 227～253 页；简体及修订版，社会科学文献出版社，2006。

《西羌传》中有两段书写，一说明所有羌人的来源，一说明羌人豪酋家族的来源。该文献作者指出，西羌出于南方的三苗，为姜姓之族的别支，也是古代"四凶"之一。后来，在舜帝打败并流放"四凶"时，羌人也被驱赶到黄河上游。而后，《西羌传》又说明羌人豪酋家族的祖源。其文称，有戎人无弋爰剑，原是秦人的逃奴，一天他脱逃至河湟地区，因种种神迹而躲过秦兵追捕，并因此为羌人所信奉，于是他及其后代世世为羌人各部落的豪长。该文献又称，无弋爰剑的一个孙子，卬，为了逃避秦军的进逼而率领部众往南方去，卬的后代便是川西各羌人部落的祖先①。

　　在最近的一本著作中，我分析四则汉晋时期华夏史籍（正史）中有关四方异族（其王族）之族源历史叙事。我的分析角度，并非探究其叙事中描述、记录了多少历史事实，而是诠释叙事文本（text）所"反映"的社会情境（context），另一种历史事实。这四则关于华夏四方边缘人群之统治家族的历史叙事是：东北方的"商王子箕子奔于朝鲜"的故事，东南方的"周王子太伯奔吴"的故事，西南方的"楚国将军庄蹻王于滇"的故事，以及前述西北方"秦之逃奴无弋爰剑奔西羌"成为羌人豪酋之祖的故事。我称这一类的历史记忆与叙事为"英雄徙边记"②，一种模式化的历史叙事，汉晋华夏知识精英以此表述他们心目中的我族边缘概念。"英雄徙边记"的模式化内容是：一个来自华夏的英雄因种种挫折而流居边疆，在此他成为本地统治者，或也为本地带来文明教化。产生这样模式化（或结构化）历史叙事的背景情境是，华夏自视为四方核心的我族中心主义，并因此视四方人群为自"我族"或"本地"分出的边缘支裔。

　　认识了这样的叙事结构及其意义后，我们可以进一步比较四则故事之叙事结构中相对位置的"符号"。奔于朝鲜的是一个"商"之"王子"（箕子），奔于江南的是一个"周"之"王子"（太伯），奔于滇的为"楚"之"将军"（庄蹻），奔于西北羌人地区的是一个"秦"之"逃奴"（无弋爰剑）。这些"英雄徙边记"历史记忆之构成"符号"（王子、将军、逃奴，以及商、周、秦、楚等）所隐喻之高下贵贱，反映的是在共同"结构"下

---

① 《后汉书·西羌传》。
② 王明珂：《英雄祖先与弟兄民族：根基历史的文本与情境》，台北：允晨文化出版社，2006，第五章。

（指华夏对四方边缘人群皆以核心、主体自居），华夏对四方边缘人群的意象是有等差的。在汉晋华夏心目中，这些华夏支裔血缘最尊贵的（也是文化较高的）是东北与东南边缘人群（朝鲜与东吴），因此华夏认为其王为商、周王子之后；其次是西南的滇国之人，华夏认为其王侯家族为楚国将军之后；西北边缘的西羌，华夏认为其领袖家族为秦人逃奴之后，可见其在华夏心目中的文明性、华夏性又更差了。①

然而这并非是说，华夏全然否定"羌"的华夏性。我们不能忘了，《西羌传》中也称羌为"三苗"之后，是姜姓之族的别支。在汉晋典籍记忆中，"三苗"是因作恶而被华夏英雄祖先（舜帝）驱于边地的人或人群。姜姓则是炎帝之族，炎帝也是被华夏英雄祖先黄帝打败的古帝王。然而对华夏而言炎帝并非"异类"，有些文献甚至称他与黄帝是兄弟，后来华夏中也有部分大姓门阀为姜姓之族。如此，当时的华夏称西羌为姜姓别支，隐喻着他们原来是华夏的一部分，但为华夏中的"坏分子"、家中的"黑羊"②。无论如何，称羌人为"姜姓之别"与称他们"出自三苗"，都表示他们是被华夏英雄祖先（核心）打败、逐出的华夏支裔（边缘）。

进一步分析《西羌传》之文本，我们还能察觉作者心目中河湟之羌与川西之羌是有差别的。在该文有关"无弋爰剑"的叙事中，事实上作者所述的不是一个而是两个"英雄徙边记"故事。一是，"无弋爰剑"奔逃至河湟；另一则是，"无弋爰剑"的孙子"卬"，为了逃避秦人之军威而率众往西南迁，他的后代便是旄牛种的越巂羌、白马种的广汉羌、参狼种的武都羌。以上越巂羌、广汉羌、武都羌之名，表示这些羌部的位置是在当时（东汉）武都经广汉到越巂此一线之西，也便是由甘南、川西到云南西北部之青藏高原东缘的高山、纵谷与高原地区，也是当前我们所称的"康区"。由于在《西羌传》之文本叙事中，"卬"之子孙由河湟之无弋爰剑子孙"主干"分出，因而此"英雄徙边记"叙事也表现书写者心目中河湟羌为羌人主干，西南诸羌为较不重要的（或其开化程度较低的）分支。与此相对的，《西羌传》的主要内容均在描述河湟之羌，只略为提及西南诸羌。

---

① 王明珂：《英雄祖先与弟兄民族：根基历史的文本与情境》，台北：允晨文化出版社，第五章。

② 英文谚语称"家里的坏分子"为"the black sheep of the family"。

古藏人观点：王子、卵生、猕猴与弟兄祖先

公元 7 世纪吐蕃王国兴起于藏南并向北、向东扩张，朵康各地部族因此被纳入其政治、文化圈中。后来在吐蕃王国崩解后，因藏传佛教的流传，朵康与卫藏在文化习俗与宗教上的关系却愈来愈密切。现在可见的一些藏文书中，常有将吐蕃各地部族视为一整体——朵康各部族也被包括在内——来说明其祖先源流的叙事。我们可借此探讨吐蕃或藏人观点的"朵康之人"的族源历史。

在早期藏文书中，有几个青藏高原东缘之地域与人群的词语概念。藏文献中常将广大藏区分为三部分，如《智者喜宴》所称的"上阿里三围"、"中卫藏四如"、"下朵康六岗"。在《西藏王统记》中，则称下部为"朵康三岗"①。有学者指出，"朵康三岗"是指"朵康"（昌都以东的康藏地区）、"朵麦"（青海安多地区）、"宗喀"（青海湟水地区）。一般认为"朵康"指的是"朵"与"康"，"朵"在北，"康"在南，然而此二者之范围并不明确且有重叠②。无论如何，据研究者称"卫"有中心之意，而"康"则指的是边地。③

根据藏族史学者的研究，藏文史籍中关于藏人族源（也便是"历史"）之说有三——印度徙入说、猕猴说、卵生说④。

印度徙入之说大致为，一个印度国王的幼子，因战败或因争王位失败，改着女装逃往大雪山中，此即西藏王统之由来，或称其后裔繁衍为当地所有的人。⑤ 14 世纪之作《西藏王统记》中引《遗训首卷录》称，天竺"马甲王有三子，其最幼者，颇具德相，未得王位，乃遵神指示，令其改作女

---

① 索南坚赞：《西藏王统记》，刘立千译注，民族出版社，2000，第 23 页。

② 如，若参考《安多政教史》所述，则川西的大金川一带亦被包括在"安多"之内。

③ 格勒：《论藏族文化的起源形成与周围民族的关系》，中山大学出版社，1988，第 26～27 页。

④ 石硕：《藏族族源与藏东古文明》，四川人民出版社，2001，第 18～19 页。

⑤ 石硕：《藏族族源与藏东古文明》，第 18～19 页；蔡巴·贡噶多吉：《红史》，陈庆英、周润年译，西藏人民出版社，2002，第 27 页；班钦索南查巴：《新红史》，西藏人民出版社，2002，第 10 页。

装，流放至于藏地云"。作者称，这指的是吐蕃王统之始祖聂赤赞普。① 成于14世纪之《红史》作者引同一资料，称释迦种族之后的一个国王，"他的小儿子领着军队穿女人服装逃往雪山之中，后来世代为西藏的国王"。此亦指的是西藏"王统"的由来而非所有人类的由来。但在《青史》中，作者引印度智铠论师的说法称，战败的茹巴底王伪着女装，逃到雪山中，发展成西藏的人类。②《善逝教法史》引智铠所著之《胜天赞释》称当地人类起源为，在一次战争里"茹巴底王领着他的军队约一千人，乔装为妇女，逃遁到大雪山丛中，逐渐繁殖起来的"。③《西藏王臣记》同样引《胜天赞释》，略去了"着女装"之情节，曰："西藏人类，系由茹巴底王率领军队进入有雪邦土，而逐渐繁衍而来者。"④ 以上三则文献中类似的故事，述说的都是西藏人类的来历。

这也是一种"英雄徙边记"历史叙事，反映着在书写者心目中本地人（或其君王家族）为佛法世界核心（印度·天竺）的边缘成员。叙事中常见的共同情节，如被打败的、不得继承王位的王子逃往外地，以及符号，如幼子、着女装等，都表示相对于天竺而言，藏域为佛法世界之"边缘"。值得注意的是，明清时期云南滇洱地区也曾流传"天竺阿育王的三个王子来到本地，成为本地神性祖先"之传说，与此有相似的地方。它们都显示在佛教文化的北向扩张中，藏区与滇南都曾成为此一宗教文化圈的边缘。虽然以上诸文献多未指明，这逃来的王子先是在何处繁衍人类，但称这王子便是西藏（吐蕃）第一位王者，那么，一般藏文献皆指第一位王者聂赤赞普降在雅隆地区，也就是卫藏的核心。

"猕猴说"应是在藏区最普遍、最深入民间的一种人类起源叙事，见于多种典籍之中。如，《红史》记载，观音菩萨化身之神猴和度母化身的岩罗刹结合，生出西藏所有的人类。⑤《西藏王统记》亦称，藏地人种出于神猴及岩魔女（罗刹）之合。此神猴受观世音菩萨之命往雪域修行，在此他受

① 索南坚赞：《西藏王统记》，刘立千译注，民族出版社，2000，第33页。
② 廓诺迅鲁伯：《青史》，郭和卿译，西藏人民出版社，1985，第25页。
③ 布顿大师：《佛教史大宝藏论》，郭和卿译，民族出版社，1986。
④ 五世达赖喇嘛：《西藏王臣记》，刘立千译注，民族出版社，2000，第8页。
⑤ 蔡巴·贡噶多杰：《红史》，第29页。

到岩罗刹的威胁诱惑，要他与其成亲。后来在菩萨的应许下，神猴终与岩魔女结为夫妻。婚后他们生出六个猴婴，六猴婴由不同处来投生，其父母之性（神性与魔性）也不同，因此其后代也有不同的秉性。此六猴繁衍众多后代后，神猴又替他们从天上乞来青稞、小麦、荞子等谷类播植地方，让他们得以为食，并逐渐退去体毛成为人类。[①] 研究者称，此故事中六幼猴及其后代生养之处"甲错林"与"灼当贡波山"，或其他文献所载的藏族起源地，一般都指的是雅隆河谷的泽当。[②]《汉藏史集》中有类似的猴子与岩魔女的故事。故事说，观世音菩萨发现吐蕃之地充满黑暗，没有佛法，所以授法予一猴子，命其到"吐蕃中部"的一个山崖下修行。后来遇岩魔女，两人结为夫妻，情节如上述。[③] 这儿，"吐蕃中部"，相对于吐蕃上部（阿里）与下部（朵康），指的也是以雅隆河谷为中心的卫藏地区。

虽然此种记载最早出现在 14 世纪的藏文献中，但学者认为此说在民间应有更早的流传渊源，后来在吐蕃王国瓦解而藏传佛教渐民间化之后，此民间传说才被纳入佛教文献中并添加佛教色彩。[④] 公元 7 世纪唐代学者纂修的《隋史》记载，称当时的党项羌为"三苗之后"，又说其中的宕昌·白狼部落都自称是"猕猴种"。[⑤] 这说明人类由"猕猴"生出之说，此时已流传在青藏高原东缘之宕昌·白狼等部落中。

六猴雏生成人类之说，后来又发展成"六人种"或"原人六族"为藏区各地族群祖先的说法。如《汉藏史集》在前述岩魔女与神猴的故事中，接着说，他们的后代人类因争夺谷物不合，分成四个部落，即塞、穆、东、冬四个族姓。并称，"吐蕃之人，大多数都由这四大族姓分化而来"。作者又引了另一说法，称"吐蕃最初的姓氏为查、祝、冬三姓，加上葛成为四姓，再加上两个弟弟韦和达，成为吐蕃的六个姓族"。作者解释道，由于在观世音要神猴与岩魔女结合之前，吐蕃地方没有人类，因此这六个姓族应是上述四个姓族派生的。[⑥] 该书另一章中，作者引述另一故事如下，吐蕃人

① 索南坚赞：《西藏王统记》，第 30～32 页。
② 班钦索南查巴：《新红史》，第 93 页，注 78。
③ 达仓宗巴·班觉桑本：《汉藏史集》，陈庆英译，西藏人民出版社，1986，第 79～80 页。
④ 石硕：《藏族族源与藏东古文明》，第 29 页。
⑤ 《隋书·西域传·党项》。
⑥ 达仓宗巴·班觉桑本：《汉藏史集》，第 80 页。

的始祖赤多钦波，"他生有六个儿子，即查、祝、冬、噶四位兄长及韦、达两位弟弟，共计六人"。该文接着叙述："冬娶了巴玛勒邦，查娶了查莫热扎，祝娶了祝莫重重，噶娶了噶玛麦波，韦与达在汉藏交界之地，娶了当地的达岱贡玛。"然后该文歌颂各族姓后裔，如，称未失尊长地位的是兄长"冬"的后裔，本领高强而守信用的是"查"的后裔等。未被颂扬的唯有韦与达两支。该文接着又叙述查、祝、冬、噶各繁衍成12支系，也未提及韦、达的后裔支系。

在许多早期藏文献中，都提及这最早的四兄弟或六兄弟，以及相应的四族或六族之说。在《朗氏家族史》中，阿聂木思赤朵钦波的六个儿子，六弟兄，是"藏族原人六族"的祖先。其中，最小的两个弟弟魏（韦）与达，"居住在大区交界处"。在此文本中，作者同样是以"小弟弟"及"大区交界处"来表述此族群在整体"吐蕃"中的血缘与空间边缘地位。① 法国藏学家石泰安，在比较了几个相关藏文献版本后指出，这些文献记载，最早的六个弟兄里的"小弟弟或坏家族"被驱逐到大国边境，作为西藏内地部落同这些大国间的缓冲。② 所谓大国边境，应指的是昌都以东的朵康（或含青海东部的"宗喀"与"朵麦"）地区。至少《汉藏史集》指这两兄弟在"汉藏交界处"，指的是青藏高原东缘的朵康，或其中的一部分。

许多藏文献作者在书写吐蕃原始的"四弟兄"与"六弟兄"时表现得犹豫或不确定，以及汉藏边缘某些人群被书为"两个小弟弟或坏家族"的后代，显示典范观点的"吐蕃人"范围可能曾随着吐蕃王国势力的扩张（纳入朵康之地与人）而扩大，因而解释并凝聚吐蕃人的"历史"，一种弟兄祖先故事，其祖源部分也由查、祝、冬、葛四兄弟，变为"加上两个弟弟韦与达"的六兄弟。无论如何，将六个弟兄中的四个作为一组"哥哥"相对于另两位"弟弟"，这样的叙事重复出现在《汉藏史集》等藏文书中，明白显示后来加入此吐蕃大家庭的朵康之地与人——小弟的后代，或住在大国边区的家族——在掌握书写权力的吐蕃知识精英看来仍为我族"边缘"。由以上各说我们可以看出，无论这些古藏文献的作者来自何处，他们

---

① 大司徒·绛求坚赞：《朗氏家族史》，西藏人民出版社，1988，第5页。
② 石泰安：《川甘青藏走廊古部落》，耿升译，四川民族出版社，1992，第29页。

都认为最早的西藏（吐蕃）人类衍生于雅隆河谷，或在以此为中心的"吐蕃中部"（拉萨与日喀则一带的卫、藏）。相对的，朵康则为边缘，是弟兄始祖中的"小弟弟"或低卑家族之后裔所居的地方。

　　另外，藏区流传的人类"卵生"之说，大多只是用以解释人类的由来。据研究者之见，"人类卵生之说"源于印度或波斯，最早出现在西藏苯教文献之中。① 成于 14 世纪的《朗氏家族史》称，一般人民起源于一原始之卵，此卵生成 18 个卵，其中白卵生成一人——门米桑巴·隆隆朗朗，他的孙子廓瑟积奇生下三子。这三兄弟中的恰尔吉·达查阿魏，便是人间世系的始祖，前述的"六族姓"便为其后代。②《黑头矮人传》中称，一卵中生出一光亮一黑暗两只鸟，两鸟交配生了白、黑、花三个卵，由此繁衍出神与人类。在《格萨尔王·汉地之章》，两只鸟生了 18 个蛋，分成三组，白、黄、蓝蛋各六个，其中，中部神造的六个黄蛋产生人类，"尤其是西藏矮人六氏族"③。

　　以上印度徙入、猕猴之后、卵生三种藏人观点的藏地（含朵康）人类起源之说，经常在其叙事情节中蕴含着"弟兄祖先故事"成分。如在印度徙入说中，来到西藏的常说是印度某王族"几个弟兄"中的老幺。④ 卵生说中，由同一母源生出的不同颜色之卵，生出各人群，此自然也隐喻这些人群在祖源上有同胞手足关系。在猕猴与岩魔女生人后来形成四姓族或六姓族之说里，更明白表示这四族或六族的始祖为弟兄。在藏区，祖先源于几个"弟兄"似乎是一种常见的族群历史构成模式。如在《朗氏家族史》中，不仅藏人（吐蕃）原人六族出于六个弟兄，朗氏各支系也无不出于一组组的弟兄。如该家族有三大支系：上部地方惹氏白支系、中部地方惹氏花支系、下部地方惹氏黑支系。此三大支系之内部各部族，都各源于该支系之始祖九弟兄。⑤《红史》及许多藏文书中也提及，在神猴菩萨与岩罗刹女结合生出人类以后，曾经是"玛桑九兄弟"统治的时代。在《迦萨世系

① 张云：《丝陆文化吐蕃卷》，浙江人民出版社，1995，第 6～7 页；林继富：《西藏卵生神话源流》，《西藏研究》2002 年第 4 期。
② 大司徒·绛求坚赞：《朗氏家族史》，第 5 页。
③ 石泰安：《川甘青藏走廊古部落》，第 34 页。
④ 如《西藏王统记》中引《遗训首卷录》。
⑤ 大司徒·绛求坚赞：《朗氏家族史》，第 6～7 页。

史》里，昆氏出于"天神三弟兄"的后代"玛桑七兄弟"。该书接着记载着昆氏好几代的"兄弟"，最后，"祖多喜饶有七子，传说由此七兄弟分出昆氏八部族"。[1] 更早的敦煌所藏吐蕃历史文书中，也有"六父神之子，六兄六弟"这样的神性祖先之说。[2]

不仅对"我族"历史作如此思考，对于"汉地"之历史，古藏人作者在叙事中也常表露此倾向。如《红史》中称，"刘光武有五个儿子，第五个儿子即是叫作汉明帝的皇帝"，又称，"唐高祖……在他的三个儿子中的第二子唐太宗在位之时"[3]。这样的叙事，强调"英雄"为几个"弟兄"之一，在汉历史文献中是不常见的。在后面，我将对此作进一步解读。

本地各人群的由来：青藏高原东缘的本土观点

公元 9 世纪吐蕃政权瓦解后，藏传佛教文化持续影响青藏高原东缘汉晋"羌人地带"上的诸部族。过去被称作"羌"的这些人群，此时在华夏看来已相当"吐蕃化"了，因此华夏开始称之为"番"。[4] 宋至明清时期康区各部族在汉文献中普遍被记录为"番"或"西番"。宋王朝国力弱，北方边疆纷扰多，因此对西方边疆采保守之势。元代蒙古之中原王朝，以其军威征服、控制朵康，设司管理，此时本地少数地区成为其直属州县，其他大多成为受理藩院管辖的"外藩"。在此基础上，明清王朝更有计划地在本地建立起行政管辖体系，主要是延续前朝的土司制度，并强化经康区通往卫藏的交通驿道，以强化政治上的沟通与辖制，以及茶马贸易。以川西至滇西北的康区而言，北段的杂谷脑至马尔康，中段的雅安至康定，南段的丽江、中甸，都是茶马贸易的入藏重要通道。如此原已不同程度地接受"藏化"或"吐蕃化"影响的康区，在明清时期大量汉人军、民、商人进入本地的情况下，当地各族群又不同程度地接受"汉化"。因此在经近代中

---

① 阿旺贡噶索南：《迦萨世系史》，陈庆英等译注，西藏人民出版社，2002，第 4~10 页。

② 《敦煌本吐蕃历史文书》，王尧、陈践译，民族出版社，1992。

③ 蔡巴·贡噶多吉：《红史》，第 10、13 页。关于汉地各王朝的历史，类似的叙事亦见于释迦仁钦德《雅隆尊者教法史》，西藏人民出版社，2002，第 14~16 页。

④ 王明珂：《羌在汉藏之间：一个华夏边缘的历史人类学研究》，台北：联经出版公司，2003，第 181~183 页。

国"民族化"洗礼而汉、藏区分明确化之前，也就是约在 20 世纪上半叶，康区早已成为一模糊的汉、藏边缘。

前面我略述汉文献所载"羌人"的起源历史，以及藏文献所见"朵康之人"的起源历史。那么，我们是否能探索居于汉与卫藏之间的这些人群如何记忆、回忆他们自身的历史？事实上，这样的探索有些困难。首先，在近代以前居于本地的各族群很少留下佛教文献以外的文字记忆，尤其是可称为"历史"的记忆。其次，汉藏文献中所见的是羌、党项、木雅、弭药等人群，而在今日民族学田野调查所见，是相关地区当前居住着无数在语言、文化与族群认同上极端分歧的多元人群。① 因此无论是哪一人群的历史记忆，都不能代表全体"康区"或"朵康"之人的观点。最后，近代民族学者进入朵康地区进行民族考察时，他们的确从本地人的口述中，从本地人保留的文书中，得到一些本地人的社会记忆。但是，部分由于本地人处于汉、藏文化间的边缘地位，这些有关"过去"的社会记忆经常被学者认为是"神话"或"民间传说"而被忽略或受压抑。

以下我只能以一些近代的、非常有限地区的例子，来说明部分本地人群对"历史"的记忆。这些例子，主要来自我曾进行多年田野调查的川西阿坝藏族羌族自治州，特别是由松潘到汶川、理县之间的羌族地区，以及邻近的嘉绒藏族地区。

岷江上游松潘至汶川、理县、黑水一带，是藏文书所见之"朵康"概念的东方边缘部分。我曾在《羌在汉藏之间》一书中——如书名所示——描述羌族居于汉、藏之间的族群特质。在本文中，我只在本地的历史记忆层面上说明此现象。关于本地人的来源，或本地的历史，在羌族中流传着几种不同的故事。一个关于人的来源故事，记录在端公（本地汉语对男性巫师之称）经文唱词中，后来也通过"羌族民间故事"之类的书籍而流传。其内容是说，一个天上的仙女来到人间，遇到一个凡间的猴子，或说是一个半人半猿的"人猴"，她把人猴带上天，这人猴经历仙女之父天神

---

① 以岷江上游的羌族地区来说，在 1950 年代以前，一般而言，山间村寨居民的认同范围很小，各沟人群间的语言难以相互沟通，邻近地区人群的文化表征也常有刻意区分。见王明珂《羌在汉藏之间》。大渡河流域的康藏地区，自巴底乡的嘉绒藏族以下，丹巴县各沟人群的语言、体质、文化（如房屋形式、妇女服饰与婚丧习俗等），都有或多或少的区分。

木比塔的种种试炼，终得与仙女成婚，婚后，两人来到凡间生儿育女，同时也为人间带来作物与家畜。这个人的来源故事，其主题——仙女与猿猴生下人类——颇似前述藏文化中猕猴与罗刹女生人的故事。然而故事中的天神，木比塔，在许多村寨居民的观念里也就是"玉皇"。有些人在口述这个故事时，将那个凡间的猴子说成是"孙悟空"。这些，又显然是受汉人道教或民间传说的影响。

比上述故事更普遍的是，另一个说明"人"或"尔玛"①来源的故事——"伏牺仔妹制人烟"。这是说，在一次大洪水之后，人间只剩得一对兄妹。他们得到天神的应许，结为夫妇，生下一团肉球。他们将肉球剁碎，到处丢，结果到处都出现了人。这个故事中的"伏牺"以及故事本身，几乎流传在所有受汉文化影响的西南少数民族地区，显示这是汉文化与西南地区人类生态结合下的产物。它的主题——分散各地的族群来自于同一原始血缘——所反映的西南地区人类生态，便是多元族群共有、区分与竞争本地资源的族群情境。

更明显地表现此一本地人类资源与族群生态的"历史"的，是一种"弟兄祖先历史"。在川西羌族、藏族中，这是最普遍的一种"历史"。我曾于过去的著作中，详细分析这种"历史"。简单地说，譬如，一条沟中有三个寨子，人们说起本地人的来源时，常说"从前有三个弟兄来到这儿，分别在此建立自己的寨子，他们分别是目前三个寨子之人的祖先"。若这一条沟中所有村寨之人，与邻近四条沟的人群构成更大范围的一个认同群体，于是，说起这五条沟的人的"祖源"时，他们说"从前有五个弟兄到这儿来，一个人到一条沟去建寨子"。在过去的著作中，我分析了许多这样的"弟兄祖先故事"，通过文本、情境分析而认为它们是一种"历史"，产生于一种与本地人类生态密切结合的"历史心性"之中。"历史心性"，我是指，一种影响我们对"历史"之记忆与回忆的文化心性，或者说，一种规范我们述说、书写历史的"历史叙事文化"。譬如，在"弟兄祖先历史心性"下，人们不断地造出各种结构类似的"弟兄祖先历史"。弟兄祖先故

---

① 尔玛（或玛、日麦、尔勒灭等类似发音的词）是岷江上游各沟居民的自称词，约指"本地人"或"本族的人"。

事（历史）叙事中的"弟兄"，有三种人群关系隐喻——合作、区分与对抗。因此这样的"历史"所对应的社会资源与族群情境也就是，几个以"弟兄祖先"凝聚（与区分）的人群（几个村寨或几条沟的人群），对等地保护本土资源、分配本土资源，并为此相互竞争与对抗。这样的"弟兄祖先故事"在羌族、藏族地区又有许多变化。基本上，深度汉化地区的羌族（如北川羌族），他们所述说的弟兄祖先故事中，"弟兄"或有了父亲，而且他们来自汉地——"湖广"或"河南"。在较藏化的羌族或藏族地区（如理县与黑水），叙事中"弟兄"成了几个地方神祇或山神，人们并非这些弟兄的后裔，而是受其庇护的信徒①。

理县以西便是嘉绒藏族地区。前述见于藏文献中的人类"卵生"之说与"猕猴与岩魔女"之说，都在本地民间流传。特别是"卵生"之说，在此苯教流行地区常见于各土司之家族史记忆中。20世纪上半叶，部分土司家族称其始祖为一大鹏鸟——琼——卵生之子。"琼"即形为金翅大鹏鸟之神灵（Garuda），源出于古印度宗教神话，后来随佛教传入藏族文化中，成为自古以来藏族宗教、美术与文学中的一重要母题②。中国民族学前辈学者马长寿先生，1940年代曾在川西康区记录了几则嘉绒土司的家族史。如他所记录的绰斯甲土司之祖源故事为：有一仙女感受星光而得孕，生下三个卵，一花、一白、一黄。此三卵飞至"琼部"山上，各生一子。花卵之子是为绰斯甲王；白卵与黄卵之子留在琼部，成为当地之上、下土司。绰斯甲王有三个儿子，长子曰绰斯甲，为绰斯甲土司；次子曰旺甲，为沃日土司；三子为葛许甲，为革什咱土司。③ 根据马长寿之采访，邻近大渡河流域巴底土司的家族祖源为：远古之世"琼鸟"降生于琼部，此鸟生了五个卵，一红、一绿、一白、一黑、一花。花卵中生出一个人，他来到巴底，在此生了兄弟二人。这两人分别为巴底与巴旺土司之始祖。④ 在这两则祖先来源故事中，都有受藏传佛教文化影响的"卵生"及"金翅大鹏鸟"等符号，然而叙事中的"弟兄祖先"情节也是显而易见的。巴底土司官署所在的

①　王明珂：《羌在汉藏之间》，第231～249页。
②　格勒：《论藏族文化的起源形成与周边民族的关系》，第466页。
③　马长寿：《嘉绒民族社会史》，《民族学研究集刊》1944年第4期，第66页。
④　马长寿：《嘉绒民族社会史》，第68页。

"邛山"，即此土司家族历史故事中"琼鸟"所降生的地方①。

由宝兴之董卜韩胡土司（嘉绒18土司之一）分出的瓦寺土司②，也是嘉绒政治、文化与族群圈中的一部分。瓦寺土司家族亦有类似的"琼鸟卵生子裔"之家族史记忆。根据马长寿得自于"龙书喇嘛"（当时的瓦寺土司之弟）的说法，此家族祖源为：天上普贤菩萨化身为金翅大鹏鸟——"琼"，降于乌斯藏之琼部，生了三个卵，一白、一黄、一黑。三卵生出三个男孩。长大后，黄卵之子至丹东、巴底，成为当地土司；黑卵之子至绰斯甲，成为绰斯甲土司；白卵之子至涂禹山，成为瓦寺土司。③ 这土司家族祖源传说中并无前面提及的土司（绰斯甲与巴底）家族史中的"弟兄祖先"叙事结构，但琼鸟所生三个卵生出三个男孩后来成为各土司之祖，此仍隐喻着各土司始祖间的弟兄关系。

更早，1929年历史语言研究所的一位助理员黎光明，由瓦寺土司的另一位弟弟口里记录了一个完全不同的该家族"历史"。这一说法是，一个河南人桑国泰，在张献忠剿四川以后，带了四个儿子到四川移民。长子桑英落业于灌县；次子桑贞落业于金堂、彭县一带；三子桑勋回了原籍（河南）；四子桑鹏来到汶川，到土司家里承袭了土司。④ 这便全然是个"弟兄祖先"历史叙事，且是受汉化影响的"弟兄祖先故事"。另外，当时瓦寺土司之家谱记载，此家族的"英雄祖先"是自卫藏来此为朝廷平乱的酋长。值得我们深思的是，在这个康区边缘的土司家庭中，几个弟兄所述的本家族"祖源历史"竟有如此大的区别。⑤ 据龙书喇嘛称，"琼部"在乌思藏，也就是卫藏。说祖先来自"卫藏"与"河南"，反映了在汉化与藏化之历史过程下，该家族成为汉、藏的双重边缘。

---

① 以此而言，该地汉字地名应写作"琼山"，但目前一般识字的村民都将此写作"邛山"，有"邛莱山"之隐喻。这也是本地居于汉、藏之间的一个表征。

② 官署在今日四川省阿坝藏族羌族自治州汶川县之绵簇乡。

③ 马长寿：《嘉绒民族社会史》，第67页。

④ 黎光明、王元辉：《川西民俗调查记录1929》，第158页。

⑤ 我曾分析，20世纪上半叶此一家族几个弟兄及家谱所叙述的三个家族祖源历史：一为家谱中所书的"英雄祖先历史"，一为土司之弟所说的"河南人之子的四弟兄故事"，一为龙书喇嘛所说的"琼鸟卵生之子"之说。见王明珂著《瓦寺土司的祖源：一个对历史、神话与乡野传说的边缘研究》，《历史人类学刊》第2卷第1期，2004，第51~88页；亦见王明珂著《英雄祖先与弟兄民族》，第11章。

另外据马长寿的记录，丹巴县丹东的革什咱土司邓坤山所述的本家族来源是，其远祖由"三十九族之琼部"迁来此地，来这儿的是四个兄弟，他们分别到绰斯甲、杂谷、汶川、丹东①，成为四地的土司之祖。② 这个家族史，虽然其中还有琼鸟主题，但其文本更显而易见的是"弟兄祖先历史"。

受"弟兄祖先历史心性"影响，岷江上游羌族、藏族之社会记忆中缺乏本土英雄，也因此，当今羌族常假借一些汉历史文化记忆中的"英雄"，如大禹、炎帝等。特别是，今日羌族常自称是"大禹"之后。我曾指出，川西所有流传大禹故事的地方，都是当地汉化程度较深的地方，这些历史古迹点，多分布在长久以来作为中原朝廷政治军事中心的各个旧县城附近。③ 甚至于，大禹记忆曾让这些过去被称为"羌"或"蛮子"、"西番"的人群深度汉化，借着祭祀大禹，他们强调自身的"汉人"身份，并歧视上游的"蛮子"。④ 后来在 1950 年以来的中国民族政策推行下，经民族调查、识别，本地人才被识别为羌族。今日许多羌族知识分子皆认为，大禹建立夏朝，夏朝是中国第一个朝代，因此羌族是最古老的华夏。

三国故事及其中之英雄人物记忆，在所有汉人地区广泛流传。由于此历史记忆中蜀汉所在及其史事发生之地，主要是在中国西部与西南，因此三国故事更容易在这些地方流传，并得到本地人的关注。汶川、理县一带的羌族常说些关羽（或观音）和周仓的故事。在这些故事中，关羽（或观音）是汉族的神，周仓是羌族（或所有少数民族）的神。故事情节经常为，关羽（或观音）使狡诈手段，让有气力无头脑的周仓吃亏上当。他们也说诸葛亮与孟获的故事，同样，代表汉人的诸葛亮使诈，让代表少数民族或羌族的孟获上当，因此使得今日羌族（或少数民族）住在条件较差的山区。

在羌族以及在理县、黑水的藏族中，我也常听说周仓与观音或诸葛亮

① 如前所述，绰斯甲土司在金川一带；在汶川的是瓦寺土司；杂谷土司官署在岷江支流杂谷脑河的理县；丹东位于大渡河的一条支流，是革什咱土司官署所在。

② 马长寿：《嘉绒民族社会史》，第 68 页。

③ 如，汶川地区之"涂禹山"在旧县城绵篪附近，理县之"汶山寨"在清代县治通化附近，北川的"禹穴沟"在清代旧县城治城附近，茂县的"禹乡村"在旧县城凤仪附近。

④ 王明珂：《羌在汉藏之间》，第 277～283 页。

打赌而受欺骗的故事。如一位黑水知木林老人曾对我说的，"周仓是西方的一个王子，青海、西康都是周仓管"。周仓跟诸葛亮打赌，一个县一个县地赌，把灌县、汶川等较好的地方都赌输了。最后这位老人说，这周仓也就是"格萨尔王"。"格萨尔王"故事曾流传于青海南部、川边到云南西北部的广大地区（约等于朵康地区），是一则描述英雄四方征伐的史诗故事。目前此故事流传地区的各族群，大多被划分、识别为藏族。无论是在汉民间故事或是在民俗图像上，周仓的形象都是面貌丑恶、肌肉结实的夯汉。因此较受汉文化影响而熟悉周仓此一意象的羌族，接受此一人物作为本民族祖先，也是接受本地人相对于汉人的较劣势地位。然而未熟悉汉文化中周仓意象的黑水藏族，将他比附于"格萨尔王"，也显示周仓在其心目中的英雄征服者形象。

离康定不远的大渡河流域鱼通地区有一支藏族，他们说的是与周遭藏族不同的话，称"贵琼语"。据一项考察报道，当地的老人说贵琼人原为古羌人遗裔，其先民原住在邛雅，川西南的邛崃、雅安一带。三国蜀汉之时，羌人被诸葛亮打败。战后，诸葛亮要羌人迁居河坝，部分羌人不愿改变原来的生活方式，便从邛雅迁往天全，再迁到泸定一带居住①。鱼通亦称打箭炉。本地传说，诸葛亮南征时曾遣裨将郭达在此造箭，故得此地名"打箭炉"。后来"打箭炉"专指本地的康定城。20 世纪上半叶康定城中有武侯祠、将军庙、诸葛街②。前项报道亦称，岚安（下鱼通）的贵琼人曾在新中国成立之初被识别为汉族，后来在本地人要求下，经民族调查、识别，于 1986 年他们成为藏族。此亦可见在民族识别前的 20 世纪上半叶，本地早已成为汉、藏的双重边缘。

离此不远的天全，同样，在藏文化影响下本地曾为康藏的边缘，后来又成为汉化之域。明代本地由"天全六番招讨使"之土司管辖，贵琼人也在其辖内。土司姓高，1940 年代学者任乃强在此搜集到一本土司家谱。家谱首段叙述此家族源流，大致是说，炎帝和女娲之妹结合，生下高氏之祖——姑生，此高氏之祖娶乔文公之女——安登，生下两个儿子，姜万春

<hr />

① 金绥之：《泸定县岚安乡贵琼人宗教习俗》，《宗教学研究》1999 年第 2 期。

② 任乃强：《西康图经·地文篇》，《新亚细亚学会边疆丛书》之十五，第 50～51 页。

与姜万年；然后，姜万春的后代曾辅佐禹、秦始皇、汉高祖，又娶周宣王宫女、汉宫女、孔融之女；最后因食采邑于高，改姓高。① 由此家谱可见，此相当汉化的土司家族自称为"姜姓炎帝"后代，又强调该家族在事功与婚姻上与中国历代帝王、名人有密切关系。以上贵琼老人之记忆，以及此土司家族历史叙事，与前面诸康区嘉绒土司有琼鸟、卵生、弟兄等符号的家族史记忆有相当差别，此亦表现他们受汉、藏文化影响之程度不同。据称，有不少自称天全高土司后裔的本地民众，留在天全的成为汉族，迁到康定的则成了藏族。②

结语：反思史学观点

以上关于青藏高原东缘之山谷、草原居民之历史，我简略地介绍分析了古代华夏观点的"羌人"历史，古藏人或吐蕃观点的"朵康"历史，以及青藏高原东缘羌族、藏族各族群本土观点的历史。由于"朵康"包含的地区非常广，居于其中的人群又在语言、文化与族群认同上极端多元分歧，以上我所举的例子，当然并不充分、全面，且可能有失偏颇。在这篇文章中，我只是借着这些例子，首先，说明无论是华夏观点的"羌史"，或以卫藏为中心的藏人观点之"朵康史"，都将汉、藏之间的青藏高原东缘之地与人视为我族的一部分，但又视之为我族"边缘"；其次，我也以有限的例子说明，青藏高原东缘各族群自身所表述的历史，一方面表现其不同程度地受汉、藏政治与文化影响而自居"边缘"，另一方面又表现本地各族群多元分立中的对等合作、区分与对抗之族群关系情境。对于这两点，我们可以再作一些深入讨论，并借此说明我所称的"反思史学"观点及其意义。

我们再回顾、比较汉晋时期华夏在《西羌传》中所建构的"羌人历史"，以及早期藏文献中卫藏观点的"吐蕃原人六弟兄历史"。在前者之叙事文本中，羌人的祖先是"三苗"与"秦之戎人逃奴无弋爰

---

① 任乃强：《天全散记：高土司世系》，《康藏研究月刊》1949 年第 25 期。

② 金绥之：《泸定县岚安乡贵琼人宗教习俗》。

剑"，两位都是被污化的英雄祖先。在当时华夏各种以"英雄徙边记"文本来表述的边缘人群血缘想象中，"三苗"与"无弋爰剑"既非如箕子、太伯来自华夏之核心中原，其逃奴与凶人身份亦无法与王子（箕子、太伯）与将军（庄蹻）相比。可以说"羌"在当时华夏心目中，是最边缘的异类。然而，说他们是"姜姓族"的一支，又为华夏与羌之间保留了一丝族源上的联系。特别是，在魏晋之后的南北朝至隋唐时期，有些进入中原的鲜卑豪族攀附"炎帝"为其祖源，而使得"炎帝"在华夏历史记忆中的地位逐渐升高。隋唐时"炎黄子孙"观念的成形，反映的是许多内徙北族为华夏接受而成为华夏，如此也改变了华夏的本质。① 因此至少从唐代以来，"羌"在华夏心目中并非异类，而是"我族"边缘。

在"吐蕃原人六弟兄历史"之文本中，朵康之人的祖先并非是被卫藏之"英雄"祖先逐到汉藏边界去的他者，而是朵康与卫藏各族群之始祖为"弟兄"。这样的"历史"，强调朵康与卫藏各族群间对等的联合、区分与对抗关系。同时，在"六弟兄祖先历史"之叙事中，藏汉边界人群的祖先是这"六弟兄"里的两位小弟弟，隐喻着其繁衍下来的是较低劣的家族。

可以说，在历史上，汉藏间的紧密关系在于他们有一共同的"边缘"——朵康或古羌人地带。核心典范的华夏与藏人之"历史"都将"羌人"或"朵康之人"视为我族的一部分，但也都视之为我族边缘。只是他们分别在"英雄祖先"与"弟兄祖先"两种不同的历史心性下，建构这样的边缘人群之"历史"。而青藏高原东缘之各区域人群，尤其是其居于政治与社会文化上层者，因被纳入汉、藏政治文化圈之边缘，经常接受或选择一些来自汉、藏的历史文化记忆，加以剪裁修饰而成为本族群的"历史"——这"历史"也强化其居于藏族、汉族或两者边缘之地位。如此经由历史上康区之人与卫藏及汉区人群的互动，到了20世纪上半叶，青藏高原东缘成为汉藏之间一个文化、政治与族群认同上的模糊地带，由藏到汉，或由汉到藏，都呈现渐变的光谱。

_____

① 　相关讨论见王明珂著《英雄祖先与弟兄民族：根基历史的文本与情境》，第 212~214 页。

几乎在所有论及各族姓来源的藏文献中，都不断提及一组组的"弟兄祖先"，这是很值得我们深入关注的。《汉藏史集》中有一个记载称，最早有一名叫丁格的王子，他有三个儿子，此三弟兄分别成为汉、吐蕃、蒙古的祖先。[①] 康区边缘的彝族中，有汉、藏、彝为三弟兄的传说。康区最南端边缘的纳西族，其传说中亦有藏族、纳西、白族为三弟兄之说。[②] 这或许表示在整个康区、卫藏地区，最底层的历史心性仍是"弟兄祖先历史心性"。

我们可以借此讨论一些较理论性的问题。也就是，本文所提出的"历史"及我对这些"历史"的分析与诠释，这样的历史知识如何产生，其特点及意义为何？此也涉及我所主张的反思性史学研究。

我们所熟悉的传统史学一直以发掘"真实的过去"为目标。最近 20 年在"后现代主义"研究潮流影响下，有一些史学与其他社会科学学者强调我们无法真正认识并重建"过去"，或认为我们所重建的"过去"有失偏颇（如帝王将相的历史），客观知识的存在受到质疑。部分学者开始注意被遗忘的历史（如妇女、底层社会、市井生活历史），更有学者认为史学只是一种文学形式。在此我无法全面讨论后现代史学的问题，我只在"民族史"层面作相关讨论。

后现代史学对传统历史知识的解构，的确对近代国族主义下形成的民族史知识有很大的冲击。以说明 56 个民族共同来源的典范中国民族史来说，或以中华民族之炎黄子孙历史来说，后现代史家（或人类学者）可历历指出其在近现代的塑造形成之迹，并说明其虚构性，以及虚构背后的近代国族主义（nationalism）。我们无法否认，近代中国民族史知识有一个建构过程——"过去"因"现在"而被创造。然而我不认为"史学"[③] 无法探索真实的过去，我们的确能探索、了解"过去"发生了什么，以及它如

---

① 达仓宗巴·班觉桑本：《汉藏史集》，第 12 页。
② 有关中国南方与西南地区流行的"弟兄祖先故事"及其意义，相关资料及研究见王明珂《英雄祖先与弟兄民族：根基历史的文本与情境》，第 180～185，232～234，277～279 页。
③ 在此我指的是不受学科规范的历史研究。在近几十年来，对于历史、历史记忆、历史变迁关键时刻中的微观社会过程、历史与文化之关系等，人类学、社会学者都有广泛的兴趣，而有历史人类学、反思性历史社会学等之兴起。在此我加上引号的"史学"一词，便是指包含这些研究之广义的、打破学科边界的历史研究。

何造成"现在"。但,如本文所示,我所探索的"过去"并非历史文献所描述、记录与呈现(present)的"过去",而是反映(represent)在历史文献文本叙事里的"过去",一种产生此文本(text)的情境(context)与社会现实本相。这也是我所称的"反思史学"的基础,文本分析(或表征分析),也就是借由文本(或文本化表征)来探索其对应之情境(或现实本相)。①

以此而言,卫藏观点的"猕猴与岩魔女之后的四弟兄或六弟兄故事",或康区的"土司家族为大鹏鸟卵生子裔",不因其所描述的内容不可能为真而失去其史料价值。无论是历史还是神话、传说,无论是经由口述或文字表达,都是"文本",我们得以由此探索产生此文本的情境。这样的"情境",或为非常基本的人类资源生态情境(如由中央权威来阶序分配资源之社会,或各群体对等共有、瓜分与竞争资源之社会),或人类资源生态下的政治、社会组织与相关群体认同情境(如国家、郡县、部落、家族),或为在政治、社会组织与相关群体认同情境下人们建构"我群"内涵与边缘的情境(如区分贵族/平民、僧人/俗民、男人/妇女、城镇居民/乡民,以及外界"蛮夷"),以及上述"情境"皆涉及的人群社会中之权力与权谋关系(power and politics)。文本与情境有相互映照的关系,文本产生于情境之中,情境也因文本的流传而强化。换成法国社会学者布迪厄(Pierre Bourdieu)的话语便是:表征产生于本相中,本相也借着表征而存在(the representation of reality and the reality of representation)。②

近20年来,社会科学中所强调之反思的(reflexive)与反思性(reflexivity)研究有多种面貌与研究旨趣,学者们也不同意彼此的观点。③ 无论如

---

① 以《西羌传》有关无弋爰剑事迹的叙述来说,文本分析探索的"过去"并非无弋爰剑是否为秦人的逃奴,或他是否曾逃到河湟而成为本地土著的统治者(与开化者)。而是,无论过去发生了什么,《西羌传》作者是在什么样的社会情境与其个人认同情境中,如此选择叙事符号、情节以构成此文本。以近代学者书写的《羌族史》来说,文本分析探究的"过去"并非作者由《西羌传》等史籍中引述的史实是否曾真实发生,而是作者在历史材料的取舍、叙事符号的运用、情节之安排上所显示的作者所处的当代情境,也就是社会现实本相及其在此社会现实本相中的地位。

② Pierre Bourdieu, *Distinction: A Social Critique of the Judgement of Taste*, trans. by Richard Nice (London: Routledge & Kegan Paul, 1984), p. 482.

③ Pierre Bourdieu and Loic J. D. Wacquant, *An Invitation to Reflexive Sociology*, pp. 35 – 37.

何，强调一种去主体认同偏见（如研究者因其性别、族群、社会阶级、学科训练背景而产生的认知偏见）的知识产生过程，强调研究者通过对他者及过去之知识体系的了解以对自身既有知识体系进行反思与重新认识，注重个人意图、情感与行动抉择与社会制度、组织与威权间的关系，以及认识知识与现实之关系，也因此在研究中关注现实①，是许多这一类研究的共同特色。

我所主张的"反思史学"受到这些研究的影响，因此也有如上特点。然而对我而言，更重要的是我在羌族田野研究中对"弟兄祖先历史"及相关历史心性的了解，以及借此对华夏种种"英雄祖先历史"及另一种历史心性之认识。在这些研究中，我们不只是见到文本与情境的对应关系，更能见到文本结构与情境结构间的密切关系。也就是说，受政治、社会与文化威权的护持，"情境"有其恒定性与规范性，此也表现在"文本"的恒定规范或结构上。在本文以及在我的其他著作中②，我提及三种历史文本结构：历史心性、文类、模式化叙事情节。历史心性，譬如"弟兄祖先历史心性"，此文本结构所对应的情境结构是，多元族群对等地保护、瓜分与竞争本地资源之社会情境。在这样的社会情境下，"弟兄祖先历史心性"发挥其规范与规律化历史记忆与叙事的功

① 有关知识去主体偏见、知识的产生过程等等之认识论，见 Pierre Bourdieu and Loic J. D. Wacquant, *An Invitation to Reflexive Sociology*, pp. 39－40；Mats Alvesson and Kaj Skoldberg, *Reflexive Methodology: New Vistas for Qualitative Research* (London: SAGE Publications, 2000), pp. 5－8。关于从对"他者"及"过去"的了解，产生对自身知识体系之反思，见 Arpad Szakolcazi, *Reflexive Historical Sociology* (London and New York: Routledge, 2000), xviii－xx；以及 Pierre Bourdieu and Loic J. D. Wacquant, *An Invitation to Reflexive Sociology*, pp. 36－41。关于许多个人在特定社会情境中的意图、情感、野心与相关行为，即所谓 agency，与整体社会或社会变迁的关系，见 Scott Lash, "Refexivity and its Dobles: Structure, Aesthetics, Community," in *Reflexive Modernization*, ed. by Ulrich Beck, Anthony Giddens, and Scott Lash (Stanford: Stanford University, 1994), pp. 110－111。亦见于 Bourdieu 有关"社会场域"(field) 之论述中，相关讨论可参考 Pierre Bourdieu and Loic J. D. Wacquant, *An Invitation to Reflexive Sociology*, pp. 94－107。关于反思性研究与现实关怀，见 Pierre Bourdieu and Loic J. D. Wacquant, *An Invitation to Reflexive Sociology*, pp. 104－107；Ulrich Beck, Anthony Giddens, and Scott Lash, *Reflexive Modernization*；Arpad Szakolcazi, *Reflexive Historical Sociology*, pp. xviii－xx。

② 见王明珂《羌在汉藏之间》与《英雄祖先与弟兄民族》；亦见于王明珂《族群历史的文本与情境：兼论历史心性、文类与模式化情节》，《西北民族论丛》第五辑，中国社会科学出版社，2007。

能，产生各种的弟兄祖先历史记忆，以此规律人们的社会行为，并让社会情境得以延续。

"文类"是另一层次的文本规范与结构。如《史记》、《汉书》等有其书写规范，其所倚的文类是"正史"，正史文类所对应的社会情境结构是"中原帝国"，只要中原帝国存在，无论承大统者是华夏或女真、蒙古，正史文类便不断产生与此情境对应之正史文本。其内容主要是佛教各教派源流，以及相关的各家族源流的藏文献，也是一种"文类"，其对应的情境则是整个藏区的宗教、族群与地域的一体性及内部分殊。因文类是历史心性下的次级文本结构，因此文类所创作的文本蕴含着历史心性。①

"模式化叙事情节"见于种种历史心性、文类所缔造的历史文本之中，它们也有其对应的结构化或模式化社会情境。譬如本文前面提及的，见于华夏早期正史中的"英雄徙边记"便是一种"模式化叙事情节"。当时的大情境是，汉晋时期中原华夏形成，并以帝国形式与周边人群发生密切互动以界定、调整其族群与国家边缘，因而此时出现最早的几部正史中都有描述"四裔"的篇章——所谓"四裔志"，这是正史文类中的一种次文类。"英雄徙边记"见于早期几部正史的"四裔志"中，它的文本，一种模式化历史叙事情节，所对应的情境则是中原帝国之人对"我族"边缘人群的一种模式化的想象与刻画。本文所提及的无弋爱剑、箕子、太伯等历史叙事，都是此一类的文本。②

认识历史书写中的文本结构及其相应的社会情境结构，并非是文本与情境分析的最终目的。更重要的是，基于此，我们得以分析一文本对"文本结构"的选择、顺应与背离，以了解书写者自身所处之社会情境及其个人在此情境中的"处境"（positionality），以及作者因此在文本

---

① 如中国正史与族谱文类，其背后的历史心性是"英雄祖先历史心性"，表现在其以"英雄传记"为主的纪传体书写中。上述藏文书之文类，其背后既有"英雄祖先历史心性"，还有更普遍的"弟兄祖先历史心性"之叙事。

② "英雄徙边记"这样的模式化历史叙事情节，并非只见于华夏的历史叙事文化中。前述藏文献中"失败的天竺王子着女装逃往卫藏，成为本地王系或一般民众之祖"，以及近代欧洲史家建构的"失败的巴比伦酋长奔于东方成为中国的黄帝"，都是这一类历史叙事文化下产生的文本。

中表露的情感与意图。① 我们亦得借此分析同一"文本结构"下产生的各个文本，比较其叙事结构中相对位置上的"符号"运用，以了解在同样的情境下个别文本所表现的次级情境，以及作者在其处境下的情感、意图。②

　　这样的反思性研究，希望将两个或数个文化主体、核心对"历史事实"的争论（也是现实争议），导向研究者（或读者）对自身所信赖的历史（记忆与叙事）之"情境化的理解"，认识我们知识理性中"未被深入思考的思想范畴"——如"历史心性"，又如，人们在其历史心性下常借以描述他者历史之"乡野传说"与"神话"。不只是理解我们（或他者）所信赖的"历史"，也理解此"历史"所根据的过去之历史记忆，如《史记》、《华阳国志》、《红史》、《西藏王统记》等——反思它们的文本如何出现，如何被模仿、攀附而形成文类，以及文类所对应的（与造成后之作者模仿的）现实情境，如帝国、郡县，佛教教派、寺院体系，相关政治、文化威权。在此之前更重要且必要的步骤是，学者将研究重心由核心典范移转于边缘、异例。仔细倾听边缘的声音、阅读边缘文本，并体察其与"情境"间的关系，而后，以同样的思考逻辑（文本分析）来重新认识核心典范知识③。

---

①　如我曾举的一个云南人王崧的例子。晚清云南士人王崧，出生于明代时自称"九隆族"之洱海附近大姓家族。他曾受征入云南省志局纂修《云南通志》，后来因与其他编纂者不合，愤而携稿离去。在此著作中，他依循方志文类之书写模式，引经据典说明云南府（其地与其人）自古以来便为华夏之空间与血缘之边缘。如在《世家》一章中，首篇便是述说庄蹻王滇之事的《滇世家》；随后作者又将本地竹王、沙壹、九隆等传说写成《夜郎世家》《白蛮世家》《九隆世家》等。值得注意的是，"世家"是正史文类中的一种次文类，在方志中出现"世家"是相当罕见的。在这个例子中，当时云南已入中原帝国版图此一现实情境，正史、方志文类等历史叙事文化，编写方志的省志局之组织，都对王崧的方志书写有规范与约束作用。然而，王崧离开省志局，他在方志中加入《世家》篇并借此记载本地英雄祖先历史记忆，通过这些他在历史文本中对种种"结构"的依循、背离及符号运用，我们可以了解一个清代中晚期云南士人的华夏与本土认同之微观情境及其情感。见《英雄祖先与弟兄民族》，第189~191页。

②　譬如，比较华夏正史之"英雄徙边记"叙事中的英雄符号（箕子、太伯、无弋爰剑），或比较藏文献与康区藏、羌民众口述中各种"弟兄祖先故事"中的弟兄符号（如居于边境的小弟、藏、汉、蒙为三弟兄，炎、黄两弟兄），我们可以了解、体会个别书写者对各种"我族边缘人群"或"他族与我族关系"的想象、期望与情感。

③　譬如，了解村寨生活情境与"弟兄祖先历史"文本间的关系后，我们知道这是一种"弟兄祖先历史心性"下产生的历史文本。循此，我们可以了解流行于中央化、阶序化社会（另一种社会情境）中的"英雄祖先历史"事实上是另一种历史心性（英雄祖先历史心性）之产物。也因为在此历史心性下，我们（汉历史文化中人）将许多边缘人群的"弟兄祖先历史"视为神话传说。

最终，或也是最重要的，此知识在诠释当代现实上的意义。我们知道，以解释当代或"现代性"（modernity）之历史知识来说，国族主义下的典范民族史强调一长程历史造成现在；后现代史学则以一近代史，"近代国族建构"之历史，来解释现在。典范民族史强调现实的民族认同，但忽略边缘，或其主张的"历史"强化国族边缘人群（如少数民族与女性）的边缘性。后现代学者或以边缘的声音（如妇女口述史、平民史或人类学所表述的"土著观点历史"），或回溯典范历史之建构过程，来揭露典范民族史之虚构性，并因此解构当前人们之民族或国族认同，但对于"真实的过去"与"理想的未来"学者并无意见或不关心。不同于以上二者的是，反思史学之民族史研究将"近代国族建构"置于一长程历史变迁之中，而如前所述，此长程历史又不同于典范的民族史，它建立在我们对文本及相关文类、历史心性等的情境化理解上。

以汉藏历史关系来说，本文提出的反思性历史知识，说明华夏与卫藏之人在其政治、文化与族群认同扩张中，皆曾将"羌人"与"朵康之人"纳入其边缘——汉藏之间的紧密历史关系在于他们有一共同的"边缘"。后来在全球性的国族国家资源争夺与相应的近代中国国族肇造运动中，经由民族概念及新的文类如民族史、民族志所产生的"文本"，以及人们在这些新概念、新知识下所发之言行"表征"，长期历史过程所形成之模糊汉、藏边缘与相关历史记忆，使得包括卫藏与朵康之人的藏族成为中华民族的一部分。因此，反思史学期望在对过去的反思下，以一种新的历史知识来诠释"现在"并维护人们的民族认同。同时希望此历史知识（与因此对现实的认识）能造成人们的反思与反省，以化解典范历史与后现代史学造成的人群间之冲突与对立，并共同筹谋、调整种种人群"认同"下的资源分享体系。

参考文献

Szakolcazi, Arpad. *Reflexive Historical Sociology*. London and New York: Routledge, 2000.

Alvesson, Mats and Kaj Skoldberg. *Reflexive Methodology*: *New Vistas for Qualitative Re-*

search. London：SAGE Publications，2000.

Elias，Norbert. *The Court Society*. Tans. By Edmund Jephcott. Oxford：Basil Blackwell，1983.

Bourdieu，Pierre and Loic J. D. Wacquant. *An Invitation to Reflexive Sociology*. Chicago：The University of Chicago Press，1992.

Bourdieu，Pierre and Loic J. D. Wacquant. *Distinction*：*a social critique of the judgement of taste*. Translated by Richard Nice. London：Routledge & Kegan Paul，1984.

Lash，Scott. "Reflexivity and its Doubles：Structure，Aesthetics，Community，" in *Reflexive Modernization*，ed. by Ulrich Beck，Anthony Giddens，and Scott Lash. Stanford：Stanford University，1994.

Beck，Ulrich，Anthony Giddens，and Scott Lash ed. *Reflexive Modernization*. Stanford：Stanford University，1994.

大司徒·绛求坚赞：《朗氏家族史》，西藏人民出版社，1988。

五世达赖喇嘛：《西藏王臣记》，刘立千译注，民族出版社，2000。

王明珂：《瓦寺土司的祖源：一个对历史、神话与乡野传说的边缘研究》，《历史人类学刊》第 2 卷第 1 期，2004。

王明珂：《羌在汉藏之间》，台北：联经出版公司，2003。

王明珂：《英雄祖先与弟兄民族》，台北：允晨文化出版社，2006。

王明珂：《族群历史的文本与情境：兼论历史心性、文类与模式化情节》，《西北民族论丛》第五辑，中国社会科学出版社，2007。

王明珂：《华夏边缘》，台北：允晨文化出版社，1997；简体及修订版，社会科学文献出版社，2006。

《敦煌本吐蕃历史文书》，王尧、陈践译，民族出版社，1992。

（汉）司马迁：《史记》，中华书局，1959。

石泰安：《川甘青藏走廊古部落》，耿升、五尧译，四川民族出版社，1992。

石硕：《藏族族源与藏东古文明》，四川人民出版社，2001。

布顿大师：《佛教史大宝藏论》（《善逝教法史》），郭和卿译，民族出版社，1986。

任乃强：《天全散记：高土司世系》，《康藏研究月刊》1949 年第 25 期。

任乃强：《西康图经·地文篇》，《新亚细亚学会边疆丛书》之十五，西藏古籍出版社，2000。

林继富：《西藏卵生神话源流》，《西藏研究》2002 年第 4 期。

阿旺贡噶索南：《迦萨世系史》，陈庆英等译注，西藏人民出版社，2002。

（刘宋）范晔：《后汉书》，中华书局，1965。

格勒：《论藏族文化的起源形成与周围民族的关系》，中山大学出版社，1988。

（汉）班固：《汉书》，中华书局，1962。

班钦索南查巴：《新红史》，西藏人民出版社，2002。

索南坚赞：《西藏王统记》，刘立千译注，民族出版社，2000。

马长寿：《嘉绒民族社会史》，《民族学研究集刊》1944 年第 4 期。

张云：《丝路文化吐蕃卷》，浙江人民出版社，1995。

（元）脱脱：《宋史》，中华书局，1977。

达仓宗巴·班觉桑本：《汉藏史集》，陈庆英译，西藏人民出版社，1986。

廓诺迅鲁伯：《青史》，郭和卿译，西藏人民出版社，1985。

蔡巴贡噶多吉：《红史》，陈庆英、周润年译，西藏人民出版社，2002。

智观巴·贡却乎丹巴绕吉：《安多政教史》，甘肃民族出版社，1989。

黎光明、王元辉：《川西民俗调查记录 1929》，台北：中研院历史语言研究所。

（唐）魏征：《隋书》，中华书局，1973。

释迦仁钦德：《雅隆尊者教法史》，汤池安译，西藏人民出版社，2002。

族群孤岛与族群边界的维持[*]

周大鸣[**]

一　引子

　　族群孤岛，指的是那些在地理空间上与其族群文化母体相对隔离，而在文化特征上又与其周边族群处于某种疏远状态的人群聚落。这些人群所处地理空间相对孤立，居住人口相对较少，在与外界的交流中，在语言、经济生活、风俗习惯、宗教信仰等方面保有自身的特色，保持自己族群的认同。不过，本文所指的族群孤岛，更主要的是一个地理空间的概念，而不是完全意义上的与世隔绝的社会文化单元，它们与其文化母体以及周边人群仍然有所接触，它们的孤立，往往只是体现在外在形式上的与其他人群的疏远和隔离。就此而言，这个概念与 20 世纪 60 年代以前一些人类学

---

　　[*]　本文的写作得到了吕俊彪、胡明文、李锦、袁晓文、杨小柳等的帮助，特此鸣谢！

　[**]　中山大学社会学与人类学学院教授、中国移民与族群研究中心主任，人类学博士。出版的著作有：《现代都市人类学》（中山大学出版社，1997）、（主编）《中国的族群与族群关系》（广西民族出版社，2002）、（主编）《华南的宗族与社会》（黑龙江人民出版社，2003）、《凤凰村的变迁》（社会科学文献出版社，2005）、《渴望生存：农民工流动的人类学考察》（中山大学出版社，2005）、《人类学导论》（云南人民出版社，2005）、《多元与共融：族群研究的理论与实践》（商务印书馆，2011）、（主编）《工商人类学》（宁夏人民出版社，2012）、《城市新移民问题及其对策研究》（经济科学出版社，2014）、《中国乡村都市化再研究：珠江三角洲的透视》（社会科学文献出版社，2015）等。

者所设想的那种社会与文化孤岛是有所不同的。①

　　笔者对于"族群孤岛"研究的兴趣，由来已久。笔者在全国各地的考察中，常常会碰到大的族群、主体民族包围着一个个小群体，而这些小群体不仅没有被同化，还顽强地保存着自身的文化和认同。记得 2000 年 4 月我到吉林省洮南市附近的一个畜牧业乡考察，调查了一个周围被汉族包围的蒙古新村。这个蒙古新村人口仅 1200 余人，刚 300 余户，但语言的保存很好，村民内部全部讲蒙古语（外嫁进来的汉族也得学），村小学、初中也坚持双语教学。村主任很自豪地说，村里的人蒙文水平比内蒙古的人还好，所以村里考上大学的人比例很高。又如 2001 年 7 月的一天，我到江西武宁县罗坪镇漾都村就农业综合发展项目进行调研，发现这个村的村民相互对话时的话我听不懂，既不是赣北话，也非普通话，一问才知讲的是"畲族话"。这引起我的好奇，因为过去的知识仅知道赣南、赣东有少量畲族，而不知赣北有畲族。进一步调查发现，这个村是浙江移民构成的聚落，他们不仅保存着畲族的语言、畲族的习俗，还与原乡的其他畲族移民保持密切联系。不仅第二代移民能讲畲族话，娶的汉族媳妇、村里散居的汉族也能讲畲族话。这不禁使我想问：这些移民在汉族包围下形成的"移民孤岛"，这么长时间为何没有被周边汉族同化，他们的族群边界是如何保存和延续的？

　　中国的少数民族分布特色是"大分散、小聚居"，除了几个少数民族，如藏族、蒙古族、维吾尔族、哈萨克族聚居较为集中外，随着人口迁移越来越频繁，越来越多的民族离开集中聚居地到其他民族集中地居住。这样，在一个区域内那种单一民族聚居的状况不复存在，代之的是多民族的混居。这一点在城市尤为明显，像北京、深圳的居民包含了全国 56 个民族成分，这还不包括来自世界各地的外国人。伴随着多民族聚居的出现，文化的交

---

① 20 世纪 60 年代以前，族群常被人类学者设想为在相对隔绝状态下发展起来的文化和社会单元。这种设想实际上暗示了族群之间的人种差异、文化差异、社会分离、语言障碍以及自发而有组织的敌对等分离状态，族群也因此被作为与世隔绝的社会孤岛来加以描述。参见 Barth, Fredrik. 1969. Introduction, in *Ethnic Groups and Boundaries: The Social Organization of Culture Different.* Boston: Little, Brown and Company, pp. 9 - 38.（挪威）弗里德里克·巴斯著《族群与边界》，高崇译，载《广西民族学院学报》（哲学社会科学版）1999 年第 1 期。

流、文化的接触必然更为频繁和密切，文化的融合和同化也不可避免地出现。一个普遍的现象：许多人口规模小的移民群体的文化逐渐地消失，第二代、第三代移民忘记了本民族的语言甚至转而认同主体民族。但也有些群体，在主体民族的包围下，顽强地保存自己的语言和文化。对于这种现象，有人称为"文化孤岛"、"语言孤岛"、"族群孤岛"。

族群的持续交往，往往产生文化涵化现象，通常导致三种结果：甲同化乙，或甲被乙同化，或者甲与乙融合产生丙。而"族群孤岛"可以说是抗拒涵化的现象。笔者选择的"族群孤岛"的三个个案如下。一是在广西，汉族移民在壮族的包围中怎样保存自己的文化。汉族，在中华大地上长期以来是主体民族，代表着优势文化，因此汉族移民进入少数民族地区，抗拒被同化的现象比较普遍。二是江西的浙江畲族移民群体，在汉族地区顽强保存自己的文化。畲族是一个人口少、汉化程度较高的民族，在一般情况下，这样的群体被主体民族逐渐地同化是可以预期的。三是凉山地区的藏族群体"尔苏人"在彝族、汉族为主体的环境中的文化保存。这三个个案，是通过对多个民族的接触来看"族群孤岛"何以能保存。

二 广西临江古镇的平话人

（一）作为族群孤岛的临江古镇

在广西南宁市的郊区，零星地分布着一些汉族平话人聚居的村庄和小城镇，临江古镇即是其中之一。临江古镇的居民以操平话的汉族人为主。平话人是汉族的一个支系，因讲平话而得名。[①] 秦汉以后，北方汉族人陆续迁入岭南地区，这些南迁的汉族人与广西、湖南以及云南等地的少数民族经过长

---

① 平话的"平"字，目前还没有一致而又满意的解释，有人说是因为这种话的音调平缓，故称平话，也有人说这是平民百姓的话。平话在广西各地的名称并不完全一致，除称"平话"之外，也有一些地方称为"百姓话"、"土拐话"、"客话"。南宁市周边一些地区，往往以地名来命名，如"宾阳话"、"津头话"、"横塘话"、"亭子话"、"沙井话"、"杨美话"等，右江流域和富宁一带则因说这种话的人多从事甘蔗种植业而称之为"蔗园话"。各地自称虽然不同，但他们一般都不排斥"平话"这个统称。参见张均如、梁敏《广西平话》，载《广西民族研究》1996年第2期。

期的交往，至唐宋时期逐渐发展成为广西一支重要的汉族民系——平话人。[1]

临江镇居民的先祖，据说主要来自山东白马县和广东南海等地。"祖籍"山东白马县的部分居民，自认为是狄青平南军的后代，其先祖于北宋皇祐年间随狄青南下征讨侬智高，而后留守此地。"祖籍"广东南海等地的居民，据说是明清时期入桂经商的广东商人的后裔。根据当地民间人士的统计，在1980年以前，临江镇共有34个姓氏，其中又以杜、梁、杨、黄四姓为多。2005年，在临江镇1107户人家当中，共有29个姓氏。其中杜、梁、杨、黄四大姓氏的家户数分别为323户、255户、160户和128户，四大姓氏的家户总数占全临江镇家户数的78.2%[2]。

1920年以前，"亦农亦商"是大部分临江人家的生计模式。当时临江的商业比较发达，虽然也有部分居民家庭从事农业生产，但从总体上看，商业在临江产业结构中的比重要远远高于农业。据当地一名99岁的村民回忆，当时临江街上有近八成的人做生意，单纯从事农业生产的人家不足三成，很多居民都是墟日做小贩，平时做农民。1922年农历四月初九日，临江古镇遭到了打着"自治军"名号的来自周边村寨七十二个村的壮族人的洗劫，自此衰落。此后大部分临江商人外出谋生，而仍然留在临江的居民，虽然也有不少人继续"赶街"（贩卖）一类的营生，但多数人以务农为生。

在临江古镇的周边，散布着智信、那廊、下楞、马伦、同江等众多壮族人聚居的村寨。这些村寨与临江古镇相距不远，远的不过十二三公里，近的只有五六公里。大多数的壮族人家世代务农，经济上普遍不及临江人富裕。当地人介绍说，在临江古镇周边的壮族村寨当中，除智信村之外，其他村寨的壮族人与临江人的关系历来都不是很好，他们之间只是偶尔有一些经济上的往来，其他形式的交往一直以来都比较少。1949年以后，临江人与壮族人之间的关系有所改善，但由于族群文化上的差异，彼此之间的认同程度仍然较低，相互间的交往也不多，临江古镇作为一个族群孤岛的现况并没有发生

---

[1] 张均如、梁敏：《广西平话》，载《广西民族研究》1996年第2期；袁少芬：《平话人是汉族的一个支系——论平话人的形成发展与平话文化》，载《广西大学学报》（哲学社会科学版）1998年第6期。

[2] 根据广西南宁市江南区江西镇扬美村村民委员会提供的《扬美村村民户口簿》（2006年）统计。

太太的改变。相对而言，临江人同其周边更远一些的宋村、马村等少量几个汉族人聚居的村寨关系稍好一些，但由于临江人是"城里的人"，生活条件相对较好，而这些村寨里的人是"村佬"，因此彼此之间也有一些隔阂。

（二）临江人的族群边界及其维持

1. 临江人的族群边界

如果以地理空间上的分布来标识临江人与邻村壮族人之间的边界，似乎是一件比较容易的事。在地方史料记载以及当地人的口述中，少有临江人与其周边村寨壮族人因地界问题而引起的纷争，由此我们或许可以想见这两个族群对于地理界线的划分应不存在较大分歧。而以地界而论，临江人的"地盘"，大致处于一个由因左江河道拐弯而围成的半岛之上，东北面大致以老牛岭为界，西南面以左江为界，此外金马码头对岸的壳天岛上还有部分当年临江人从下楞村的村民手中买过来的田地。① 从智信、那廊两村都有通往临江的小路，其间的路程不过十华里左右，而下楞村与临江古镇也仅有一水之隔，水、陆交通较为方便。

然而，临江人与其周边村寨壮族人的族群边界并非如其所在地理空间的分布那样易于辨认。

由于自认为祖上来自皇权势力较为强大的中原地区以及经济相对发达的广东，明清以后临江古镇的商业又比较兴盛，加之镇上名人辈出，因而临江人常以"名门之后"自居。② 1922 年的"四月初九"事件之后，尽管临江古镇的商业经济逐渐衰落，但一直到 20 世纪 50 年代，相对于周边村寨的壮族人而言，临江人无论是在经济上还是在政治上都占据着较为明显的优势地位。在当地人看来，不管是"做钱"（经商）还是读书做官，临江人都比壮族人"有办法"。一位杜姓临江人说，无论衣、食、住，他们都

---

① 壳天岛实为半岛，"壳天岛"的名字为 1990 年以后新起。

② 根据有关人士的考证，明清时期，扬美古镇共有 48 人取得了"货真价实"的功名，其中举人 11 名、贡生 31 名、廪生 4 名。民国期间，扬美人梁植堂曾为广西会党首领之一，其子梁烈亚先后担任孙中山的机要员和邕宁县知事，梁瑞甫曾任贵州黔军司令，梁槐三曾任白崇禧秘书，另有一些扬美人或在国、共两党的军队中担任师长、团长、营长等职，或在广西、四川、贵州等地担任地方行政长官。参见罗世敏主编《扬美古镇》，广西人民出版社，2003，第 78 ~ 83 页。

比邻村人好，"自古到今都是如此"。临江人多地少，论（自然）条件，绝对要比邻村人差，但临江镇上的人却比邻村人过得好。临江人认为这当中最关键的，就是他们"有文化"、"讲道理"、"识（会）动脑筋"。

然而，除了"钱多、食得好、住得舒服、有文化"之外，临江人似乎也拿不出更多的"证据"来说明他们的特殊之处。事实上，就一些"看得见的"文化特征而论，临江人很难说清他们与壮族人的区别。因为，当地壮族人也一直在强调他们的祖先来自山东白马县，1978 年以后壮族人的经济生活水平不断提高，一些村寨（如智信村等）近年来的年均农民纯收入也已超过临江村，临江人的经济优势已今不如昔。此外，当地壮族人的衣着、住宅、饮食习惯以及宗教信仰等与临江人都有一定的相似之处，而在教育、从业方面，壮族人与临江人的差距也在不断拉近，临江人在经商、读书、做官上独特的"传统优势"也已不再明显。对于临江而言，语言、婚嫁习俗等是他们较为"硬性"的传统文化特征。然而，随着国家权力的不断渗透、当地社会经济的发展以及对外交流的增多，这些文化特征也在不断发生改变。事实上，会讲汉语普通话的临江人越来越多，一些年轻人在结婚时对于某些"城市人的做法"也更为向往，其所导致的结果是临江人与壮族人同时开始放弃他们的传统生活方式，投入所谓的"现代生活"之中，从而使族群边界更为模糊。从某种意义上讲，临江人与当地壮族人在一些客观文化特征上的相似性和趋同性，导致其族群边界不断被侵蚀并逐渐趋于模糊，从而使临江人的族群认同面临某种表述上的危机。

2. 族群边界的维持

对于那些社会生活相对闭塞的族群来说，语言、各种形式的表现文化、宗教信仰与实践、民族英雄、服饰、节日、宗族与姓氏、饮食传统等，常被认为是维持族群边界的基础；[①] 然而在一些社会交往较多的族群当中，由于族群文化的涵化、借用、融合等现象的出现，一些客观文化特征对于族群边界的维持，其作用往往有所削弱。

在临江古镇，20 世纪 50 年代以后，随着国家社会主义制度的确立，当

---

① 周大鸣：《前言》，载周大鸣主编《中国的族群与族群关系》，广西民族出版社，2002，第16～20 页。

地人传统的经济生活、社会组织、生活方式、宗教信仰等受到了较大冲击，尤其是经过持续十年的"文化大革命"之后，临江人的种种"特点"（客观文化特征）与周边地区壮族人日渐趋同，以客观文化特征来维持族群边界的努力，其效果已大不如前。然而临江人始终坚信他们是一个与当地壮族人"有很大差别"的群体。在关于"临江人"的自我表述当中，临江人并不过多强调他们在一些客观文化特征上的特别之处。事实上，更多的临江人喜欢说他们的祖先做生意如何了得、一些人家如何有钱以及当地出了多少名人之类的旧事。虽然临江人也会说他们的祖先从山东或者广东过来，但他们更乐意提起的是临江古镇昔日的繁华。

为了克服由于一些客观文化特征的逐渐趋同而导致族群边界出现的某种模糊性，临江人极尽各种努力，以使其族群边界继续保持清晰：通过收集和整理当地的民间史料、民间传说等来强化其作为"名门之后"的历史记忆，并以此突出他们的"文明"和"有文化"；通过严格限制当地人的通婚对象来维系当地人门第的"尊贵"；在传统的政治、经济与文化方面的优势地位逐渐削弱的情况下，临江人更是以生计取向来区别自我与他者。

从某种意义上讲，临江古镇的辉煌历史、曾经繁荣的经济以及"贵人"辈出的种种荣耀，是临江人想象自我的一种方式和工具。在一些临江人看来，壮族人虽然可以声称他们的祖籍也在山东白马，在语言、生活习惯、宗教信仰等方面也可以"学"（模仿）临江人，但临江古镇的"经历"（历史）、临江人作为"名门之后"的尊贵、临江人经商的"本事"（能力），那是壮族人无论如何都"学"不来的。"识字"、"有文化"是临江人标识自我的一项重要依据。历代以来，临江人崇文尚武，很多人家以书香门第自许，读书做官是一些临江人的人生目标。为了体现临江人"有文化"，当地人比较注意收集、记录一些民间事项。一位杨姓老者说，临江人都喜欢刻碑铭记，1949 年以前，临江古镇上各种碑记"到处都有"，从修桥补路到街道建设，从墟市禁约、乡规民约到官判文书。而像"四月初九"这样的重大历史事件，在临江古镇的民间，更是有着多种版本的记载。1999 年，当地旅游部门在临江古镇进行旅游开发以后，临江镇上一些民间文人的创作活动异常活跃，各种古迹的楹联、碑记被重新创作、装整，类似于《临江古镇历史》、《临江古镇风景点神话拾萃》、《临江古镇景点诗词》这样的民间文学作品更是层出不穷。

为了强调作为"名门之后"的尊贵，临江人对于当地人的通婚范围有着较为严格的限制。临江人的通婚范围主要集中在本镇，而极少与周边村寨的壮族人通婚，这种情况虽然在1980年以后有所改变，但临江人一般是不会轻易与壮族人尤其是其邻村的壮族人通婚的。事实上，在如今仍然健在的临江人当中，几乎没有与邻村壮族人通婚的人家。

生计取向是临江人"最实在的"族群标识。临江人有经商的传统，当地人对于经商做生意的热情，即使在对私营经济采取高压政策的人民公社时期也没有太多的减退。在临江人的想象当中，做生意是最实在的生计选择，在他们看来，一个有本事的临江人是不会去务农的。因此，虽然1922年"四月初九"事件之后大部分的临江人不得不从事他们历来所轻视的农业生产，但在其生计取向上，经商仍是首要选择，只要有机会，多数临江人随时会抛弃耕农这一谋生方式。一些临江人说，在人民公社时期，为了赶街做生意，他们常常在晚上贩东西到南宁市区去卖，第二天早上卖完东西之后再没精打采地赶回来参加集体劳动。

三　江西北部的浙江畲族移民社区

畲族是我国具有悠久历史的杂居少数民族，由于它地处汉族地区，与汉族毗邻而居，彼此在政治、经济、文化上都有密切联系，畲族的生产生活水平与当地汉族日渐接近，只是在语言、生活习俗和宗教信仰上，还保留有本民族的特点。江西省一共有40多个畲族自治村和村民小组，12万多人口。江西的畲族主要分成三类：一类是在新中国成立后一直归属于汉族，1985年以后逐步落实民族政策被确认的畲族；一类是自古以来便繁衍生息于闽、浙、赣、粤等省交界地域，明清以来逐步定居、杂居于各省（区、市）山区及其边缘接合部的畲族；还有一类是从浙江迁徙来的"两江"库区移民①中的畲族。② 本

---

① 1968年，因修建新安江、富春江水库，28.43万人远离故土，从千里之外的浙江迁移到江西安置。

② 周大鸣：《从"汉化"到"畲化"谈族群的重构与认同：以赣南畲族为例》，载中南民族大学民族学与社会学学院编《族群与族际交流》，民族出版社，2003。

文的个案属于最后一类。

调查点为资溪县（距南昌 280 公里）的新月畲族村（简称：新月村），地处资溪县南部，距县城 17 公里，全村有 117 户，共 468 人，有 4 个村民小组。1995 年前，4 个畲民小组分属两个村委会，1995 年为了享受国家对少数民族更多的优惠扶持政策，把 4 个畲族村民小组合在一起成立了自治村——新月畲族村（简称"新月村"）。4 个村小组互相相距 2～4 里山路，周围均为汉族村落。

表 1　调查点村落的基本情况汇总

目项 村名	总人口 （人）	畲族人口 （人）	总户数 （户）	畲族户数 （户）	人均耕地 面积（亩）	人均山林 面积（亩）	农业人均 收入（元）	外出打工 人数（人）*
新月畲族村	468	391	117	114	1.49	4.91	4000	147

*外出打工人数是指离开家外出半年以上的，不包括在县域内的打临工的人。

（一）新月畲族村族群文化的保存

固守自己的文化特质，也就是保持族群性的文化边界。族群的边界不仅包括看得见的符号和标志，如语言、住房、谋生方式和生活方式，还包括看不见的价值观念和意识形态。畲族在汉族的汪洋大海中，大分散小聚居，族群的互动是相当密切的，调查点的畲民之所以被他族称为畲族或自我认定是畲族的根本因素是姓氏和语言，其次才是风俗信仰。

（1）姓氏。姓氏在畲族文化结构中，是不可或缺的组成部分，既可作为畲族文化的象征，也是畲族的符号，天下蓝、雷、钟是一家。新月村有 3 户汉族，卢姓汉族是其中一户雷姓畲族的干儿子，从浙江移民到新月村，其妻也是汉族，长期在畲族群中生活，他全家都会讲畲语，生活习俗都与当地畲民一样，但他本人以及当地畲民还是认为他是汉族。还有一户焦姓汉族，他是南下干部，娶了畲族女子，其女儿本来也姓焦，后改姓蓝（随母姓）后，才把民族身份改为畲族，她就是现在新月村的村主任、世界妇女代表大会代表、省政协委员蓝念瑛。可见姓氏是族群身份确定的一个边界。

（2）语言。语言是各族群传统文化的重要载体，语言的交流与融合是文化交流与融合的重要组成部分。老一辈畲民们固守祖训"族可改，腔不改"，也就是说可以改族随大族（汉族），但不能改腔，否则就是自己看不起自己，自己笑自己。在外地或在自己家遇到会讲畲语的，那就是跟自己家人一样很亲切，畲语是他们民族情感的一个重要载体，说明本族语言是这个族群的文化边界（底线）。在新月村，村民平时可以讲三种语言，村内讲畲族语言，与浙江移民讲浙江话，与周围村落讲江西话。

（3）宗教信仰。新月村畲族主要宗教信仰是道教，信奉的神灵有陈氏娘娘，本族祖先蓝灵公。新月村1990年集资建起了"回龙庙"，除传统的抽签算命外，最特殊的是该庙还能抽药签给来求医的人带回去照签抓药治病。笔者看到庙里有很多药签。管理人雷某还拿出搬迁时藏在泥土中带过来的桃林雕版药方，他说是祖宗蓝灵公法师手中传下来的，畲民都信它，靠它治病，很管用，不能丢失，因畲族医药具有特殊传艺方式、独特的疾病观和治疗方法。现在这个庙已是远近闻名了，附近的汉族和远在浙江、福建的畲族都会来抽签。庙内贡奉着临水陈氏夫人（陈靖姑）的牌位，陈氏娘娘生前做过许多济世救人的善事，死后成了"妇幼保护神"，此信仰主要分布在福建、浙江、台湾和东南亚地区。新月村畲族祖先蓝灵公法师是得到陈氏夫人的真传，十四岁成神，会很多神道，能给人看病，蓝灵公死后，其后代把他作为神仙来祭祀，这一信仰一直传承下来。"文革"时，由于怕被说成是封建迷信，新月村的畲民半夜起来杀猪、做米果，每家做四个菜，祭祀是下半夜进行，天亮就散开。改革开放后才能公开举行祭祀活动。现在全村一年要举行三次庙祭，八月初一为祭陈氏娘娘圣诞日，二月十九为祭蓝灵公生日，八月十九祭雷法霖生日。雷法霖是一位精通神道的民间法师，是他把香火带到这来的，为了纪念他，2000年把其生日八月十九定为庙祭。每逢这三个节日，庙门口就要摆四五十桌，连附近的汉族也会来祭，过去武宁县团结村的畲民每年二月十九祭蓝灵公和八月初一祭陈氏娘娘时都会派代表十多人过来参加，这是他们共同崇拜的神明。

（4）风俗习惯。新月村的畲民至今不吃狗肉，坚守着传统的家祭和庙祭，并且还增加了新的神明崇拜，即前面提到的他们带到此地来的雷法霖，这又成了此族群与其他畲族族群的界线。1995年并村成立畲族村后，为了张显自己的民族性，村民特意到浙江丽水等畲族聚集区寻根，学习畲族文化，并加以重构。1998 年山洪冲垮房屋后，政府扶持灾后重建的新房就带有民族性，白色的墙壁上画满了象征畲族文化的图腾和神话传说，如"三公主求雨"、"畲族四姓"、"劳动之源"等主题，让人一进村落就能感受到其鲜明的族群性。另外村里组织给大家都做了一身畲族服装，是从浙江景宁请的师傅做的，遇有上级领导和新闻记者来，或出席重要的活动，都会让畲民穿上本族服装。笔者在新月村畲族家庭调查期间，品尝了畲族用传统的方法酿造的"女儿红"和"桂花酒"，酒力之大没有几个人不在那醉倒的，还听了畲族敬酒歌，看了蓝灵公的重孙表演的武术和绝艺，村主任告诉我们这些都将开发成旅游资源。

（二）族群互动与族群关系

1. 社会经济结构与组织制度的变迁提升了畲族的族群地位

在新月畲族村，由于该村有较丰富的山林资源，经济结构以收获竹、木、笋、水稻为主。刚移民来时政府工作做得好，当地人很友善，给他们送米送菜吃，凭着勤劳，第二年他们就通过移河改道，增加三十亩良田，成了全省移民区的先进典型，参观学习的人很多，从那以后一直受到政府的关爱。他们还教会当地人施用化肥、种果树苗木，帮助他们增产增收。族群互动频繁，很长时间以来当地人都以为他们是汉族。为了更多地享受政府的民族政策，在地方政府的支持下，该村成为民族自治村。村民在民族精英的带领下，找准苗木种植这一产业，并成立了"新月畲族村苗木发展有限公司"，按"公司＋农户"形式，村民以苗木入股分红，对外承接绿化工程。这些制度变迁使畲民的年收入由 1995 年的 800 多元上升到目前的 4000 多元，仅苗木种植就人均增收 2000 元，户户住进了宽敞明亮、具有畲族风情的两层小楼。该村成为有名的"富裕村"和"育苗专业村"，并多次被国家民委和江西省政府授予"民族团结进步先进集体"和"文明村"等荣誉称号。生活水平在当地最高，产生社会和经济优势，让当地人和浙江汉族移民羡慕不已，主动向其靠拢、学习。

我们从族际关系来看，在对与新月村仅半里路之隔的际下村当地人的调查后发现，当地人的生活状况远远不如新月畲族村，连自来水都还没通。当年畲民从浙江移民来时，该村人送米送菜，帮他们盖房子，互帮互助，非常友善，有的甚至结拜成了兄弟，在民族村未成立前他们都属一个村委会，经常在一起开会，民族关系可用"亲如一家"来形容。1995年成立民族村后，新月村的确发生了巨大变化，当地人说畲族村不是靠自己的双手，而是靠向国家要钱要贷款、送礼找关系、吹牛发展起来，心里很不服气。而新月村的畲民也没像官方报道中所说的那样，帮助当地人发展苗木生产。际下村村民说，我们村根本没有种苗木，只是给他们打短工，到他们的苗木基地打工，起运装车，赚点劳力钱。他们的苗木基地在水源上头，还时常与他们因放水灌溉闹纠纷。因即将进行的林权制度改革牵涉当地人的长期利益，引发了当地人集体到县政府上访，当地人说："移民来江西，占了我们的山林，那是支援国家建设，我们没意见，但我们也要享受国家对移民的优惠政策。"可见，随着社会、经济、政治地位的提升，新月村的族群关系并没有在这种互动过程中像官方所说的那样趋向和谐，而是趋于紧张，变得越来越纷繁复杂。现在或今后的族群关系会怎么发展演变，需要地方政府和新月村畲族精英们的共同努力，来调适新的制度变革给族群关系带来的危机。

2. 通婚情况

不同族群间通婚（intermarriage）的比率能够反映族群之间关系的深层次状况，是衡量任何一个社会中人们之间的社会距离、群体间接触的性质、群体认同的强度、群体相对规模、人口的异质性以及社会整合过程的一个敏感性指标。[①] 畲族原先禁止与汉族通婚，长期以来固守族内婚，蓝、雷、钟姓互相通婚，进入20世纪90年代后，这种状态才有较大改变，表2就是调查点的通婚情况。

表2　调查点村落的通婚情况汇总

项目 村落	族内婚数（对）	通婚户数畲汉通婚数（对）	通婚户数占畲族总户数的比例（%）	35岁以下的通婚数（对）	35岁以下通婚户数占通婚总户数的比例（%）
新月畲族村	70	44	38.60	16	36.36

---

① G. 辛普森、J. 英格尔:《族际通婚》，载马戎主编《西方民族社会学的理论与方法》，天津人民出版社，1997。

当地人中流传着这样的说法："有女莫嫁浙江人。"因为浙江人太勤劳了，怕女儿将来吃苦。

在新月村，不同年龄段与汉族通婚的差异不明显，如新建村小组 32 户畲民中有 16 户是畲汉通婚，其中 60 岁以上的有 4 对，50~60 岁的 1 对，40~50 岁的 7 对，30~40 岁的有 4 对，30 岁以下的没有。只有 60 岁以上的是在浙江结婚的，其余都是找的本地人或浙江汉族移民，说明畲汉通婚早就有了，迁移到资溪后，族群关系也很好，没有歧视和偏见，民族间通婚没有障碍，这与前面的分析相符。近年来由于新月村政治经济地位的显著提升，已出现明显社会分层，这是否是阻碍当地人和浙江移民与畲民的相互交往，造成 30 岁以下畲汉通婚少的原因呢？笔者认为这是一个方面的原因，现在的畲族青年见识多了，周围汉族条件差的不愿找，本族的条件虽好，但为了下一代他们还是宁愿找汉族，高不成低不就，造成很多单身大龄青年，仅新建村小组就有 4 个 30 来岁还没找对象的。

3. 族群认同与族群凝聚力

族群认同是"以族群或种族为基础，用以区别我群与他群，是同他族他群交往过程中对内的异中求同及对外的同中求异的过程"，族群认同实质上即为族群边界，它表现为对内维持族群凝聚力的自我认同及对外区分我群与他群的相互认同两个方面。①

调查点的畲民有双层认同，即畲族认同和浙江移民认同，畲族语言是他们的自我认同，"族可改，腔不改"是他们与别的族群相区别的共同标志。畲民在初来时两种认同感都强，族群凝聚力强，用他们自己的话说，"刚来时，什么也没有，分的田是最差的，住在茅棚里。但当地人不敢惹我们，我们很蛮的，也很齐心，有什么事全村的青壮年都会去"。移民族群生存在较低的社会和经济层面，缺少金钱，受教育程度又低，必然会受到当地人的歧视，是歧视维持了他们的民族认同。他们能讲流利的浙江纯安和建德方言，与浙江汉族移民交往没有障碍，所以后来从经济上的往来，扩大到社会交往和通婚，形成共同的浙江移民认同。进入 1990 年代后，浙江

---

① 李远龙：《认同与互动：防城港的族群关系》，广西民族出版社，1999，第 44~49 页。

移民认同淡化，而民族认同增强，主要是由于国家实施的民族政策。畲民强化民族认同是为了获得升学方面的照顾，所以族群的凝聚力反而随着外出打工和各族群间的交往增多而降低。特别是外出打工，降低了畲民对当地资源的依赖和族群内部人际关系网络的依赖，不再愿意局限于族群内部的小圈子，选择的范围扩大，族群认同感和凝聚力必然相应减弱。新月村族群认同的演变经历了由淡化到强化的过程，是在与他群互动过程中我群意识的觉醒。初到时当地的人就很友好，因当地山林土地多，不存在资源争夺，各族群间互帮互学，除语言外，没有明显区别。因信仰仪式都是在夜里偷偷举行，他们也没有刻意暴露自己的民族身份，以至于当地人很长时期不知道他们是畲民，反正浙江方言当地人也听不懂。其民族认同强化的转折点是 1995 年成立民族村后，族群意识被唤醒，为了彰显自己的民族身份，精英们带队去浙江、福建的畲族聚集区寻根，移植并构建起自己的文化传统，重修历史记忆；组建苗木发展有限公司和民间文化组织，如民兵武术表演队、青年山歌队等。族群基本活动的组织化程度提高，族群的凝聚力也得到增强。由于资溪县政府已把新月村规划为畲族民俗风情旅游区，可以预测，族群意识借助于民族身份的再认同会被进一步强化，甚至比以往更强，并在与民族旅游发展的互动中不断传承、延续。

（三）族群边界保存和延续的原因

族群关系演变是在多重因素交互作用下的一个动态的过程，经过近 40 年的变迁，新月村的族群性通过不断建构强化，变得更加突出，已形成独特的村落文化，被地方政府开辟为民族文化旅游区。主要原因如下。

1. 以民族精英为代表的民间力量在变迁中发挥着重要作用

民族精英之所以重要，是因为他们通常情况下都具有双重身份，他们是这个民族的成员，共享着该民族的文化传统，同时他们又是政府工作人员，会代表该民族与国家进行讨价还价，以便使族群得到更多的利益，有时甚至将自己个人的政治和经济利益也加在其中作为谈判砝码。[1]

---

[1]　Keyes, Charles F. "The Dialectics of Ethnic Change," edited by Charles F. Keyes, *Ethnic Change*, Seattle: University of Washington Press, 1981.

首先，新月村在未搬迁之前，村中德高望重的民间宗教领袖雷法霖法师就三次到江西武宁、铜鼓、资溪考察，最后选择人文生态各方面条件都好的资溪县乌石镇新月村定居，还把他的亲戚都带来了。所以，精英从一开始在资源选择上和族群关系上占有优势。

其次，从当时来到新月村的人群结构看，都是当时村中的大族的成员，有大队干部、民间宗教领袖、掌握较多畲族传统文化（如医药、武术、技艺等）的人及其后代，其中包括神明信仰体系中蓝灵公的孙子。出于对祖先的感情，他们要求保存和发展自己的民族传统文化，这是一股自发的民间力量。所以我们才能在新月村看到畲民从老家偷偷带来并保存至今的文化象征物。不管社会制度如何变迁，族群内的人始终固守着自己的文化特质，以便从原生和根基上把此族群与彼族群区别开来，这些文化特质也是民族内聚力的源泉。

最后，不管什么时候，新月村的畲民都有本族人在基层政权中任职，如雷下霖（已去世）当过村支部书记、乡政府书记、林场书记、林业局局长、省委候补委员。现任村主任蓝念瑛，高中毕业，父亲是南下干部，以前随父姓焦，民族身份为汉，后改随母姓，民族身份改为畲族。自她1995年担任民族村村主任后，在她的带领下畲族村变成了今天这样的富裕村。在不同的历史时期，这些民族精英在政治上、社会上的地位都达到了相当的高度。纳日碧力戈认为"在国民国家的现代化动员当中，获利最大的总是那些族群精英，因为他们往往是双语人或者多语人，是各种文化之间的沟通者，尤其是官方和地方、异地和本地之间的中间人。他们所掌握的信息、知识、关系及其社会地位，使他们很容易代表本族群从政府获得各种物质和符号的资源"[1]。不管他们出于什么考虑，他们都会利用族群性与政府讨价还价，争取各种优惠扶持政策，提高自身乃至整个族群的社会经济地位，新月村已成为具有特定经济（苗木种植）和政治利益的群体单元，滋生了民族优越感。

2. 民族政策和地方政府的重视

在向现代化迈进的过程中，政府非常注重少数民族政策的制定和贯彻

---

[1]　纳日碧力戈：《现代背景下的族群建构》，云南教育出版社，2000，第18页。

实施。各地方政府在促进民族文化进程方面做出了巨大的努力。国家力量与民间力量在畲族的族群演变过程中是互为依托、相辅相成的：国家力量提供了政策上和权力上的保证，民间力量又为国家权力的拓展延伸铺平道路，二者相互依靠、相得益彰。地方政府是国家力量在特定区域的总代表，国家为照顾少数民族而制定的特殊政策，对各地少数民族都是一样的，但各地方政府的重视和扶持力度却存在差异。资溪县政府对新月村可谓是宠爱有加，1995 年新月村有了自己的基层组织——民族村村委会，为唱响这台戏，县政府到处为其搭台、宣传、摇旗呐喊。新月村的村民说，江西少数民族少，物以稀为贵，我们很幸运，受到政府的格外重视。

3. 进入社会酬赏制度的能力强

戈登（Gordon）于 1975 年提出，研究族群关系的因变量是 4 个子变量的组合，这 4 个子变量是：同化的类型、同化的程度、族群冲突的程度和各族群获得社会酬赏的程度。社会酬赏是一个衡量族群间社会平等程度的指标，表现了各个族群在政治、经济、社会等领域内争取自身利益的机会是否平等。[①]

少数民族的身份——畲族村进入社会酬赏制度的能力是明显的。新月畲族村两次被评为"全国民族团结进步模范村"，年年是省、地、县"十佳村"、"文明村"和先进党支部，富甲一方的"苗木村"，2006 年又被评为"江西省十大文明村"、"社会主义新农村建设示范村"。该村先后出过第六届、第七届全国人大代表钟金根，党的第十五大代表蓝金荣（现任村书记），第三次世界妇女大会代表蓝念瑛（现任村主任）。其中，蓝念瑛荣获全国"三八"绿色奖章，省、市、县劳动模范，"三八红旗手"，"双学双比女状元"及全省"科技致富先进个人"等十多项光荣称号。国家级媒体都宣传报道过该村的事迹，如《人民日报》2006 年 1 月 9 日在第 4 版刊登《蓝念瑛：畲村致富领路人》；2006 年 1 月，中央电视台《新闻联播》节目播出蓝念瑛带领畲族村民培育花卉苗木致富的新闻，在全国引起很大反响。如今的新月村既是地方政府的标杆、"金字招牌"，又是省移民办和

---

① Nathan Glazer & Daniel P. Moynihan, *Ethnicity Theory and Experience*, Harvard University Press, 1975.

省民族宗教局的先进典型、"掌上明珠"。这些宣传报道极大地提升了新月村的社会知名度和地位，参观学习考察的人络绎不绝，扶持项目一个又一个。该村成功地利用少数民族的身份获得了社会的酬赏。

四　四川凉山的尔苏人

虽然我多次到过四川凉山彝族聚居区，除了感受到浓厚的彝族文化氛围外，没有听说过"尔苏人"藏族。后来，我招收的一位学生来自这一支的藏族，才引起我的注意。查阅了相关资料后，有几点值得关注的。一是尔苏人是"少数民族中的少数民族"，通过对他们的研究可以考察在非汉文化笼罩中的族群孤岛的保存。二是尔苏人一致认为自己与他族是不同的群体，但在族群归属上内部分歧却相当大：一部分人认为尔苏人是一个独立的民族，一部分人认为尔苏人是藏族的一支。三是当国家把尔苏人划归藏族后，尔苏人的文化是如何建构的，是重新学习藏族文化，还是保存自己的文化特征。[①]

尔苏人分布于四川省凉山彝族自治州的甘洛县、越西县和雅安市的石棉县、汉源县，人口约有10000人，其中甘洛县在2000年有3024人，越西县在1990年的时候有2277人。历史上，汉族称尔苏人为"西番"、"番族"或"藏族"，彝族人称他们为"俄助"（Opzzup）。在这一区域的主体民族为彝族与汉族。如，甘洛县，2000年人口普查的时候，全县总人口为178757人，其中彝族125814人，汉族49874人，尔苏人3024人。[②]

（一）族群边界的维持

尔苏人族群边界的保持，除了语言外，就是习俗、饮食习惯等。

1. 尔苏人的语言与文字

尔苏人有自己的语言。其语言为汉藏语系藏缅语族羌语支。尔苏语分为三大方言：甘洛、越西、汉源、石棉等地尔苏人使用的语言属于东部方

---

① 本节的资料主要参考了龙西江、巫达、孙宏开、李锦、袁晓文的论文。
② 有关尔苏人的人口没有精确的统计，笔者采用的是巫达的数字，但这个数字应该是估计数。

言，或称为尔苏方言，使用人数约 13000 人；冕宁县自称"多续"的人使用的语言属于中部方言，或称多续方言，使用人数约 3000 人；木里藏族自治县、冕宁县和甘孜州的九龙县自称"栗苏"的人使用的语言属于西部方言或称栗苏方言，使用人数约 4000 人。①

尔苏人有自己的文字——沙巴文。孙宏开教授指出，沙巴在从事宗教活动时所使用的文字是一种图画文字，并把它命名为"沙巴文"。沙巴文的起源时间、创制人士等都已不可考。据孙教授统计，尔苏沙巴文约有 200 字。其特点为：文字的形体与它所代表的事物有明显的一致性，可以从单字体推知它所代表的事物；有少量的衍生字和会意字；用不同的颜色表达不同的附加意义，常在文字中配用白、黑、红、蓝、绿、黄色，表示不同的字义；无固定的笔顺和书写格式，但有时为了说明时间顺序，根据内容需要，在一个复杂的图形中，将单字按左下、左上、右上、右下、中间的顺序排列；不能准确地反映尔苏人的语言，单字体和语言里的词和音节不是一对一的关系，往往一个字读两个音节或三个音节，有的字需要用一段话才能解释清楚。沙巴文的表达功能还很不完备，它是由图画脱胎出来，刚刚跨入文字行列的图画文字。②

在尔苏人聚居的村子，尔苏人尽量说自己的语言。在贾巴沙村和拉吉沽村，语言使用方面的一个普遍现象是，兼语者人数跟年龄增长成正比。小孩在上学以前，只会说尔苏语，上学以后，很快学会汉语。如果班上彝族学生多，则很快便能掌握彝语。年纪越大，就越有机会与周边彝人和汉人打交道，对于彝语、汉语的熟练程度就越高。因此，彝族称尔苏人是"有三条舌头的人"。③

一方面，尔苏人认为自己的语言有别于周边的族群；另一方面尔苏人使用相同的语言，内部却出现了两种族群认同表现。其中一些人认同藏族，愿意被归入藏族；但另一部分人则不同意尔苏人是藏族的一部分，强调自己是不同于藏族的一个民族。前文提到，尔苏人彼此使用"布尔日 – 尔苏"这个

---

① 孙宏开：《尔苏（多续）话简介》，《语言研究》1982 年第 2 期，第 421～264 页。
② 孙宏开：《尔苏沙巴图画文字》，《民族语文》1982 年第 6 期，第 44～48 页。
③ 巫达：《尔苏语言文字与尔苏人的族群认同》，《中央民族大学学报》2005 年第 6 期，第 132～138 页。

称谓的时候有亲如一家的感觉，所以，可称之为"布尔日－尔苏族群"。那么，既为同一称谓的同一个"族群"，怎么会有族群认同分歧？这得从族群认同的分层性来分析，从尔苏人的情况来看，认同藏文则认同藏族，认同沙巴文则强调尔苏人是不同于藏族的族群。不过，大家都共同认同"布尔日－尔苏族群"，并没有因为一些人认同藏族而被排斥在"布尔日－尔苏族群"之外。因为常常有这样的情况，在某个宗族里面，一些人认同藏族，另一些人认为尔苏人是不同于藏族的族群。例如，越西县保安乡的鹏俄宗族的口述迁徙史中所涉及的地点，最南端在越西县，最北端在甘孜州九龙县。因此，一部分人认为他们的先祖来源于北部的甘孜藏区，后来往南迁徙到现在的居住区域，所以是藏族的后裔；另一部分人则认为他们的先祖是本土起祖的，后来才有部分亲戚迁徙到了甘孜藏区，所以认为尔苏人不属于藏族。不管持什么观点，鹏俄宗族内部的人都认同"布尔日－尔苏族群"是无疑的。[①]

2. 尔苏人也保持了有特色的仪式和节庆

尔苏人一年中的重大节日计有以下几个。农历冬月三十的年节（称为"番年"或"藏年"），当日以堡子为单位，每家凑钱买肥猪，杀猪后，猪肉按户平分，每家各自敬神敬祖，欢庆一日。农历六月十六（或六月二十四）的火把节，各寨各堡都举行庆祝活动，非常热闹。届时人们以堡子为单位，凑钱买牛一头，节日前一天宰杀，牛肉按户平分。火把节当日，每家杀二三只鸡，泡咂酒一坛敬祖，傍晚全寨小孩每人燃一个火把到野外游玩，从六月十六到十八的三晚均如此。迎送神仙为火把节歌词主要内容。农历八月十五（或九月初三）的祭山会。尔苏人寨堡附近均有一片森林，林中必有一株枝繁叶茂的大树，即为"神树"。一年一度的祭山会即在神树林中举行，届时人们以寨为单位，买一条绵羊宰杀。全寨人到神树林祭山，由书阿或涉巴主持。祭山会是人们秋收后感谢山神，祈求保佑明年风调雨顺、五谷丰登、人畜兴旺的节日。祭毕，羊肉按户平分，在林中吃酒吃肉，吃新粮做的馍馍。

农历八月十二至十九，为石棉县蟹螺乡尔苏藏族的"还山鸡节"。这是

---

① 巫达：《尔苏语言文字与尔苏人的族群认同》，《中央民大学学报》2005 年第 6 期，第 132～138 页。

石棉尔苏藏族比较特殊的节日。传说当地尔苏人起祖于邛州西海，后迁到九龙县，最后从九龙迁到石棉蟹螺定居。他们有三大支五小支，每年还山鸡节时，在九龙和石棉交界的"作罗呷"山上烧赕子祭祖。尔苏人的新年会持续三天三夜地狂欢，其祭祀仪式和过年习俗更是神秘异常，依旧保留着远古时期农耕文化的鲜明特点。这个神秘的族群从哪里来，经过了怎样的历史演变，如今仍然是个谜。尔苏人"还山鸡节"的时间定在农历八月（又名酉月），即鸡月。八月过年还鸡愿，这表明尔苏人使用的依旧是传统的古夏历。而且每年的时间也不一样，从八月初九至十二，四年一轮回。即今年如果是初九开始过年，明年就是初十，第五年又回到初九。"还山鸡节"包含了多层含义，同时具有祭祖、庆丰收、祈年等功能。在新年里，尔苏人祭祀都要用白公鸡，因此白公鸡品种的保留和延续，在尔苏人的生活中就显得非常重要。各家事先都需早做准备，哪家如果缺了白公鸡，就会心慌，必想方设法通过购买、相互调剂来准备，在购买和相互调剂时都不会讲价。"还山鸡节用鸡作祀礼，应该是农耕民族的习惯。而作为记忆迁徙的'还山鸡节'礼仪活动，在尔苏部落中保留得相当完整。用白公鸡祭祀，可上溯到《山海经》记载的上古地域习俗，这一证据对于弄清尔苏人的古代迁徙史，也有着重要的意义。"①

3. 尔苏人的宗教

川西南尔苏人的宗教信仰为苯教和尔苏人固有的原始宗教。不过尔苏人固有的原始宗教已纳入苯教体系中。苯教又称黑教，原为古西藏盛行的一种原始宗教，最初盛行于后藏阿里一带，后自西向东传布到西藏各地，在吐蕃王朝前期占统治地位。佛教传入西藏后，苯教曾与佛教长期斗争。8世纪后，由于吐蕃王室兴佛抑苯，苯教势力渐衰，后苯教吸收佛教部分内容，改佛经为苯经，发展其教理教义，成为类似藏传佛教的一个教派。苯教传入川西南地区后，虽曾受到当地各部族原始宗教的抵制和反对，但苯教与各部族原始宗教基本上是属于同一类型的宗教，具有更多的相同之处，因此在经过一定斗争后，尔苏人的原始宗教也被纳入苯教的体系中。

1949 年前尔苏人中的宗教职业者基本上有两种。一种称为"书阿"，

---

① 王永：《八月过年的尔苏人》，《民族论坛》2007 年第 5 期，第 20～23 页。

汉称和尚，是苯教宗教职业者，虽不脱离生产劳动，但有藏文经典，作法时念藏文经，按经典做各种法事，称为"文坛"。他们一般不参与办丧事，办完丧事后，替人做道场念经，还做咒人、祈雨、止风、弭雹等大法事。书阿多为父子相传，但须另行投师，一般从七八岁到二十多岁，先在本地后到外地学习。如在越西学习结束后，还到石棉、九龙等地学习，有的还要到德格苯教经院和寺庙学习藏经，毕业时由活佛授以大小铜号和铜印、佛珠，这样的书阿是最著名的。越西县保安乡先锋大队尔苏老人，书阿张木乃，曾到德格学习毕业，新中国成立前在当地颇有声望。据张木乃介绍，学书阿先学"补呷"（启蒙经），主要是学藏文字母、拼音，掌握藏语文，可称为识字经。至于做宗教法事的藏文经则很多，大经书有四十八部，小经书更多，无论做什么法事都需念藏文经，但一般常念的经为四部：请神送鬼经、妇女生产经、消灾解难经、招魂经。一般须学会念唱这四部藏经做有关法事才能毕业，其他经书自学，随做法事随念，逐年增多。每部经书前面均印有神像，除人像神外，还有鸟首人身、蛙首人身、蛇首人身以及牛头马面等各种形状的神像。神像之后即为藏文经，经文即叙述这些神的由来、神通和作用。书阿做法事时除念经外，还须请山神，从西藏尼马拉萨山（布达拉宫）起，经甘孜州的贡嘎山到凉山州的小相岭、毕机山（越西、冕宁）、轰轰山（甘洛），东南西北的山神都请到。

尔苏人中的另一种宗教职业者为"涉巴"（又称"沙巴"），无藏文经典，只有一种供占卜用的象形文字书，涉巴为人占卜后，看此书以断吉凶。这种文字当是尔苏人的古老文字。"文革"中涉巴占卜书被毁，现在甘洛、石棉的尔苏人中尚存有个别残卷。涉巴的汉称为端公，所执行的任务更偏重于对日常生活不安现象的祈禳，称为"武坛"。涉巴的唱经全凭师徒口传心记，边作法边唱，做什么法事唱什么内容。[①]

（二）族群互动与文化涵化

尔苏人在与强势的彝族与汉族文化的互动中，虽然顽强地保持着自己

---

① 钱安靖：《羌族和羌语支各居民集团宗教习俗调查报告》，《中国原始宗教资源丛编：纳西族卷·羌族卷·独龙族卷·傈僳族卷·怒族卷》，上海人民出版社，1993，第534页。金绥之：《川西南藏族尔苏人宗教习俗一瞥》，《宗教学研究》1998年第1期，第90~97页。

的族群认同，维持着族群的边界，但是文化涵化还是不可避免地发生了，彝族和汉族文化已经深深烙印在尔苏文化中。从文字看，沙巴文字基本上没有人认识了，汉文是通用文字；从语言看，目前，尔苏人的老年人可以说流利的尔苏语、彝语和汉语，而年轻人多半已经不会说彝语，只会说尔苏语和汉语，进城的人则不会讲尔苏语只讲汉语；从饮食文化看，尔苏人虽然保存自己的饮食传统，但很明显尔苏人在过去主要受彝族饮食文化的影响，现在汉族饮食文化又取代了彝族的饮食文化。

五　结果与讨论

上面举了三个族群孤岛的例子，描述了这些族群文化的现状以及族群边界的维持。这些族群在与周边族群的持续互动中，没有被汉族或主体族群同化，保持着自己的族群认同。下面用族群认同的理论来解释这种族群孤岛现象。

族群认同的理论主要有如下几种。

理性选择理论（rational choice theory）。认为族群在政治、经济等各方面处于劣势，因而特别强调为争取政治上和经济上的权利所表现出来的族群认同，而忽略了族群内在情感方面的族群认同因素。

情境选择理论（situational selection of ethnic identity）。是根据不同的情境从几个认同中选择一个认同，或者根据情境在多个族群认同中摇摆。

情境选择理论强调的是"个人"的选择行为，是根据不同情境而强调的选择，但不一定是根据个人切身利益（如政治或经济的利益）所做出的选择。理性选择论则不仅强调"个人"的选择权威，更为强调"集体"的选择，所注重的与经济学一样，是人们为自身的"利益最大化"所做出的选择。

原生论（primordialism）或"族群内心情感理论"。1960 年，古尔兹（Geertz）用原生论来解释战后新兴国家族群认同现象。他认为依附于人们之间的族群内心的情感是一种滋生于"赠予"（givens）的情感，文化无可避免地包含了社会存在的"赠予"。凯斯（Keyes）1975 年发文指出，族群认同暗含着人们之间的"族群内心情感"关系，在急剧变迁中，族群性在变，但基于"族群内心情感"的认同是不变的。

建构理论（constructionist approach）。目前学术界较多用建构模式概念来解释族群认同，最早源于韦伯（Weber）对族群的定义。1922 年韦伯指出：族群是建立在其成员共同信仰的基础上的，这时信仰是族群成员主观意识里来源于同一祖先的共同认同。① 20 多年后，美国学者休斯（Hughes）提出了族群内部和外部（ins & outs）的概念，这种区分对于后来的族群建构理论有较大的影响。② 后来，英国人类学家利奇（Leach）在他的名著《缅甸高地的政治体系》（1954）中表述了缅甸高地的族群互动促进了克钦人（Kachin）的族群认同。③ 后来挪威学者巴斯（Barth）在他的《族群与边界》（1969）的导论中指出，族群是"文化差异下的社会组织"。④ 台湾的王明柯提出"华夏边缘"中的边缘与巴斯的"边界"概念有类似的理论渊源。还有法国学者布迪厄（Bourdieu）的"实践"理论对建构理论的影响。⑤

对新月畲族村族群与族群关系中显示出的族群认同，可以用族群建构理论来解释。

首先，新月村畲族采取了"有选择的同化"（selective assimilation）的策略。多元理论认为：一些少数族群在与主体族群的隔离中扮演着主动的角色，自觉或自愿与其他族群隔离，采取"有选择地同化"的策略。这不仅包括文化上的选择性同化，如只接受和学习对自己有用的部分、学习语言、接受主体族群的价值规范等，但同时保持本族群的传统文化，如在自己的族群社区中使用方言等；也包括结构上的选择性同化，形成族群自己独特的就业社区和独立的居住区；甚至包括婚姻上的选择性，长期保持族

① Max Weber, *Economy and Society*. Berkeley：University of California Press，1978（1922）.

② Everett Hughes，The study of ethnic relations，*Dalhousie Review*，28（4），1948. Reprinted in *On Work*，*Race and the Sociological Imagination*，by Everett C. Hughes，edited and with an introduction by Lewis A. Coser（Chicago：University of Chicago Press，1994），pp. 91－96.

③ Edmund Ronald Leach，*Political Systems of Highland Burma：A Study of Kachin Social Structure*. London：Athlone Press，University of London，1954.

④ Fredrik Barth，Introduction，Fredrik Barth，ed. *Ethnic Groups and Boundaries*（Boston：Little，Brown and Company，1969），pp. 9－38.

⑤ Bourdieu，Pierre，*Outline of a Theory of Practice*. New York：Cambridge University Press，1977.

内婚的传统。①

　　其次，采取了理性的选择，即充分争取国家和地方政府的政治资源和经济资源。新月村在政治体制与经济的改革大潮中，为了避免主流社会的偏见和敌意，满足族群自身发展的需要，他们可以用 4 种以上的语言与不同族群的人在不同的场合交流，学习对经济发展有用的部分，与当地人在教育、生计、居住场所、政治参与以及公共娱乐方面达到高度的结构同化，但族群内仍固守着本族的语言、神明崇拜、生活习惯和民间娱乐活动，并选择性地重构和发展了族群文化，如神明崇拜中增加了雷法霖。他们在政治经济上取得了极高地位，形成了独特的文化区域，促使政府把此地建成民族风情旅游区。但是新月村没有像多元理论认为的那样，"在初级领域中，同化程度极低，朋友的选择仍受种族和族群身份的制约，且表现相当低的婚姻同化"②，而是在初级领域中与当地人交往也很密切，并在很长时间内保持较高的畲汉通婚率。为什么新月村畲族移民族群会采取这种多元主义或"有选择的同化"的策略呢？因为族群领袖和族群精英都有强烈的保持族群的界限与独立性而不被同化的愿望，使他们可以利用这种文化和身份的独特性来争取自身利益和族群利益。族群关系发展的最终结果是能够长期保持它的特殊传统，并有选择地发展本族文化，尽管畲汉通婚更为普遍并成为年轻人的首选，但语言、信仰仍能传承下去。

　　用族群认同的根基论来解释临江古镇人是合适的。临江古镇作为一个族群孤岛的存在，既有历史的原因，也有现实的基础。这座族群孤岛的形成与维系，与长期以来临江人对于其文化传统的倾力保守以及对于族群边界的竭力维持，无疑有着密切的联系。而支撑临江人成为这座族群孤岛的守望者的精神力量，则是当地人强烈的族群认同和文化优越感。

　　族群以及族群认同是在与他者的交往中逐渐建构起来的。要认识到这

---

① G·辛普森：《民族同化》，载马戎主编《西方民族社会学的理论与方法》，天津人民出版社，1996，第 416 页。

② 梁茂春：《什么因素影响族际通婚？——社会学研究视角述评》，《西北民族研究》2003 年第 3 期，第 182 页。

一点似乎并不难。然而问题的关键似乎就在于，族群依靠什么来维持其作为一个社会文化群体的存在。埃里克森（Thomas Hylland Eriksen）曾经指出，族群是经由与其他族群的关系而确定的，并通过它的边界而明显化。而族群边界本身是一种社会的产物，其所强调的侧重点有所不同并随着时间的变迁而变化。① 由于社会体系并不具有天生必然的稳定性，文化现象与社会结构现象的边界也并不总是相互吻合的，把文化视为一个自成一体的单元的概念的传统用法，往往只能使此一社会事实的意义变得更加含混不清。② 巴斯认为，一个族群虽然有一定的地理边界，但我们更应当注重的是它的社会边界。因为，族群不仅或无须建立在排外边界的（物理）空间之上，而且它还涉及"经常出现的、复杂的行为组织和社会关系"③。巴斯在此留给我们的一个悬念或许就是，那些生活在异文化的汪洋大海之中的人群，如何维持他们的族群边界。

在客观文化特征逐渐失去标识自我的功能之后，临江人通过强化历史记忆、严格限制通婚范围，并且创造性地以生计取向来识别自我与他者等手段，竭力维持其族群边界。临江人的这些社会实践，或许为此一问题的解释提供了一个现实的个案材料。

然而问题的讨论似乎并不能就此止步。因为临江人维持其族群边界的社会实践，实际上引领我们回归到族群认同的基础和动因这样一个元问题的讨论上来。

虽然根基论对临江人有一定的解释力，但笔者以为，纯粹的根基论或者情景论都不能完全解释族群的认同及其自我维系问题，因为族群认同既不是一种没有根基的资源博弈工具，也不是只有单一向度的自我建构或者权力建构的结果，而是一种有着多重向度和丰富内涵的自我标识与自我建

---

① Eriksen, Thomas Hylland. *Ethnicity and Nationalism*: *Anthropological Perspectives*（London：Pluto Press，2010），p. 38. 马戎编著《民族社会学——社会学的族群关系研究》，北京大学出版社，2004，第 71 页。

② E. R. Leach, *Polictial Systems of Highland Burma*: *A Study of Kachin Social Structure*（University of London：The Athlone Press，1954），pp. 282 – 285.

③ Barth, Fredrik, Introduction, in *Ethnic Groups and Boundaries*: *The Social Organization of Culture Different*（Boston：Little, Brown and Company, 1969），pp. 9 – 38.（挪威）弗里德里克·巴斯著《族群与边界》，高崇译，载《广西民族学院学报》（哲学社会科学版）1999 年第 1 期。

构方式。因此，只有把族群的建构及其边界的维持作为一个动态的历史过程进行考察，才能把握族群认同的实在意义。

事实上，在本文的个案中，上述任何一个单一的族群理论都难以解释临江人维持其族群边界所做出的各种努力。对祖籍地的认同以及关于临江古镇的历史记忆，或许可以被认为是临江人某种根基性情结的体现，但这种认同或者记忆并不是纯粹的观念产物，而是蕴含着许多资源博弈的动机。对于通婚范围的限制，虽然表面上看起来是临江人出于社会生活中"门当户对"的考虑，但同时也是当地人力图保持其"高贵血统"的需要。而把生计取向作为区分自我与他者的标识，事实上也并不是一种完全意义上的经济划分或者职业划分，因为这种标识实际上夹杂着临江人的历史记忆和自我想象，同时还折射了临江人对国家权力之于其传统经济生活所带来的冲击的某种特殊情感。

用族群建构论同样可以理解尔苏人。在一个多族群的区域里，族群互动是不同族群认同建构的动力之一。人们因为与相邻族群的长期交往互动，在文化上不断与周边族群文化进行接触的同时，推动各族群建构自己的族群认同。特别是处于弱势的族群，更会强调自己的一些独特性，从而在主观上划定与周边民族的"边界"。尔苏人在所居住的区域，从人数上来看是一个少数族群，是"少数民族之中的少数民族"。因为凉山是彝族聚居地区，彝族是这个地区的"主体族群"，但是彝族在整个国家环境来看，又是一个比汉族人数少的少数民族。与彝族相对应，尔苏人在所居住环境之中，就成了更为弱势的"少数民族"。尔苏人的族群认同建构，从很大程度上来看是在与彝族的互动中得以强化的。这种与彝族的比较和竞争，在某种程度上会影响尔苏人族群认同的选择。

这些选择是在当地复杂的族群关系推动下形成的。根据尔苏人的历史记忆或想象，甘洛、越西等地以前的主要居民是尔苏人，汉族和彝族是后来才迁徙进来的。他们传说尔苏人强盛一时，但是后来因为逞强相互诅咒，使一些人死绝。尔苏人的势力减弱下去，彝族、汉族才得以乘虚而入，占领了尔苏人的地盘。这种历史记忆或想象的结果，加强了尔苏族群认同。

尔苏人与江西的畲族人一样，均深知自己处于弱势位置，需要向国家表达更多的诉求，获得较多的或较公平的权益。因为对少数民族的优惠政策，事实上成为一种政治和经济的资源。新月畲族人成功地利用了这一资源，使之发展得比周边的汉族更为成功。在凉山，作为彝族自治州地方，彝族是主体民族，政治和经济资源被较多地分配在彝族手中，尔苏人要获得这些资源，在无法获得国家承认的独立民族地位后，选择了归属藏族。因为尔苏人上层认为，藏族相对其他少数民族在国家的民族政策中尤为优待，也具有较高的政治地位和较多的经济援助，依托强势的藏族有利于尔苏人的生存和发展。

在中国实施民族区域自治、强调民族平等之前，尔苏人夹在彝汉两个强势群体之间。他们一方面依靠汉人的政府势力制衡彝族；另一方面，在需要的时候，联合彝族地方势力，对抗官府的施政。不过，彝族势力往往控制着尔苏人，这使得他们尽力寻求汉族力量来保护自己。由于有这样一种深受压迫的历史背景，在国家宣传民族平等政策之际，在少数民族地区实施优惠政策的时候，尔苏人站出来表达和建构他们自己的族群认同。这种族群认同的强调很大程度上是针对彝、汉两个强势民族，希望以此来表达那种被压迫、被忽略、被歧视历史的终结。在凉山这种彝族和汉族占多数的族群分布格局下，族群关系与互动促进尔苏人族群认同的增强。同时，国家权力的影响更加强化了这种认同。例如，认同藏族的人明显受到中央政府对西藏的优惠政策的影响，认为被归入藏族可能就会得到那些优惠待遇。另外，尔苏人由于在某些文化内容上受到周边彝汉两族的涵化，从而影响到他们对被划入藏族的抵触心理。①

回想起费孝通先生的名篇《中华民族的多元一体格局》，文中指出中华民族的主流是由许许多多分散孤立存在的民族单位，经过接触、混杂、联结和融合，同时也有分裂和消亡，形成一个你来我去、我来你去，我中有你、你中有我，而又各具个性的多元统一体。费孝通认为，距今三千年前在黄河中游的由若干民族集团汇集和逐步融合的华夏民族集团构成了早期中华民族的核心，它像滚雪球一般地越滚越大，把周围的异族吸收进这个核心，而在拥有黄河和长江中下游的东亚平原之后，形成了被其他民族称

---

① 巫达：《族群关系与族群认同：以四川尔苏人的个案为例》，载赵汀阳主编《论证》，江苏教育出版社，2007，第 125～147 页。

为汉族的民族。汉族继续不断吸收其他民族的成分而日益壮大而且渗入其他民族的聚居区，构成起着凝聚和联系作用的网络，从而奠定了以这个疆域内许多民族联合成的不可分割的统一体的基础，成为一个自在的民族实体，并经过民族自觉而称为中华民族。① 汉族的形成是中华民族形成中的一个重要阶段，在多元一体的格局中产生了一个凝聚的核心。汉族形成之后开始向四周的各族辐射，把他们吸收成汉族的一部分。与此同时，汉族也同样充实了其他民族。这样，在中华民族的统一体之中就存在着多层次的多元格局，从而形成了各个层次的多元关系，存在着分分合合的动态和分而未裂、融而未合的多种情状。在民族杂居地区，深入到各少数民族地区的大小汉族聚居区依然发挥着它的凝聚力，从而巩固了各民族的团结。②

　　费孝通先生对于中华民族多元一体格局的相关论述，主要是在宏观层面上展开的。他以"滚雪球"来形容中华民族的核心集团即汉族的发展历程，无疑是贴切的。然而，许多人只关注到费先生理论的"一体"——同化的力量，而忽略了"多元"——多族群的共存。实际上，汉民族或主体民族在向周边少数族群滚动的过程中，并不是无坚不摧的。那些在经久的文化交流与碰撞之中散落在各少数民族聚居地区的汉族人、少数民族，他们仍然维系自身文化传统的传承和发展，并与其他族群保持着互动关系，普遍存在的"族群孤岛"，就是多元族群共存的例证。而"族群孤岛"是如何维持它的族群边界，其动因和基础又是什么？了解"多元"形成的过程，这将是费先生理论的延伸。

参考文献

弗里德里克·巴斯：《族群与边界》，高崇译，《广西民族学院学报》（哲学社会科学版）1999年第1期。

Barth, Fredrik, "Introduction," in *Ethnic Groups and Boundaries: The Social Organization*

---

① 费孝通：《中华民族的多元一体格局》，载费孝通等著《中华民族多元一体格局》，中央民族学院出版社，1989，第1~2页。

② 费孝通：《中华民族的多元一体格局》，载费孝通等著《中华民族多元一体格局》，中央民族学院出版社，1989，第13~33页。

of Culture Different. Boston：Little，Brown and Company，1969.

E. R. Leach，*Polictial Systems of Highland Burma*：*A Study of Kachin Social Structure.* University of London：The Athlone Press，1954.

Eriksen，Thomas Hylland，*Ethnicity and Nationalism*：*Anthropological Perspectives*，London：Pluto Press，1993.

费孝通等：《中华民族多元一体格局》，中央民族学院出版社，1989。

胡明文：《移民孤岛与族群边界存续——江西"两江"畲族移民村研究》，《广西民族大学学报》（哲学社会科学版）2008 年 6 期。

黄家信：《"族群岛"的形成及特征》，《广西民族研究》2000 年第 2 期。

蒋炳钊：《畲族史稿》，厦门大学出版社，1987。

罗世敏主编《临江古镇》，广西人民出版社，2003。

马戎编著《民族社会学——社会学的族群关系研究》，北京大学出版社，2004。

纳日碧力戈：《现代背景下的族群建构》，云南教育出版社，2000。

潘蛟：《"族群"及其相关概念在西方的流变》，《广西民族学院学报》（哲学社会科学版）2003 年第 5 期。

施联朱：《解放以来畲族研究综述》，施联朱主编《畲族研究论文集》，民族出版社，1987。

四川省民族研究所尔苏木雅藏族研究中心编《尔苏藏族研究》，待刊。

吴申玲：《特殊的文化孤岛——贵州屯堡文化的生成、特点及原因》，《贵州文史丛刊》1999 年第 1 期。

夏德峰：《客家：民俗中的"宗亲孤岛"现象》，《嘉应学院学报》（哲学社会科学版）2004 年第 1 期。

袁少芬：《汉族的"孤岛文化现象"》，《寻根》1996 年第 6 期。

周大鸣主编《中国的族群与族群关系》，广西民族出版社，2002。

关于民族地区形象宣传的几点思考

于长江[*]

不同族群之间的交流和理解，是民族之间和谐共处的一个重要基础。在族群交往中，"刻板印象"（stereotypes）是一种非常重要的因素，直接影响跨族群交往的难易。本次发言要探讨的是，在目前很多民族地方致力于形象打造、自我包装、对外宣传推介的工作中，一些特定的内容和做法，是否会塑造当地族群的刻板印象？尤其是在中国特定的语境下，中部和沿海地区以汉族为主的人口，占全国人口的绝大多数，但是这一规模庞大的人口平时没有很多机会接触少数民族，缺少跨民族交往的直接知识和感受，他们只能通过媒体、宣传活动或短暂的旅游获得关于其他族群的信息。本文关注的是这部分汉族人口对少数民族的刻板印象，对跨地域的族际交往可能产生什么影响。

一 以形象宣传促进地方发展

改革开放以来，全国经济经历了 30 多年的高速发展，而各地方政府和企事业单位，往往是这种高速发展的主导力量。在全国各地诸多发展模式

---

* 北京大学社会学人类学研究所副教授。

中，最常见的两个法宝，一个是"招商引资"，另一个是"发展旅游"。这两种发展方式，都需要向外宣传推介本地的各种优势，所以从 20 世纪八九十年代以来，全国越来越多的地方政府和企业，开始注重地方形象包装、品牌打造、资源推介等方面工作，把自我形象宣传作为基本的发展手段之一。

随着全国这种宣传潮流，一些少数民族地区也开始大力宣传自己。民族地区有很多自然和文化优势，是值得宣传且便于宣传的。同时由于种种原因，很多少数民族地区经济社会发展相对落后，当地政府和民众存在着强烈的赶超冲动，有相当多的民族地方决策者认为，本地区诸多问题的关键是经济发展滞后，只要经济得到充分发展，其他问题也都可以解决。在这种强烈的赶超意识的推动下，很多少数民族地区和民族杂居地区的政府，把宣传打造地方形象作为优先的工作，一直积极想方设法，加强自身宣传，向外界推介本地各方面的优势，努力吸引说服国内外资金和人才到本地来，发展旅游、投资、居住等各项事业。同理，一些少数民族的社会文化精英，也非常希望本民族的各种文化习俗和土特产等——各种物质和非物质产品——广为人知，既弘扬自己本民族文化，又推动本民族经济发展。由此，过去 20 多年来，各种基于"地方－族群"自然和人文特色的地方宣传活动，蓬勃兴起。在很多民族地区，官方和民间大力举办各种形式的推介会、博览会，录制宣传片、影视节目等。这些形式多样的推介活动，已经成为民族地区政府和企事业单位的一项重要工作。

需要关注的是，这些推介活动，在宣传了民族地方社会各方面优势、促进地方经济发展的同时，还有没有其他连带作用？有没有其设想之外的效果？尤其是，这种宣传所造成的本地社会和民族形象，是否有利于族群之间交流？这些形象如何发生作用？这些问题，需要我们深入地研究和评估。

二　宣传推介的内容

在各种地方社会文化形象打造中，最常见的宣传重点，包括几个方面。

1. 自然景观

关于少数民族居住地区的宣传，几乎总是众口一词地突出"山美水美"、"景色宜人"、"风光无限"等。少数民族人口大多居住在东北、西北和西南地区，地理位置相对中原而言，属于"边远地区"。这些区域地理状况复杂，多为山地、河流、森林、戈壁、草原等。这种居住地的分布是长期历史形成的，与各个族群的生产方式、迁徙、战乱、人为安置等有关，一般来说并不是出于审美动机。但在现代社会，按照现代审美习惯，认为这些地带的自然景观，与内地、沿海过分农耕化和城市化地区的景观形成强烈反差，是山清水秀、风景迷人的世外桃源。由此，在现代语境下的"山美，水美，风光美"就成为很多民族聚居地方的重要宣传亮点。在几乎所有少数民族地区，都可以找到美好的自然风光，而这恰恰是内地人口密集地区人们日常所缺少和向往的。

2. 民族风情与民族性格

目前绝大多数关于少数民族地方的介绍，都会展示当地少数民族的人文特色，包括几个方面：一是民风性格，包括"民风淳朴"、"性格豪爽"、"热情好客"、"能歌善舞"等；二是传统习俗，包括节庆、婚丧、民间信仰、生活方式、生产劳作等；三是传统文化，包括语言文学、歌舞、音乐、美术、雕塑、建筑、体育、手工艺等。这三方面内容，经过有关学者、专家、记者、艺术家、影视制作人员多年的调查、采集、研究，不仅形成大量文字和影像资料，而且通过各种形式的表演活动展示出来。各地旅游和文化部门根据各种传统习俗进行发掘、提升、再加工等，创作各种丰富多彩的民族风情表演节目，在旅游点、民族风情园、主题公园、影视节目和学术考察活动现场等各类情境下进行表演。这种风俗表演，风行全国，几乎在所有少数民族地区和旅游热点地区都存在，成为在普通公众中传播民族文化、展示民族性格、塑造民族形象的主要方式。

3. 物产

在所有关于民族地区的宣传介绍活动中，总是少不了关于当地"物产丰富"的表述。一般日用的地方特产往往成为吸引游客和投资者的主题，比如新疆的和田玉、葡萄、瓜果，西藏的虫草、藏红花、唐卡等。广义的物产，既包括农牧产品、经济作物、野生动植物制品，也包括各种传统文化的物化产品，包括食品、服饰、民族手工艺制品等。蒙古的奶制品和皮革制品，西南民族的手工艺品、竹器、蜡染等等，是一般旅游者热衷的物品。还有一大类物产，虽然不一定出现在日常宣传推介中，但对投资和产业非常有价值，那就是各种矿产、石油、森林、水利等资源。在一些专业的招商引资考察推介活动中，会重点介绍这些资源，并强调其质量和开发价值。

三 形象宣传背后的逻辑

1. 职业化表演的"真实性"

上述民族地区形象的打造和呈现方式，具有明显的目的性，就是促进旅游、招商引资或引进人才。因此，所有的形象展示，一定要向外界展示所谓"美好"的方面，所以，这些是有明确取舍的，而不是一种中立、客观的展示。在具体操作层面，这种展示活动在过去几十年中经历了"乡土—专业化—回归乡土"的过程，从最早直接由当地人表演展示（1980年代之前），到后来由专业化演员进行表演展示（比如1990年代民族地区歌舞团在内地举办的各种大型文艺表演、沿海大城市的大型主题公园中的民族风情表演等），近年来又开始回归到由本地人经过一定训练和安排的展示，达到所谓"真实"效果（比如云南、贵州一些著名民族乡村由本地村民经过某些训练进行的节庆、民俗等展示表演等）。但不管怎样，实际上这些展示，越来越变成一种职业化的工作，大多是由旅游公司或者庆典公司操办的。这些企业组织大量经过专业训练的人员，表演经过艺术家改造提升的所谓"民族习俗"，按照当代人的欣赏和理解偏好，集中展示一个民族的历史和传统，以此来体现地方的美好特色。这一类活动，其实际操作按照一般商业运作模式，有一套标准化的程序，力求成本最低和效果最好。在这个过程中，就出现了关于这些展示"真实性"的质疑，关于此议题，学术界已经有一些研究，试图解答这种职业化表演是否"真实地"反映了民族文化的难题。在复杂的探讨和论证之后，一定程度上可以证明，这种人为打造的、表演性的"传统民俗"也可以算是一种"真实"，它确实体现了民俗文化中的基础和核心因素，尽管不再是完全原生态的形式。

2. 迎合他者审美

关于"真实性"的质疑，反映了这种少数民族地区自我宣传和推介背后的一种深层逻辑：展示的内容、方式、视角和着力点，是针对非本地人的"他者视角"，是为了迎合旅游者、投资者或在当地买房置业者的偏好而设计的，是按照隐含参照系而选择的。比如，宣传中对山水风景的重视，其实考虑的主要是旅游者或者置业者的而不是本地人的感受。一个世世代代生长、居住在本地的人，一般是不会特别注意本地风景是否美好的。其实对于当地人来说，这些风景，不过就是最熟悉不过的自然环境而已，不一定特别"美"，而是一种常态，真失去了可能会不习惯，但存在的时候，并不特别关注。假如没有一种比较，或者没有比较的必要，山水风景这些东西并不是本地人注意力之所在。美不美好本身未必有太重大的意义。比如一个在桂林长大的人，不会每天都对桂林山水有太强烈的"美好"之感，那不过是正常的自然形态而已。

某些民族地区风光和风土人情的塑造，也具有明显"给内地人看"的取向，往往故意强调与内地反差。比如，大部分关于内蒙古的形象推介，都会展示广袤的草原、成群的奔马、蒙古骑手矫健的身姿、悠扬的牧歌和优美的舞蹈。这些形象，在展示了内蒙古美好的同时，也在塑造一个"很游牧"的蒙古族形象；但值得注意的是，今天的蒙古族人，其实并不都处在游牧状态，事实上，大部分蒙古族人早已经改变了游牧的生产生活方式，很多人早已经在城市生活几代，通过现代教育，在政府机关、企业、学校、科研机构、文化单位和社会组织等工作，与其他民族人口一样从事高科技、金融、创意等最现代化的工作，已经远远不是传统游牧的生活状态了。但是为什么宣传中一定要强调蒙古人这种"游牧"属性呢？为何一定要以这个特征来宣传内蒙古呢？其中一个重要原因，就是要与内地其他地方和族群做一个区别，要极力体现出蒙古族独一无二的特殊性。这种强调"与内地反差"的做法，其实也是一种对内地人特定偏好的迎合，以满足内地人对于与原来生活状态迥异的游牧生活的向往。

3. 制造刻板印象

这种针对外人的、有明确功利目的的形象塑造，常常具有明显的"整体化"特征，也就是制造一种总体的"民族风格"或"地方特色"。这种把一个地方的人口或一个族群概括为具有某种统一特征的表述方式，固然是与人的认知习惯有关，但也是由这种推介和宣传本身的特定目的决定的。为了吸引游客和投资，每个地方都必须发掘出自己"独一无二"的特色，而这种"特色"，既然是本地方的，就必须是属于本地绝大多数人的，否则就不足以称为"地方特色"，由此，人们在打造这种地方形象的时候，有一种明显的偏好，就是把本地人口，作为一个整体，赋予一个鲜明的形象特征。

这种以内地人为对象的宣传活动，固然塑造了一些民族和地方社会鲜明靓丽的正面形象，但这种形象塑造从一开始就具有副作用。这种集体共有的特征，事实上就是一种社会学和心理学上所说的刻板印象。可以说，这种大力宣传某个少数民族地方的努力，经常就是塑造该族群和地方社会刻板印象的过程。

从学术上来说，"刻板印象"的概念是20世纪20年代学者提出的，当时含有某种负面意义，后来学界对此术语的使用趋于中性化，但它对于族群之间的交往肯定是有影响的，这种影响有利有弊，我们不能忽视其负面的作用，需要对此保持清醒的认识。

四　刻板印象解析

1. 自然景观的赞美与误区

当我们不断赞美某个少数民族地区山美水美、景色宜人的时候，其实是隐含了一种特定的审美偏好。这种赞扬固然不错，但它可能是在强化"内地中心主义"的视角，或者说是基于内地主流社会文人墨客的审美习惯。当然，从吸引内地人来旅游投资的角度来说，这是应该的，但如果从族群交流和跨文化理解的角度来看，这种单方面的赞美，可能是一种片面的选择性的表述，其背后隐含的话语有强势弱势之别。比如，这种"很内地"的感受，是否与当地人的感受有差异？这种仅仅从审美角度来看当地的山水，与那些生于斯长于斯的视觉感受有没有差距？主流话语不断以这些审美取向为标准，会不会让当地人产生错位感？会不会增加当地人与内地人的距离感？

这种"他者审美"还隐含着另一些可能的作用，比如，如果主流话语总是说某某地方风景如何秀丽，并以此作为热爱当地、投身当地建设的理由，那么反过来看，如果当地风景不好呢？如果某民族地区真就是穷山恶水为主呢？难道就不那么积极努力建设了？难道就不管了么？尽管事实上并不如此，但确实值得关注的是，这种赞美是不是隐含着对地域风景美丑的歧视判断。应该说，各地的风景作为一种资源禀赋，本来是有差距的，而同样的自然景观，究竟是"美"还是"丑"，也不是绝对的，事实上，在不同环境成长的人，对同样的景观可能产生不同的感受。比如，对于生长在南国水乡或亚热带山区的人，看惯了郁郁葱葱的绿色生机，突然看到北方沙漠、戈壁和荒野，可能会感到荒蛮或苍凉；但对于在西北广阔沙漠戈壁长大的人们，并不感到这里缺乏生机，相反，由于习惯于这种刚健简约的景色，当看到南方郁郁葱葱的森林覆盖的山地，他们不一定感到生机盎然，反而觉得有某种茂密、遮蔽、憋闷之感。事实上，审美标准本身是多样的，当我们用相对单一、标准化的主流审美标准去表扬当地的时候，是不是隐含着片面审美之嫌，会不会造成与当地民族感受明显冲突的东西，会不会增加跨族群交流的难度呢？

对于同样景色，不同人的联想经常是迥异的，旅游者与当地居住者常常有不同的感受——旅游者可能联想到在文学、摄影、影视中看到的景色，以及相关的故事和传说等，而当地人，可能更多的是与他们具体的生长经历联系起来，而这种生长中的故事，并不一定总是美好的。对旅游者来说的美丽山水，对一个在此长大的人来说，可能是艰辛劳作的环境，是交通的障碍，是某些痛苦记忆事件的发生地。当内地人把自己定位在与当地无实质联系的"过路人"的时候，可能不必太在乎这些，但如果你准备与当地人深度交往、并肩奋斗的时候，就要更多地考虑当地人个人的、具体的、特定的感受了。否则，就难以与当地人心心相通，难以做到志同道合，难以在关键时刻共同应对事变或危机。

同时，对于那些存在着诸多矛盾和困苦的地方民众而言，外人一味赞颂其"风景美好"、仅仅醉心于山水之中，也暴露出一种旁观者不接地气、不解人间疾苦的冷漠。试想，当当地人为自己一些具体生计事务而艰辛挣扎努力的时候，一些外来者津津乐道于当地风光如何迷人，必然让人感到关注点（concerns）的明显差异。很多风景如画的民族地方，人民的生活并不富足美满，而是存在大量自然或社会的困难。不管自然景色如何，对当地人来说，这里首先是一个具体的生存环境，而不是一个供人观赏的布景。真实生活是具体的、现实的，是与每天的柴米油盐、衣食住行相关联的过程。如果内地人总是以一种隔岸观景的态度去讨论一个民族地方的"美好"，等于不断证明自己是一个"外人"，是难以与当地人真正建立深层共鸣共识的。

2. 人文风俗宣传的利弊

在人文方面的赞美，也同样在建构一系列的刻板印象，这种做法有利有弊，并不一定都是正面的。比如，不加前提地反复描述当地少数民族"民风淳朴、粗犷豪爽、热情好客、能歌善舞"等，就可能造成一种印象，似乎当地人在任何情况下都是这样，这就造成很大的误导。

比如"热情好客"是指什么？是对所有来人都一定"热情"吗？难道能不分你的行为态度好坏，无条件友好吗？……这类过于笼统的说法，可能使得人们忘记了存在其他的可能！须知，任何地方的人，不管什么民族，当外来者——有意或无意——过分触犯一些禁忌或者表现出令人不快的行为举止时，都可能变得不友好。世上没有也不该有无条件的"热情好客"，同样"豪爽"、"淳朴"也是要看交往对方是否有相应的人品，任何民族都不会无条件无前提地以同一种态度对待所有人。

问题的关键是，各地风土人情不同，各民族文化传统不同，对事物的判断也有差异，跨文化交流，就存在不同的判断标准，所以跨族群交往的关键不在于当地民族是否"热情好客"，而在于来访者和当地人双方能否顺利沟通，在于外来者与当地人能否意识到彼此的敏感点，顾及彼此的感受，并适当处理可能的分歧，达成某种共识，有了这种理解共识，才会"好客"，才有"能歌善舞"；假如在实际交往中，某一方一再尝试却一直达不成共识，那就不一定"热情好客"了，也许会从委婉暗示，到平和建议，到声色俱厉地下逐客令了。这是人之常情，与什么民族背景无关，也不是民族性格决定的。

至于"能歌善舞"，也是有潜在误导性的刻板印象。某些内地客人到少数民族地区，一听说某某陪同人员是少数民族，马上就建议"来来来，唱个歌，跳个舞"，虽然是含有赞美之意的善意邀请，但这样不问对方意愿的莽撞提议，在跨民族交流中还是有隐患的。就算某民族成员具有能歌善舞的能力，也不是在任何场合、不分心情，都可以招之即来表演的。任何民族都是一样，唱歌跳舞不是无缘无故、无条件的，而是要看在什么语境、什么心情下。当我们提议别人唱歌跳舞时，不应该仅仅因为他们"能歌善舞"，而应该是因为歌舞者自己兴致所至，或是有感而发，或是以歌待客……总要有个缘由和心情，而不是随时随地都可以。假如此时人家没有兴致，当然不该强颜欢笑为你唱歌跳舞——这是个为人相处、彼此尊重的基本道理，不能因为自己"想象"对方有所谓"热情豪爽"的"民族性格"，就忘了尊重对方意愿和情绪。

像"淳朴"、"豪爽"这些表述，也经常被理解为想法简单、不善精算、大块吃肉大口喝酒、不拘小节、直来直去等。问题是分不分语境和对象？研究表明，任何民族，不管按照今天所谓标准是"先进"还是"落后"，是"现代"还是"原始"，其社会都是相当复杂的，只是复杂的维度、机制、表现方式可能不同。在不同的社会形态中，人们社会生活侧重点和关注点不同，其复杂和简单，表现在不同的领域，让外人难以立即感知。说一个族群"淳朴"或"粗犷"之类，更多是一种旁观者的印象，很可能是因为观察者对一个社会了解不深入，看不出其中的复杂性，只能看到简单直白表达的东西，这并不表明当地社会就简单单纯。事实上，很多外人看似"单纯"的地方社会，其内部社会关系和机制运作，是与所谓发达社会同样复杂微妙的，其中人情世故以及冲突矛盾，并不少于其他社会，因此，对某些地方民风民情的描述，应该慎之又慎，不能仅凭一些表面印象就定性表述——虽然好听好看，但并不确切，也不接地气——这种表述造成的刻板印象，未必反映当地社会真实状况，无助于族群之间的交流沟通，反而可能造成隔膜和不解。

所以，当我们对某地某族群进行描述的时候，应该充分尊重当地人的原则和标准，而不能单方面地忽略前提条件，笼统地贴上"性格"的标签——这种笼统固化的性格描述，可能以偏概全，忽略了当地人最关注的判断原则，误导外界不熟悉情况的人，造成错误预期，在实际交往交流中，酿成更多误会。

3. 物产：注意力与兴奋点

对民族地区各种物产的赞颂，是当下地方形象推介中的一个重点，但这方面也同样存在着一些潜在的误解点，必须有所意识。

首先，对物产的过分关注，会造成一种"见物不见人"的功利印象。一般来说，一个地方的土特产确实是当地人的骄傲，但对于当地人来说，一个外来者，不管是旅游者还是移民或生意人，如果注意力过分集中于当地的名贵产品，至少会造成一种感觉，那就是你对我们这个地方最关注的是"物"而不是"人"——你是为了搜罗产品而来？是出于自己需要，还是去倒卖赢利？收购物产固然对当地的从业者是一种互惠的生意，但对于整个社会来说，毕竟是一种片面的取向。在高度关注物产的前提下，外来者说如何"热爱这片土地"之类的话，可能被理解为是热爱这里的名贵特产。应该看到，在很多地方，当地大多数人也未必有财力物力采购本地名贵特产的。很多地方的特产，比如藏区的虫草、新疆的玉石等，其实对当地普通人来说也是奢侈品。外来人对这些东西过分关注或大量收购，并不一定拉近与当地普通人的心理距离，反而会造成功利心强、重物轻人的感觉。在地方形象方面，一个地方的"人"和"物产"并不是一回事。一个人喜欢当地物产，并不表示理解当地文化，更不代表能与当地人心灵相通。极端情况，是存在一种外来者被视为试图获取宝藏而来的可能性，加重彼此的猜疑。

其次，对物产的关注，也造成外来者注意力的偏狭和对各种社会现象的片面理解。由于很多内地人本来就是从一些特殊物产的认知路径得知和了解少数民族地区，所以常常以了解物产的多少，作为是否了解民族地区的一种标志。在民族地区旅行或与少数族群朋友交往中，也有意无意表现物产方面知识，作为个人偏好，这种取向本身没有什么问题，但如果从跨族群交往交流的角度来看，这种只关注物质产品的倾向，会形成一种注意力和知识的偏颇，无助于全面地理解当地人和社会，在交流中可能加重彼此之间新的偏见，也可能对外部传递一些片面信息。民族地方社会的核心毕竟是"人"，良好的民族关系，总是要建立在不同族群背景的人与人的理解和谅解基础上，而这种关系的首要因素，就是彼此的关注，只有以人为本，关注和重视对方，才可能建立友好的关系。

五　晕轮效应与几个"忽视"

刻板印象的一个重要作用，就是所谓"晕轮效应"，就是某一种强烈的印象，会遮蔽其他方面的特征。民族地区宣传推介造成的刻板印象，就有这种可能。由于现代媒体巨大的传播力，加剧了不同人群话语权差异，有些说法和想法可以被放大传播，影响广泛，俨然成真，而另一些说法可能被淹没或屏蔽掉。但人的真实感受并不会简单地随着舆论多少而改变。人们的感受是由具体的、实实在在的、日常的经验决定的。不管外界以何种花哨图像和动人言辞对当地情况进行描述或议论，当地人的感受，主要的还是来自自己的切身感受。这就造成一种悖论，宣传的效果越好，对"外人"的影响越大，实际上很可能扩大了当地人与外人的认知差异。这类宣传引导内地人对特定民族地方的理解趋于外在化、形象化、审美化，更多地从这些"总体特征"角度理解当地，可能忽视很多当地具体情况和当地人的具体关怀，这种印象可能令当地人感到疏远，也让自己真正身临其境时，陷入茫然境地。

1. 忽视个体的丰富多样性

如前所述，"民族性格"的刻板印象，容易造成千人一面的错觉，可能忽视少数民族民众个性的多样性和差异性——每每遇到某族人，就会按照刻板印象去猜测和应对，而这种同一性的想象，在现代社会经常是不准确的，甚至是不适宜的。其实，不管什么族群的人，都是有鲜明个性的，个体之间的差别，往往大于那些想象中平均化的"民族性格"差别。而怀有强烈"民族性格"观念的人，在接触某个族群中具体个人的时候，常常会试图拿集体特征去"套"现实中的个体。这种尝试往往是以忽视个体个性为代价的，甚至舍本逐末，忽视了真正重要的个性特征。

刻板化的成见，往往造成跨族交往的困难。在强势话语下，某些成见有时会造成"自我实现"的后果，固化成见，加重纠结。比如，假如设定"蒙古族人"一定喜欢喝酒，在遇到一个蒙古族人时就不断想象对方的饮酒取向，并按照这种猜想去拼命劝酒，事实上，也许这个蒙古族人因为年龄、身体或生长环境原因，并不真的特别好酒，但由于这种强烈语境和安排，出于迎合客人考虑，只好勉为其难地强迫自己喝很多酒。这种弄假成真的困境，是强势话语下少数族群自我暗示改造的一种被动状态，加剧了现代社会中人的个体化取向与"民族特征"总体标签之间的两难。

事实上，大量少数民族人口，本来就是个性差异很大的，在当代置身于现代化、全球化的语境中，生长环境和生活工作状态发生很大改变，个性上早已经突破了传统单一的刻板印象范围，即便有一些族群背景共性特征，也已经是现代社会个体多样性的一部分，由此在跨民族交往中，要弱化刻板一致性，更多地考虑具体的"个性"，在个体多样性和差异性的基础上，建立族群之间的理解与友谊。

2. 忽视当地人面临的各种困难

对于民族地区的种种"美好"表述，尽管本意是想吸引社会财力、物力、人力参与当地建设，但也容易造成社会公众误以为这些地方状况一片大好，而忽视了当地社会存在的种种困难，包括硬件方面的交通条件差、生活设施简陋、能源不足、气候极端等，软件方面的社会管理松弛、观念滞后、文化冲突等。事实上很多少数民族地区，存在着众多困难和矛盾，当地人的生活和工作，面临着大量的困苦和艰辛，并不是美好的世外桃源。一些民族地区社会经济处于所谓"落后"状态，而这种"落后"，也是一个非常复杂的系统性困局，并不是简单的一两个因素的缺失，也不是轻易就能解决的。为了解决当地发展问题，政府、社会和各界人士殚精竭虑做出了很多努力，但有些地方始终无法摆脱困境。这些现实表明，当地社会存在的问题，涉及历史、文化、利益、体制等多重因素，错综交织，比内地更为复杂，也更难解决。社会公众对当地人和社会的这些艰难之处，应该充分了解，才能有共同的忧患，才能与当地人建立同心，才能急当地人之所急，想当地人之所想。

3. 忽略当地存在的矛盾冲突

民族地区像任何社会一样，在现代化转型发展中，存在着各种各样的社会矛盾，这些矛盾大多数是非对抗性的，是可以通过法律法规和协商解决的，但不管怎样，只要有矛盾，就会造成一些困扰，不管是外来投资者、经营者还是纯粹旅游过客，都可能会受到这些矛盾的影响，这些现实是有必要让公众知晓的。同时，在各种矛盾中，也有个别对抗性矛盾，比如某些地区存在着"三股势力"影响，造成的问题和威胁也是客观存在、不能回避的。在极端分子可能从事破坏活动的地区，人们的生命财产受到威胁的可能性是存在的。在此情况下，简单地宣传当地安全、稳定、祥和是不够的，应该告诉那些有意去当地从事各种工作或旅游的人们当地的真实情况，包括各种可能性、现有的防范措施、实效如何等，这样的介绍，符合人们的常识，体现诚实诚恳和负责任的态度，也更为可信可靠，同时也使得外人与本地人的感受趋于一致，具有共同话语，有利于交流沟通。

4. 忽视了当地人复杂的内心感受

各种推介文宣活动造成诸多刻板印象，可能造成人们忽视当地人丰富复杂的内心世界和个人化的动态的心理感受。比如，如果在宣传中大量展示歌舞娱乐，就会暗示似乎当地人都是在这种歌舞升平中生活，沉浸在一种欢乐的情绪状态——这种相对简单、一致的情绪和心理状态的错觉，并不符合少数民族地区的实际——它可能忽视了当地人作为一个个具有自主意志的个体的千差万别的喜怒哀乐，忽视每个人不同的人生经历带来的特定心态，忽视每个人对于人生和社会的思考以及由此产生的各自不同的人生哲学。总之，可能忽视当地成千上万人各自特有的想法和感受。

不管什么地区什么族群，每一个人都是一个复杂的世界。忽视了个体想法和感受的复杂性，就无法深入理解一个社会，也无法把握它的现在和未来。事实上，任何社会，不管其族群、地域和社会经济背景为何，其中每个人都怀有具体的、各自的、动态的心情和想法。每个人都有自己独一无二的人生经历，都有自己的生活感悟。不管是一位农民、一位商贩还是一位学者、一位官员，他们都生活在各自具体的人文环境中，接受着各自的相关信息，每时每刻都有自己的艰难或幸福、气愤或欣喜、敌意或友善、严肃与嬉闹等。真实的生活感受是个人化的和即时性的，不是笼统的和集体统一的。事实上，少数民族地区在经济发展、族群关系、治理方式等方面，往往存在着更为复杂的局面，其中个人的生活经历和体验往往更为多样，更为曲折，更具多重性。当地不管是一般民众还是政治社会文化精英，其内心的感受都更为复杂，对于各种身边琐事、社会事务或国家大事，都有各自不同的感受和理解，差异巨大，而这些个体化的不同感受，会影响每个个体的态度。正是这些个体，构成一个真实的当地社会现实，影响着当地各种社会趋势和发展方向。我们的各种地区宣传,应该把这种复杂性传递出来,让更广大范围的公众,了解当地民众的多种想法和心理,从更深的层次上理解当地人和社会,这样才能与当地人建立一种心灵上的沟通,做到知人知面也知心。

六 结语

总之,当下风行各地的民族地区宣传推介活动,在为当地发展赢得大量资源和机遇的同时,也可能形成一些刻板印象,造成某些副作用。各地人为打造的地方品牌形象中包含的因素,可能影响当地人与外来人、当地少数族群与内地汉族、当地精英与内地官民之间的交流和理解。我们在通过宣传推介,吸引投资、技术、旅游、人才,促进地方经济文化发展的同时,也要考虑到这些推介宣传对于跨地域、跨文化、跨族群交往可能造成的效果,因为从长远来看,良好的民族关系,归根结底要建立在各族群、各地域民众之间的充分理解、谅解和友谊的基础上。因此,应对各种宣传方式的多重效果进行评估,在经济效果之外,还要充分考虑其社会文化效果,尤其是在民族交往中可能发生的作用。

参考文献

陈刚:《多民族地区旅游发展对当地族群关系的影响——以川滇泸沽湖地区为例》,《旅游学刊》2012年第5期。

陈静:《媒介偏见的社会文化根源与控制》,《浙江大学学报》2009年博士学位论文。

陈峻俊:《试论少数民族地区新闻报道的民族特色》,《当代传播》2006年第1期。

付·吉力根:《浅析旅游开发对民族文化变迁的影响》,《北方经济》2007年第5期。

高承海、党宝宝、万明钢:《汉族与少数民族的民族刻板印象之比较》,《西北师大学报》2013年第7期。

何莹、赵永乐、郑涌:《民族刻板印象的研究与反思》,《贵州民族研究》(社会科学版)2011年第6期。

秦欢、马强：《网络媒体中内蒙古区域形象分析——以大公报内蒙古频道为例》，http：//toutiao. com/i6252835986082890241/。

宋敏：《民族刻板印象研究述评》，《青年与社会》2014 年第 2 期。

王艳：《从内蒙古自治区看网络环境下少数民族地区刻板印象的改变》，新闻论坛网，http：//xwlt. northnews. cn/NewsTribune/ShowArticle. asp？ArticleID = 487。

王珏：《论少数民族地区旅游发展对民族文化的影响——以泸沽湖摩梭族聚居地为例》，《旅游纵览》2014 年第 9 期。

席芹可：《〈南方周末〉中内蒙古形象的传播分析》，内蒙古大学 2014 年硕士学位论文。

杨益：《地域刻板印象研究综述》，《经营管理者》2011 年第 2 期。

张媛：《模糊的"他者"：非民族地区的少数民族媒介形象再现——基于〈北京日报〉少数民族报道的分析（1979～2010）》，《浙江传媒学院学报》2013 年第 1 期。

周为坚：《刻板印象威胁的影响因素及应对方式探究》，《贵州学院学报》（社会科学版）2012 年第 4 期。

朱洁琼：《大学生群体的民族刻板印象研究——以中央民族大学为例》，《中央民族大学》2011 年硕士学位论文。

宗教仪式、边界以及在差异中共存

罗伯特·韦勒（Robert P. Weller）[*]

> 君子和而不同，小人同而不和
>
> ——孔子《论语》

不同族群如何和平共处，在很大程度上其实是一个人性问题：如何容忍那些与我们存在根本差异的人，如何通过和平的、有建设性的合作方式突破那些把不同群体区别开来的界限。这里所谓的"界限"不仅指不同族群在服装穿着、语言和文化等方面的不同，而且还包括因人种不同而在身体特征方面显示出的生物性差别，当然，也包括不同宗教团体在行为与信仰方面的不同，以及在一个民族国家（nation – state）中不同身份成员享有的权利与义务的差异（如投票权、参军权）。

对于那些最早提出"现代性"（modernity）概念的思想家而言，群体忠诚观念（communal loyalties）竟然仍然如此强大，这可能使他们感到吃

---

* 波士顿大学社会学教授。1980 年在 The Johns Hopkins University 获得人类学博士学位，是一位研究宗教问题，特别是研究中国大陆与中国台湾宗教问题的专家。他先后出版了多部专著，包括独立完成和与他人合著的 *Ritual and Its Consequences*：*An Essay on the Limits of Sincerity*（New York：Oxford Univ. Press，2008），*Discovering Nature*：*Globalization and Environmental Culture in China and Taiwan*（Cambridge Univ. Press，2006），*Alternate Civilities*：*Chinese Culture and the Prospects for Democracy*（Westview，1999），*Unities and Diversities in Chinese Religion*（Macmillan Press and Univ. of Washington Press，1987）等。

惊。例如，这种观念直接与新产生的法国国家议会（French National Assembly）的期望相左。后者在《人权宣言》（1789 年 8 月 26 日）中宣称："人人生来即享有自由和平等权利。"人们的社会差别只在于分工不同，换言之，我们所有人之间唯一的差别应该只是各自在劳动分工中的角色不同，其他方面都不是主要的。这一观念其实是启蒙运动后对于人类是独立自主个体的组合这一思想更为宽泛的表达，人们之间的差异（如在宗教信仰领域）被看作仅仅是私人领域的事，或者被当作民俗遗风而被忽略。

尽管如此，各种各样的群体忠诚观念仍然十分强大。比如在当今的法国，对是否允许女学生佩戴穆斯林头巾的争论属于比较温柔的表现方式。不幸的是，我们还可以看到一些非常残忍的通过消灭异类来清除彼此界线的表现方式。比如卢旺达种族大屠杀、巴尔干半岛的种族清洗，以及像"9·11"事件的那种因为宗教偏执（religious intolerance）而导致的极端行为。当然，大多数的群体边界并非如此恶性和致命，但以上这些事例确实在时刻提醒着我们，万不可轻视和忽略这些可能导致巨大灾难的差异。

当人们把群体之间的界线想象成无法跨越的鸿沟或者说无法突破的围墙时，这类问题就变得尤其严重。当被视为"异族"的群体是如此不同，以致完全不能称之为"人"时，杀戮、剥夺权利就似乎成为可以接受的方式了。从历史上看，否认边界的存在是行不通的，或者把这些边界视为无法突破的墙，都不能从根本上解决问题。也许我们可以把这些界限想象为一面蜂巢式的墙（cell wall），而不是一堵密不透风的砖墙（brick wall），蜂巢式的墙可以被渗透和穿越，而且可以经由各种方式穿越。

我在这篇论文中想要阐释的一点是：仪式（ritual）也许是创造这种边界的一种重要方式。"现代性"强调人是具有独立个性的人，这在处理群体忠诚问题上用处不大，但仪式却早在启蒙运动之前，就为理解差异并在差异中共存提供了可能的途径。当然，从一般意义上讲，宗教并不能保证人类能和谐共处，但宗教——尤其是宗教仪式——确实是我们人类求同存异、和睦相处的重要方式。下面，我想通过详细分析仪式在中国农村社会互动中所扮演的角色，来看看它是具体如何发挥作用的。

相关的社会科学文献很早就指出，宗教和仪式与社会及心理范畴以及与界定这些范畴的"边界"紧密相关。涂尔干对于"神圣"（the sacred）所给出的核心定义是"分离开的、被禁止的东西"（things set apart and forbidden）①。有关"通过仪式"（rites of passage）的观念可以追溯到一个多世纪以前，这些仪式直接关系人的基本社会分类（如孩子与成人、单身汉与丈夫）以及这些分类之间相互转换的机制（如成人仪式及婚礼）②。后来的人类学家进一步发展并更加详尽地阐述了这些思想。其中很多著作都是讨论仪式如何创造边界和分隔群体的。仪式能够把神圣的事物与世俗事务区别开来，把宗教事务与其他事物区别开来，并能够描述在社会中的位置。最为重要的是，仪式能使自己本身从非仪式世界中区分出来。也就是说，每个仪式本身都有环绕着自己的边界，即使是世俗的仪式也是如此，比如用小木槌敲击为标志的会议进程、以掌声开场和结束的音乐会、有点燃与熄灭圣火仪式的奥运会。

在最近几十年里，一些学者开始更多地把研究重点转向边界本身的性质以及如何突破边界的机制方面。尽管早期的研究更多强调的是仪式的创造和保持边界的功能，但很多现实中的仪式还是很注重突破边界这一议题。每个仪式至少在最低层次上都允许我们可以进出仪式的边界。而大多数仪式在这方面走得更远。比如说维克多·特纳（Victor Turner）的作品，他描绘了我们通过仪式从而进入新的人生阶段的那种时刻，确切地说是当我们已经离开旧状态但尚未进入新状态时的那种时刻。这实际上就是连接两种不同状态的分界点（the boundary point）。特纳向我们展示了这种中间的过渡状态是如何丰富多彩和令人难忘，完全不同于我们平时的那些范畴。③ 我们可以从一些年度仪式中看到相似的东西。比如每年的四旬斋前狂欢节（Mardi Gras Carnivals）或者新年狂欢，两者都是让我们通过化装舞会等形式脱离平日中的一般状态从而进行一种边界转换（boundary transitions），比如平常日子与大斋节、旧年与新年。当然，这里所说的边界不是一条简单

①　Emile Durkheim, *The Elementary Forms of the Religious Life*, translated by Joseph Ward Swain（New York：Free Press, 1915），p. 62.

②　The founding text here is Arnold van Gennep, *The Rites of Passage*（Chicago：University of Chicago Press, 1960）.

③　See, for instance, Victor Turner, *The Ritual Process：Structure and Anti - Structure*, Symbol, Myth and Ritual Series（Ithaca：Cornell University Press, 1969）.

的分界线，而是一套复杂的体系，是一面蜂巢式的墙而不是一堵密不透风的砖墙。①

　　甚至是那些与创造边界密切联系的行为如净化礼（purification）也暗示边界常常是可以被穿越的。这是因为在很多传统中，净化礼并不是真的能使我们变得"纯洁"，也就是说我们并非真正因此就进入一个完全区别于那些不纯洁的人的状态之中。如果真是这么简单的话，那我们就不用再连续不断地反复进行各类圣礼了——一次洗礼就足够了。

　　其实，净化礼是让我们能够继续生活在不纯净的环境中——这是所有人无法摆脱的。就像刷牙或清洗炉灶，尽管我们非常清楚自己无法每分每秒都保持清洁的状态，但我们确实不愿意总是生活在肮脏的环境中。例如伊斯兰教祷告前的净身仪式并非是在创造一堵阻挡不纯净状态的墙，而是使我们能够在纯净与不纯净两种状态中实现自由地穿越。

　　在很多仪式场合，经常使用幽默是另外一种处理边界复杂性的方式，使边界成为一个可以穿越的分界线。比如，在一篇经典著作中，拉德克利夫－布朗（Radcliffe－Brown）展示了仪式化的滑稽关系（两个人被要求通过互相戏弄而进行交往）在这样一种场景中如何体现：两个人必须保持各自的边界，同时又不断跨越这种边界来进行交往，就像两个联姻家族的成员之间彼此碰面时的情景一样。② 我们还看到在一些社会中（包括在中国的某些地区），幽默甚至成为在葬礼中沟通今生和来世的一种方式。

　　这一点非常重要，因为移情（empathy）作为一种站在他人角度看问题的能力，也是一种突破自我与他人界限的方式，这对构建社会和谐是非常重要的。没有这种基本的穿越边界的能力，我们就无法（在事务性的交往中）超越人类的利己心和本能（raw power）来实现有效的沟通。即使其中没有宗教的成分在内，我们很多的社会互动都是被仪式化了的。日常礼节（etiquette）就是一个明显的例子。比如，打招呼时，对"你好吗？"最合

---

① For a more elaborated version of the argument here and in the following paragraphs, see Adam B. Seligman et al. , *Ritual and Its Social Consequences: An Essay on the Limits of Sincerity* (New York: Oxford University Press, i. p.), chapter 3.

② A. R. Radcliffe－Brown, "On Joking Relationships," in *Structure and Function in Primitive Society* (New York: Free Press, 1952), pp. 90 – 104.

适的回复总是"我很好"。而不管实际上我是不是刚和孩子吵过一架，或者在厨房不小心切到了小指头。最重要的是打招呼本身，而不是具体语意是什么。

当我们从宗教的语境中把这样仪式化的行为抽出来看的时候，我们很快就会发现，其中一些就是孔子所谓的"礼"的思想的再现——"礼"被孔子认为是人与人之间和谐交往的关键。尤其在荀子看来，"礼"就是人类创造的一个超越本能和利己心的社会准则。无论是在宗教生活中还是在世俗生活中，"礼"都能够指导我们与周围的人和睦相处。后来，宋朝的新儒教思想更是通过编写如何在家中实践"礼"的书籍向全社会普及"礼"的思想。

在《论语》中，孔子自己也认为，在"礼"所有的功能中，最有价值的就是："礼"能构建社会和谐。后来，他又进一步提出了"君子和而不同，小人同而不和"的思想。这一思想认为，那些凡事人云亦云的决策者往往是没有多少用的。从更深的层次上看，这种思想并非让人凡事趋同，而是让人能求同存异、和谐相处。他在注释《春秋》时也详细地阐述了这个观点，他拿食物和音乐作为隐喻，说明两者都需要在不同成分之间进行细心而有效的搭配组合，才能好吃和好听，否则，必然陷于乏味不堪的境地。

古代人们对仪式的注重，解释了为什么在中国古代王朝中，礼部在所有政府部门中是非常重要的：它负责的是一系列重要的公共事宜，而这些在现代人看来似乎无关紧要。礼部的职责包括监督各类重要仪式，比如每年在全国各个行政地区由皇帝亲自领导组织的祭奠活动，然而也包括每年的外藩进贡仪式，因为进贡仪式也是处理群体差异和不同的方式。礼部还负责监督每年的科举考试，因为通过这些考试可以看出考生们对"礼"的理解程度，要知道，"礼"直接指导父子之间、君臣之间以及朋友之间的人际交往。从这种角度看，仪式能够让我们在一个因为身份差别和利益不同而分裂的不完美社会中共生共存。

现在，让我再举几个 19 世纪到 20 世纪中国社会的例子来具体阐明这一点。我将简单地考察仪式在沟通两种差异形式时所扮演的角色。第一组例子是有关通过宗教仪式调停不同群体之间的矛盾关系，第二组例子则转向汉族与其他邻近族群（ethnic groups）之间存在的边界。

中国各地的乡村和街区很早就已经组织过公众游行（public processions）和节日联欢（festivals）等活动。这种传统在中国很多地方流传下来，当然也包括中国香港和中国台湾地区。组织这类活动通常需要各方复杂的合作，同时会吸引成千上万的热情参与者，而从中体现的组织能力则有力地显示当地社会那种无须国家直接参与的自治自理的能力。这与埃米尔·涂尔干（Emile Durkheim）对仪式的看法是很相近的。涂尔干认为，仪式是明确界线以及实现群体内部团结的方式。当人们敬奉的神灵离开神庙出外巡视自己的社区的时候，这一点就表现得更为明显。这种行为让人不禁回忆起——某种程度上也是在模仿——晚期帝国官员巡视自己所管辖区域的场景。就像一个巡视的官员会带上一群随从和卫兵前呼后拥地跟着他，神灵也会带上自己的随从人员、辅助神（secondary gods）和神兵（spirit soldiers）。神灵常常以一个木制雕像的形象出现，并被安放在一台轿子里，而神像的随行人员则由穿戴戏服和化妆的当地男青年（偶尔也有女性）组成。在接受了神力之后，巡游中有一些表演者会用仪式性武器使自己的身体流血（bloody themselves）（尤其是在中国台湾地区和中国最南部地区）。其他一些表演者则会进行复杂的例行武术表演（martial routines），当然也会使用到矛、剑和盾等武器。这些群体中的年轻人往往是些武术高手，他们有时甚至会卷入为保护自己家园不受其他群体侵犯的小规模械斗中。① 来自敌对庙宇（往往来自不同村庄）的表演团体之间的争斗，在史书中多有记载，这些仪式并不能使潜在的紧张局势消失，却能够创造在差异中共存的有效机制。

在这里，边界的创造是显而易见的，然而巡游和节日联欢等活动同时也直接让我们有机会突破这些边界。庙宇之间的互访就是如此。其中，最值得一提的是那些寻根性质的庙宇访问。在台湾地域，当回归大陆之门已

---

① For more on these groups, see Donald S. Sutton, *Steps of Perfection: Exorcistic Performers and Chinese Religion in Twentieth – Century Taiwan* （Cambridge, MA: Harvard University Asia Center, 2003）. For another case, including ties to local gangsters, see Avron Boretz, "Righteous Brothers and Demon Slayers: Subjectivities and Collective Identities in Taiwanese Temple Processions," in *Religion and the Formation of Taiwanese Identities*, ed. Paul R. Katz and Murray A. Rubenstein （New York: Palgrave Macmillan, 2003）, pp. 219 – 251.

经打开时，这种访问就变得越发重要了。坐落于鹿港镇（Lukang）的天后宫是台湾岛内最重要的庙宇之一，同时也是祭祀岛内最重要的妈祖女神最古老的寺庙之一。当我 2006 年在那里做研究时，妈祖女神刚从福建湄州的祖庙（mother temple）访问归来。作为欢迎仪式的一部分，庙宇组织了规模庞大的巡游表演，包括数十人的长号队伍、108 名穿着佛教阿罗汉服饰（Buddist arhats）的妇女、无数装扮成清朝衙门差役的人，以及很多其他各类的表演者。这个庙宇有着广泛的社会资源，走在游行队伍最前面的是从其他庙宇借调而来的表演团体，当然在随行的轿子里也供奉着他们自己敬奉的神灵。这就是说，不同的神灵通过这样的交流活动突破庙宇之间的界限，不是简单地一再强调自己的边界所在。

　　我在那里进行研究时，几乎每天都能看到相似但规模要小很多的活动在这个庙宇前举行，因为岛内所有的神灵都会过来访问。这些活动的细节互有差别，但基本的仪式程序还是大同小异的。来访的神灵往往会被安放在一台轿子里，停在庙宇的大门前，与此同时，随行人员会在庙宇的广场上举行一个驱魔仪式以表达对庙宇的敬意，当然同时也是在展示自己神灵的神威。在展示完传统的武术表演，如舞龙，或者在台湾地区很流行的阴间八将军（the Eight Infernal Generals）后，仪式才告结束。驱魔的巫师会一直表演，直到他们自己流血。来访的神灵在最后进入庙宇前还会做一个快进三步然后再倒退的仪式，作用类似于叩头（kowtow）仪式。随行人员此时会紧跟其后，他们将烧香祭拜此次访问的妈祖女神。在这里，我们可以看到不同群体之间边界的存在，但同时他们也可以通过世俗仪节的神化方式来超越这些边界。

　　虽然这个例子来自台湾地区，但它却代表着一种文化模式的延续，这种文化模式早在 1895 年就存在了。我们可以在今天的中国大陆看到相似的例子，例如中国社会学家范丽珠的研究发现，在河北邯郸，当地不同的村庄为了合作举办一次节庆活动，会根据各自情况贡献不同的资源并派出自己的演出团体。

　　就像世俗礼节（secular etiquette）一样，这种精神性礼节（spiritual etiquette）也总会存在这样那样的风险。神灵就像人类一样，也会通过拒绝互访等形式来冷落对方。来自不同村庄的武术表演团体通常情况下都会彼此以礼相待，但有时也难免发生冲突。我想强调的是，仪式并非是在不同的群体中创造出一种一致性，但它却让人们能在这种不一致的状态中共存共荣。和谐毕竟不等于同质，而是能够协调彼此之间的差异，尽管其中难免会有风险。

　　不同族群之间的互相关系为我们提供了另一个领域，解释仪式是如何让友好的合作突破本来看似无法逾越的界线，但在另一场景下又是如何演变成暴力事件的。在19世纪40年代，广西北部是一个社会危机频发的地区。这个地区深受盗匪的蹂躏，当地社会群体之间也纷争不断，同时还是深深动摇国家根基的太平天国起义的重要战场。但这个地区在当时却是瑶族、本地原住民（locals）、新来移民（newcomers）三个不同群体的共同家园。瑶族是一个现代的族群范畴，但"其他群体"（或从其演化出的群体，the others or variants of them）的称谓，在中国很多地方被用来对新近搬来的移民与本地原住民加以区分。这样的称谓有时很难用现代意义上的族群分类范畴来表示。在这个案例中，新来移民基本就是来自中国东部的客家人（Hakka），而绝大多数本地人就是汉化的壮族（sinicized Zhuang），也许还夹杂着一些现在被称为汉人的说广东方言的人。① 在这段时期，随着社会不稳定的加剧，这些群体之间的冲突也日益升级。最著名的是新来移民和当地人的一场大规模的械斗，并最终导致3000名客家人投奔太平军。仔细研究后我们却发现，尽管这段时期潜伏的紧张局势确实存在并在19世纪40年代爆发出来，但是这些群体之间的沟通交流和合作活动却一直没有间断。比如，我们知道，不同群体之间的通婚是存在的，而且至少有一位太平军领导人有客家人和壮族人的血统。会讲两种语言的人在当地也很常见，广东话是当地最重要的用于互相交流的语言。

　　我们还知道，不同群体的宗教活动很多是有重叠的。广西蓟山地区（the Thistle Mountain region）——后来很快就变成太平军的战场——至少有五个庙宇都是供奉盘古的（也称"盘瓠"或者"盘王"）。不同的称谓是由于两个不同族群的神话交融而成——汉族认为盘古是开天辟地的神灵，而

① This case of Guangxi is developed further, and relevant documentation is cited, in Robert P. Weller, *Resistance, Chaos and Control in China: Taiping Rebels, Taiwanese Ghosts and Tiananmen* (London: Macmillan, 1994), pp. 46 - 48, 56 - 60.

早期瑶族的传统文化把盘瓠看成是创立部落的天狗（legendary dog），而现在则被看成帮助瑶族人民穿越中国南部移民至此的精神使者（spirit helper）。与中国大部分其他地区相比，这类庙宇在这个地区十分常见，来此的敬香膜拜者包括汉人、壮族人和瑶族人。

在西谷（Sigu）附近有一座当地非常重要的柳武庙（Liuwu temple），它为多族群宗教仪式交流（multiethnic ritual connection）提供了另一个舞台。这个寺庙是祭奉那些不被社会承认的殉情者的。根据当地的民间传说，这些殉情者在死前会在柳武山上一起唱七天七夜的对歌（paired songs）。壮族也有类似的仪式。虽然我们不可能重建 19 世纪 40 年代这段历史的细节，当代的被调查者仍能记得，至少在 20 世纪早期这个寺庙和其他当地庙宇一样是由所有族群共享的。

在中国台湾我们能看到非常相似的适应族群多元化（adaptations to ethnic diversity）的例子。比如，约翰·谢泼德（John Shepherd）曾记录了在西拉雅族（Siraya）仪式中不同宗教传统交流互动的场景：像烧香之类的汉族传统与头骨祭祀或者穿着白色服饰的当地土著传统并行使用。当代仪式中的表演部分则暗示了在不完全融为一体的情况下，不同族群互相超越边界的漫长历史。[①] 其中部分原因是一神论传统的缺乏使这种过程变得相对容易一些，因为在神学方面，多神论和泛神论对于改变传统行为的阻力要小很多。另一个例子来自加里·西曼（Gary Seaman），他向我们展示了在普里地区（Puli region）当地汉人是如何接受当地土著部落专业人士的宗教仪式服务的。[②] 虽然这方面的研究工作做得并不多，但是表面上看来，中国不同族群在仪式领域的边界超越现象是普遍存在的。

从总体上看，"现代性"对宗教仪式的态度并不是很友好的。启蒙运动后的理性主义者认为宗教仪式在经验层面上是错误的，好像它们仅仅是过

---

① John Shepherd, "Sinicized Siraya Worship of A – Li – Tsu," *Bulletin of the Institute of Ethnology, Academia Sinica 58* (1984): 1 – 81. For other examples, see Melissa Brown, *Is Taiwan Chinese? The Impact of Culture, Power, and Migration on Changing Identities* (Berkeley: University of California Press, 2004).

② Gary Seaman, "The Sexual Politics of Karmic Retribution," in *The Anthropology of Taiwanese Society*, ed. Emily Ahern and Hill Martin Gates (Stanford: Stanford University Press, 1981), pp. 381 – 396.

去迷信错误的重现。宗教改革后的宗教理论学家则从另一层面否认仪式的正当性，他们认为仪式只是没有诚意、没有真实情感的个人的外在表现形式，因此这些表现也是虚伪的。结果导致现代社会对仪式的明显轻视，这在历史上是少见的，也完全不同于 20 世纪以前中国漫长的文化传统。

这就涉及在现代社会如何跨越边界的问题，这里的边界既包括国与国之间的对立，也包括人与人之间的隔阂，这种对立和隔阂在过去几个世纪已经被视为自然而然的事情了。这种有关边界的思想，与过去中国作为一个帝国而不是现代国家、中国人更多被认为是社会网络化的人（networked self）而不是拥有独立个性的人的思想，很不一样。与现代社会相比，无论是对于一个帝国中的人，还是对于一个社会网络化的个人，边界是经常可以被穿越而且更加容易被穿越的。

现代多元文化的思想是建立在这样一个原则上的：差异应该被私人化，而我们的公共生活则必须趋向于人人都绝对一致。然而，就像任何时候一样，现代社会实际运行的情况与理论并不相同，在宗教、价值观和族群性等方面，根本性的差异依旧存在。排斥差异使我们丧失了很多本来能与之和平共存的工具。仪式当然不能保证给我们带来和谐，实际上，整个人类历史从来就没有带给我们任何类似的保证。但是，就像我在这篇文章中建议的那样，也许我们应该重新考虑一下仪式的潜在作用，它也许能使我们在不拒绝差异的前提下和平共存。儒家和其他传统文化都承认现实边界的存在，它们也应该能够帮助我们穿越这些边界。

（周华杰 译，马戎 校）

印度的国家、宗教多数群体与宗教共存现象

奥门（T. K. Oommen）[*]

一

这次论坛的参加者都是博学之士，因此，我们绝无必要在概念界定上多费口舌。但由于我在使用"族群性"这个概念时，并未取其通常的意涵，我还是有责任先对这个观念做几点澄清。这里涉及已经在社会科学的用语中制造了相当大混乱的"两个合成"与"一个吸纳"。"两个合成"：一是指"国家"（state）与"民族"（nation）（即公民身份和民族身份）的合二为一；二是指"民族身份"（nationality）与"族群身份"（ethnicity）（即民族与族群）的合二为一。"一个吸纳"则是指"种族"的概念被涵盖进

[*] 奥门（T. K. Oommen）在印度普钠大学（Pune University）获得了硕士和博士学位，1964年进入德里大学（Delhi University）任教，1971～2002 年在尼赫鲁大学（Jawahar Lal Nehru University）任教。先后出任国际社会学会会长（1990～1994 年）、印度社会学会会长（1998～1999 年）。曾在加州大学伯克利分校、巴黎科学研究所、柏林慕尼黑大学威赫史蒂芬科研中心担任客座教授，在澳大利亚国立大学、布达佩斯高等研究所、乌普萨拉高等研究所担任高级研究员。先后主编和撰写了 24 部著作，包括：*Crisis and Contention in Indian Society*（Sage Publishers 2005），*Understanding Security：A New Perspective*（Macmillan, 2006），*Knowledge and Society：Situating Sociology and Social Anthropology*（Oxford Univ. Press，2007）等。

"族群"之中。① 在今天讨论的语境下，我们并不关心"国家与民族的合成"及"族群对种族的吸纳"。康纳（Walker Connor）曾对"国家"与"民族"做出了非常清晰的区分。② 同样，将"种族"视作"族群"的一个类别，其缺陷也是显而易见的，"基于种族表征而对族群成员身份做出的界定，要比基于族群性的界定更具污名性，并且通常也会导致一种更为坚固的社会层级体系。因此，对种族与族群做出清晰的分析性区分是非常重要的"③。

尽管关于"民族"（nation）的概念界定多种多样，但在两个要素上，各定义间是存在共识的：共同地域和共同语言。这两个要素既可以是从祖先继承而来的，也可以是后来获得的。然而，"族群"（ethnic groups）的情形则与此不同。在各种关于"族群"和"族群性"（ethnicity）的概念界定中，我们至少可以鉴别出五种不同的意涵：①一个拥有共同祖先的小型群体/社区④；②一个自我界定的群体，它在与其他群体的互动中创造和维持社会－文化边界⑤；③在福利国家中相互竞争的利益群体，可能采取种族、宗教或语言的形式⑥；④在多种族、多文化的国家里，"族群性"被视作人们寻求身份认同的资源⑦；⑤建立心理统一性的工具，它通常建立在共同起源的基础上，即"流着相同的血"，无论这是真实的还是虚构的⑧。

以上列出的关于"族群"与"族群性"的五种概念之间没有任何共同要素。进一步，将"族群"和"民族"这两个概念合二为一的趋势非常普

① Oommen, T. K. Citizenship, Nationality and Ethnicity: Reconciling Competing Identities, Cambridge: Polity Press, 1997, pp. 58 – 65.

② Connor, Walker, Ethnonationalism: The Quest for Understanding, Princeton: Princeton University Press, 1994.

③ Van den Berghe, P. L., Race and Racism: A Comparative Perspective, New York: John Wiley and Sons (second edition), 1978: XV.

④ Francis, E. K., Interethnic Relations: An Essay in Sociological Theory, New York: Elsevier, 1976.

⑤ Barth, Frederick (ed), Ethnic Groups and Boundaries, London: George Allen and Unwin, 1969.

⑥ Glazer, Nathan and Moynihan, D. P. (eds) Ethnicity: Theory and Experience, Cambridge: Harvard University Press, 1975.

⑦ Horowitz, D. H., Ethnic Groups in Conflict, Berkeley: University of California Press, 1985.

⑧ Devos, George and Ross, L. R. (eds), Cultural Continuities and Change, Palo Alto: C. A. Mayfield, 1975.

遍。让我们来回忆一个小例子。安东尼·史密斯（Anhtony Smith）认为，民族主义是"从共同的族裔和共同的文化中"浮现出来的。① 在后来的一部著作中，他又声称：族群是消极的民族，而民族是积极的族群，因为"族群复兴"② 就是"从消极的、通常是彼此孤立的、政治上排他的共同体转变为潜在的或实际的民族，后者是积极的、参与的，并对他们的历史性身份具有自觉"。在同一个脉络上，埃里克森（Erikson）也指出，族群只有在成功地建立起自己的国家后才能得以存续："在殖民、屠杀及文化同化的过程中，许多族群都无法逃脱最终消亡的命运。"③ 最后，康纳（Connor）也认为族群性是一种消极的民族主义。他写道："自我区分的族群就是……民族，因此，从逻辑上讲，对族群的忠诚就可以被称为民族主义。我们可以把民族描述为一个自我区分的族群……"④

在诸多论及族群/族群性和民族/民族性的作者中，只有少数几个人对这二者进行了区分。例如，莫尼汉（Moynihan）认为：

> ……在族群与民族、族群性与民族性之间做出区分是有益的。这是一种关于程度的区分。民族是族群的"最高"形式，它指代一种关于血统的主观心理状态；但同时，它又几乎总是包含了对于从地区议会到彻底独立的各种领土自治形式的客观诉求。⑤

尽管莫尼汉也认为民族性和族群性之间的差异只是程度而非类别的差异，但这依然提供了一个良好的开端，因为他超越了流行的特征分析，并认识到民族与族群、民族性与族群性之间存在一种过程性关联（processual linkage）。

以一系列特征来界定族群/族群性/族群身份，所遇到的问题是，任何

---

① Smith, A. D., *Nationalism in the Twentieth Century*, Oxford：Martin Robertson, 1979.

② Smith, A. D., *The Ethnic Revival in the Modern World*, Cambridge：Cambridge University Press, 1981, p. 24.

③ Eriksen, T. H., "Ethnicity Versus Nationalism," *Journal of Peace Research*, 1991, 28 (3), 263 – 278.

④ Connor, Walker, *Ethnonationalism：The Quest for Understanding*, Princeston：Princeston University Press, 1994, p. 40.

⑤ Moynihan, D. P. *Pandemonium：Ethnicity in International Politics*, Oxford：Oxford University Press, 1993, pp. 4 – 5.

一项标准都不是放之四海而皆准的。每个作者都会受到他/她自己的田野环境和经验观察的特殊性的局限，这让我们想起一则著名的印度寓言——《盲人摸象》。这可能促使鲁森（Roosens）写下了这样的话：

> "族群身份"（ethnic identity）这个词，可以指代起源、独特性、生命的传递、"血统"、团结、统一、安全、人格完整、独立、承认、平等、文化独特性、尊重、平等的经济权利、领土完整等，以及这些要素根据情感卷入程度和社会组织形式的不同而搭配形成的任何组合……①

鲁森暗示，即使我们并不会以这种夸张的方式使用这个词，但也不得不接受这种对概念的融合锻造。摆脱这种困境的一个方法是把"族群性"定义为一种基于互动而非特征的概念。如果这样，"族群性"就能被理解为一种由征服、殖民、迁移所导致的领土与文化不相匹配的状况的副产品。在这种过程性的视角下，各个民族或它们的某些部分都在一个国家内部的文化霸权下被"族群化"（ethnified）。与此相对，各个国家又会促使族群的"民族化"（nationalization）。②

我们需要一些概念来描述这个复杂且常常混淆的经验现实，但这种族群性的概念化方式却导致了相反的后果。族群的（ethnic）和族群性（ethnicity）这两个词敏锐地捕捉到了存在于新世界的社会现实，尤其是北美和澳大利亚的定居者社会。在这里，构成人口的各类人群都是从不同的民族中被"根除"（uprooted）或"驱逐"（dislodged）出来的。正如扬西等（Yancey et al.）的正确观察："在欧洲、亚洲或非洲，族群性可能没有太大意义，但在这个国家，它对生存需求和机会结构的影响则重要得多。"③ 这里所说的"这个国家"指的就是美利坚合众国。

适合描述欧洲情况的对应概念是民族（和民族性），因为这里的人民都

---

① Roosens, E. H., *Creating Ethnicity*, Newbury Park: Sage Publications, 1989, p. 19.

② Oommen, T. K., "Ethnicity, Immigration and Cultural Pluralism: India and the United States of America," in M. L. Kohn（ed.）*Cross - National Research in Sociology*, Newbury Park: Sage Publications, 1989. pp. 279 - 305.

③ Yancey, L. W., Ericksen, E and Richard, J, "Emerging Ethnicity: A Review and Reformulation," *American Sociological Review*, 41（3）, 1976, pp. 391 - 403.

与各自民族的地域紧密相连。非洲和亚洲的情况也同样如此，但民族和民族性却不适合指代国家领土内的特殊群体，因为以"民族"这个词来确认集体身份就意味着国家的灾难。事实上，民族认同通常在维护国家统一的立场上被视为非法。进一步，对基于宗教、语言、地域、部落等的身份认同的主张，则被视为"社区的"、"教区的"，甚至是"反民族的"。① 这是因为，在原则上，民族主义总是与追求独立建国（state‑seeking）联系在一起，因此暗藏着分离的威胁。这种理解是建立在对西欧经验观察的基础上的，对南亚并不适合。事实上，南亚的"新民族主义"大体上是"拒绝国家"（state‑renouncing）而非"追求建国"的。② 这并不是要否认在欧洲、亚洲或非洲也存在族群。大多数当代国家的领土主人都既是民族，也是族群，后者是指丧失了民族祖居地的"非领土化"群体。他们可能是这个国家的公民，也可能不是；可能生活在这个国家的领土上，也可能不是。

让我从概念的层面，来简要地说明我对族群性/族群、民族性/民族，以及二者之间的过程性联系的理解。③ 族群性是领土与文化不相匹配的结果。族群是一个集体，它的成员共享一段历史、一种生活方式和一种语言，但他们对自己的祖居地的认同是微弱的、不带来危险的。如果一个族群渴望并成功地建立起对一片领土的道德性主张，并对这块领土产生了认同，它就变成了一个民族。因此，民族就是一个成功地对所居领土建立起道德性主张的集体，正是地域与文化的融合诞生了民族。

对于它拥有道德性主张的领土，一个民族可能并不总是渴望建立起法律性主张。在这个世界上，有许多拒绝国家的民族。把拥有多个民族和多个族群的国家凝结在一起的，是基于公民身份的团结。坚持法律和文化共同体应该总是保持一致的观点，将使"多民族国家"和"多族群国家"的概念陷入危机。

① Oommen，T. K. "Insiders and Outsiders in India：Primordial Collectivism and Cultural Pluralism in Nation‑Building," *International Sociology*1（1），1986，pp. 53–74.

② Oommen，T. K.，"New Nationalisms and Collective Rights：The Case of South Asia," in May，Stephen，Tariq Modood and Judith Squires（eds.），*Nationalism and Minority Rights*，Cambridge：Cambridge University Press，2004，pp. 121–143.

③ Oommen，T. K. *Citizenship*，*Nationality and Ethnicity：Reconciling Competing Identities*，Cambridge：Polity Press，1997，pp. 58–65.

这里所考虑的过程并不是单线的。正如一个族群能够转变为一个民族或国家，相反的过程也是可行的，并且经常发生。国家政策经常导致民族的族群化。一些受迫害民族的人民被迫迁离他们的祖居地，或者在国家资助的殖民化过程中成为自己祖居地上的少数群体。如果国家能够消解民族，那么，它也能够促使族群转变为民族，具体的手段包括将这些族群安置在连片的地域，赋予他们平等权利，保障他们的安全，并保存他们的身份认同。最后，对"少数民族"（national minority）与"少数族群"（ethnic minority）予以区分是有益的。少数民族拥有根植于历史的领土要求。① 相反，少数族群是迁徙浪潮的结果。② 同样，一个政治体内部的各宗教社群的空间分布与社会整合方式对它们的共存具有重要影响。

二

在第一部分中对一些概念予以澄清的目的，是帮助我们理解所有政治体中的宗教社群共生现象的前景和问题。我所关注的重点是印度共和国，它仅有 57 年的短暂历史，但印度社会则拥有大约 5000 年的不间断历史，并见证了多种宗教在这片土地上的诞生或传入。①印度最早的定居者是一些部落，他们的原始信仰通常被称为泛灵论、自然崇拜等。在印度，有 461个部落，他们的宗教常常是一种原始宗教与另一种他们已皈依的宗教——印度教、基督教、伊斯兰教和佛教——的混合体。②最早的移民人口是雅利安人。他们进入印度的时间估计在 5000 年到 3500 年前。雅利安人带来了印度教、种姓体系和梵文。大部分雅利安印度教的"文本"都能够通过梵文清晰地表达出来。③达罗毗荼人声称，他们在雅利安人到来之前就居住在印度。他们接受了印度教，并创造一个新的派别——达罗毗荼印度教。这个派别与一种古老的语言——泰米尔语——关系密切。④耆那教和佛教是印度的两个新宗教，它们诞生于公元前 6 世纪，对种姓制度和婆罗门的统治提出了挑战。⑤锡克教出现于大约 400 年前，它既反对印度教，又反

①　Guibernau, Montserrat, *Nations Without States*: *Political Communities in a Global Age*, Cambridge: Polity Press, 1999.

②　Papastergiadis, Nikos, *The Turbulence of Migration*, Cambridge: Polity Press, 2000.

对伊斯兰教，但又试图吸纳二者的内涵。所有这些宗教——原始信仰、印度教（雅利安人的和达罗毗荼人的）、耆那教、佛教和锡克教——都被视为印度的宗教（indic religions），尽管原始信仰并未获得印度国家的认可。

目前，在印度存在五种非印度的宗教（non-indic religions），但它们进入印度的时间和方式各不相同。印度最南部的一个邦（喀拉拉邦）是世界上仅有的三个在殖民时代开始前就有基督教传入的地区之一（另外两个地区是埃及和埃塞俄比亚）。与此类似，在公元 7 世纪穆斯林征服印度以前，伊斯兰教就由从事贸易的商人带入了喀拉拉地区。但是，伊斯兰教和基督教进入印度的主要方式，应分别归因于穆斯林征服和殖民主义。穆斯林对印度北部的征服贯穿了从 8 世纪到 18 世纪的漫长时期，并使印度次大陆成为世界上最大的穆斯林聚居区。即使在 1947 年印度分裂为印度和巴基斯坦，1972 年孟加拉国独立之后，印度依然是世界上第二位的穆斯林人口最多的国家。尽管前殖民时代的基督教仅局限在喀拉拉邦一隅，但在殖民主义时代，它扩散到了印度的大部分地区，现已拥有 2500 万信徒。其他的非印度宗教还包括一个小巧的"三人组"——犹太教、琐罗亚斯德教（Zoroastrians）、巴哈伊教（Bahais），他们都是为逃避在祖居地上的迫害而进入印度寻求避难所的。

从以上的描述中可以清楚地看到，印度的宗教多样性是非常显著的，并且从起源上区分为两个宽泛的类别——印度的（民族的）和非印度的（外来的）。印度宗教中的少数群体及那些规模较小的非印度宗教与多数群体的宗教——印度教——保持了大体和谐的共存关系。但伊斯兰教和基督教的情况则非如此。然而，我们可以毫无疑虑地断言，当宗教多数群体对来自宗教少数群体的威胁——无论这种威胁是真实的，还是想象的——心怀恐惧时，宗教共存就会产生问题。这个命题可以应用于任何宗教分类。一些例子可以证明这种情况。

最少引发问题的类型，是那些规模始终很小的外来宗教。即使在人数最多时期，印度的犹太教徒也没有超过 26000 人[①]；他们既不传教，也没有遭受过迫害。在犹太复国运动兴起后，他们中的大部分人离开了印度，前

---

① Strizower, Schifra, *The Bene Israel of Bombay*, New York: Schoken Books, 1971.

往以色列。印度的琐罗亚斯德教徒不足 100 万人，他们不传教，并且积极地参加了反抗英国殖民统治的斗争，这使他们在印度获得了很高的接受度。巴哈伊教是外来宗教"三人组"中最晚进入的。迟至 19 世纪 70 年代，它才开始在印度传播，直到 20 世纪 50 年代，它依然是一个教徒人数不超过 1000 人的小群体。在 20 世纪 60 年代早期，巴哈伊教开始在印度中部的农村地区传教，导致教徒人数激增至 40 万。但是，他们很快就被迫放弃了这种传教活动，因为他们遭到了一个印度教改革主义教派——雅利安社（Arya Samaj）——的攻击。可见，如果非印度的宗教少数群体不试图去居于主导地位的印度教社区中"挖人"，那么，他们就可以与印度教和平共处。

在印度，基督教普遍被视作由殖民者移植而来的宗教。尽管在前殖民时代，就已经有基督教在印度传播，但这个事实并不能改变上述看法。英国在印度的殖民统治长达两个世纪，但印度的基督教徒人数从未超过 3000 万。这里存在三类不同的基督教徒：第一类是喀拉拉邦的前殖民时期基督教的信徒，他们声称自己是公元 1 世纪时在圣托马斯的引导下皈依基督教的高等种姓；第二类是英裔印度人，他们是殖民主义和种族通婚的结果；第三类则是在殖民统治时期及殖民势力退出后的大众皈依运动中成为基督徒的（大多是低等种姓和部落的成员）。这后两类基督徒既在社会 – 文化上遭受污名化，又在经济上遭受剥削。虽然基督徒人数占印度人口总数的比例不足 3%，但印度却有三个基督徒占多数的邦——米佐拉姆邦（Mizoram）、那加兰邦（Nagaland）和梅加拉亚邦（Meghalaya），并且在另外一些邦——果阿邦（Goa，32%）和喀拉拉邦（21%）——他们的人数也是相当多的。尽管如此，印度的基督徒却面临较大的安全威胁。

基督徒所面临的安全威胁是由基督教传教士所推动的改宗运动引起的。这些传教士主要是印度人，也有少量外国人。虽然印度宪法保障思想自由及信奉与实践宗教的权利，但印度教激进分子对其进行批评和攻击的理由，则是这些基督教传教士在劝人改宗时使用了欺骗手段。

印度教激进分子对基督教徒的攻击主要采取以下几种形式：对基督教牧师进行身体伤害、强奸修女、破坏或玷污圣地和焚烧圣经。这类事件尽管在以前也偶有发生，但 1997 年以后，发生率急剧增长。当时，由印度人民党（BJP）领导的政府的内政部长在议会上公开承认，在 1998~2000 年发生了约 400 起针对基督教牧师、修女和教堂的袭击事件。在那以后这类事件依然在发生。在 2007 年 5 月，印度的 32 个邦中有 11 个邦报道了对基督徒牧师的身体攻击，而攻击者给出的理由是：这些牧师在宣讲"外国"宗教。最近发生的这类事件中，最严重的发生在 1999 年的奥里萨邦（Orissa），一位在当地经营着一家麻风病医院的澳大利亚传教士和他的两个未成年的儿子被纵火烧死。

　　既然皈依基督教被污名化为"出卖灵魂"，那么，重新皈依印度教就被称作"回家"（ghar wapsi）。一些政客对此进行了大规模的动员。一位议员宣称，仅 1999 年一年，就有 165000 人"回家"。那些没有"回家"的基督教徒依然在遭受迫害和惩罚。例如，在奥里萨邦，1999 年，一个村庄中的 157 名基督徒的房子被纵火；2003 年，另一个村庄中的 7 名女性皈依者被剃掉了头发；2005 年，一个村庄中的 15 名基督徒的家园被烧毁。① 既然印度教激进分子称赞这类攻击行为是"民族的"和"爱国的"，那么，他们就在暗指皈依基督教的行为是"反民族的"和"不爱国的"。

　　穆斯林是印度最大的宗教少数群体，2001 年的人口规模为 1 亿 3800 万，占印度总人口的 13.4%。印度有两个穆斯林人口占多数的行政单元，查谟 - 克什米尔邦（Jammu and Kashmir，66%）和拉克沙群岛（Lakshwadeep，94%）。但印度穆斯林的主体主要分布在 4 个邦：北方邦（Uttar Pradesh）、比哈尔邦（Bihar）、西孟加拉邦（West Bengal）和马哈拉施特邦（Maharashtra）。在另外的 5 个邦中，他们的人口比例也很大。虽然印度的穆斯林人口众多，但是与"印度宗教"中的少数群体相比，他们在社会和经济层面都面临着高度的不安全因素。② 这是由一些历史和现实原因导致的。第一，穆斯林皇帝和国王统治了印度长达 700 年，但在英国殖民者取而代之之后，他们丧失了权力。第二，在印度次大陆被划分为印度、巴基斯坦和孟加拉国后，穆斯林变成了四分五裂的社群，原本血缘相近的家族被分割在国境线两侧。第三，由于印度诸邦之间关系紧张，两个穆斯林人口占多数的邦反而会导致生活在相邻各邦中的穆斯林受到不利影响。印度和巴基斯

---

① Mander, Harsh, "A Heavy Cross to Bear," *Hindustan Times*, 27th June 2007, p. 12.

② Government of India, *Social*, *Economic and Educational Status of the Muslim Community of India*, Prime Minister's High Level Committee, Cabinet Secretariat, New Delhi, 2006.

坦之间令人烦恼的克什米尔争端更加剧了这种情况。第四，印度教的民族主义者批评穆斯林是唯一应该对印度的分裂负责的人，这成为一种无法摆脱的困扰。事实上，穆斯林群体对印度国家和"民族"的忠诚经常受到民众的普遍质疑。

印度教徒和穆斯林之间的紧张关系经常表现为所谓的南亚"社群骚乱"（communal riots）。尽管这些骚乱的参与者不局限于印度教徒和穆斯林，但绝大多数的冲突都发生在这两个宗教群体之间。印度政府内务部的数据显示，在1971~1980年，发生了797576起骚乱，也就是说，在这10年里，每10万人每年发生13.07起。在1989~1998年，发生了792393起骚乱，即在这10年里，每10万人每年发生11.0起。[1] 尽管如此，自由的印度并没有一种法律手段来处理这种大规模反复爆发的集体暴力。2006年的《公共暴力（预防、控制、受害者安抚）草案》[*The Communal Violence* (*Prevention, Control and Rehabilitation of Victims*) *Bill 2006*]，还不是一项正式的法案。并且，这项草案遭到了公民社会组织的广泛批评，因为它赋予了各邦政府过多权力，同时限制了中央政府的干涉权限，而有些邦政府本身就被认为是骚乱的始作俑者。[2]

少数群体同样通过他们的代表向国家少数群体委员会（NMC）表达了异议和失望，这个机构于1978年由印度政府设立。国家少数群体委员会把六个宗教团体确认为少数群体，其中三个是非印度的（穆斯林、基督徒、琐罗亚斯德教徒），三个是印度的（锡克教徒、佛教徒和耆那教徒）。投诉和抗议的提出者中既有个人，也有少数群体的宗教组织。从1987~1988年到1994~1995年的八年间，国家少数群体委员会收到了2103起投诉，平均每年350起。而从1999~2000年到2002~2003年的四年间，收到了7874起投诉，平均每年1969起！（从1996~1997年到1998~1999年的数据无法获得）。我们如何解释这种投诉和抗议数量的急剧增长呢？

虽然我们不可能把导致投诉量激增的所有原因都找出来，但值得注意

---

① Oommen, T. K., *Crisis and Contention in Indian Society*, New Delhi: Sage Publications, 2005.

② "'UPA' Bill on Communal Violence 'flawed'?" *Hindustan Times*, 18, Monday, June 2007, p. 14. *The Hindu*, "A dangerous piece of legislation," 17, June, 2007, p. 9.

的是，在前一阶段，那些执掌政权的党派所执行的都是世俗主义原则（见下文）。与此相对，在后一阶段，领导联合政府的政党则致力于建立一个印度教徒的民族国家（Hindu Rashtra）。

投诉的类型就能够反映出这种倾向：政府不认可由少数群体管理的机构，对少数群体管理的机构进行非法干涉，政府拒绝在少数群体占多数的地区建立这类机构。这些内容构成了第一类投诉。第二类投诉涉及的是在入学、就业、贷款、土地和房屋及其他类似权利的分配上存在的歧视行为。第三类投诉涉及的是一些产生法律问题的情况，例如侵占属于圣地或墓地的土地，袭击牧师，中伤和诋毁少数群体，出版伤害宗教感情的文献。第四类投诉的内容包括：骚乱受害者获得的赔偿数额不足或分配不均，受到警察或管理部门的骚扰，法律权利和公民自由遭到侵犯，妇女受到凌辱或迫害。还有一类投诉涉及的是一些侵犯宗教、文化权利的行为，如限制崇拜自由、不公正的语言政策等。此外，就业人员的投诉主要集中于晋升无门、任意调职、扣发薪水及不利的保密协议等，而机构的投诉则针对那些对吸纳国外基金的限制。这些投诉/抗议都与国家机关的行为或社会上的无序因素相关。如果当前的政府对少数群体的福利状况漠然置之，不承担公平对待他们的责任，那么，社会上对少数群体的歧视将会愈加严重。

尽管大多数的冲突都发生在印度教激进分子与非印度的宗教少数群体——尤其是伊斯兰教和基督教——之间，但并不局限于这个范围。在三个属于"印度的宗教"的少数宗教群体中，有两个规模很小（耆那教徒占总人口的 0.5%，佛教徒占总人口的 0.7%），尽管它们已经在印度存在了2600 多年，并且教徒分布在全国各地。相反，锡克教——印度最年轻的少数宗教——在 2001 年时拥有近 2000 万教徒，占印度人口总数的 1.9%。锡克教徒在印度的旁遮普邦（Punjab）占人口多数（63%），并且是一个语言共同体（旁遮普语，以果鲁穆奇文字书写，这是他们的宗教语言），这导致他们拥有很大的政治影响力，并使一部分人有胆量发动分离主义运动，要求建立一个独立的锡克教国家。然而，这并不意味着所有的锡克教徒都团结一致地决定要从印度独立出去，大多数锡克教徒并不支持这项运动。此外，锡克教中的两个派别——尼朗迦利斯（Nirankaris）和德拉萨恰绍达（Dera Sacha Sauda）——并不接受锡克教古鲁（宗教预言家）的权威，锡克教内部也存在很深的种姓区隔，但所有这些都没能冲淡他们对印度教霸权的敌意。

从以上的分析中可以清楚地看到，三个主要的少数群体宗教——伊斯兰教、基督教、锡克教——与印度的多数群体宗教——印度教——的共存远非和谐。然而，这并不意味着这些少数群体宗教是内部同质、没有冲突的，是作为一个单元而幸福地共同生活的。我已经指出了锡克教徒内部的分歧。穆斯林教派——什叶派和逊尼派——之间的冲突，以及他们不接纳阿赫梅迪亚人（Ahmedias）为穆斯林，是世界性的现象，在印度同样存在。类似的，数量众多的基督教派别之间的不和谐关系也是一个世界性的现象，在印度亦无法避免。但我将忽略这些宗教内部的紧张关系，因为现在关心的问题是宗教之间的冲突与共存。

印度的宗教异质性程度是超乎想象的。尽管有82.5%的印度人是印度教徒，但他们并非在全国的任何地方都是多数群体。实际上，在印度的32个行政单元——邦和联邦属地——中，有6个是非印度教徒占多数的（见表1）。根据本文第一部分所做的概念区分，穆斯林、基督徒和锡克教徒都将印度的某些地方视为他们的祖居地，因此，在这些地方，他们是少数民族（national minorities），但在这个国家的其他地方，他们就是少数族群（ethnic minorities）。与此相对，在印度的任何地方，佛教徒、耆那教徒和琐罗亚斯德教教徒都是少数族群。即使对印度教徒来说，在6个邦内，他们的地位也是少数族群。

表 1　印度宗教群体的分布
基于多数群体—少数群体* 地位（1998～1999 年）

宗教社群	多数群体	第一大少数群体	第二大少数群体
印度教徒	26	5	1
穆斯林	2	16	11
基督徒	3	6	10
锡克教徒	1	2	4
佛教徒	—	2	4
耆那教徒	—	—	2
琐罗亚斯德教教徒	—	—	—

*　只有六个宗教少数群体是被承认的，没有被承认的是犹太教和巴哈伊教。
　　数据来源：印度国家少数群体委员会（NMC）。

　　这里有必要对印度教的组织部门对少数群体的态度予以说明。印度教并没有"教会",而这类部门发挥着相应的功能。如果理解了这些态度,就会发现:把印度的宗教少数群体分为两类——内部人和外部人——的道理是不证自明的。支持这种观点的印度教机构是 Rashtriya Swayam Sevak Sangh (R. S. S),这是一个由印度教激进分子构成的团体,它公然宣称要建立一个印度教徒的民族国家。尽管在印度的领土上,人群与文化呈现难以想象的多样化,但 R. S. S 仍然坚持这样的"民族国家"概念:一个民族(nation)、一群人民(people)、一种文化。还有一些与 R. S. S 性质类似的机构:印度教全球会议(Global Assembly of the Hindus)、青年派(Youth Wing)、妇女派(Women's Wing)、经济论坛(Economic Forum)等,就更不用说印度人民党了,这是印度的第二大政党,在党员人数和分布上仅次于国民大会党。不过,既然由 R. S. S 发展出来的印度教意识形态——已被命名为"印度教主义"(Hindutva)——正如喷泉般涌动,那么,对目前的分析来说,我们只需关注这一点就足够了。

　　通过一种扩张主义的过程,起源于印度的宗教少数群体被囊括进印度教之中,这意味着对他们的身份认同的消解。因此,佛教徒、耆那教徒和锡克教徒都被认定为印度教徒。对此,佛教徒和耆那教徒的抗议是较为温和的,但锡克教徒的抗议则强烈而激昂。为了安抚他们,有人提出了这样的解释:"锡克教徒是在'印度教主义'(Hindutva)的意义上——而非任何宗教的意义上——被定义为印度教徒的。无论我们是锡克教徒、印度教徒,还是印度人(Bharatiyas),我们三个都是连在一起的,任何一个都不能被排除出去。"[①] 另一方面,另一位 R. S. S 理论家则坚称:

　　……印度斯坦的外来种族(非印度宗教的信仰者)要么必须接受印度的文化和语言,学会尊重和敬畏印度的宗教,怀抱对印度种族和印度民族文化的颂扬之心而别无他念,放弃自己的隔离生存状态而融入印度种族;要么就待在乡下,绝对服从于印度民族而不提任何要求,

①　Savarkar, V. D., *Hindutva* (6th edn), Delhi: Bharatiya Sahitya Sadan, 1929/1989.

不享受任何特权，更别提任何优惠待遇——甚至是公民权。① ……在这个国家，只有印度教徒是民族的（national），而穆斯林及其他人（例如，基督徒和其他非印度宗教的信徒），即使不是反民族的，至少也是不属于这个民族实体的。②

戈尔沃克（Golwalkar）的观点直到今天依然存在。2006 年 2 月 12 日，R. S. S 的现任主席苏达尔山（K. S. Sudarshan）评论道："我们要做好当领导者的准备，既然我们不能把穆斯林和基督徒丢到海里去，我们就只能使他们印度化。"2006 年 9 月 18 日，他警告说："印度教徒应该清醒了，去寻找他们真正的身份认同，以打败那些正在试图消灭印度文化的邪恶力量（指穆斯林和基督徒）。"2007 年 2 月 19 日，另一位 R. S. S 的高层领导说："我们的目标是，在 2009 年人民院（lok sabha）选举前，建立起一个稳固的印度教票仓（vote bank）。到时候，没有哪个政党能够忽略印度教徒的意见——如果它想在大选中有所建树的话。"③ 事实上，即使是那些经常宣称自己是"世俗的"政党也很少敢对这些言论提出质疑，就更别说予以驳斥了。这种对"异教徒"公民的外部化，对于在印度政治体内实现各宗教群体共存是非常不利的。

宗教少数群体——尤其是穆斯林这个人数最多而且问题最多的群体——的反应，同样也不利于不同宗教群体的共存。因此，巴基斯坦的建立者真纳（Jinnah）在 1940 年评论道："1200 年仍未实现统一的历史，见证了在这些年里印度一次次地分裂为印度教徒的印度和穆斯林的印度。"④ 这为在印度次大陆上建立一个独立的穆斯林国家（巴基斯坦）提供了基本理论。次大陆上的绝大多数穆斯林都是当地种姓或部落中的改宗者，但这一事实并没能动摇真纳的观点，因为在他看来：

　　……一个穆斯林，在他叛信的时候……就变成了被剥夺种姓的贱民

---

① Golwalkar, M. S. , *We or Our Nationhood Defined*, Nagpur: Bharat Prakashan, 1939.

② Golwalkar, M. S. , *We or Our Nationhood Defined*, Nagpur: Bharat Prakashan, 1939, p. 53.

③ Noorani, A. G "Signalling a Wide" *Hindustan Times*, June 6, 2007, p. 10.

④ Jinnah, M. A. , *Speeches and Writings*, Vol. I edited by Jamilud – Din Ahmed, Lahore: Shaik Mohammad Ashraf, 1960, p. 230.

（outcaste，不可接近者），印度教徒们在社会上、宗教上、文化上都与他断绝了关系……一千多年来，众多的穆斯林生活在一个截然不同的世界里，一个截然不同的社会中，遵循着一种截然不同的哲学和信仰。[①]

这样看来，印度的分裂不仅仅是因为两种宗教——印度教和伊斯兰教——无法共存，也源自种姓制度，而后者被普遍认为是印度教必不可少的构成要素。尽管在此既无必要也不可能详细讨论种姓制度这个巨大的话题，但我还是要简要地谈及它，从而强调这样一个事实：在种姓制度下，即使同为印度教徒，低种姓者也难以体面、平等地与高种姓者共处。

根据印度教的教义，信徒们被分为四大种姓（varnas）——婆罗门、刹帝利、吠舍和首陀罗。他们基于血统纯正的原则而被安置在各自的等级上。在仪式上，这四大种姓都是纯洁的，尽管程度不同，但那些被贴上了"不可接触者"标签的人则被置于污染线（pollution line）以下，因此永远都被认为是肮脏的。因果报应（karma）和转世论（reincarnation）不仅为种姓制度中的纵向等级提供了依据，也为逃离这种制度找到了可行的道路。也就是说，一个人如果恪守自己的种姓义务（varnashramadharma）[②]，他就可以在下一世提升自己的阶位。相反，谁若背离了规定的义务，他在来世就会降低阶位。因此，不平等并不仅是通过种姓的等级体系而制度化的，它甚至已经被内化和神圣化了。

有必要强调的是，在印度，所有的宗教群体——不管他们的教义如何——都受到了种姓制度的影响。因此，印度的穆斯林又区分为 Arzals（从不可接触者皈依而来）、Ajlafs（从首陀罗皈依而来）和 Ashrafs（从较高种姓皈依而来）三类。基督教中也存在类似的区分。那些先前的"不可接触者"在皈依了佛教后被称为"新佛教徒"（Neo-Buddhists），皈依了锡克教后被称为"马扎比锡克教徒"（Mazhabi Sikhs）。这些都是受到污名化和歧视的群体。因此，即使在同一宗教群体内部，种姓制度也使得体面的

[①] Jinnah，M. A.，*Speeches and Writings*，Vol. I edited by Jamilud-Din Ahmed，Lahore：Shaik Mohammad Ashraf，1960，p. 230.

[②] varnashramadharma 是印度教种姓制度中的专有词汇，这是一个由三个词组合而成的复合词，varna 是"种姓"，ashrama 是"生命阶段"，dharma 是"宗教义务"。这个复合词表达的意思是：一个人的义务取决于他的生命阶段和所属种姓。——校者注

共存很难实现。然而，需要特别指出的是，尽管印度所有的宗教群体都受到种姓制度的影响，并依照印度教所合法化的社会等级而对本宗教群体的成员实施歧视，但这却使来自不同种姓的印度教徒的共存情况变得异常复杂。总之，在"印度的宗教"与"非印度的宗教"之间的区分，以及由种姓制度而造成深刻的社会分割，使实现体面的共存成为一项艰巨的工程。为了应对这种复杂的局面，印度政府采取了一些对策，这就是我接下来要讨论的。

三

印度共和国在成立之初，并没有把印度教宣布为国家宗教（state religion）或民族宗教（national religion）。这是一项勇敢的举措，我们需要从几个因素来理解：第一，绝大多数的印度人（82.5%）是印度教徒；第二，这个国家是在次大陆因宗教因素而分裂的基础上形成的，而独立出去的部分建立了一个伊斯兰教国家——巴基斯坦；第三，过去和现在始终存在数量相当多的印度教徒渴望并要求建立一个印度教的国家；第四，所有的南亚国家都把境内的多数群体宗教宣布为本国的官方宗教或民族宗教。

印度国家并未将印度教宣布为官方宗教或民族宗教，作为替代方案，它选择了世俗主义作为指导原则。这里的世俗主义与其在西方世界中的含义并不相同。在西方，依据不同的情境，世俗主义具有三种不同的含义：第一，把人和社会从超验的或神圣的世界中剥离出来，其在制度上的表现形式就是国家与教会相分离；第二，通过逐步取消宗教狂热而将理性制度化，西方世界所谓的"理性的征程"（march of rationality）就经常作为这方面的证据而被引用；第三，把宗教限制在人类行为的私人领域内，在这点上的表现形式就是宗教从公共空间中退出。人们可能会争辩说，所有这些理念都无法转化为实践，或者说，它们在西方世界中也没有实际被执行过。但这并不会阻碍我们的讨论，因为我们的重点是要强调在印度宪法中所明白宣称的世俗主义理念，并考察这对于宗教共存现象有多大的助益。

　　1950 年的印度宪法是在制宪会议的论辩基础上形成的，它仅在第 25 条（2a）中提到过一次"世俗的"（secular）这个词，而且是在提及"经济、财政、政治或其他世俗事务"时偶然提到的。宪法的首席规划者阿姆贝达卡（B. R. Ambedkar）博士认为，像"世俗的"、"社会主义的"这类词带有过多价值倾向，而如何在这些维度上塑造社会的选择权应该留给子孙后代。只有在 1976 年，"世俗的"这个词才被特意地引入印度宪法。当时的印度总理英迪拉·甘地夫人（Mrs. Indira Gandhi）促使第 42 号修正案得以顺利通过，并评论说，世俗主义对"保障我们的民主健康发展"是非常重要的。悖谬的是，在那个时代的印度，由于国内的紧张状况，民主是一个危险的信条。如果我们了解了"世俗主义"这个概念的印度版本后，那么，也许更合适的说法是：世俗主义对宗教共存是非常重要的。

　　在印度宪法里所使用的"世俗的"一词有两层含义：第一，国家应该平等地尊重所有的宗教；第二，国家应该与所有的宗教保持同样的距离，也就是说，国家不应该对不同的宗教施行区别对待。[①] 考虑到印度的宗教多样性，这些要求是合理的。而且，宪法第 25 条提出"所有的人都被平等地赋予了思想自由的权利"，即信奉、实践和宣传个体所选择的宗教。因此，世俗主义的原则以及宪法第 25 条的规定都对印度的宗教共存现象有所助益。但是，宪法的律条本身就是极富争议的。印度人民党从 R. S. S（见本文第二部分）那里汲取了灵感，提出这样的观点："依据古印度教的律则，真正的世俗主义就是由占多数的群体进行统治。真正的世俗主义意味着占多数的印度教徒（而非穆斯林）居于主导地位（Hindu majoritarianism），文化少数群体处于服从地位。"[②] 事实上，印度人民党轻蔑地指出：议会和左翼政党实施的世俗主义都是"伪世俗主义"，不过是一种安抚非印度的宗教少数群体的手段罢了。

　　政治界和公民社会对世俗主义的概念没能达成共识，这使得世俗主义的实践变得极其困难。"平等地尊重所有的宗教"这个理念，是一种可以在

①　Madan T. N., *Modern Myths*, *Locked Minds*：*Secularism and Fundamentalism in India*, New Delhi：Oxford University Press, 1997.

②　Hansen, T. B., "Globalization and National Imagination：Hindutva's Promise of Equality through Difference," *Economic and Political Weekly*, 31, 1996, pp. 603 – 616.

公民社会中培育的情操，它可以通过媒体宣传而获得推广，也可以被写进学校的教科书而内化于社会成员。然而，考虑到关于这个概念所存在的深刻分歧，灌输世俗主义价值观的前景非常暗淡。① "平等地尊重所有的宗教"的理念，即使获得了"印度的国父"穆罕默德·甘地（Mohandas Karamchand Gandhi）的支持，也没能在印度社会得到广泛赞同。一个民主的国家无法利用法律武器来灌输一种广受争议的情操。

印度关于世俗主义的第二种解释——国家应该与所有的宗教都保持同样的距离——提供了一种结构上的可能性。关于这个问题，存在两种可能的方式：其一，除非涉及法律问题，否则国家不应干预宗教的内部事务；其二，如果国家干涉宗教的内部事务，它就应该对所有的宗教都予以干涉。但是，印度政府的行为并不符合这两种方式中的任何一种。下面的几个例子可以说明政府的行为方式。

印度宪法设想能够制定一项覆盖所有宗教的统一法典（UCC）。20世纪50年代的印度教法典草案（Hindu Code Bill，HCB）是作为一件改革工具而提出的，它对"印度教"采取了一个扩展的定义，包含了印度教徒、耆那教徒、佛教徒和锡克教徒，但却将非印度的宗教——伊斯兰教、基督教、琐罗亚斯德教——排除在草案的范围之外。有两点理由支持这种包含和排除的范围划分。第一，国家应该允许宗教少数群体自主地处理内部的改革事务。但这种说法却贪图方便地忽略了耆那教、佛教、锡克教也是宗教少数群体。第二，非印度起源的宗教拒绝由国家发动的改革。但是，印度教和锡克教中的保守势力也是强烈反对印度教法典草案的。印度政府的行为显示了这样一个事实：它赞同印度教的民族主义者对印度宗教与非印度宗教的区分。

国家不以改革者的身份对非印度的宗教少数群体进行干预，这是一项包含了两方面考虑的政治行为：其一，如果干预，可能会遭到由穆斯林和基督徒占人口多数的国家的反对；其二，如果干预，非印度的宗教少数群体——尤其是穆斯林中的保守势力——可能会发动难以控制的暴力性抗议活动。然而，无论基于何种理由，如果国家以改革者的身份对一些宗教进

---

① Oommen, T. K., "Crisis of Citizenship Education in the Indian Republic: Contestation Between Cultural Monists and Pluralists," in James A. Banks (ed), *Diversity and Citizenship Education: Global Perspective*, San Francisco: Jossey - Bass, 2004, pp. 333 - 354.

行干预，而对另一些置之不理，那么，这将会破坏世俗主义的宪法精神。

第二个例子涉及的是保护性歧视政策。鉴于印度存在等级制的社会结构，因此，国家有必要提出一些特殊的法律措施来提升两类人群——表列部落（Scheduled Tribes）和表列种姓（Scheduled Castes）——的社会经济条件。[①] 1950 年《宪法〈表列种姓〉令》［Constitution（Scheduled Castes）Order 1950］——更流行的名称是《总统令》（Presidential Order）——明确规定："信奉印度教以外的宗教的人不应该被视为表列种姓的成员。"这违背了宪法中明确声称的世俗主义原则，因为这道法令对那些具有表列种姓背景但不信奉印度教的人施加了歧视。这里应该提及的是：①1954 年，这项法令进行了修正，将那些改宗锡克教的表列种姓的成员包含了进来；②1990 年，这项法令再次进行了修正，又将那些改宗佛教的表列种姓成员包含了进来。但是，拥有表列种姓背景的穆斯林和基督徒则被排除在这项保护性歧视政策的受惠范围之外。尽管印度最高法庭如是宣布：

> 改变宗教信仰并不总能成功地消除种姓的影响。改宗者们将他们的种姓和职业带到了新的宗教中……仅仅因为他们改变了信仰或宗教，就拒绝对他们实施法律的保护，这将危及世俗主义这个特定概念……（最高法院，1992 年 11 月 30 日）

由印度政府指派的全国宗教和语言少数群体委员会（NCRLM）也赞同这个观点。委员会的主席是一位前首席法官，他于 2007 年 5 月 21 日提交了报告，坚决主张将表列种姓身份与宗教脱钩，从而使其变为宗教中立的。委员会注意到：

> ……既然印度宪法将思想自由和宗教自由作为一项基本权利来予以保障，那么，如果一个人已经被包含进表列种姓的名单中，自愿改变信仰就不应该对他/她的表列种姓资格产生不利影响，因为——我们

---

① Scheduled Tribes 和 Scheduled Castes 是印度法律中的两个专有名词，分别作为 Adivasis（原住民）和 Dalits（贱民）的官方用语，用来指代两类由印度政府官方认定的历史性劣势群体。在本文中，因涉及的是相关法律问题，故严格按照字面含义译作"表列部落"和"表列种姓"。——校者注

认为——那样做将与宪法中无论宗教背景的平等、正义和非歧视的基本条款相冲突……

因此，尽管印度最高法院和全国宗教和语言少数群体委员会如此声明，但印度政府并未遵循世俗主义的宪法精神。这一点是显而易见的。

如前所述，印度的宪法规定了个人宣扬自己的宗教的权利。宗教宣传能够导致改宗行为，这样的事情也的确经常发生。在这里，值得记起的是，佛教——这个古老的宗教，通过使人们改宗而扩张，并最终成为一个世界性的宗教——正是一个印度的宗教。然而，在印度，改宗并不是被赞许的行为，甚至连甘地也表示反对。尽管世界上有好几个佛教徒占人口多数的国家，但在印度，佛教徒的比例只有微不足道的 0.7%。在 1951～1981 年，佛教徒的人数曾大量增长，主要原因是两次大规模的改宗事件。1956 年 10 月 14 日，当比姆拉奥·拉姆吉·安贝德卡（B. R. Ambedkar）改信佛教时，估计有 30 万到 60 万人同他一道皈依了佛教。① 与此类似，在 1981 年 10 月 6 日纪念安贝德卡皈依佛教 25 周年的活动中，估计有 15 万到 30 万人改宗佛教。② 在这些改宗事件发生时，国家坚守了它的世俗主义原则，同时作为宗教多数群体的印度教徒并未表示反对。

相反，当有几百人要皈依伊斯兰教和基督教时，印度政府就会在印度教激进组织的要求下出面制止。进行干预的公开理由是要维护法律与秩序，但这种国家行为使得那些信仰非印度宗教的印度公民的宗教自由权利受到了威胁。国家官员经常指控这些传教行为使用了欺骗性手段，而这种情况是不可能完全杜绝的。尽管现行的法律的确禁止使用欺骗性手段，但导致国家干预的是对法律和秩序的破坏，而这种破坏总是由印度教的激进分子们引起的。事实上，印度的一些邦已经通过了反改宗的立法，而这些立法竟然被吊诡地称作《宗教自由法案》（Freedom of Religion Bills）！但值得注意的是：印度中央政府从未通过这类立法，虽然一些怀有"印度教国家"

---

① Zelliot, E., "Buddhism and Politics in Maharashtra," in D. E. Smith（ed）, *South Asian Politics and Religion*, New Jersey: Princeton University Press, 1960, pp. 191 – 192.

② Sujata, A., "Has Neo – Buddhism Lost Relevance?" *The Illustrated Weekly of India*, 22 August, 1982, pp. 34 – 36.

理想的议员进行过几次不成功的尝试。

在这三个例子——《印度教法典草案》体现的扩张主义的印度教定义、对保护性歧视政策的选择性运用、阻止改宗的干预行为——中，印度政府危险地表现出了与印度教民族主义者相似的立场，而后者是从 R.S.S 那里获得了意识形态的引导。也许这些实用主义的方法只是反映了这样一个事实：印度教徒占到印度人口总数的 82.5%，在选举民主制的动力学下，国家无法承担疏离他们所引发的后果。但是，这种反映了多数主义价值导向的国家政策，对宗教社群的共存是不利的。

四

这篇论文的理论目标是要说明，用社会科学中通常理解的"族群关系"来解释一个政治体内部的宗教社群共存现象并不恰当。相反，"族群化"（ethnification）是一个过程，通过这个过程，宗教少数群体被作为这个政治体的"外部人"（outsiders）来定义和对待，这给宗教群体与社区间的关系带来了相当多的不和谐因素。与此相对，宗教少数群体的"民族化"（nationalisation）过程则将他们接纳为这个政治体的"文化内部人"（cultural insiders），这在很大程度上促进了宗教共存现象。在这些"民族化"和"族群化"的过程中，国家和宗教多数群体扮演了重要的角色。类似的，在宗教少数群体一方，那种诉诸集中居住和与其他群体相疏离的倾向则将阻碍实现有意义的共存。为了促进共存的过程，国家应该提供适当的法律条款，这是必要的，但并不足够。国家还应该拥有支持这些法律条款并将它们付诸实践的道德勇气。也就是说，从国家的一方来说，屈服于多数主义者压力的倾向对推动宗教共存是不利的。

对一个政治体内部所有类型的群体、社区——也包括宗教社群——来说，实现和谐共存需要满足三个前提条件：提供安全保障、培育认同和确保公正。在民族-国家的框架下，公正与认同之间存在此消彼长的权衡关系。宗教少数群体被期望淡化宗教认同，如果可能，他们将被主流文化（宗教）所同化，这样，他们就能够获得公民权所赋予的各项权利。但是，在多民族和多族群的国家中，这是不可接受或不能实现的，少数群体既坚持保留他们的认同，也不会放弃公民权。

政治体中的所有的公民都有对安全的要求。从较宽的视角来看，安全包含三个维度：身体的、结构的和符号的。① 国家或处于统治地位的多数群体都可能对少数群体施加身体威胁，前者主要是表现为国家恐怖主义，后者则表现为法西斯倾向。反过来，少数群体中的原教旨主义要素则可能通过恐怖主义活动而对多数群体施加身体威胁。结构不安全表现为两种形式：在经济收入上的深刻不平等和在种族与文化上的歧视。符号不安全是族群/社群污名化的结果，这些群体尽管在法律上被接纳为政治体或社会的"内部人"（公民），但在文化上仍被当作"外部人"。或者他们被作为"低劣者"来定义和对待，这种定义通过像种姓体系这样的层级原则被合法化。就群体——多数群体与少数群体——层面的运行来说，共存可能导致巨大的紧张关系，并产生冲突。这三个维度的暴力——身体的、结构的、符号的——通常会同时发生，从而相互叠加，造成不安状况。

下面的政策措施将有利于一国领土范围内的宗教群体共存。第一，不再设立官方宗教或国教。第二，使宗教少数群体"民族化"，同时避免他们"族群化"，将他们视为文化上的"内部人"。第三，禁止将政治体的成员资格——公民身份——与宗教认同相联系。第四，国家应为全体公民提供安全保障、培养认同，并平等地对待他们，而不论他们的宗教背景如何。这些必要条件应当通过一套充分条件来予以加强。这些充分条件是由公民社会的成员发展出来的，他们的来源必须包含所有的宗教/教派群体。在这种情况下，更重要的措施是：反复灌输所有宗教的基本价值，突出它们的共同点，也展示它们的差异，强调差异并没有优劣高下之分，而只是反映了这些宗教产生和传播的历史环境的影响。将"平等地尊重所有的宗教"奉为信条，这样就可以避免对宗教的刻板印象和污名化。这些前提条件的确是规范化的，但它们来自于对现象的分析，并与论坛的主题——宗教共存——密切相关。

（韩承明 译，王娟 校）

---

① Oommen, T. K., *Understanding Security: A New Perspective*, New Delhi: Macmillan Company of India, 2006.

印度的宗教共存

阿尼塔·夏尔玛（Anita Sharma）*

众所周知，在亚洲地区有大量的种族文化与宗教，同时亚洲各地也具有文化与宗教的多样性。如印度人的宗教信仰包括印度教、佛教、耆那教、基督教、伊斯兰教、琐罗亚斯德教、犹太教、藏传佛教和锡克教等。这些宗教的起源、成长和传播的历史是相当复杂的。印度是多数宗教信仰和精神实践的家园，她具有宗教宽容和多元文化的悠久历史。她是拥有极为丰富和复杂的宗教记忆的国家，在这里不同的宗教信仰可以和谐共存。这份富有的宗教遗产教导人们要彼此相爱和忠诚。所有这些宗教，例如印度教、佛教、耆那教、伊斯兰教、基督教和锡克教都在它们的教义中讲述爱情和同情心。印度次大陆的历史中充满了人们信仰某个特定宗教，但同时不排斥其他宗教统治者的故事。我们在谈论印度的宗教共存现象之前，先看看印度各类宗教信徒在总人口中所占比例的数据。

*　印度尼赫鲁大学东亚研究系教授，长期研究中国和印度的宗教与传统文化。

2001 年印度各宗教社区的人口统计数据　　　　单位：%

印度教	80.5
伊斯兰教	13.5
基督教	2.3
锡克教	1.9
佛　教	0.8
耆那教	0.4
其　他	0.6
总　计	100.0

资料来源：www. censusindia. net。

印度，在古代时期就出现了宗教共存的现象。在公元前 2000 年到公元前 500 年，具有礼仪文本和哲学论文特点被称为《吠陀》（Vedas）的赞美诗集体现了当时十分发达的宗教文化。《吠陀》体现了印度教的基本教义。印度教起源于古代吠陀传统以及随着时间的推移被合并进来的其他土生土长的信仰。我们可能发现印度教徒们彼此在信仰上几乎没有任何共同点，而且也几乎找不出任何具有普遍性的信条。印度教作为一个历史悠久的宗教，在其发展历程中欢迎并接纳各种不同的精神传统，并试图通过把它们整合进一个共同的主流，发展为一个全面的宗教。四部《吠陀》（Vedas）的发展以及对《奥义书》（Upanishads）① 和《往世书》（Puranas）② 的各种解释，清楚地展示在印度教内部的宗教共存（religious coexistence）现象。

印度教被视为相信宗教共存这一理念的最古老和信众最多的宗教。它的教导是：世上有许多条路径、许多圣徒和许多神圣的经典，任何宗教都不能宣称自己享有排他性的、对真理的最终表达。这不意味着印度教不承认真理的唯一性。相反，印度教承认真理的整体性和深刻的一致性，但是其宽厚度足以容许多样性，而且能够把各种各样的宗教信仰整合进来，就像一棵巨大的老树上长出许多叶子一样。

---

① 《奥义书》为印度教古代吠陀教义的思辨作品，为后世各派印度哲学所依据。——校者注
② 《往世书》为印度教经典的一种，共 18 部，成书在 300 ~ 750 年，内容有神话、传说和世系源流。——校者注

在一个全球化迅速发展的时代，我们必须学会处理人类群体所具有的极大的多样性和他们非常不同的文化和宗教信仰。在这个时代，印度教拥有可以教导每一个人的丰富智慧。我们可以说，在印度教的内部存在的教派数量超过印度教外面存在的宗教数量。印度教在世界上比其他宗教，或许比所有其他主要宗教汇总在一起，还要有更多的男神和女神，更多的圣经，更多的圣徒、贤哲和他们的化身。这是因为印度教寻求保存在印度过去五千年以来所发展出来的所有主要精神实践。它从来没有寻求把自己降低到任何一个导师、一本书、一种信仰或神祇。一方面，它一直对新的教义和启示录保持开放；另一方面，它从来也没有把自身从古老传统中切割出来。

在公元前5世纪，人们目睹了各种异端运动（包括佛教和耆那教等）的兴起。它们与印度教的各种教派共存。甚至当耆那教、佛教以及后来的伊斯兰教和基督教来到印度这片土地之后，对于宗教宽容和不同信仰共存的探索仍在继续。犹太人从公元1世纪就从亚洲西部来到印度，犹太教是最早到达印度的外来宗教之一，它通过文化传播实现了与本地传统的同化。第一位基督教徒也在公元1世纪从南部海岸到达印度。但是大多数转信基督教的印度人则是受到15世纪与西方势力一同到达的传教士的影响。

波斯帝国灭亡之后，许多琐罗亚斯德教徒为了保存他们的宗教传统，出逃到其他地区。他们之中有一群人在公元8世纪移居到印度次大陆西部海岸。他们的后裔今天被叫作印度祆教徒（Parsis）。在中世纪莫卧儿帝国时期，伊斯兰教进入了印度。伊斯兰教与印度早期的宗教融合，包含了许多印度教的信仰和实践，并且与本地价值和传统紧密地结合。清真寺与印度教徒、佛教徒、耆那教徒和基督教徒的宗教场所并存，提供了观念和信仰融合的活生生的证据。公元16世纪起源于旁遮普邦的锡克教自公元19世纪以来已在印度和世界广泛传播。伊斯兰教的巴哈教派（The Bahais）只是在最近一个世纪前来到印度。在20世纪60年代，这一教派人数的增加主要通过信仰转换而发生。通过以上的梳理，从印度教的起源到印度巴哈教派的成长，我们追溯了印度宗教共存的悠久历史。

通过阿育王（Asoka）时代的"岩石法令"（the Rock Edicts），我们能得到古代印度宗教宽容精神的一个清楚的画面。"岩石法令"第7条提到，

"所有宗教都应该在所有的地方扎根，因为它们都渴望自制和内心纯净"。"岩石法令"第 12 条的铭记称："（宗教之间）的接触是一件好事。任何人都应该倾听和尊重他人宣讲的其他学说。受到众神宠爱的阿育王希望所有人好好学习其他宗教的卓越教条。"

在西印度马哈拉施特拉邦（Maharashtra）的埃洛拉村（Ellora）的山洞里也能看到多种宗教和谐共存的现象。在这些洞窟里保存有佛教、耆那教和印度教的寺庙，每年会有各种宗教的信徒、各种文化和族群传统的崇拜者们来到这些洞窟朝拜和参观。

莫卧儿帝国的阿克巴大帝大力推进使不同宗教可以和平相处的宽容政策。相关的文献记载可以帮助我们更清楚地了解阿克巴大帝的宗教共存政策。他让穆斯林和非穆斯林在法律下得到平等地位，废除了不得人心的对印度教徒的征税。他甚而认为伊斯兰教也有不尽完善之处，并与印度教、基督教、琐罗亚斯德教和耆那教的思想家们举行哲学讨论。阿克巴最终认为，尽管所有宗教中都有真实的元素，但是都是不够充分的。他建立了他自己的宗教秩序，他提出的"超凡的神圣信念"（Din-e-Ilahi）追求把所有宗教教义中最好的部分融合在一起，从而将印度多样化的宗教信徒们统一为一个整体。虽然他的这一努力未获成功，但是它显示出阿克巴追求社会和谐的愿望。他主张并努力传播的"超凡的神圣信念"（Din-e-Illahi）和"普遍宽容与和平"（Sulh-i-kul）无疑受到宗教共存精神的启发。

在中世纪，印度出现的宗教虔诚运动（Bhakti）和苏菲派（Sufi）把各种社区、文化和信念的民众统合在一起。印度教的虔诚运动和伊斯兰教神秘教派苏菲派的出现，显示出印度教和伊斯兰教之间的统合。他们在教义中提倡印度教的宽容观念和伊斯兰教的平等观念、简单生活和实效主义。这一运动的重要人物是赫瓦贾·契斯堤（Khwaja Moinuddin Chisti）、巴巴·法里德（Baba Farid）、卡比尔（Kabir）、古鲁·那纳克（Guru Nanak）、图克拉姆（Tukaram）和米拉·鲍伊（Mira Bai）。他们对宗教共存理念的发展所做出的供献，使他们在人们心目中的崇高地位从未受到挑战。在政治大变动时期，由罗伊（Raja Ram Mohan Roy）发起的梵社（Brahma Samaj）和由萨萨瓦提（Swami Dayananda Sarsawati）领导的雅利安社（Arya Samaj）宗教运动点亮了宗教共存的光明火炬。

　　锡克教在 16 世纪初期出现在北印度的旁遮普邦。这个信仰的创建者是古鲁·那纳克（Guru Nanak），他从童年时期便被印度教和伊斯兰教的圣徒所吸引，他出生于一个印度教徒家庭，但是受到伊斯兰教义的启发，他在自己的讲道中把两种宗教结合在一起。在他看来，两种宗教信仰的基本教义在本质上是相同的。那纳克吸引了许多的追随者，被公认为圣人或上师。他的门徒形成了一个后来被称作锡克教的新的宗教传统。

　　20 世纪上半叶，圣雄甘地（Mahatama Gandhi）也是一个宗教共存的坚定信徒。他说：“即使大树只有一根树干，但是它有许多的分支和叶子。世上只有一个宗教即人类的宗教，但是同时存在许多种信仰。”他认为“所有宗教的精髓都是同样的，只是各自的方法和途径不同”。虽然他从《薄伽梵歌》（Bhagvad Gita）中得到启示，而且他在行动中是一个真正的印度教徒，但他总是对来自其他宗教和文化的影响保持开放心态。他曾说：“我希望来自各地的文化尽可能自由地来到我身边。但是我拒绝让其中任何一个动摇我的立场。”①。

　　近些年来在世界上发生了一些不同宗教信徒之间的冲突事件。宗教差异有时被人们看作暴力和战争的起因。然而，正如我们的经验所显示的，冲突和恐怖主义的起因并不是宗教自身，而是极端主义和不宽容，这才是冲突和恐怖主义的根源。而当各个宗教群体在彼此尊重中走到一起，接纳了彼此之间的差异而共同努力时，宗教就能够成为维护和平的强大的力量。圣雄甘地花费了很长时间来促进印度各宗教的和平共处，他告诉他的追随者：“我是穆斯林、基督徒、印度教徒和犹太教徒，你们所有的人也都如此。”

　　在印度，宗教的宽容和共存精神的一个表现，就是把“民族”定义为一个世俗国家。自从获得独立以来，印度政府正式地与任何一个宗教相脱离，允许所有信仰形式在法律面前处于平等地位。印度人欣赏这样的宗教共存经验所具有的价值，在这个全球化时代，也希望能与其他国家分享这一价值，印度拥有多元文化和宗教共存的历史。印度是一个具有丰富和复

---

①　“I want the cultures of all lands to be blown about my house as freely as possible. But I refuse to be blown off my feet by any.”

杂的宗教经历的国家，在这里不同的宗教信仰和信念在共存中找到了和谐。这份富有的宗教遗产教导我们应当真诚地彼此相待。印度提供了一个宗教和谐、宽容和共存的优秀模式。

宗教共存意味着对宗教差异的宽容。它不寻求使所有宗教降低到一个共同的模式，它不干预各种宗教之间的差别，也不寻求通过任何其他方法去取代它们。如果我们关于宗教有不同甚至相反的看法，这不是坏事，这也未必会成为问题。对于我们来说，重要的是：如何通过对我们最有意义的方式寻找真理或神。

我希望引述我们推崇的辛格总理（Man Mohan Singh）说的话来结束这篇文章，"这个国家必须实践宽容和尊重多样性，它是这个国家的遗产。印度对世界传出的信息是：多样性和多元性是通向未来的道路"。

（译者为北京大学日本留学生须贺昭一，马戎 校）

参考文献

Ahmad, Imtiaz（ed.）, *Pluralism and Equality：Values in Indian Society and Politics*, Sage Publications India Pvt. Ltd. , 2000.

Chopra, P. N. （ed.）, *Religions and Communities of India*, Vision Books, New Delhi, 1998.

Gandhi, Mohandas Karamchand, *Gandhi An Autobiography：The Story of My Experiments With Truth*, Mahadev H. Desai（trans.）Beacon Press, 1993.

George Gispert – Sauch and Leonard Fernando, *Christianity in India：Two Thousand Years of Faith*, Penguin India, 2004.

Jones, Kenneth W. , *Socio – Religious Reform Movements in British India（The New Cambridge History of India）*, Cambridge University Press, 2006.

Khalidi, Omar, *Indian Muslims since Independence*, Vikas Publishing House, New Delhi, 1995.

Sen, Amartya, *The Argumentative Indian*, Farrar Straus Giroux, 2005.

宗教行动者：宗教群体资格论*

方　文**

一　不确定性的处境及人的应对

不确定性（uncertainty），是人之存在的基本事实。无论他/她是在经验的、直观的时空中的现象界，或必然国度，还是在非经验的超时空的本体界，或自由国度。

就现象界而言，"不确定性是所有生命形式都必须应对的事实。在生物复杂性的一切层级上，都存在着有关迹象或刺激意义的不确定性，以及有关行动的可能结果的不确定性"。①

卡尼曼和特沃斯基坚定地主张，所有形式的不确定性，不能简化为单一维度的概率或信念程度。依据不确定性的归因，他们把不确定性纳入外在不确定性和内在不确定性的类别之中。前者源于外部事物的特征，而后

---

　*　本文为作者主持的 2014 年度国家社会科学基金重点项目"现代化背景下的本土社会心理学研究"（项目批准号为 14ASH014）的中期成果。本文的写作与修改受惠于马戎先生的批评和指点。

　**　北京大学社会学系教授，中国科学院心理学博士，主要研究领域：当代社会心理学的理论范式、宗教社会学、群体过程和群际过程、宗教群体等，出版的著作包括《社会行动者》（2002）、《学科制度与社会认同》（2008）、《转型心理学》（2014）等。

①　Kahneman, D. et al. （Eds），*Judgment Under Uncertainty*：*Heuristics and Biases*. Cambridge：Cambridge University Press, 1982, p. 509.

者则源于人的认知限度。他们还开创性地揭示了人在不确定性境况下进行直觉判断的"拇指法则"（the rules of thumb）或启发式原则（heuristics）。[①]这些原则，主要是代表性启发式（representativeness heuristic）、便利性启发式（availability heuristic）和模拟启发式（simulation heuristic），以及初始化和调适（anchoring and adjustment），依次适用于不同的直觉判断任务。

卡尼曼和特沃斯基有关不确定性的微观现象学（micro-phenomenology of uncertainty），有进一步的诠释空间。就人之社会存在和社会行动而言，它们都可被界定为主观不确定性（subjective uncertainty）。即使是外在不确定性，也只有在情景界定的意义上，才成为人之处境。

以个体生命历程的演化为线索，可以尝试构造不确定性的分类学。分类学的两极是个体出生时父权的不确定性和个体生命终结时死亡的不确定性。

亲本投资论（parental investment theory）系统地揭示了人类生命原初的不确定性，即父权不确定性（uncertainty of paternity），[②]它与母权确定性（certainty of maternity）相对照，是生命诞生时的基本事实。对每个新生的婴儿而言，其母亲的身份是确定无疑的，而其父亲的身份则存在疑问。或者说，名义上的父亲，不一定确定无疑地就是生物学意义上的父亲，他面临着在不知情的状况下替其他男人抚养孩子的可能性（cuckoldry）。父权不确定性，对人类个体适应性的演化、两性的性选择和择偶、两性对亲密关系的嫉妒表现以及人类的家庭和婚姻制度的安排，均产生基本影响。人类物种也已构造种种策略以应对父权不确定性的焦虑，如以父亲的姓氏给新生儿命名，或对女性配偶进行严格的监控。

而死亡则是生命终结的不确定性，它构成个体不确定性的另一极端。什么时候死亡，以什么方式，被怎样安排，是死之不确定性的基本内容。死亡并不是生命的一部分，因为没有人在死亡中生活过。在这种意义上，死亡之于死者，几乎毫无意义，仅对特定宗教徒而言，它是生命复活或灵

---

①　Kahneman, D. et al. (Eds), *Judgment Under Uncertainty: Heuristics and Biases.* Cambridge: Cambridge University Press, 1982, pp. 3 - 20, 201 - 208.

②　Trivers, R., *Natural Selection and Social Theory: Selected Papers of Robert Trivers.* Oxford: Oxford University Press, 2002, pp. 56 - 110.

魂转世的前提。死亡的意义，更多的是关乎生者，与死者关系密切的生者。尽管如此，人还不得不在心智中、媒介中、日常实践的表演中，不断地想象、回忆、反思，甚至重构和历练与死亡有关的真实的或虚拟的场景，也不断地援引不同资源来进行恐惧管理（terror management）以应对死亡焦虑。①

在这两极之间，个体也无不受不确定性的折磨。人在其毕生发展历程中，对于认知自身的社会语境和生命潜能，理解和预测社会互动中自身和他人的态度、能力、情感、行为及其行为后果等诸多方面，都存在不确定性。

概言之，主观不确定性，是人的日常生活事实，也是基本的社会心理事实。人受其折磨，也因之而焦虑。面对现象界不确定性的生存处境，求知动机（epistemic motivation），或者说追求确定性和意义以降低不确定性的动机，是人最基本的品质。② 人也因此在行动中构想种种方式或策略，以应对主观不确定性，力求为生活和生命赋予确定性、秩序和意义。人通过系统地理智地求索，积累知识，消除无知，以洞悉现象和事件在不确定性表象后的秩序；人借助直觉判断的启发式原则，进行理性、经济而快速的判断；人也可求助于既定的制度、习俗和规则体系而做出反应；人也通过人际比较，为自己的能力、态度、信念和情感定位；人还可能基于运气而进行选择。但隶属于特定群体，获得特定群体的成员资格（membership of group）或社会范畴资格（membership of social category），则是现象界最为基本的行动策略。③

在现象界之外，人还同时位于本体世界中。作为意志自由的行动者，他宿命性地遭遇善恶取向的道德选择及其后果的不确定性。而宗教是最基本的道德选择资源，是人在自由国度中应对不确定性的主要解决之道。

① Pyszczynski, T., Soloman, S., and Greenberg, J., "Thirty Years of Terror Management Theory: From Genesis to Revelation," *Advances in Experimental Social Psychology*, Vol. 52: 1 – 70. 2015.

② Hogg, M. A., "Uncertainty – Identity Theory," *Advances in Experimental Social Psychology*, Vol. 39: 69 – 126, 2007.

③ Hogg, M. A., "Uncertainty – Identity Theory," *Advances in Experimental Social Psychology*, Vol. 39: 69 – 126, 2007.

　　宗教是一种信仰和实践体系，通过这一体系，个人对其所感受的神圣之物、通常还包括超自然的对象，进行阐释并做出严肃反应。在人类物种演化初期，宗教同时扮演两种角色：为现象界和本体界的人类提供基本策略，以应对不确定性。费斯汀格发现在公元前 25000 ~ 20000 年，人类经历了从使用工具向建构技术的转型。在这期间，所谓的巫术和原始宗教，就是我们早期人类的一种确定技术，是人类控制自然的主要手段。① 涂尔干也早就写道，思想的基本范畴，包括科学的基本范畴，都起源于宗教；甚至可以说，几乎所有重大的社会制度，都起源于宗教。② 当代宗教社会学者拜耶尔，在卢曼社会系统论的基础上论证道，西方社会的变迁，是由主宰的分层分化（stratified differentiation）向主宰的功能分化（functional differentiation）的变迁。在这个历史过程中，基督宗教的多元功能性（multifunctionality of Christianity），逐渐向单一功能分化，并依次孕育了国家系统、法律系统、资本主义经济系统和现代科学系统。③

　　宗教在其演化过程中，逐渐从现象界退隐，而栖身于本体界。但那些献身于特定宗教的信徒的生存境况和生存策略，就成为沟通现象界和本体界的可能中介。因为他们同时具有在现象界中的生存策略（即隶属特定群体）和在本体界的生存策略（即献身于特定宗教）。宗教群体研究的基本意义，因此也就凸显出来，因为这类研究可能为揭示宗教生活和群体生活的内在动力过程和社会心理机制，提供独特的参照。

　　当代中国宗教和信徒群体也面临同样处境。中国宗教，也是中国社会的基本向度之一。在制度层面，中国宗教和中国政治制度、经济制度和社会制度有复杂的关联；在集体心理和行动层面，中国宗教是中国人精神生活和社会行动的基本组成部分；在行动策略层面，中国宗教是中国人应对不确定性和道德选择的主要解决之道。

　　直面中国宗教，有多元的研究路径。首先是神学路径，其意旨主要是中国特定宗教的神学家对其信仰的宗教教义和宗教原典的辩护和诠

---

①　Festinger, L. The Haman Legacy, New York: Columbia University Press, 1983.

②　涂尔干：《宗教生活的基本形式》，渠东等译，上海人民出版社，1999，第 552 页。

③　Beyer, P. , "The Modern Emergency of Religions and a Global Social System for Religion," *International Sociology*, Vol. 13, No. 2, 1998, pp. 153 – 156.

释；其次是人文学路径，其研究实践主要是宗教哲学的玄思和宗教史的梳理；第三是实证路径，其主体是宗教社会学、宗教心理学和宗教人类学有关中国宗教制度、中国人宗教心理及宗教行为的经验探索和理论建构。

解剖中国宗教制度的演化，探索中国人宗教心理及宗教行为的逻辑，是中国宗教研究者尤其是中国宗教社会学者的一项基本任务。本文的目的是在评论宗教社会学基本研究范式的基础上，融会有关中国宗教的实证研究，揭示中国宗教图景的内隐动力学，并以宗教行动者为核心，尝试构造解释中国人宗教行为的理论模型即宗教群体资格论，以贡献中国学者有关宗教研究的中国智慧。

二　当代中国的宗教图景

宗教分类学图式

有多少宗教研究者，也许就有多少宗教的界定。但这个事实并不妨碍我们自己有所偏好地理解。宗教（religion），在西文词源学的意义上，有沟通和交往的含义，它指人和神或诸神的沟通。因为不了解神的语言，这种沟通主要是借助神启和体悟。通过沟通，人逐渐意识到圣俗之间的区隔，意识到自身的有限性、偶在性和凡俗性，以及神和有关神的品质特性的无限性、超验性和神圣性，崇拜和信仰之心由此而生。因为神的形象、事迹和行为是人的有限理性无法想象的，神授的文字和神所显示的神迹就成为了解、体悟和敬拜神的基本文本和媒介。信仰是内心的，而这种内心的信仰，必然和必须在可观察的外显行为中表达出来。内在的信仰和外在的敬拜行为因此相伴相生。个体信徒的敬拜行为不断地重复实践，成为规则化的行为模式，也就是个体的敬拜行为模式化的动作序列，或称之为敬拜仪式（ritual of worship）。同样信仰的信徒之间，还会相互交流皈依后的平安、喜悦、焦虑和恩典，以及各自的敬拜方式。结果是共识性的敬拜仪式得以建构，共同体意识或宗教团体得以形成。

这种在思想实验基础上的推论，典范性地体现在涂尔干的宗教界定中：

宗教是一种以既与众不同又不可冒犯的神圣事物有关的信仰和仪轨所组成的统一体系，这些信仰和仪轨将所有信奉它们的人结合在一个被称为"教会"的道德共同体之内。①

依照涂尔干的诠释，宗教的基本因子可以剥离出来。第一是所敬拜的神和体现神的全能、全知和全善的神之言或神之道，即宗教原典。所敬拜的神，可以是唯一的，也可能是复数形式的，一神教和多神教由此得以引申和区分；所敬拜的神是超验的还是具体的，宗教和伪宗教/偶像崇拜/邪教等由此得以引申和区分；神之言是神授的还是伪造的，真经和伪经也由此得以引申和区分。

第二是信众或信徒。涂尔干说得精妙：如果没有信徒的供奉和祭祀，神就会死去。② 马克思的宗教鸦片论和异化论，在这点上有同样的意蕴。

第三是宗教仪式。信徒内心的虔信，通过规则化的敬拜行为模式即宗教仪式不断强化。而这种仪式和庆典，承载了共同体的集体意识和群体记忆，它给共同体的成员以温暖、安全和依靠。

第四是由同样的信徒在宗教仪式的实践中不断生产和再生产的道德共同体，或宗教团体。即使是卢克曼意义上的"私人宗教"③，信徒也会在想象中参与建构和重构这种道德共同体。也正是因为教会对于宗教的基本意义，涂尔干在宗教和巫术之间进行严格区分。对涂尔干而言，不存在巫术教会，巫师和其弟子之间也没有共同体的生活。

提请注意的是，上述的这些因素，只是宗教组成部分的逻辑序列，而不是其重要性的等级序列。

但涂尔干有关宗教的界定，并没有系统而完善地处理完备宗教与其他多种信仰形态之关系，如巫术、迷信或意识形态。而宗教与其他多种信仰形态之分界问题，依然是当代宗教社会学的前沿论争议题。华人宗教社会学者杨凤岗近期构造了统合的宗教或信仰分类学图式，试图澄清完备宗教

---

① 涂尔干：《宗教生活的基本形式》，渠东等译，上海人民出版社，1999，第54页。
② 涂尔干：《宗教生活的基本形式》，渠东等译，上海人民出版社，1999，第44页。
③ 卢克曼：《无形的宗教——现代社会中的宗教问题》，覃方明译，中国人民大学出版社，2003。

与其他多种信仰形态的异同（见表 1）。

表 1　宗教或信仰分类学图式

	超自然	信仰	实践	组织	举例
完备宗教	有	有	有	有	基督教、佛教、伊斯兰教
半宗教	有	不发达	有	不发达	民间宗教或大众宗教、巫术、灵性信仰（spiritualities）
准宗教	有	有	有	弥散的	全民宗教、祖先崇拜、行会崇拜
非宗教	无	有	有	有	无神论、拜物教

资料来源：Yang, F. G. （杨凤岗），*Religion in China：Survival and Revival under Communist Rule*, New York：Oxford University Press, 2012, p. 37.

浮尘病理学：双重东方学困境

社会理论大家布迪厄曾经讥讽某些学者的社会巫术或社会炼金术，他们把自身的理论图式或一孔之见，等同于社会实在本身。中国的宗教图景，也同样缓慢地累积了这些社会巫术所虚构的多层浮尘。现在是仔细而耐心地洗涤打扫的时候了。

有关中国宗教的实证研究，无论是本土学者还是外国学者，一直受困于双重东方学困境[①]：外部东方学困境和内部东方学困境。前者指在东西宗教之间，中国作为"他者"或对象；后者指在汉族与非汉族宗教之间，非汉族作为"他者"或对象。前者主宰性的研究路径是中国宗教特异性，而后者主宰性的研究路径则是汉族中心主义。

1. 外部东方学语境：中国宗教特异性的迷思

中国宗教特异性，是中国文化特异性路径在宗教领域的自然推演[②]，它预设了中西宗教之间的二元对立，并且有意无意地成为中国宗教实证研究的主宰框架。这些简洁而僵化的二元对立，可解析为相互关联的两个基本问题：第一是"有－无问题"，即中国有宗教吗？第二是"虔敬－功利问

---

①　萨义德：《东方学》，王宇根译，三联书店，1999。
②　方文：《转型心理学：以群体资格为中心》，《中国社会科学》2008 年第 4 期，第 138～139 页。方文：《叠合认同：多元一体的生命逻辑——读杨凤岗〈皈信、同化和叠合身份认同：北美华人基督徒研究〉》，《社会学研究》2008 年第 6 期，第 214～223 页。

题"，即中国人有纯粹的宗教信仰吗？

中国宗教的有－无问题，有其独特的生成逻辑和历史意蕴，并和中国基督宗教共同体的建构历程密切关联。虽然近代中国国力逐渐衰弱，但"中华归主"（the Christian Occupation of China）或基督宗教征服中国的梦想终究落空。中国是否存在宗教信仰，就开始被系统地恶意建构。中国人的心智，被认为还没有成熟到能皈依基督、洞悉上帝奥妙的程度。以基督宗教的完备性而论，中国人没有宗教信仰，有的只是些前宗教的或似宗教的痕迹。有关中国人的宗教信仰的疑问，经过韦伯比较宗教社会学的诠释，又和中国近代资本主义精神的缺失以及近代中国的衰落相关联。①

中国宗教的虔敬－功利问题。即使中国人被认为有某种尚未成熟的宗教情怀，它也是实利取向的而不是虔敬的，是入世的而不是超验的，因为中国人遇神敬神，遇佛拜佛，或者是临时抱佛脚。

中国宗教特异性的逻辑，实际上也是华人宗教社会学者杨庆堃的潜在假设。杨庆堃试图在制度化宗教（institutional religion）之外，勾画中国文化语境下特异的宗教形态：弥散性宗教（diffused religion），以之和虚构的西方统一的制度宗教相区别。②

制度性宗教与弥散性宗教的两元对立，实际上统合了中国宗教的有－无问题和虔敬－功利问题。所谓制度性宗教，意指具有独立神学体系、崇拜形式和组织形式的佛教和道教等宗教。它们类似西方基督宗教形态，也是中国存在宗教的证据。而弥散性宗教，则是渗透到世俗中的民间信仰，也是世俗制度的观念、仪式和结构的组成部分，如家庭内的祖先崇拜、行业的保护神崇拜、区域的地方神灵崇拜和政府的祭祀仪式。弥散性宗教的精神，在杨庆堃的分析中，是功利的而不是虔敬的。

但文化特异性的宗教研究的迷思，面临大量实证研究的质疑。有关欧洲社会史和宗教史的大量研究，已经解构了西方宗教生活的神话。即使在所谓最虔敬的中世纪，天主教也不是一统天下，存在大量民间信仰如占星术

---

① 韦伯：《韦伯作品集 V：中国的宗教 宗教与世界》，康乐等译，广西师范大学出版社，2004。

② Yang, C. K（杨庆堃），*Religion in Chinese Society.* Berkeley：University of California Press，1961.

（astrology）、巫术和轮回转世（reincarnation）等，也有广大的民间信众。①因此，弥散性宗教并不是中国宗教的特有形态，欧洲甚至北美也有其对应形态，并持续生长在当代社会生活中。

宗教社会学大家斯达克和芬克也直面中世纪欧洲的虔敬神话。他们发现，最著名的中世纪宗教历史学者群体现在一致认为从来就没有一个"信仰时代"，中世纪的贵族是躺在娇妻或情妇的怀中，心不在焉地做着弥撒。②

2. 内部东方学语境：汉族中心主义

而在探究中国境内的多元宗教资源时，中国宗教研究者还感染另一种病理学：内部东方学的困境，其实质是汉族中心主义。汉族的文化传统和宗教形态，被自觉不自觉地替换为"多元一体"的中华民族的文化传统和宗教形态，汉族之外的 55 个民族/族群的多元文化智慧和生动的宗教传统和宗教实践，几乎被完全漠视。

对这些汉族中心论者而言，不同的文化共同体，似乎存在其凝固的和同质性的文化实体。而中国人的文化语境，被假定为以儒家传统为主要代表，亘古不变地塑造着中国人的心理和行为模式。当汉族的政治精英和文化精英用狭隘的种族中心主义来诠释中国的文化传统和中国宗教资源的时候，丰富多彩的多民族文化和宗教被粗俗地剪裁。③

内外东方学路径还交互强化，共同建构了对中国宗教来源的执着：中国本土宗教对外来宗教的二元对立，同时也是中国人缺乏宗教情怀的另一个证据。其核心是中国少有本土宗教，大多是外来宗教。

对中国宗教来源的执着，遮蔽了现实的中国宗教图景的丰富性。任何宗教，无论是本土的还是外来的，一旦被不同民族/族群的中国人所敬拜和信仰，它就是中国宗教的有机部分，同时也是不同民族/族群的中国人的精神资源。在中国宗教共同体的建构过程中，无论是制度化的宗教如儒、释、

---

① 勒华拉杜里：《蒙塔尤：1294～1324 年奥克西坦尼的一个山村》，许明龙等译，商务印书馆，1997。

② 斯达克、芬克：《信仰的法则——解释宗教之人的方面》，杨凤岗译，中国人民大学出版社，2004，第 77～84 页。

③ 费孝通：《费孝通文集》，群言出版社，1999。王钟翰主编《中国民族史》，中国社会科学出版社，1994。

道、基督宗教和伊斯兰教，还是弥散性宗教如种种民间信仰，都为中国特定信徒群体提供道德行为的选择资源。

铅华洗净：转型中国多元而丰厚的宗教资源

中国社会正经历宏大的历史转型，这是"千年未有之变局"。其肇始远可追溯至 1840 年的鸦片战争，近则始自 1978 年的改革开放。中国社会转型的历史意涵，堪比波兰尼的"大转型"（the great transformation）以及布洛维的"第二次大转型"（the second great transformation）。

中国社会转型，也重塑了整体的中国宗教图景。1949 年以后，尤其是在"文化大革命"期间，中国大陆进行了人类历史上最宏伟的世俗化实验，其意旨是将马克思主义的意识形态作为唯一的合法化信仰资源，来根除和替代任何形式的对彼岸世界和超验价值的寄托和追求。但伴随社会转型，对宗教的高度管制于 1978 年开始逐渐松懈后，一个无神论的社会主义中国开始了同样宏大的宗教和灵性的复兴。[①]

中国宗教史是世界宗教史的缩影。世界上最主要的宗教，在当代中国都能发现它们最虔敬的信徒。通过对零点调查集团在 2007 年所实施的"中国人精神生活调查"（CSLS）的数据分析，在当代中国的成年人口中（16 岁及以上）：①真正无神论者的比例不超过总人口的 15%；②约 85% 的中国人有宗教信仰，或参加某种宗教实践；③佛教为最大宗教，约 18% 的中国人自我认定为佛教徒；④约 3.2% 的中国人即 3300 万人，自我认定为基督徒；⑤还有较大比例的民间宗教徒和其他宗教信徒。[②]

概言之，当代中国是真正的宗教国度，当代中国人处于多元而丰厚的宗教资源中。可以尝试概括中国宗教共同体的建构和中国宗教经验的基本特征。第一，中国人有纯粹而虔信的宗教信仰和宗教传统；第二，中国人在信仰上有"和而不同"的胸怀；第三，中国人有"万教归一"的气度。

---

① Yang, F. G.（杨凤岗），*Religion in China*：*Survival and Revival under Communist Rule*, New York：Oxford University Press, 2012.

② 郭慧玲：《中国宗教群体边界研究》，北京大学社会学系博士学位论文，2013。Yang, F. G.（杨凤岗）*Religion in China*：*Survival and Revival under Communist Rule*, New York：Oxford University Press, 2012.

中国宗教经验，有助于不同宗教之间的友好对话和交流，降低甚至消除以宗教冲突为核心的文明冲突。

三　当代中国宗教图景的内隐动力学

宗教社会学的范式转型

宗教，曾经是社会整合、道德建构和权利运作的唯一合法性源泉。在现代性的演化过程中，宗教的多元基本功能，随着理性化和个体化的发展，被不断地"祛魅"。在马克思、涂尔干和韦伯等经典研究的基础上，当代社会中的宗教本质、宗教功能和宗教实践，面向不同取向的理智审查和追问。在其中，宗教世俗化（secularization）范式和宗教理性选择（rational choice）范式，是相继的主宰性的理论范式。

1. 欧洲宗教经验：世俗化范式

所谓宗教世俗化，就是宗教在社会生活中的各个方面都逐渐丧失影响的过程，或者说宗教不断趋向社会和文化边缘的过程，亦即宗教与社会不断疏离的过程。其最激进的口号是尼采"上帝死了"的论断。依据威尔逊的典范论述，世俗化，意味着广泛发生的长时距的历史过程，在其中，财富、权力和活动，无论其外在表征还是其功能，都从以超自然的参照框架为核心的制度，向依照经验的、理性的和实用的准则运作的制度转移；但在这一过程中，并不排除一些领域的再神圣化过程（resacralization），并以宗教领袖和宗教先知的凸显作为宗教文化新生的例证。① 或者依照泰勒的观点，世俗化过程就是从超验框架（transcedence framework）向内在框架（immanent framework）转变的过程，其中，本真性（authenticity）的凸显是其核心。②

有不同变式的宗教世俗化的理论主张。它们共享的核心是分化命题：

---

① Wilson, B. R., *Religion in Sociological Perspective.* Oxford：Oxford University Press，1982，pp. 11 – 12.

② Taylor, C., *A Secular Age*, Harvard University Press，2007.

至少在现代西方，宗教和非宗教制度面临越来越多的分化。① 为宗教世俗化范式进行辩护的实证资料，主要是欧洲宗教史的资料和当代欧洲价值观的大型跨国调查资料。

在西欧宗教史的演化过程中，基督宗教参与的比率不断衰落，而非基督宗教信仰，如占星术（astrology）、巫术和轮回转世观（reincarnation）等，则不断增长。西方基督教会的分裂以及宗教改革（the Reformation）也严重地降低了宗教精英和宗教制度的权威和中心地位。② 这些宗教史的证据表明宗教制度和宗教世界观，在逐渐丧失其基本影响。

世俗化的实证维度主要体现在三个方面：教会参与者（church attendance）人数的不断降低、社会生活的凡俗化（laicization）和宗教正统性（orthodoxy）的消解。③ 而哈尔曼和默尔，则用 6 个经验指标如教会参与者、正统性或宗教的认知维度、宗教情感（religiosity）、对教会的信任、通过仪式（rites of passage）和教会的公共角色，来证实发生在欧洲的宗教世俗化过程。④

宗教的世俗化，被认为还伴随着宗教的私人化（the privatization of religion）。宗教的私人化不仅意味着宗教信仰已是"个体"自主性的选择，还意味着这些信仰已不能无所阻碍地在公共生活中进行传播。宗教私人化，交织着人的觉醒和"个体"的出场。而"个体"（individual）的出场，是人类历史上最惊心动魄的场景之一。它意味着不可分割（individe）、不可让渡，并且独具尊严、自由和福祉的生命体的出场。这个脱离皇权和教权奴役的自主行动者，在宗教领域，任凭自由意志来践行信仰，并不必然需要宗教共同体生活的支撑。

---

① Gorski, P. S., "Historicizing the Secularization Debate: Church, State, and Society in Late Medieval and Early Modern Europe, CA. 1300 – 1700," *American Sociological Review*, Vol. 65, 2000, pp. 138 – 142.

② 穆尔：《基督教简史》，郭舜平等译，商务印书馆，2000。

③ Ester, P. et al., "Value Shift in Western Societies," In P. Ester et al. (Eds.), *The Individualized Society: Value Change in Europe and North America*. Tilburg: Tilburg University Press, 1993, p. 10.

④ Halman, L. & Moor, R. de., "Religion, Churches and Moral Values," in P. Ester et al. (Eds.), *The Individualized Society: Value Change in Europe and North America*, Tilburg: Tilburg University Press, 1993, pp. 37 – 56.

　　缺失共同体的支撑，有两种后果。其积极后果，可能是营造人自主运用理性和智慧的氛围，这是康德意义上人的自我启蒙。但更严重的可能是其消极后果：个体变成孤立的一份子被抛在世上，他得为自己所有的行为独自决断并承担责任。就信仰而言，他得独自而无助地面对上帝。他渴望和感悟上帝的恩宠和眷顾，但无人分享；他恐惧和逃避上帝的愤怒和遗弃，但无人怜悯。"个体"的发现，使人逃离共同体的束缚，但又使人承受难以承受的重负和责任。针对这种境况，卢克曼明确地主张，在现代社会中，宗教已从"有形宗教"即以教会为制度基础的信仰体制，转化为以个人虔信为基础的"无形宗教"。①

　　世俗化范式遭受严厉的质疑。斯毕卡德认为，世俗化范式反映了后启蒙西方的进步神话。② 其实质是把西方社会作为世界宗教史的中心，而非西方社会则是世界宗教史的边陲；西方社会已经是由理性化和个体化所主宰的"现代"社会，而非西方社会还是受宗教世界观所困扰的"传统"社会。或者说，世俗化范式以一种有偏见的方式来界定宗教，因此构造了西方宗教和非西方宗教的虚假对立。

　　在世俗化的权威话语的阴影中，公民宗教（civic religion）、新兴宗教运动、大众宗教（popular religions）、宗教原教旨主义（religious fundamentalism）的勃兴，代表了宗教在剧烈社会变迁中的转型。以拉丁美洲都市中底层民众的大众宗教运动为例证，帕克展现了与宗教世俗化理论完全不同的社会图景。③

　　世俗化范式的功能逻辑，意味着现代社会的功能化过程需要宗教退缩到私人领域。热依斯则从现代民族－国家及其权力运作的合法性入手，对之提出雄辩的诘问。热依斯总结道，对于现代社会和发展中社会而言，宗教仍然会对政治权力进行合法性授权或对之提出质疑。宗教世俗化，是政治精英和宗教精英权力博弈的结果。同时，它也被援引为一种意识形态，

---

① 卢克曼：《无形的宗教——现代社会中的宗教问题》，覃方明译，中国人民大学出版社，2003。

② Spickard, J. V., "Ethnocentrism, Social Theory and Non－Western Sociology of Religion: Towards a Confucian Alternative," *International Sociology*, Vol. 13, No. 2, 1998, pp. 178－180.

③ Parker, C. G., "Modern Popular Religion," *International Sociology*, Vol. 13, No. 2, 1998.

为现存的权力结构辩护，并使政治精英、经济精英和文化精英免于道德责难；而宗教的重新复兴，则代表了普通民众对社会发展过程中财富分配不公的道德抗争。[①]

2. 美国宗教经验：宗教理性选择范式

在世俗化范式的框架内，支持"反世俗化命题"（anti-secularization thesis）的经验事实不断涌现。其主体资料是所谓的美国宗教特异论（American religious exceptionalism），核心是政教分离，以及自由市场体系中的宗教动员（religious mobilization）。美国教会与国家的分离，使所有的宗教实体处在同一起点上，而只有那些能通过自愿手段动员必备资源的教会才能生存和发展。美国宗教特异论的具体表现在于，在整个 19 世纪和 20 世纪前半叶的快速现代化过程中，美国宗教信徒人口比例大幅度增长。[②] 或者说，就美国的宗教历史事实而言，社会现代化伴随着广泛的宗教动员。在所谓的基督王国（Christendom）中，美国现在是最典型的宗教国家。而支持反世俗化命题的其他资料，则是有关教派（sectarianism）的研究，以及世界范围的宗教原教旨主义勃兴的事实。

世俗化范式否证资料的不断累积，使宗教社会学的范式转换成为内在要求。对宗教世俗化范式系统的解构，来自 20 世纪 90 年代以来占据主宰叙事的宗教市场论范式，它们是理性选择范式在宗教社会学领域中的拓展。相对于世俗化范式的统一框架，宗教理性选择范式，更是一条相对松散的研究路径，其支持者有社会学家、经济学家和历史学家。他们共同的出发点，在于质疑世俗化范式所鼓吹的宗教分化论，而采用经济图像或隐喻（economic imagery or metaphor）来描绘西方社会宗教生活的变迁图景。它们又被称为宗教经济论或神性经济论（divine economy）。

宗教市场论的系统宣言，是由宗教市场论的旗手沃纳所书写的。[③] 在这篇雄文中，沃纳声称，宗教社会学正面临从旧范式即世俗化范式向新范式

① Riis, O., "Religion Re - Emerging: The Role of Religion in Legitimating Integration and Power in Modern Societies." *International Sociology*, Vol. 13, No. 2, 1998.

② Wilson, B. R., *Religion in Sociological Perspective*. Oxford: Oxford University Press, 1982, pp. 1048 – 1050.

③ Wilson, B. R., *Religion in Sociological Perspective*. Oxford: Oxford University Press, 1982.

即宗教市场论范式的转换。在宗教多元化的公开市场中，每个潜在的宗教信徒，为了自己灵性生活的需要，会理性地选择宗教商品。而作为宗教供给方，他们得精心地建构营销和动员策略，以吸引潜在顾客，并防止"搭便车"（free-riding）。进一步，宗教市场，被认为类似于商品市场。在宗教市场中，宗教多元性（religious pluralism）会引发宗教竞争，其结果是提高和改善宗教商品的数量和质量，促进宗教参与和宗教活力（religious vitality）。

宗教市场论的坚定的支持者艾纳孔，在《为什么要求严格的教会会强大》（Why strict churches are strong）① 的经典论文中，应用宗教市场论来解释美国宗教历史中的特定事实，亦即美国最大也最古老的新教教派（Protestant denominations）的命运转换。经过2个世纪的增长直至20世纪50年代达到顶峰为止，自由的新教教派在丧失信徒；而多数要求严格的保守新教教派信徒人数则在上升。艾纳孔基于理性选择范式论证道：严格性（strictness）使宗教组织更为强大，也更有吸引力，因为它减少搭便车，使缺乏承诺和献身精神的信徒望而却步，但却使虔诚信徒全身心地投入和参与。② 而芬克和其合作者则采用1855年和1865年纽约州的人口普查资料，探讨宗教多元化和高水平的宗教参与之间的关系，以求证实宗教市场论。他们的研究证实了在宗教自由市场中，多元化和竞争将会凸显，而整体的宗教参与也会提高。③

宗教市场论的系统论证是由斯达克和芬克所完成的。在《信仰的法则——解释宗教之人的方面》这本著作中，他们在实证资料基础上，建构了宗教市场论的严密体系。④

宗教市场论范式也始终遭受严厉的批评和质疑。质疑者有两类学者：

---

① Iannaccone, L. R. , "Why Strict Churches Are Strong," *American Journal of Sociology*, 1994, Vol. 99.

② Iannaccone, L. R. , "Why Strict Churches Are Strong," *American Journal of Sociology*, Vol. 99, 1994, p. 1180.

③ Finke, R. et al. , "Mobilizing Local Religious Markets: Religious Pluralism in the Empire State, 1855 – 1865," *American Sociological Review*, Vol. 61, 1996.

④ 斯达克、芬克：《信仰的法则——解释宗教之人的方面》，杨凤岗译，中国人民大学出版社，2004。

世俗化范式的辩护者或修正者，对世俗化范式及市场论范式都存疑的学者。

作为世俗化范式坚定的辩护者，莱希纳对沃纳所宣告的范式转换进行严厉的批评。莱希纳认为沃纳所谓的新范式及其论证，有三个严重漏洞：第一，沃纳错误地界定了所谓的"旧范式"的特征，因此也错误地诊断了其缺陷；第二，沃纳新范式的系统论证基于共识性的宗教事实的常识，即宗教实践和象征体系（symbolism）植根于社区的体验和结构之中，而这也是旧范式的核心；第三，沃纳新范式的经济学隐喻的理性选择定向仍是模糊不清的，有待细致地辨析。[①] 莱希纳总结道："在宗教社会学中，沃纳新范式的主张应被拒绝：它基于对经典范式不精确的描述和评价，它也包含经典范式重要的遗产，它仅仅显示了为新范式所必需的替代理论的踪迹，他的一些论断仍面临反证据（counterevidence）和疑难。"[②]

而作为新旧范式论争的中立者，斯毕卡德对宗教市场论的批评从理性选择论的基本假定入手。他援引韦伯的价值理性和工具理性的分野，对"理性经济人"的隐喻，尤其对艾纳孔的宗教市场论，进行细致的解剖。斯毕卡德主张应迈向非西方宗教社会学如儒家宗教社会学（a Confucian sociology of religion），以替代西方文化中心主义的世俗化范式或市场论范式。[③]

戈斯基以一种疏离的立场来关注新旧范式之间的论争。依照旧范式，西方社会自中世纪以降正日益世俗化；而依照新范式，它正日益宗教化。为了证实或证伪新旧范式所构造的西方宗教发展的图景，戈斯基利用历史和档案资料，深入地考察了宗教改革前后西欧的宗教生活。[④] 他总结道，在宗教改革前后，西欧社会所发生的社会结构和宗教体验的变迁，远比新旧范式所理解的更为复杂。而事实上，新旧范式之间，也远不像其各自的辩护者所以为的那样对立而不可调和。他构造了一种宗教变迁的辩证

[①] Lechner, F. J., "The 'New Paradigm' in the Sociology of Religion: Comment on Warner," *American Journal of Sociology*, Vol. 103, 1997, p. 183.

[②] Lechner, F. J., "The 'New Paradigm' in the Sociology of Religion: Comment on Warner," *American Journal of Sociology*, Vol. 103, 1997, p. 191.

[③] Spickard, J. V., "Ethnocentrism, Social Theory and Non-Western Sociology of Religion: Towards a Confucian Alternative," *International Sociology*, Vol. 13, No. 2, 1998.

[④] Gorski, P. S., "Historicizing the Secularization Debate: Church, State, and Society in Late Medieval and Early Modern Europe, CA. 1300 - 1700," *American Sociological Review*, Vol. 65, 2000, pp. 138 - 167.

模式：西方社会，一方面更为世俗化，但另一方面则更为宗教化。或者说，社会结构层面的世俗化和个体层面的宗教活力（religious vitality）正相伴相随。[1]

戈斯基和查韦斯在为2001年《社会学年评》所撰写的评论中，仔细而集中地讨论了新旧范式所共同关心的基本问题，即宗教多元性和宗教参与之间的关系。[2] 在他们看来，世俗化范式所坚持的是宗教多元性会降低宗教参与，而市场论范式则论证这两者的关系是积极关系。他们重点评论了支持市场论范式的主要经验研究。这些研究有两类：大样本调查和历史比较研究。他们发现这些经验研究并没有证实宗教市场论的基本假定，即宗教多元性促进宗教参与。他们主张更为恰当的宗教社会学应该从宗教市场论迈向宗教政治经济学，它能够把宗教市场放置在更为宏大的文化和制度语境中。[3] 而在随后的论文中，戈斯基进一步具体地勾画了超越新旧范式的两种替代研究路径，它们是社会政治冲突模式（the sociopolitical conflict model，SPCM）和社会文化转型模式（the sociocultural transformation model，SCTM）。[4]

而当代社会理论大家哈贝马斯则构造"后世俗"的核心概念参与论辩。[5] "后世俗"极具穿透力，它意味着世俗化远未终结，同时也不排除世界的再度神圣化过程。

西方宗教社会学的新旧范式及其替代模式，致力于阐释西方社会变迁中宗教生活异常复杂的变迁图景。这些模式和范式背后的共同点在于，宗教仍是西方社会中基本的社会事实。中国社会正在经历宏大的社会变迁，也同样面临宗教世俗化和宗教复兴的挑战，宗教现象也同样是中国社会基

① Gorski, P. S., "Historicizing the Secularization Debate: Church, State, and Society in Late Medieval and Early Modern Europe, CA. 1300 – 1700," *American Sociological Review*, Vol. 65, 2000, pp. 159 – 162.

② Chaves, M. & Gorski, P. S., "Religious Pluralism and Religious Participation," *Annual Review of Sociology*, Vol. 27, 2001, pp. 278 – 279.

③ Chaves, M. & Gorski, P. S., "Religious Pluralism and Religious Participation," *Annual Review of Sociology*, Vol. 27, 2001, pp. 278 – 279.

④ Gorski, P. S., "Historicizing the Secularization Debate: An Agenda for Research," in M. Dillon (Ed.), *Handbook of the Sociology of Religion*, Cambridge: Cambridge University Press, 2003.

⑤ 哈贝马斯：《在自然主义和宗教之间》，郁喆隽译，上海人民出版社，2013。

本的社会事实。

中国宗教经验：寡头垄断下的短缺市场

中国宗教共同体的建构和国家权力之间有复杂的纠缠。[①] 如果说西方尤其是美国有公开而自由的宗教市场和宗教经济，那在中国的宗教市场和宗教经济的演化过程中，国家权力是基本的自变量，在维护国家主权、保障社会和谐和社会稳定的大前提下，国家对宗教市场还是有高度的干预。这种干预至少包括两方面：第一，国家严禁外国宗教势力干涉中国宗教事务，损害中国宗教主权；第二，国家严禁有不良企图的人借宗教自由名义进行社会动员和集体行动，以危害社会安定。[②] 因此，奠基在欧洲宗教经验基础上的宗教世俗化范式和以美国宗教经验为基础的宗教理性选择范式，被用来解释当代中国社会的宗教变迁，可能力所不逮。其基本原因在于中国宗教制度是镶嵌在政治制度中的，而因此呈现独特的演化路径和演化逻辑。但这种宗教经验的差异，绝对不能想当然地归结为中西文化的差异。

1. 政府管制和宗教变迁

"一贯道"是中国近代创立的民间宗教。[③] 它从 1940 年代开始在中国台湾地区传播，1953 年被台湾当局取缔。但压制并没有达到消灭一贯道的目的。一贯道的信徒，从 1950 年代的不到 1000 人，发展到 1989 年的 44 万人。一贯道的逆势增长并非孤立的个案。欧洲历史上基督宗教的境况与之高度类似。卢云峰对这个问题和事实进行了深入的田野研究，构造了政府管制和宗教变迁的理论模型。[④] 其基本假设是，对特定的宗教制度而言，宗教压制会产生一些意外后果，而这些意外后果反过来会促进被压制宗教的成长和宗教活力。他发现宗教压制有 4 种意外后果：其一，宗教压制刺激教义创新，那些被政府所容忍的其他宗教的教义得以杂糅在一贯道的教义中；其二，宗教压制刺激宗教制度创新，使宗教的组织方式和传教方式能

① 李向平：《信仰、革命与权力秩序：中国宗教社会学研究》，上海人民出版社，2006。
② 国务院新闻办公室：《中国的宗教信仰自由状况》白皮书，1997。
③ 马西沙：《中国民间宗教简史》，上海人民出版社，2005，pp. 147 – 169。
④ Lu，Y. F（卢云峰），*The Transformation of Yiguan Dao in Taiwan*，Lanham，Md. ：Lexington Books，2008，chapter 2.

适应严苛的政治环境；其三，减少"搭便车"行为；其四，降低宗教产品的风险，因为压制会坚定虔诚信徒的信心，使信徒对来世的收益更加确信，从而创造性地将现世的苦难转换为来世的收益，并提高信徒对宗教的承诺和献身精神（religious commitment）。

2. 中国宗教的三色市场

在政府管制之下，中国整体的宗教市场如何分化？具体说来，加强宗教管制的实际效果如何？宗教管制和宗教变迁之间的关系何在？宗教管制如何影响宗教信仰和行为？杨凤岗由此构造了当代中国宗教市场的三色市场模型。[①] 其基本论点是：高度宗教管制并未导致宗教信仰和行为的整体降低，而是让宗教市场复杂化，即出现了三种宗教市场，而且每个市场都有自身特别的动力学。这三个市场是：红市，合法的宗教组织、信众及活动；黑市，政府禁止或取缔的宗教组织、信众及活动；灰市，既不合法也不非法，既合法又非法的宗教组织、信众及活动。[②]

在此基础上，杨凤岗构造了其命题体系。

命题1：只要宗教组织在数量和活动上受到政府限制，黑市就必然会出现（无论信徒个人要付出的代价有多大）。

命题2：只要红市受到限制和黑市受到镇压，灰市就必然会出现。

命题3：宗教管制越严，宗教灰市越大。[③]

对杨凤岗来说，中国宗教的三色市场内部有独特的运作机制，而三色市场之间也有特定的依从关系。政府管制越严，宗教灰市越大；而降低管制，黑市和灰市减小，红市增大。他认为在目前的中国宗教市场中，灰市最大，也最为复杂。作为灰市的主要代表，繁多的民间宗教和信仰利用灵活的行动策略，游走在红市和黑市之间，满足普通民众的信仰需求。

---

① 杨凤岗：《中国宗教的三色市场》，《中国农业大学学报》（社会科学版）2008年第4期，第93~112页。Yang, F. G. （杨凤岗）, "The Red, Black, and Gray Markets of Religion in China," *The Sociological Quarterly* 47, 2006. Yang, F. G. （杨凤岗）, *Religion in China: Survival and Revival under Communist Rule*, New York: Oxford University Press, 2012.

② 杨凤岗：《中国宗教的三色市场》，《中国农业大学学报》（社会科学版）2008年第4期，第96页。

③ 杨凤岗：《中国宗教的三色市场》，《中国农业大学学报》（社会科学版）2008年第4期，第97页。

3. 中国宗教的内隐动力学：寡头垄断下的短缺市场

中国宗教图景或宗教市场之所以呈现"三色市场"的复杂格局，是因为其背后是一种寡头垄断下"短缺市场"。① 所谓的寡头垄断，意指由国家授权的五大宗教所构成的宗教红色市场，它们垄断了中国宗教的合法性资源。这种红色市场必然是短缺市场，因为当代中国宗教经济的合法性基础是无神论的共产主义意识形态。

寡头垄断的短缺市场，在高度管制之外也存在合法性竞争。五大宗教之间竞争最激烈的，首先是政府偏好和政府资助，这是宗教团体茂盛或衰败的基本力量。其次，他们也彼此竞争信众。有研究发现在牙疼启动条件下，中国基督徒群体最为消极评价中国佛教徒；而在死亡显著性启动条件下，其最消极评价的对象就转变为中国伊斯兰信徒。② 这从一个侧面反映了中国当代宗教生态语境中的宗教竞争。在短缺的宗教市场中，中国民众为获取宗教产品满足其灵性需求，类似于短缺经济语境，同样要历经"排队"、"搜寻"、"压制需求"和"尝试替代品"等过程和选择，其结果是复杂的三色市场格局。

概言之，中国宗教经验，既不服从世俗化逻辑，也无法完全限定在宗教市场论的框架下。由于政府管制或管制松弛，中国社会中的宗教制度变迁，或者是非预期的增长，或者是栖身在三色市场的某个角落，或者是制度重构。

四　宗教行动者的出场

宗教世俗化范式，关注宗教制度在现代性语境中的功能分化和变迁，甚至是衰落；而宗教市场论范式，则关注在多元宗教市场中的宗教竞争、宗教动员和市场营销。作为相互对立的范式，其共同点在于"宗教行动者"

---

① 科尔奈：《社会主义体制》，张安译，中央编译出版社，2007。Yang, F. G. （杨凤岗），*Religion in China: Survival and Revival under Communist Rule*, New York: Oxford University Press, 2012.

② 方文：《中国非信徒和基督徒的心态地图比较研究》，《世界宗教文化》2015 年第 3 期，第 61～74 页。

的缺场。而要构造更为合理的宗教行动论，"被流放的行动者"必须出场，成为理论建构的中心。①而事实上，行动者就一直在场，无论在不同形式的原初状态的方案中，还是在现实的社会语境中。

洞悉行动中的社会秩序的生成和建构，需要在逻辑上想象或推定剥离了社会负荷和社会遗产的自然状态或原初状态。人无法在现实中实现纯然的自然状态或原初状态。但剥离丰富复杂的社会负荷以呈现没有社会遗产的原初状态，以求辨析人之最简单而质朴的品性，是对人类智慧最基本的挑战。因为社会秩序的发生、设计和运作，至善原则的构造，对至恶限度的提防和惩戒，都以人的基本品性或人的潜能为核心。正因为如此，一些天才思想家和学者基于思想实验，在逻辑上推测或想象人类的原初状态，并以此为基点建构相应的政治哲学、社会哲学和行为哲学。

在《利维坦》中，霍布斯构造了其自然状态的方案。在这种原初状态下，人人都是天生自由的，有平等的权利，但又是自私自利的，都企图保全自己。一个个体遭遇另一个类似的个体，因为竞争、猜疑和荣誉，争斗或战争在所难免。这是每个人对每个人的战争，也是所有人对所有人的战争。有人用丛林法则来指称人类机体在自然状态下的行动原则，实则是人类的傲慢和无知。丛林中尽管有不断发生的猎杀，但也有不断发生的利他行为，无论是基于亲属选择（kin selection）、直接互惠（direct reciprocity）还是间接互惠（indirect reciprocity）。②对死亡的恐惧，对生命的希望和对安全的企求，使这些各自为战的个体让渡或放弃全部权利，共同订立社会契约。其结果，伟大的利维坦或"活的上帝"诞生了。③

而康德1784年在其历史哲学中也构造了原初状态的方案，这就是"非社会的社会性"。④人类个体，就其作为原初孤立的个体而言，是冲动性的和自我放任的，或者说是非社会性（asocial）的；但他一旦遭遇到其他同样状况的个体，其质朴纯然的个体性或非社会性（asociality），就同时性地

① 方文：《群体符号边界如何形成？以北京基督新教群体为例》，《社会学研究》2005年第1期，第25～59页。方文：《转型心理学》，社会科学文献出版社，2014。
② Nowak, M. A. and Sigmund, K.,"Evolution of Indirect Reciprocity," *Nature*, Vol. 437: 1291-1298, 2005.
③ 霍布斯：《利维坦》，黎思复、黎廷弼译，商务印书馆，1995，第92～132页。
④ 康德：《历史理性批判文集》，何兆武译，商务印书馆，2013，第6页。

被烙上社会性的印记，而因此呈现作为人类个体和群体基本特征的个体性和社会性交互缠绕的二重性（the duality of human individuality and sociality）。在他次年的论文《人类历史起源臆测》中，"非社会的社会性"，进一步具体化为物种的自然目的和道德目的之间的争斗。康德写道："大自然的历史是由善而开始的，因为它是上帝的创作；自由的历史则是由恶而开始的，因为它是人的创作。"① 人之天性中野蛮而本能的品质，由之推论，依然会存在于道德天职的追求中。换言之，自然状态会持久地潜伏在社会状态中。

罗尔斯在回答人类是否可能建构"作为公平的正义"原则时，也构造了其独创性的原初状态的方案即原初境况（the original position）。罗尔斯的方案，有时被误解为由"看不见的手"所支配的完全放任的市场境况。在原初境况下，每个人都是自利、自由而平等的，但受"无知之幕"（the veil of ignorance）的约束。在无知之幕的境况下，每个人对自己和他人的生理特征（如性别）、心理特征（如智慧）和社会特征（如地位）等一无所知。为了追求基本善（primary goods），他们一起订立契约或规则。在这种条件下，他们所订立的规则必然是公平而正义的，因为任何的偏好最终可能会损害自己的利益。②

对霍布斯而言，"自然状态"是其政治哲学的逻辑起点。以之为基点，霍布斯构造了"社会机械学"，用"拆解还原法"呈现了人的前政治状态或零点状态，从发生学的角度论证了社会契约的合理性和国家的起源。而对康德而言，"非社会的社会性"所内蕴的张力，是人类自然禀赋完善实现的动力，其结果，大自然的合目的性最终会在整体的人类物种身上实现，这就是全球公民社会。而对罗尔斯而言，原初境况和"无知之幕"是其正义原则的逻辑起点，罗尔斯由此论证了人类能够构造正义原则，并且应该在政治实践中贯彻正义原则。

尽管这些天才思想家的理论关怀和问题意识存在差别，但他们的原初状态都内隐着人之行动和认知上的分类活动。首先，无论是人与人之间的战争、立约还是自然禀赋的实现，行动都是无法剥离的基本特征。以之推

① 康德：《历史理性批判文集》，何兆武译，商务印书馆，2013，第70~71页。
② 罗尔斯：《正义论》，何怀宏等译，中国社会科学出版社，2009。

演，自然状态下的个体，也都是具有自然潜能的行动者。其次，在自然状态下，每个行动者都以"我"为中心，在心智上把他人和我相区别。概言之，在这些天才思想家有关原初状态的方案中，人是禀赋自然潜能并且能够在认知上进行初始分类的行动者。

在霍布斯、康德和罗尔斯的原初状态中所内隐着的人之行动及其分类冲动或直觉，在社会心理学理论家米德和泰费尔的原初状态的方案中则占据核心地位。米德的理论雄心，意欲在"社会行为主义"基础上，完备而系统地揭示生物机体向社会化个体的演化，亦即心智、自我和社会的发生。[1] 米德的原初状态，乃是生物机体基于体态对话（gesture communication）的状态。而体态则是机体可被感知的外显活动的早期阶段，它是机体内在活动倾向性的具体化和客观化。当机体表现出某种体态的时候，这种体态对机体自身而言就具有意义。如果在对话过程中，机体的体态在对方身上也激发出与体态发生者同样意义的时候，这种体态就成为有意义体态（significant gesture）或有意义符号（significant symbol）。当机体基于有意义体态与自身进行内隐对话的时候，智慧或心智就产生了。心智机体在内隐对话的时候，机体自身成为客体，自我产生了。但无论心智还是自我的产生，原初的体态对话或他人在场下的行动，是最基本的条件和语境。他人在场，换言之，就是行动者生发行动的条件和语境。

泰费尔在建构社会认同论的过程中，完善了典范研究程序即"最简群体范式"（minimal group paradigm）。[2] 泰费尔的"最简群体"，可阐释为对不同原初状态的实验模拟。最简群体，有三个基本特征：第一，群体的划分，或普遍意义上的社会范畴化，是基于任意的、武断的和随机的尺度和标准；第二，内群体成员之间以及内群和外群之间没有任何直接接触，每个人依照所分配的号码只知道自身的群体所属；第三，群体的形成以及群际行为的表现，剥离了任何实际的社会负荷，也无法以任何具体线索进行联想。一句话，最简群体成员，类似于原初状态下的互动情景，他处于"无知之幕"中，对自身和他人的社会属性、心理属性和生理属性一无所

① 方文：《社会行动者》，中国社会科学出版社，2002，第八章。方文：《转型心理学》，社会科学文献出版社，2014，第3~23页。

② Tajfel, H., "Experiments in Intergroup Discrimination," *Scientific American*, 1970, 223：96－102.

知，仅仅在认知意义上把自己所属和他人所属区别开来。泰费尔发现，仅仅是这种认知上的分类或范畴化，就足以充分地导致内群偏好（ingroup favoritism）和外群敌意（outgroup hostility），而不需要导入利益、资源或机会的竞争。

在米德的方案中，生命机体的内在活动不过是社会行为的一个阶段；而对泰费尔而言，个体不过是认知主体和行为主体。两者差别不大。个体行动，或者是内隐的，或者是外显的，也可以同时是内隐的和外显的。做进一步地诠释：知于知者为行，行于行者为知。其结果，心理和行为，内在状态或外显活动，不过是硬币的两面，不分无妨，分也无碍。

作为原初方案评论的总结，一个命题可引申出来：人是禀赋自然潜能并且能够在认知上进行初始分类的行动者，其行动以他人在场为条件和语境。

卢梭说，人生而自由，却无往不在枷锁之中。剥离卢梭论说的政治意味，可以说，人生而自由，却无往不在社会之中。换言之，人无法是孤立的存在。他秉承确定的生物特质，生长在既定的社会和文化语境中。

从出生时起，一个新生的人类生物机体，就被动或主动地参与到社会生活中，开始其毕生的生命历程。与之相伴的年龄、性别、族群等本原意义上的生物属性，就成为其在社会分类体制中被归属的基本线索。他所秉承的这些独特的个体生物属性，在社会交往中得以不断拓展，并被烙上无法剔除的社会生活印记。社会生活因此而涵盖并超越其个体生活。他的智慧潜能的发挥，情感表达的调节，行动模式的形塑，也只有在社会生活中才得以完成。值得强调的是，即使是一个新生儿，他也是能动的行动者。有关儿童依恋（attachment）和儿童认知发展的研究，也都已雄辩地证明了这一点。

但仔细思考这里所提及的"社会"，就会发现"社会"空洞、抽象而又充满歧义。它不能成为解释性概念，最多是个还能凑合用的日常形容词。对原初状态下的行动者而言，只有在场的他人，而没有"社会"；对新生的婴儿而言，只有在场的亲人或陌生者，也没有"社会"。可以尝试用可感知、可触摸和具体的"他人在场"概念来重构空洞、抽象而充满歧义的"社会"概念。如此说来，就可以合理地重新表述卢梭的千古名言：人生而自由，但却无往不在他人在场的场景之中。而社会现实，也不过是他人在场的场景。值得强调的是，他人在场具有交互性。对我而言，他人是在场的他人；而对他人而言，我也是在场的他人。

他人在场，有丰富内涵。它可以是共时或历时的，也可以是宏观或微观的。所谓共时性的他人在场，正如奥尔波特所言，是他人实际的（actual）、想象的（imagined）和隐含的（implied）存在；而历时在场，则是由所有世代的他人的行动所构造的历史语境。宏观的在场，则是人无法逃脱地生活在既定的结构和制度语境中；而微观的在场，则是面对面的互动情景。他人在场，给空洞的"社会"贯注了可觉知的具体内容。以共时或历时与宏观或微观作为两个维度，可以构造他人在场的最简类型学，以他人在场为核心的最简研究定向。

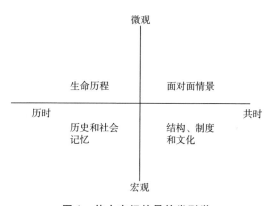

图1　他人在场的最简类型学

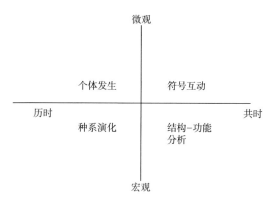

图2　以他人在场为核心的最简研究定向

因此，从原初状态到所谓的"社会"现实，人一出生，就是他人在场境况下的行动者，或者称之为（社会）行动者。而皈依特定宗教获得特定宗教群体资格的社会行动者，可称之为宗教行动者。

五　宗教行动者：宗教群体资格论

可尝试勾画以宗教行动者为核心的宗教群体资格论的命题体系。

（一）行动者有多重群体资格

在任何社会语境之下，都存在既定的社会分类（social classification）或社会范畴化（social categorization）体制。有关社会分类体制的感悟，是人社会知识体系的一部分，也是共享实在的一部分。无论是基于先赋的品质还是后致的特征，甚至是特定制度化的标定，人在生命历程中被归属于不同的群体，拥有多元群体资格（multiple memberships）。人的社会存在的本质，实际上可具体化为人的多元群体资格在社会生活中的具体表征过程。[①] 而对宗教行动者而言，宗教群体资格只是其多重群体资格的一个面向。

每种群体资格的获得，都伴随确定的入会条件和入会仪式（rites of initiation）。就先赋的群体资格而言，接生的关口、"诞生的创伤"（birth-trauma）和出生后的庆典，就是其进入社会的入会条件和入会仪式；就后致的群体资格而言，不同转折关口的考试和资格证书就是其入会条件，而典礼和迎新会则是新成员的入会仪式；就由制度化的标定所赋予的群体资格而言，程序性的安排、选择、认定和裁决是其入会条件，并伴随对应的入会仪式。无论是入会条件和入会仪式，还是对群体资格的评价，在一定程度上和在一定范围内，都是社会共识（social consensual）。尽管秘密社团的入会条件和入会仪式不为外群体所知，但它们也是内群共享知识的一部分。

---

① 方文：《转型心理学：以群体资格为中心》，《中国社会科学》2008 年第 4 期，第 137～147 页。

（二）皈依一种宗教即主动追求其宗教群体资格

皈依（conversion），是指非宗教信徒变为一种宗教信徒的过程，或者从一种宗教信徒变成另一种宗教信徒的过程。对已经拥有多元群体资格的行动者而言，皈依的结果是他/她主动地获得一种新的群体资格，即宗教群体资格。而对没有自主判断和行为能力的个体如婴儿或昏迷病人而言，可基于推定同意（inferred consent）原则。这有两层含义：第一，可推定他们的法定监护人的意愿是其意愿的合适代表；第二，如果他们有自主判断和行为能力，可推定他们的行动意愿和其法定监护人的意愿一致。

对一神教而言，其宗教群体资格是单一而排他的；而对多神教而言，宗教群体资格可以是多重而叠加的。一神教和多神教的区分可以引申。第一，宗教群体资格的权重有别。一神教的群体资格之于皈依者更为珍贵，更为凸显。第二，入会条件有别。因为一神教是高度排他的，其群体资格的获得要经受更严厉的考验。第三，去皈依的后果有别。如果皈依者对其特定宗教群体资格没有社会认同感，他就会忽视或放弃这种资格，或者寻求新的宗教群体资格。这个过程，可称之为去皈依（de-conversion）。皈依和去皈依，是宗教变迁的基本动力之一。对一神教而言，去皈依的社会心理后果更为严重，也更为持久。

宗教群体资格的获得，也会有入会条件和入会仪式。在一神教和多神教之间，以及一神教的不同教派之间，入会条件和入会仪式有别。有的条件更为严厉而苛刻，仪式更为庄重而神圣。这些差别不是随意的安排，而是有深刻的社会心理意蕴。

宗教市场论学者艾纳孔也曾注意到这个基本问题。他主张，严格性（strictness）使宗教组织更为强大，也更有吸引力，因为它降低"搭便车"的概率。[1] 艾纳孔的解释有替代选项。严格的入会仪式，依据认知失调论（the theory of cognitive dissonance）[2]，会使皈依者产生对宗教群体资格

---

[1]　Iannaccone, L. R., "Why Strict Churches Are Strong," *American Journal of Sociology*, Vol. 99, 1994, p. 1180.

[2]　Festinger, L., *A Theory of Cognitive Dissonance*. Stanford: Stanford University Press, 1957. Aronson, E. & Mills, J., "The Effect of Severity of Initiation on Liking for a Group," *Journal of Abnormal and Social Psychology*, Vol. 59, 1959.

的高承诺、依恋和认同，会使皈依者更为珍爱自身的宗教资格。

还有庄重而神圣的仪式。[①] 马歇尔构造了有关仪式活动的综合理论模型仪式实践论（the theory of ritual practice）。在马歇尔的模式里，仪式活动有两个基本元素：仪式给参与者所创造的共在情景（co-presence）和仪式实践（ritual practices）或仪轨，有种种社会心理过程和机制渗透其中。[②] 共在情景和仪式实践，在庄重而神圣的仪式中，使参与者能超越俗世的羁绊，体验到超验的价值，并因此强化宗教共同体意识和自身的信仰。

（三）宗教群体资格的识别和觉知以社会范畴化作为认知工具

范畴化只能是行动者的范畴化，它们同时也是行动者的基本认知潜能和认知工具。[③] 即使是在原初状态下，行动者也能进行初始分类或范畴化。

范畴化过程具有交互性。其一，行动者一出生，就生长在既定的社会范畴化语境中，被分类和标定。其二，行动者以自我为中心，对自身和在场的他人进行分类，把自身和他人纳入确定的群体之中，但同时行动者自身也被在场的他人所分类。其三，行动者的分类和他人的分类具有最低限度的重叠共识。也正因为如此，对群体资格的评价是社会共识性的，并且社会范畴化体制是共享实在的一部分。

作为范畴化主体，行动者并不是宗教市场论学者所鼓吹的"理性经济人"，他是"被驱动的策略家"（the motivated tactician）。[④] 在种种形式的理性人或经济人的人观假定（personhood）中，行动者被认为能完备地收集与问题情景相关的信息，进而进行完备的加工并做出最优决策。就宗教实践而言，潜在信徒，依照宗教市场论者的逻辑，为了满足其灵性生活的需要，

---

① Dillon, M. (Ed.), *Handbook of the Sociology of Religion*, Cambridge: Cambridge University Press, 2003, pp. 31 – 44.

② Marshall, D. A., "Behavior, Belonging, and Belief: A Theory of Ritual Practice," *Sociological Theory*, Vol. 20, No. 3, 2002, pp. 360 – 380.

③ Tajfel, H., *Human Groups and Social Categories: Studies in Social Psychology*. Cambridge: Cambridge University Press, 1981. Tajfel, H., and J. C. Turner, "The Social Identity Theory of Intergroup Behavior," in S. Worchel et al (Eds.), *Psychology of Intergroup Relations*. Chicago: Nelson – Hall, 1986.

④ Taylor, S. E., "The Social Being in Social Psychology," in D. T. Gilbert et al (Eds.), *The Handbook of Social Psychology* (4th ed. 2Vol. s) (Vol. 1), New York: McGraw – Hill, 1998.

在多元化的宗教商品市场上，能够理性地权衡并做出最优决断，从而购买最优的宗教商品。

"被驱动的策略家"，意味着行动者有可资利用的多元信息加工策略，而这些策略的选择则基于行动者的目标、动机、需要、时间和社会语境力量。具体说，行动者，有时如"朴素科学家"（naïve scientist），对相关任务的信息进行系统而认知努力的加工，有时又如"认知吝啬者"（cognitive miser），在面临任务情景或问题情景时，进行启发式和认知节俭的加工。但无论如何，他们的社会认知加工过程，总是为了满足其目标和动机。因此，有关行动者的线形图像，正被一个复杂的能动者所替代。他/她能在复杂的社会过程和社会情景中，对范围广泛的信息如即时的社会语境、自身的内在状态和远期目标，保持高度的敏感，并能援引可资利用的社会和文化资源，主动地认知和建构社会实在。

行动者社会范畴化的基本策略是（多重）二元编码（the binary codings）。① 在对人和物等进行分类的过程中，行动者的主宰偏好是采用对立概念来进行区分。二元编码的分类策略或二元编码机制有两个直接后果。第一，在任何社会语境之下，基于特定显著的分类线索，在场的所有人以分类者为核心，被纳入内群体和外群体之中。尤其明显的是在宗教场域中，通过社会范畴化，宗教群体与外群体得以区分，并且这种区分是社会共识性的。第二，行动者在共时和历时的分类体制下，基于交互性的范畴化过程，被纳入多重的二元编码的逻辑之中，他因此会拥有多重的群体资格。

对宗教行动者而言，在其宗教群体资格之外，他还同时负荷其他多重的群体资格。只有在其宗教资格凸显时，他才是宗教徒。其宗教资格如何凸显以引导其心理活动和行为表现，就成为另一基础性难题。有关社会知识激活的社会认知研究，就专注于这一难题，并有典范性的研究成果。②

① Beyer, P., "The Modern Emergency of Religions and a Global Social System for Religion," *International Sociology*, Vol. 13, No. 2, 1998. Chaiken, S. & Trope, Y. (Eds.), *Dual - Process Theories in Social Psychology*. New York: Guilford, 1999.

② Higgins, E. T., "Knowledge Activation: Accessibility, Applicability and Salience," in E. T. Higgins & A. E. Kruglanski (Eds.), *Social Psychology: Handbook of Basic Principles*. New York: Guilford Press, 1996.

（四）宗教行动者对其宗教资格的积极评价通过社会比较得以强化

宗教徒对其宗教群体资格的积极评价，即是宗教认同。换言之，宗教群体资格对其具有积极的认知/情感/价值意蕴。[①] 这种宗教认同，通过社会比较过程而得以强化。

社会比较过程有两类：内群的人际比较和内群与外群之间的群际比较。通过内群人际比较产生内群分化（in-group differentiation），而通过内群和外群之间的群际比较产生外群同质性（out-group homogeneity）。

宗教内群通过人际比较产生内群分化，其分化准则是灵性资本。世俗社会群体中的内群分化和精英生产逻辑，主要是基于权力资本、经济资本和文化资本，并形成特定的角色结构和地位结构。我们的实地研究发现，在宗教群体内部，这些世俗社会中的分化逻辑是不相干的。宗教群体有其独特的内群分化和精英生产逻辑，其准则或尺度是灵性资本（spiritual capital）。[②]

灵性资本，可界定为宗教徒在其灵性活动中劳动的积累和所蒙受的恩典。宗教群体内部，不同信徒所蒙受的恩典和自身的灵性努力是不同的，其结果是灵性资本在不同信徒身上的分布是不一样的。正是基于灵性资本这种偏异的分布，内群分化和精英生产逻辑可以辨析出来。基于我们的实地研究，灵性资本可从三个方面进行度量：信仰的纯粹性程度、宗教行为的卷入性程度和宗教群体内部人际网络中的相对位置。[③]

[①] Tajfel, H., "Experiments in Intergroup Discrimination," *Scientific American*, 1970, 223: 96 – 102. Tajfel, H., *Human Groups and Social Categories: Studies in Social Psychology.* Cambridge: Cambridge University Press, 1981.

[②] 方文：《群体符号边界如何形成？以北京基督新教群体为例》，《社会学研究》2005 年第 1 期，第 25 ~ 59 页。
Verter, B., "Spiritual Capital: Theorizing Religion with Bourdieu Against Bourdieu," *Sociological Theory*, Vol. 21, No. 2, 2003.

[③] 方文：《群体符号边界如何形成？以北京基督新教群体为例》，《社会学研究》2005 年第 1 期，第 25 ~ 59 页。

（五）宗教群体惯例性和典范性的行为模式不断激活宗教群体资格

特定群体资格一旦获得，它就是动态的，而不是凝固的，体现在规则化的社会行为中。其一，规则化的社会行为，从外显的意义上不断地生产和再生产可觉知的群体标志。而这些群体标志是识别和评价群体资格的基本线索，同时也是群际符号边界的线索。这些标志主要有话语行为模式、消费模式、容貌风度和品位。①

其二，规则化的社会行为，是群体记忆和群体社会表征体系的载体。②其结果是群体资格的显著性被不断地激活，群体社会认同和群体符号边界在行动中不断地生产和再生产。

而对宗教群体而言，其惯例性和典范性的行为模式，主要是读经、团契和定期的宗教仪式参与。通过这些典范性的社会行为，宗教徒在行动中不断地强化自身的宗教资格，不断地体验和重构跨时空的神圣共同体的群体记忆和群体社会表征体系，不断生产和再生产群体社会认同以及与其他群体的符号边界。

（六）基于灵性资本和世俗资本，宗教徒的宗教生活和世俗生活得以区分

必须再次强调，宗教资格只是宗教徒多元群体资格的一个面向，尽管可能是权重很重的一个面向。可以把宗教徒在其宗教资格主导下的生活称为宗教生活或神圣生活，而由其他多元群体资格所主导的生活称为世俗生活。宗教徒的宗教生活是基于灵性资本，而世俗生活则是基于权力资本、经济资本和文化资本，或统称为世俗资本。宗教徒的灵性资本，在有些语境下，可能具有全能资本特性，可能转化为形式不同的世俗资本，如在神

---

① 波特和韦斯雷尔：《话语和社会心理学》，肖文明等译，方文校，中国人民大学出版社，2006。

② Farr, R. M. & S. Moscovici（Eds.），*Social Representation.* Cambridge：Cambridge University Press, 1984. Moscovici, S., *Social Representations：Explorations in Social Psychology.* Cambridge：Polity, 2000.

权国家中。尽管如此，因为灵性资本和世俗资本各自发挥作用的领域有别，宗教徒的宗教生活和世俗社会得以区分。

如果宗教徒的灵性资本蜕变为全能资本，宗教徒的宗教群体资格几乎在所有情景下都具有显著性。多元资本之间的相互竞争和不可替代，是健全社会功能分化的基本特征，也是行动者潜能完备实现的可能条件。行动者身上是多种力量交互博弈的战场，但它是动态而均衡的。它从一个侧面表明功能分化的不同群体在社会生活中各自独具的尊严和合法性，以及行动者多元群体资格之间不可替代的独具尊严和合法性。如果一种资本形式具有全能特征，能替代或转换为可欲求的其他所有资本形式，这种社会就是高度僵化而独断的社会。

如果灵性资本逾越其合法性的领域，替代或转换为可欲求的其他所有资本形式，宗教徒动态而多元的群体资格就已名存实亡，他/她所有的生活被宗教资格所主宰，他的宗教资格几乎在所有情景下具有显著性。如果宗教行动者的宗教资格几乎在所有情景下都具有显著性，他们的灵性资本就转变为生命资本。

生命资本是指以生命为武器的意愿和能力。生命资本是所有人都拥有的潜在资本形式，它无价而唯一，无可替代也不可复生，它是也应该是终极目的而不是任何其他目的的手段。其价值超越所有的资本形式，具有神圣而超验的品质。当生命资本替换为其他资本形式的时候，生命被贬低或被践踏。大多数人没有意愿、没有机会、也没有勇气用生命作为最终手段。生命成为生命资本，只有有限的几种可能。其一，绝望中的无助者。面对困境时，他们没有任何可以倚靠，唯有生命，只有一次机会的生命。其二，杀身成仁的义士。他们用生命来成就理想、信念和忠诚。其三，极端的宗教徒。当肉体生命被认为是灵性生命或永恒生命的手段时，肉体生命的尊严就会被贬低。他们随时准备为其宗教资格和极端认同支付生命资本。而宗教性的自杀袭击者，就是基于极端的宗教认同而支付生命资本。

基于灵性资本，有可能识别潜在的宗教性自杀袭击者和其他宗教极端分子。因为对宗教性的自杀袭击者和其他宗教极端分子而言，宗教群体资格是其生命的唯一，在几乎所有情景下都具有显著性。[1] 他们时刻准备着用

---

① Turk, A. T., "Sociology of Terrorism," *Annual Review of Sociology*, Vol. 30, 2004.

生命作为武器去实现自身对宗教资格的承诺和忠诚。他们的灵性资本必然和普通信徒有可觉知的差别。宗教群体资格论的框架，可能为这类问题提供洞识和灵感。

参考文献

方文：《叠合认同：多元一体的生命逻辑——读杨凤岗〈皈信、同化和叠合身份认同：北美华人基督徒研究〉》，《社会学研究》，2008b 年第 6 期，第 214～223 页。

杨凤岗：《当代中国的宗教复兴与宗教短缺》，《文化纵横》2012 年第 2 期，第 26～31 页。

Aronson, E. & Mills, J., "The Effect of Severity of Initiation on Liking for a Group," *Journal of Abnormal and Social Psychology*, Vol. 59, 1959.

Chaiken, S. & Trope, Y. (Eds.) 1999, *Dual - Process Theories in Social Psychology*. New York: Guilford.

Festinger, L., "A Theory of Social Comparison Processes," *Human Relations*, Vol. 7, 1954.

Festinger, L., *A Theory of Cognitive Dissonance*. Stanford: Stanford University Press, 1957.

Warner, R. S., "Work in Progress Towards a New Paradigm for the Sociological Study of Religion in the United States," *American Journal of Sociology*, Vol. 98, No. 5, 1993.

马来西亚的族群、宗教多样性和族际和谐[*]

陈志明（Tan Chee – Beng）^{**}

2007 年 8 月 31 日，马来西亚举行了脱离英国统治独立 50 周年庆典。无论是马来西亚人，还是非马来西亚人，都对此进行了很多评论与反思。人们一致认为，马来西亚取得了巨大的经济成就，以著名的双子塔和现代高速公路为象征的现代性有目共睹。但是，也有人抱怨大城市里严重的交通拥堵，以及像 Orang Asli（指半岛马来西亚的土著民）这类土著少数群体总体上仍然贫困，甚至他们的土地也因为政府要修公路、筑水坝或其他"发展项目"而被剥夺了。最近几年，马来西亚的犯罪事件——尤其是抢劫——不断增加，引发了普遍的不满。这类案件常常被归咎于印度尼西亚移民。有警察卷入丑闻，使这个群体的职业道德（professionalism）遭到质疑。人们认为，腐败现象正在增加，司法独立也受到怀疑。最重要的

---

* 本文的写作过程中得到了吕俊彪、胡明文、李锦、袁晓文、杨小柳等的帮助，特此鸣谢！

** 马来西亚华裔学者，美国康奈尔大学人类学博士。先后任教于新加坡大学、马来亚大学、香港中文大学、中山大学。出版的著作有：《迁徙、家乡与认同——文化比较视野下的海外华人研究》（段颖、巫达译，商务印书馆，2012），*Chinese Overseas：Comparative Cultural Issues*（Hong Kong Univ. Press，2004），*Chinese Minority in a Malay State：The Case of Terengganu in Malaysia*（Singapore：Eastern Univ. Press，2002），*The Baba of Melaka. Petaling Jaya*（Pelanduk Publications，1998），*The Development and Distribution of Dejiao Associations in Malaysia and Singapore：A Study on a Chinese Religious Organization*（Singapore：Institute of Southeast Asian Studies，1985）等。

是，研究人员、观察家乃至公众都认识到，马来西亚的种族分裂已经变得愈加严重了。究竟是哪里出了问题呢？这篇文章将会探讨马来西亚社会的族群、宗教多样性和族际和谐问题，看看我们能够从马来西亚的案例中学习到什么。我认为民族国家建构（nation – building）的种族路径（racial approach）已经培育出了一种社群主义的世界观（communal worldview），并且创造了一个被社群所分割的国家（a nation that is communally divided）。换句话说，不仅不同族群的马来西亚人对马来西亚国家（the Malaysian nation）的想象迥异[①]，而且，马来西亚还是一个高度分化的国家。尽管不同族群的政治家们总是遵循族群边界来表达诉求，但真正促使马来西亚变成一个高度族群分化的国家的，却主要是 1969 年之后马来民族主义（Malay nationalism）的复兴。在这里，马来民族主义指的是马来人的精英分子所持的一种民粹主义的（nationalistic）意识形态，他们追求建立一个以马来文化为特征、以伊斯兰教为认同的马来西亚国家。在这样一个追求马来中心主义的民族性（nationhood）的过程中，马来精英也致力于在马来西亚的政体中占据主导地位。

我使用"社群的"（communal）这样一个术语意在表达"种族的"（racial）含义。这是一个在英联邦国家中普遍使用的英语术语，其优点是不会在生物学的意义上与"种族"或者"种族的"相混淆。在文化和政治含义上，这个术语指涉的是"族群的"（ethnic）。对诸如马来西亚和印度尼西亚这样的"新国家"，"民族国家建构"（nation – building）也是一个常见的术语，这类国家是摆脱殖民统治获得独立而创生的新政权。这些国家发现必须将全体人民团结起来结为一个整体，从而塑造一个统一的民族国家（nation）。直到布什总统谈论在伊拉克的国家建构时，这一术语才与美国的霸权主义联系起来。在此之前，"民族国家建构"这个概念并不被认为是负面的。在与马来西亚相关的名词中，马来亚指的是 1957 年创立的马来亚联邦，当时，半岛（就是今天的西马来西亚）脱离英国统治而获得了独立。1963 年，沙捞越（Sarawak）、沙巴（Sabah）和新加坡加入了马来亚联邦，

---

① 这当然是受到了安德森的"想象的"民族这一概念的启发。
Anderson, Benedict. *Imagined Communities: Reflections on the Origin and Spread of Nationalism*. London: Verso. First published in 1983, 1991, p. 6.

从而形成了马来西亚联邦。1965 年，新加坡脱离联邦，成为一个独立的岛国。东马来西亚指的是沙捞越州和沙巴州。

根据 2000 年的人口普查，马来西亚的国民总数已达到 2189 万（即大约 2200 万），包括 65.1% 的布米普特拉人（Bumiputera，以马来人为主）、26% 的华裔和 7.7% 的印度裔。其中，60% 左右为穆斯林，22% 为佛教徒或华人民间宗教的信徒，9% 为基督教徒，6% 为印度教徒，还有 3% 的人信仰其他宗教派别或没有宗教信仰。马来人、华裔和印度裔是半岛马来西亚的主要族群。在东马来西亚，沙捞越州的多数族群是伊班人（Ibans，占该州马来西亚公民总数的 30.1%），其次是华裔（26.7%）和马来人（23%）；而在沙巴州，多数族群是卡达山 - 杜顺人（Kadazan/Dusun，占该州马来西亚公民总数的 18.4%），其次是巴瑶人（Bajau，17.3%）、马来人（15.3%）和华人。① 马来人与非马来人各占总人口的百分比是一个敏感的话题。官方使用布米普特拉人这个分类，将马来人和非马来的土著居民合为一组，这具有"放大"马来人口的效果，因为"布米普特拉"这个术语本来就与马来人关联甚密。在沙巴，普利布米（pribumi）这个术语也是指区别于华裔和印度裔公民的"土著"人口。该术语在 1980 年的人口普查中被用来将所有的"土著"人口合为一组，从而使土著人的数量在总人口中占到了绝对多数。在上面引用的沙巴州人口的官方数据中，主要族群甚至没有包含华裔。根据 1991 年的人口普查，在沙巴州的人口中，最大的族群是卡达山 - 杜顺人（占到沙巴州 140 万人口的 25%），其次为华人（15.6%）、巴瑶人（15.2%）、马来人（8.9%）、木努特人（Murut，3.9%）、其他土著居民（19.3%）和其他族群（12.7%）。②

总的说来，在东马来西亚，族群关系相对较好。在这里，不同族群成员间的互动更多，而社群性的紧张更少。然而，尽管如此，半岛马来西亚的社群政治还是对东马来西亚产生了影响。由于马来西亚的社群政治中的主要敌对方是马来人与华人，因此，为了避免流于笼统，这篇论文在谈及族群性以及马来西亚的社群进程时，将把焦点集中在这两个族群上。

---

① 参见 http：//www. statistics. gov. my/english/census/pressdemo. htm。

② Tan，Chee - Beng，"Malaysia，" in *Encyclopedia of the World's Minorities*，ed. ，Carl Skutch，vol. 2，2005，pp. 779 – 781.

从殖民时代的多元社会到协和式民主
（Consociational Democracy）？

就像缅甸一样，马来西亚过去常被描述为英国殖民统治下的多元社会。殖民学者 J. S. Furnivall 首先引入这个术语。他这样描述多元社会：

> 在严格意义上，多元社会就是一个混合体，他们混杂一处却并不结合。每个群体都拥有自己的宗教、文化、语言、信念和方式，并由此而连为一体。作为个体，他们会相遇，但也只是在市场上，在买和卖的过程中打个照面。这里存在着一个多元社会，在同一个政治体中，不同的部分比邻而居，但却彼此隔离。即使在经济领域，劳动分工也是依据种族边界而形成的。[1]

Furnivall 的分析指出，殖民关系主要是经济关系，殖民政策则是根据殖民当局的利益确定的。[2] 这个观点是富有洞察力的，但他的前提假设却是错误的。他认为，殖民地社会缺乏"共同的社会意志"（common social will），因此，殖民当局有必要维系一个多元社会。[3] 事实上，恰恰是殖民当局创造了所谓的"多元社会"（plural society），并且使不同族群的人口被隔离开来，以服务于殖民统治和经济剥削。马来亚的华人、印度人、马来人和其他精英的独立诉求表明了他们拥有自决和建立民族国家的共同意志。今天，毫无疑问，不同族群背景的马来西亚公民都视自己为马来西亚人并归属于马来西亚。不仅不同族群的领袖在强调这一点，而且国民教育无疑在塑造马来西亚共同认同方面扮演了重要角色。

马来西亚的三大族群是华裔、印度裔和马来人，分别代表他们的主要政党的领袖们走到一起，组成联盟，进行选举，并组成联合政府，这样的

---

[1] Furnivall, J. S., *Colonial Policy and Practice: A Comparative Study of Burma and Netherlands India*. Cambridge: Cambridge University Press, 1956, p. 304.

[2] Furnivall, J. S., *Colonial Policy and Practice: A Comparative Study of Burma and Netherlands India*. Cambridge: Cambridge University Press, 1956, pp. 5 - 8.

[3] Furnivall, J. S. 1, *Colonial Policy and Practice: A Comparative Study of Burma and Netherlands India*. Cambridge: Cambridge University Press, 1956, pp. 307 - 308.

方便之举导致了协和式民主（consociationalism）在马来亚的发展。① 对执政党而言，这种联合了各主要政党的领导人的联合政府模式是如此成功，以至于联盟在 20 世纪 70 年代进一步扩张，将更多的党派吸纳进来，从而组成了国民阵线（Barisan Nasional）。直到今天，马来西亚一直都由国民阵线来实施统治。除了 1969 年 5 月份的种族骚乱，马来西亚俨然已经成为一个政治稳定的新国家了。随着它在 20 世纪 80 年代取得了卓越的经济成就，马来西亚被视为在民族国家建构方面的一个成功典范。当然，这是对那些认为政治稳定和经济发展要比在民主与人权方面的"轻微"恶化更重要的人来说的。

然而，在独立 50 周年之际，许多观察家——包括马来西亚的知名记者与学者——都对马来西亚年青一代中更加严重的种族分化问题发出了哀叹。在 20 世纪 80 年代，我曾是马来西亚的一个政治性非政府组织 Aliran 中的积极分子，并且支持以"非种族路径"（non-racial approach）来建构民族国家。我从 1996 年起就移民离开了这个国家，而现在，我感到震惊——或者更确切地说，是失望。今天，不仅与当初类似的种族议题依然存在，而且这些议题变得愈加恶化了，而越来越多的宗教议题则进一步强化了种族分化。例如，现在有这样一种争论：马来西亚究竟是一个世俗国家还是一个伊斯兰国家？稍后我将会对此做出评论。

首先我们注意到，在国家政策（national policies）的执行过程中，所谓的马来西亚协和主义已经变得越来越具有社群性了，决策过程并没有遵循平等共享的原则。自从 1969 年以来，马来民族统一机构（United Malays National Organization，UMNO，又称"巫统"）的政治领袖一直主导着联盟和马来西亚的政治事务。马来西亚实行的是议会民主，但是，马来西亚的协和主义实际上并非阿伦·李帕特（Arend Lijphart）所定义的协和式民主。根据李帕特的定义，协和式民主的最重要的元素就是"一个多元社会中的所有重要部分的政治领袖广泛联合而组成的政府"②。其他三项要素包括：

---

① Chee, Stephen, "Consociational Political Leadership and Conflict Regulation in Malaysia," in *Leadership and Security in Southeast Asia: Institutional Aspects*, ed., Stephen Chee, 1991, pp. 53 – 86. Singapore: Institute of Southeast Asian Studies.

② Lijphart, Arend, *Democracy in Plural Societies*. New Haven: Yale University Press, 1977, p. 25.

决策方面的相互否决权，"以比例（proportionality）作为政治代表权、市政服务安排和公共基金分配的主要标准"，以及"各个组成部分在处理各自内部事务时享有高度自治权"。联盟起初是由巫统（UMNO）、马来亚华人联合会（MCA）和马来亚印度人国大党（MIC）组成的广泛联盟。但是，在1969年的种族骚乱后[①]，局势发生了变化，上述要素中的第二、三两项标准由于马来民族统一机构取得了政治主导权而被彻底违背，按比例分配的原则也完全没有执行。对民主的侵蚀进一步使协和式民主不可能实现。这当然对族群关系和民族国家建构产生了严重的影响。事实上，李帕特就对1969年以后马来西亚的民主与协和主义提出过质疑，因为那里存在"对言论自由的限制和越来越有利于马来人的政治与经济歧视"[②]。现在的马来西亚执行的已经不是协和式民主了，由马来西亚民族统一机构主导的联合统治已经变成威权主义（authoritarian）了。这是一个通过分享部长级职位而形成的联合，部长级职位在具有不同族群背景的人之间进行分配，这被视为不同族群政治参与的象征，但那些重要的部长级职位则由马来西亚民族统一机构的政客把持。除了联合起来以确保在大选中获胜外，现在既没有协和主义，也没有人关心民主。

族群与民族国家建设

沿着族群边界进行的政治动员具有强化族群性的效果。马来西亚人看待马来西亚的世界观正变得越来越具有社群性。紧接着1969年5月的种族骚乱而引入的新经济政策（NEP），使得这种情况变得日益严重。虽然政府这样做的目的在于铲除贫穷，重整经济，因而并没有区分"种族"。但是，正如"第二个马来西亚计划"（Second Malaysia Plan，1971～1975）中所呈现的，新经济政策的路径是种族性的，它假定马来人和其他土著居民都是穷人（the have-nots），而非马来人则是富人（the haves）。马来人的特殊地

[①] 事实上，当时，马来西亚是在国家运行委员会（NOC）的统治之下。该委员会的领袖敦·阿卜杜勒·拉扎克（Tun Abdul Razak）取代了东古·阿卜杜勒·拉赫曼（Tunku Abdul Rahman）而成为马来西亚的第二任总理，任职时间是1970年至1976年。UMNO在统治联盟中的绝对优势地位就开始于NOC及敦·拉扎克的统治时期。

[②] Lijphart, Arend, *Democracy in Plural Societies*. New Haven: Yale University Press, 1977, p. 153.

位被充分利用，从而制定了有利于布米普特拉人的政策，而这些人通常被认为是"马来人"。布米普特拉人这一术语，指的是马来人及其他土著居民，它的功能就是将华裔和印度裔这类祖先是从马来群岛以外的地方移民而来的人区分出来——他们有点类似外国人，尽管是马来西亚公民（citizens），但并不是本地人（natives）。这样，这一术语就将公民区分成了土著居民和非土著居民两个类别，尽管后者中的很多人已经在这个国家生活了好几代。

《马来西亚宪法》第 152 条第 2 款的规定，为面向马来人和其他土著居民的肯定性行动（affirmative action）政策①提供了法律基础：

> 最高元首应该在本宪法及联邦法律的规定下以可能必要的方式行使其职权，以保护马来人和沙巴、沙捞越两州的土著居民的特殊地位，确保在公共服务（而非一个州内的公共服务）、奖学金和其他类似的教育或培训特权或由联邦政府颁发或授予的特殊服务项目中，为马来人和沙巴、沙捞越两州的土著民保留他认为合理比例的职位。而且，当联邦法律要求具备从事任何贸易或商业活动的任何许可证或执照时，这些许可证和执照应服从该联邦法律的条款以及本宪法本条款之规定。

最高元首（Yang di - Pertuan Agong）指的就是国王，他是每 5 年从 9 位马来苏丹（sultans）当中选出来的立宪君主。这一条款被写入宪法，是联盟中的马来人与非马来人政治领袖相互妥协的结果，而双方都清楚该条款是将受到审查和评论的。然而，在那次种族骚乱后，马来西亚民族统一机构取得了马来西亚政治的主导权，同时，第一任总理东古·阿卜杜勒·拉赫曼（Tunku Abdul Rahman）领导的政府被更年轻也更具有马来民粹主义倾向的领导人取代。在布米普特拉意识形态的作用下，"特殊权利"地位变成了一种用来提升马来人利益的政治和行政武器。与代表马来贵族阶层利益的首任总理不同，新领导人代表的是专业人士阶层（教师、医生、律师等）和新兴商业阶层的利益。

---

① Ariffin Omar, "Origins and Development of the Affirmative Policy in Malaya and Malaysia: A Historical Overview," in The "Bumiputera Policy": Dynamics and Dilemmas, eds., Richard Mason and Ariffin S. M. Omar, 2004, pp. 13 - 29. Special issue of Kajian Malaysia (Journal of Malaysia Studies) 21 (1 - 2), 2004.

新经济政策的执行方式进一步加剧了马来人与非马来人之间的分化，比如，华人认为自己受到了歧视。并且，他们认为马来人作为一个整体受到了政府的保护与偏袒，即使那些贫穷的马来人确实寒酸依旧。虽然贫穷的马来家庭的孩子可以享受专门为布米普特拉人保留的政府奖学金，但他们仍然必须与那些家境良好并拥有更多政治关系的马来人展开竞争。另外，尽管很多布米普特拉人认为华人普遍生活富裕，但事实上，许多华人仍属于低收入群体。然而，华人在城市中的聚集和他们经营的事业（以商业招牌为象征）使他们在城市中心非常惹眼。在政府的强力干预下，现在已经有富裕且拥有政治影响力的马来人身居要职或经营商业公司了。事实上，新经济政策的"成就"之一就是所有的政府和法定部门（statutory bodies）都被布米普特拉人主导了。由马来西亚民族统一机构主导下的政府想要创造出一个富有的马来人阶层。从这个意义上讲，新经济政策是相当成功的，一个明显的表现就是开名牌轿车的马来人数量可观，而在过去，这更多是与非马来人——尤其是华人——联系在一起的现象。

布米普特拉意识形态和新经济政策将马来西亚社会种族化了。难怪在20世纪80年代会出现那么多的种族议题。在这些议题中，最著名的就是关于国家文化的辩论（national culture debate）。马来种族的精英分子推崇一种基于马来文化和伊斯兰教的国家文化概念。非马来人则提出了一种非马来文化与马来文化享有平等地位的国家文化愿景来进行反击。在某种意义上，1969年以后的历史的最重要特征，就是马来民族主义的复兴。[1] 这种民族主义起源于20世纪对殖民主义和不断凸显的华人地位的反抗。马来人对华人在经济领域的主导力量的恐惧与华人对马来人在政治领域的优势地位的忧虑，早在马来西亚独立前就埋下了种子。[2] 事实上，马来人的优先地位就根植于马来民族主义，殖民者为应对马来民族主义的兴起，以恩惠者的姿态采取了偏向马来人的态度。甚至布米普特拉意识形态也是20世纪30年代

---

[1]　Ratnam 在他的那篇论述社群主义和马来亚的政治进程的经典文章中已经指出出这一点了。在这里，"马来民族主义"指的是那种倡导要建设一个具有马来特色的国家的马来族裔民族主义。Ratnam, K. J. , *Communalism and the Political Process in Malaysia*. Kuala Lumpur：University of Malaya Press，1965，p. 23.

[2]　想要了解独立之前的华人－马来人的关系，参见 Khoo, Kay Kim, "Sino－Malay Relations in Peninsular Malaysia before 1942," *Journal of Southeast Asian Studies* 12（1），1981：93－117。

"大地之子"（sons of the soil）这一口号的复兴。例如，马六甲的《海峡华报》（*the Straits Chinese Newspaper*）在 1932 年的一期社论中就有下面的论述：

> 马来亚为马来人的鸣不平做得过头了。本土出生的公民对这个国家的物质繁荣做出了贡献，对这种煽动要剥夺他们的合法权利的行为，他们有理由表达愤怒……①

在获得独立后，马来民族主义分子意识到，他们关于"一个马来人的国家"的愿景不得不与非马来人就分享政治权力达成妥协。1969 年以后，马来人的政治力量在马来西亚民族统一机构领导的国民阵线（即之前的联盟）政府中占据了主导地位，这为马来民族主义分子提供了一个建立更加伊斯兰化和马来人导向的马来西亚的机会。在学校里，马来西亚历史被重新书写，以便给马来人以更多关注。在要求以马来语作为国家语言的强大政治话语下，甚至连英语教学也受到牵连。20 世纪 80 年代，我正在马来亚大学教书，在社会科学系的会议上，我亲眼看见了要求在英文系用马来语教授英国文学的情况。虽然新经济政策对提高马来人在私人部门中的参与度（例如通过政府政策要求企业雇用占其员工比例 30% 的布米普特拉人）和在公共部门中占据主导地位这两方面取得了显著成效，但它给马来西亚的高等教育机构带来的影响却是灾难性的。今天，在这些机构中已经形成了不成文的规定：副校长、院长及大多数系主任，都必须是马来人。马来人的升迁之路相对容易，他们不需要达到足够的国际标准，就能够晋升到较高的职位或学术等级，这使得许多严肃的学者灰心失望。这种情形导致马来西亚的大学的学术水平急剧下滑，其在国际学术界的声望也大打折扣②。另外，

---

① Malacca Gurdian, "Malaya for the Malays," *Malacca Gurdian*, 25 April 1932, p. 6.
Tan, Chee-Beng, *The Baba of Melaka: Culture and Identity of a Chinese Peranakan Commuity in Malaysia*. Petaling Jaya (Malaysia): PelandukPublications, 1988.

② 将现在位于吉隆坡的马来亚大学（UM）与新加坡国立大学（NUS）做个比较，情况就相当明显了。这两所大学都是从 1949 年创建于新加坡的原马来亚大学分离出来的。马来亚大学在办学水准与国际声望方面都下降了，而新加坡国立大学却表现良好，并赢得了国际尊重。目前，已经有 4 名非马来人被任命为副校长，这样做的部分原因是为应对非马来人的抱怨，及《泰晤士报高等教育副刊》发布的世界大学排名中对马来亚大学的低评分。马来亚大学作为马来西亚最好的大学，在这份评估报告中仅位列第 246 名。参见《亚洲周刊》2007 年 11 月 11 日，第 18～19 页。

对那些真正优秀的马来学者而言，被认为是依靠其马来人的族群身份才取得了那些成就，则不啻为一种侮辱。

或许更为严重的是马来西亚人的世界观也被种族化了。可以说，"新经济政策一代"（NEP generation）——那些 1969 年以后出生的人——是更加具有种族性。值得注意的是，杰出的马来西亚历史学家邱家金（Khoo Kay Kim）教授在马来西亚独立 50 周年之际这样评论：

> 在过去的这些年里，我们的政治已变得如此社群化，而这些都反映在了教育系统中。它生产出了已为人父母的一代人，这些父母又将同样的东西灌注给了他们的子女。我所属的这代人可能已经为此所困，而今天，这些墙是更加高耸了。[1]

我自己于 1977 年在马六甲对峇峇（Babas）（宽泛地指代说马来语的华人）的研究，表明了邱教授的观点是正确的。那些老一辈的被访者讲述了峇峇和马来人之间的良好关系。在独立之前，一些华人是有可能娶马来妇女为妻的，甚至可以将马来妇女带进华人家庭（峇峇家庭），使其成为这个家庭的成员。今天，这类事件则将会成为一项引发情感冲突的社群性议题（emotional communal issue），就像罕见的马来人皈信基督教一样。虽然马来西亚人共享同一套国家制度，但除了在工作场所和一些运动（比如足球）场所，马来人与华人之间的人际互动是相当有限的。儿童是通过父母和同龄群体（peer）来获取关于族群的观点的。比如，华人家长常会提醒他们的孩子，他们必须努力学习，因为相对于马来孩子，华人孩子进入马来西亚的大学读书的机会更难得。当这些孩子长大了，他们发现自己的族群情感得到了强化，因为一旦他们未能获得奖学金或失去了进入高等教育机构的机会，他们就会认为自己遭受了歧视待遇。虽然弗尼瓦尔（Furnivall）关于殖民势力有必要维系多元社会的观点应该受到批评，但是他对不同群体相遇却并不相融的观察则是富有洞察力的。实际上，与弗尼瓦尔的假设相反，在市场之外是存在社会互动的。今天，在马来西亚有共享的公共机

---

[1]　Ng, Eugene, "Remembering ' 57: Four Malaysians Tell Us What Merdeka means to them," *Going Places* (Malaysia Airlines magazine), August 2007, p. 56.

构，也存在对马来西亚作为一个国家的认同，但在社会的意义上，马来西亚仍然是多元的。

尽管如此，华人与马来人之间的互动在表面上是亲切友好的。事实上，这里面有个回避文化（a culture of avoidance）的问题。当非马来人（主要是华裔和印度裔公民）与马来人互动时，诸如马来人的特殊权利、非马来人对歧视性政策的怨愤等敏感话题，都会被加以回避。这样，华人与马来人的人际互动就显得亲切友好了。这已经变成了一种规范。但是，在族群之间存在很多累积起来的紧张，而这些都会在国家的社群政治的进程中展现出来。一名马来人政客（通常是接受过高等教育的）可能会呼吁采取某种政治行动，而在非马来人看来，这项行动冒犯了他们的利益或者有损他们的族群荣誉，那么非马来人政客和领袖就会发起回击，反之亦然。这种社群化过程确保了这个国家始终维持着社群性的分裂。

宗教和族群

马来西亚也是一个多元宗教的社会。在这里，马来人是穆斯林，华人中的大部分信仰华人民间宗教，其余的人则是基督教徒、穆斯林或其他宗教的信徒。尽管宪法保障信仰其他宗教的自由，但伊斯兰教是官方宗教。在过去，穆斯林与非穆斯林相处良好，我是从对马六甲的老人的访谈中获得这些信息的。事实上，只是在当今的马来西亚，宗教——伊斯兰教——才成为了一个族群议题。这与 20 世纪 80 年代以来的伊斯兰教复兴，以及社群政治对伊斯兰符号（Islamic symbols）的动员有关。这种动员既发生在马来人内部，也发生在马来人与非马来人之间。在马来人内部，对马来西亚民族统一机构的主要挑战来自于泛马伊斯兰党（Pan‑Malaysian Islamic Party，PAS），这是一个伊斯兰教的政党，致力于将马来西亚转变为一个伊斯兰教权国家。马来西亚民族统一机构的政客们将泛马伊斯兰党描绘为激进的和反进步的，而泛马伊斯兰党则批评马来西亚民族统一机构缺乏伊斯兰精神。只要马来西亚实行民主选举，在国家的层面上，那些声称要建立伊斯兰政权国家的政党就几乎没有机会上台，因为不仅那些非穆斯林民众，就是许多穆斯林也并不支持这样的观点。然而，在一些以马来人为主的州里，伊斯兰政党可能会被选举出来执掌当地政府，这正是在吉兰丹（Kelantan）和丁加奴（Trengganu）两州发生的情况。但是，如果不改变马来西亚宪法，即使在一个州内，也不可能实现伊斯兰教权。因此，尽管泛马伊斯兰党在州这一层级上台执政了，但它所能做的也就只是对卡拉 OK 厅和卖淫嫖娼行为施加更严格的控制措施，而不能引入那些触犯宪法的政策（例如对通奸者处以石刑）。

然而，为了在竞争中塑造"更加伊斯兰"的形象和应对 20 世纪 80 年代以来的伊斯兰教复兴，由马来西亚民族统一机构领导的政府引入了伊斯兰化的政策，而这引起了非穆斯林的忧虑。事实上，这些政策是以更多使用伊斯兰符号的形式执行的，但在非穆斯林民众看来，这反映了马来文化的主导地位。例如，在一项重要的政府职能启动前，要先进行穆斯林祷告仪式。现在这已成为一项规范，甚至在大学里也是如此。非穆斯林可以自由实践他们的信仰，但自从 20 世纪 80 年代以来，非穆斯林的宗教领袖就在抱怨，说在申请分配用于修建教堂或庙宇的土地时，非穆斯林总是需要履行更加繁杂的官僚程序和面临更多困难。不过，通过联合政府中的非马来人政党，非穆斯林还是能够继续从政府那里获得部分财政拨款，用来建设一些庙宇和教堂的。因为伊斯兰教是国家宗教，所以允许使用政府基金来修建清真寺。这实际上并不构成一个议题，但从马来民族主义中产生的制度性歧视和马来人对公共部门的控制（即在决策过程中的主导权），导致了非穆斯林的不满情绪。即使在沙捞越州和沙巴州这两个族群关系相较半岛好得多的地方，禁止从印度尼西亚引入马来语《圣经》的官方或非官方禁令，也在许多非马来人的土著居民中造成了不快，因为他们当中有很多人是基督徒。

在丁加奴（Terengganu），被当地人同化的华裔村民曾与马来人过往甚密。我的一些华人被访者甚至讲述了他们在孩童时代曾在村里的伊斯兰学校外面等候他们的马来朋友放学后一起去玩的故事。在 20 世纪 80 年代，不愉快就产生了，因为他们的女儿由于不戴头巾而遭到了穆斯林同学的耻笑。在那个时候，头巾已成为穆斯林女性日常着装的一部分了。如今，农村的华人都将孩子送到镇上的华人小学读书，而不再像过去那样，就在村子里临近的马来学校读书。在丁加奴，城市里的华人感到不快，因为有些马来人擅自在华人墓地的坟墓上面盖起了房子。更有甚者，其中一些人还动用政治关系获得了电力供应。[①] 当局并未对华人的抱怨做出快速反应，这导致在一些华人与马来人的关系曾非常友好的地区开始出现不满情绪。

重点在于，宗教多样性对于马来西亚的民族国家建构来说并不构成一个问题，因为那里的人们已经学会了尊重彼此的信仰，非穆斯林也具备了关于穆斯林敏感问题的基本知识，并对此格外小心。宗教成为一个议题是20世纪80年代以来的社群政治的结果。最近的一个例子就是副总理关于马来西亚是一个伊斯兰教国家的声明，这也是总理马哈蒂尔·穆罕默德在2001年曾做过的表态。虽然这是面对泛马伊斯兰党要求建立一个伊斯兰教国家的诉求而做出的应对，但还是令非穆斯林民众颇为沮丧。事实上，宪法的规定非常明确：尽管伊斯兰教被认可为国家宗教，但马来西亚并不是一个伊斯兰教国家。并且，马来西亚人一般对此并无异议。马来西亚人权运动的领军人物、伊斯兰学者钱德拉·穆扎法（Chandra Muzaffar）指出，无论将马来西亚描绘为世俗国家还是伊斯兰教国家，都是具有误导性的。[②] 它不是伊斯兰教国家，因为政府并不是基于古兰经和逊奈（Sunnah，先知的言行）的理念而建立的；但它同样也不是世俗的，因为伊斯兰教是官方宗教，穆斯林也从政府修建的清真寺与伊斯兰学校中受益。关于马来西亚究竟是世俗国家还是伊斯兰教国家的争论，以及认定马来西亚已经是一个伊斯兰教国家的修辞，都将加剧穆斯林与非穆斯林民众之间的分化。造成社会紧张的，并非多样化的宗教，而是社群政治对宗教符号的利用。

族群与民主

马来西亚国家的种族化是与这个国家的民主退化同时发生的。独立伊始，马来西亚的民主前景非常为人所看好，行政、议会与司法部门间的分权清楚

---

① Tan, Chee - Beng, *Chinese Minority in a Malay State：The Case of Terengganu in Malaysia*. Singapore：Eastern University Press，2002.

② Chandra Muzaffar，"A Secular State or an Islamic State，" International Movement for a Just World statement，19 July，2007. Http：//www. Just - international. org/article. cfm？newsid + 20002396.

明晰。自 1970 年起，马来西亚民族统一机构的势力开始上升，尤其是在 1981 年至 2003 年由马哈蒂尔·穆罕默德（Mahathir Mohamed）领导内阁期间，虽然商界人士因经济成就而支持马哈蒂尔，但民主体制却一点点遭到侵蚀，而这一轮经济发展也在 20 世纪 90 年代末的金融危机中画下了句号。在 1969 年种族骚乱后，公共集会被禁止，尽管政府的政客们并未遵守。他们经常宣扬种族骚乱的威胁，借以警告选民不要支持反对派。[1] 禁止人们公开讨论所谓敏感议题——包括马来人享有的特殊权利——的法律获得通过并生效。在马哈蒂尔治下的整个期间，言论自由受到越来越多的约束，尤其是当他的权力在马来西亚民族统一机构内部也受到了挑战的时候。[2] 报纸每年都必须申请更新执照，因此，新闻行业的自我审查制度也就不可避免了。利用警察力量去打击反对派，不可避免地会腐化警方的职业操守，这个问题在臭名昭著的安瓦尔事件中生动地体现了出来。当时，安瓦尔·易卜拉欣（Anwar Ibrahim）是副总理，在与总理分道扬镳并发表公开挑战后，他被总理下令逮捕。在关押期间，他被戴上手铐、蒙住双眼，还遭到了警察总长拉希姆·洛尔（Rahim Noor）的殴打。自从 20 世纪 80 年代以来，关于警方残酷执法或在执法中采取不道德行为的频繁报道直指警察职业操守的腐化。

　　对马来西亚的民主制度造成最严重威胁的，是 1998 年最高法院院长敦沙列阿巴斯（Tun Salleh Abas）被解职一事。当时，他正打算对经历了党内斗争的马来西亚民族统一机构的合法性做出裁决，而马来西亚民族统一机构正由马哈蒂尔·穆罕默德领导。[3] 这一事件标志着此前在国际上广受尊敬的马来西亚司法独立性终结了。从那以后，公众对司法系统的信心就每况愈下了。

　　在马哈蒂尔·穆罕默德的威权主义领导下，行政机关的权力不断上升。由于联合政府控制着议会的三分之二多数席位，因此统治精英可以依据他们自己的偏好来修改宪法。而当行政机关终于取得了对司法系统的控制，马来西亚的民主就被侵蚀了。这些情况与马来社群民族主义的增长及与之

---

[1]　Tan, Chee-Beng, "Resorting to Ethnic Games (Again)," *Aliran Monthly*, 1991, 11 (1): 20-24.

[2]　关于 1969 年以后的马来西亚威权主义趋势的分析，参见 Crouch（1992）。

[3]　关于该事件的报道，参见 Salleh Abas, Tun with K. Das, *May Day for Justice: The Lord President's Version*. Kuala Lumpur: Magnus Books, 1989。

相关的伊斯兰化政策，一同使得马来西亚的社会分化愈发严重了。另外，民主与人权状况的恶化，又促使各个族群中关注这些问题的个体联合起来，为建设一个更加民主的国家而勠力同心。最近，超过 10 万的马来西亚人——包括作家、电影制片人、人权律师——在网上请愿，敦促国王——尽管他的职责只是仪式性的——出面干预时局，以便促进人权和司法公正。① 正如一位律师所言，这一前所未有的事件之所以会出现，是因为 "人民已经对媒体、司法部门、警方和大学都失去了信任……" ②。与不断提高的威权主义和社群分裂相伴随的，是一个令人略感安慰的趋势——马来西亚出现了一些由来自不同族群的关心时政的人组成的小团体，他们正在为争取民主和异见权利而奋斗。结果，具有不同族群背景的马来西亚人对一个以批评政府著称的网站—— "当今大马新闻网" （http：//www. malaysiakini. com） 表现出了愈来愈浓厚的兴趣。

没有非种族性的民族国家构建路径吗？

越来越多的马来西亚人意识到了种族分割的严重性。近来，有人要求国民阵线中那些大体上代表各社群利益的政党合并，从而形成一个多种族的政党，以削弱种族政治。总理——国民阵线的领袖——否决了这一提议。③ 对于新经济政策执行中的种族路径 （racial approach），即使是一些非马来人也承认那是必要的。在一部饱受争议的著作中，Ye 指出，是新经济政策将马来西亚从如印度尼西亚一般情形的种族骚乱中拯救出来的。但事实上，马来西亚的民族国家建设本来是可以不牵涉种族性，同时又纠正沿族群边界而产生的分化问题的。肯定性行动可以以社会经济需求为基础，

---

① 2007 年 9 月份的一件爆炸性新闻就是一段视频剪辑，显示的是一名人脉丰富的律师作为掮客，安排几位大法官与该国的一位首席法官会面的情景。Kuppusamy, Baradan, "Inquiry Call after Video Suggests Collusion in High Legal Circles," *South China Morning Post*, 21 September, 2007, p. A16.

② Kuppusamy, Baradan, "Malaysians Look to their King to Put Things Right," *South China Morning Post*, 2 October, 2007, p. A10.

③ SCMP, "Abdullah Vetoes Plan to Merge Top Parties." *South China Morning Post*, 9 October, 2007, p. A11.

而不必实行种族配额制。例如，来自教育资源贫乏的农村地区的学生，在申请进入大学时可以获得加分，而并不必以种族作为标准。既然绝大多数马来人及其他"土著居民"都居住在农村地区，那么，政策不必显示出种族性，就能够使他们获益最多。

这样一种非种族路径的肯定性行动在马来西亚是行得通的，因为许多多数族群的成员也需要特别的帮扶。同时，它也保证了处于不利地位的非马来人不会被忽视和边缘化。不仅有贫困的华人，还有更多的印度裔穷人需要帮助。2007 年 11 月，超过 1 万名印度裔居民公开抗议，要求在国家资源中获得公平的份额，并结束歧视政策。这一抗议活动是紧随着两周前由贫困的马来西亚人发起的大规模抗议而举行的，那次抗议活动的参与者主要是马来人。① 这些抗议活动表明，通过种族路径来对族群分化的经济结构进行改造的尝试失败了。在美国或中国，肯定性行动的政策是针对边缘化的少数群体的；与此不同，在马来西亚，肯定性行动的政策针对的是人口中的多数群体。马来西亚的肯定性政策主要为中等阶级和富有的马来人的利益服务，而边缘化的土著少数群体仍然无人问津。

对于布米普特拉政策，其实也是存在其他发展路径的。有一些马来学者同样对通过种族主义和政府赞助（patronage）来促进马来人发展的方式感到不快。例如，艾哈迈德·福兹·阿卜杜勒·哈米德（Ahmad Fauzi Abdul Hamid）就以阿莎力·穆罕默德（Ashaari Muhammad）领导的草根伊斯兰运动——Darul Arqam——为例，说明布米普特拉人是有可能"不依赖政府保护而获得中等阶级的身份的"。② 何况，新经济政策并未"构建起一套社会和文化资本，以便将马来人提升至与华人平分秋色的地位"。③ 正如

---

① Kuppusamy, Baradan, "Leaders Urge Return to Moderation after Protests in Malaysia," *South China Morning Post*, 27 November, 2007, p. A10.

② Ahmad Fauzi Abdul Hamid, "The *Taqwa* versus *Quwwah* Dichotomy: An Islamic Critique of Development via the Malaysian *Bumiputera* Policy," in The *"Bumiputera Policy"*: *Dynamics and Dilemmas*, eds., Richard Mason and Ariffin S. M. Omar, pp. 123 – 162. Special issue of *Kajian Malaysia* (*Journal of Malaysia Studies*) 21 (1 – 2), 2004.

③ Maznah Mohamad, "Bumiputera, Malays and Islam in the Politicization of the New Economic Policy," in The *"Bumiputera Policy"*: *Dynamics and Dilemmas*, eds., Richard Mason and Ariffin S. M. Omar, pp. 163 – 176. Special issue of *Kajian Malaysia* (*Journal of Malaysia Studies*) 21 (1 – 2), 2004. p. 172.

Maznah Mohamad 已经指出的，"马来西亚能够取得经济增长、实现族群和平，其实与其采取新经济政策实乃风马牛不相及的事情"①。那些声称如果没有实行特别的经济手段，马来西亚在 20 世纪 80 年代的经济发展和政治稳定本不可能达到那个程度的观点，是具有误导性的。种族骚乱是一个社会中某些利益相关政党的政治表演。关于它的触发机制，需要从特殊群体或帮派的煽动、警察的职业道德等因素来加以研究。即使像在美国这样拥有成熟的民主制度的国家，也会发生种族骚乱。

居住在印度尼西亚以外的人，经常以为该国比马来西亚面对更多的种族麻烦。但事实上，印度尼西亚的华人与土著人之间一直都存在着密切的互动。自从 1998 年以来，随着民主化的推进和对种族政策的纠正，印度尼西亚其实已经走上了通向一个较马来西亚更为民主、更加自由的社会的大道，这个社会也将更少具有种族性。事实上，印度尼西亚政府已经放弃了将国民区分为本土（普利布米，pribumi）与非本土的做法了。② 而在马来西亚，尽管新经济政策已于 1990 年正式终止，国家发展政策（NDP，1991－2000）和国家愿景政策（NVP，2001－2020）随后相继出台，但是，将国民在"布米普特拉"与"非布米普特拉"之间进行区分，依然具有行政管理上的重要性和社会意义上的决定性。因此，除非马来西亚改变其社群主义的民族国家建构方式，否则社群性的紧张就不可能消减，而随着民主制的腐蚀，社会和谐便无法保证了。即使没有发生外显的种族暴力，那些针对经济领域的种族配额的争吵，也将对这个国家的经济活力产生长期的消极影响。③

---

① Maznah Mohamad, "Bumiputera, Malays and Islam in the Politicization of the New Economic Policy," in The "Bumiputera Policy": Dynamics and Dilemmas, eds., Richard Mason and Ariffin S. M. Omar, pp. 163 – 176. Special issue of Kajian Malaysia (Journal of Malaysia Studies) 21 (1 – 2), 2004, p. 175.

② 关于新颁布的有关公民权的法律，参见 Undang – undang Republik Indonesia No. 23, Tahun 2006 tentang Administrasi Kependudukan (Promulgation of Law No. 23/2006 Re: Civil Registration), Undang – undang Republik Indonesia No. 12 Tahun 2006 tentang Kewarganegaraan Republik Indonesia (Promulgation of Law No. 12/2006 Re: Citizenship), 等等。

③ 近来政府关于公开注册的公司必须声明其雇员的族群背景之规定已经在马来西亚的华人中引起了不快。Kuppusamy, Baradan, "Malaysian Firms Told to List Staff by Race," South China Morning Post, 15 September, 2007, p. A9.

马来西亚的教训

我们可以从马来西亚的例子中得到一些教训。

1. 在像马来西亚这类族群分化的社会里，由于多数群体并非同时在经济领域和政治领域占据主导地位①，因此，采取种族性政策去调节族群间的不平衡，是不可能实现国家统一（national unity）的。换句话说，在这类社会中，种族间的不平衡是不能通过种族政策来调节的。在政府政策的执行过程中，对"布米普特拉"与"非布米普特拉"的区分加强并恶化了沿族群边界产生的社会分化。虽然教育和共享的国家机构有助于塑造一种对马来西亚国家的认同感，但在社会层面上，不同族群的人们——尤其是半岛马来西亚的马来人和非马来人——却变得愈加疏离了。换句话说，虽然存在对马来西亚作为一个国家的认同，但不同族群的人们对这个国家的想象却是不同的。民粹主义的马来人设想的是一个打上了马来文化和伊斯兰教烙印的国家；但对华人而言，马来西亚应该是一个所有国民享受平等待遇、没有哪个族群的文化可以压倒其他族群文化的国家。社群性的政策只可能鼓励这种对国家性质的社群性想象。

2. 族群之间显著的社会经济不平衡，可以而且必须通过顾及人们的社会经济需求的政策加以纠正。马来西亚的肯定性行动能够以一种非种族性的方式引入，以社会经济需求为基础来分配配额。

3. 持续强化的族群分化会酝酿族群紧张，而这将阻碍社会和谐的实现。当民主制度和安全部门的职业操守遭到腐蚀时，情况就会愈加恶化。我们已经注意到，社群性问题必须快速且专业地加以应对。对敏感的族群议题或冲突的任何拖延和非专业处理，只会给人们留下政府在偏袒某个特殊族群或宗教群体的印象，而这将进一步加剧族群间的紧张关系或冲突。

4. 宗教多样性并不是导致社会不和谐的原因，社群政治对宗教的包裹

---

① 这些后殖民社会可能会以这种方式被视为多元性的，也就是说，它们是族群分化的，而且多数群体并非同时在经济与政治方面都占据主导地位。在马来西亚的案例中，马来西亚民族统一机构的马来精英在政治上居主导地位，但马来人在经济上却不能占优势，因此，事实上他们只是具有少数群体心态的多数群体。

化（encapsulation）① 才是问题。在马来西亚，人们对不同宗教传统的善行与禁忌都具备足够的知识，并且在地方层面，人们已经发展出了一套我所谓的"社会互动的群际规范"（inter-group norms on interaction）②，以表达对彼此宗教习俗的尊重。例如，在马六甲的乡村，峇峇（Babas）会在自己家举行中国新年敬神仪式的前一天向他们的马来邻居赠送新年蛋糕。又如，在吉兰丹的乡村，在穆斯林斋月期间，华人不会在马来人面前抽烟或者进餐。

结 论

马来西亚的案例显示了协商式民主是如何失败的，其主要原因在于1969 年种族骚乱以后民主制的退化以及在联合政府中一个部分对其他部分的主导。社群性政治进一步使社会沿着族群边界而分化。换句话说，民主的退化、马来人的社群民族主义与社群政治这三者相结合，导致了分化和社会紧张。从另一个角度看，马来西亚的案例也显示了实现和谐与民主社会的机会是如何丧失的。独立之后，马来西亚就仿照英国的议会民主而建立起了民主制度，而且，各类人群都怀有建设一个非社群性国家的理想。甚至在独立之前的那些年里，就曾有华人作家表达了他们对一个非社群性的马来亚的爱国情怀。③ 在独立以后，马来西亚也曾拥有非社群性的政党——由杰出的马来领导人 Dato'Onn bin Ja'afar 领导的马来亚独立党（IMP）。然而，以非社群方式建构民族国家的努力没能取得成功。实际上，正如 Ratnam 指出的，当初决定组成政党联盟（Alliance）在很大程度上就是出于马来西亚民族统一机构和马来西亚华人公会（Malaysian Chinese

---

① 使用 encapsulation（包裹化）这个词是受到了 Judith Strauch 的用法的启发，意思是"被包围、涵盖、包括"。Strauch，Judith，*Chinese Village Politics in the Malaysian State.* Cambridge，Mass.：Harvard University Press，1981.

② Tan，Chee-Beng，"Baba Chinese，Non-Baba Chinese and Malays：A Note on Ethnic Interaction in Malacca，" *Southeast Asian Journal of Social Science*，1979，7（1-2）：20-29.

③ Goh，Then Chye，"Modern Chinese Malaysian Literature：Past，Present and Future，" in *Social Change and Southeast Asian Chinese Literature*，ed.，T. C. Carino. Manila：China Studies Program，De La Salle University and Philippine Association for Chinese Studies，1989.

Association，MCA）的领导人对于马来西亚独立党的不信任。[①] 马来西亚民族统一机构和马来西亚华人公会都想采取社群主义的方式，对于马来西亚的社群主义，他们负有很大责任。如果当初采取了非种族性的方式建构民族国家，以非种族性的政策对族群间的不平衡加以纠正，那么，马来西亚就将会成为一个成功处理了族群问题的民主国家的典范了。但目前的情况是，除非采取补救措施，马来西亚似乎正在从东南亚较为民主和发达的国家中的一员，滑向与那些不够民主也不够发达的国家为伍了。与此同时，印度尼西亚却坚定地建立了它的民主制度，并复兴着它的经济。

　　在上述的分析中，我引用了一些社会科学理论。的确，马来西亚的案例展示了族群问题的一些理论，并且我乐意以评论这些理论来结束我的这篇论文。我提到了多元社会理论和协和式民主的模型。我还指出，民主制的退化与社群性政治导致了更加严重的社会紧张。关于消减族群紧张的问题，拉布斯卡（Rabuska）认为："只要是满足自由市场上的自愿交换条件，种族紧张和冲突就会被保持在最低水平上。"[②] 在其他地方我就曾经论述过，如果缺少政策去消除族群身份与经济职能间的关联——正如独立之时的马来亚的状况——那么，这种观点就是不切实际的。[③] 在探讨关于新国家的问题时，格尔茨（Geertz）的观点是："新国家异常容易产生基于原发性情感联系的政治不满。"[④] 马来西亚的案例表明，社群政治和沿着社群边界展开的动员才是潜在原因。社群政治和马来西亚民族统一机构的马来中心主义版本的国家愿景（nationhood）只会导向一个社群分化的国家，而非一个所有马来西亚人共享公民归属感（civic belonging）的国家。但是，格尔茨对原发性情感的关注是有道理的，因为在这些新兴国家中，

---

① Ratnam，K. J，*Communalism and the Political Process in Malaysia*. Kuala Lumpur：University of Malaya Press，1965，p. 215.

② Rabushka，Alvin，*A Theory of Racial Harmony*. Studies in International Affairs，No. 11. Columbia（South Carolina）：University of South Carolina Press，for the Institute of International Studies，Durham，NC：University of South Carolina，1974，p. 69.

③ Tan，Chee - Beng，*Chinese Overseas：Comparative Cultural Issues*. Hong Kong：Hong Kong University Press，2004，pp. 156 - 159.

④ Geertz，Clifford，"The Integrative Revolution. " in *Old Societies and New States*，ed. ，Clifford Geertz，New York：Free Press，1963，pp. 108 - 113.

原发性情感很容易就能够被动员起来，并激发人们的种族主义情绪，支持政治诉求。

正如 Horowitz 指出的，社群政治总是夸张地运用符号政治（symbolic politics），并凸显族群地位。① 在马来人的案例中——恰如 Chandra Muzaffar 所论述的——通过这种方式，马来西亚民族统一机构得以将自己描述成为马来人的保护者。② 我们也可以说，借由肯定性行动中的种族路径来"保护"马来人的利益，这进一步使得马来大众感觉到他们对于马来西亚民族统一机构主导的政府的依赖。而对于将马来西亚从民族国家建构的社群性路径中解放出来的目标，这构成了一种严峻的挑战。那些非马来人——尤其是那些年青一代的非马来人——渴望获得一种更加平等的文化公民身份（egalitarian cultural citizenship），而他们的这一抱负一旦遭到冷落，就必然会导致更为严重的社会紧张。事实上，非马来人已经接受了宪法中所界定的马来西亚国家的马来特色，即以马来语作为国民语言，以伊斯兰教作为联邦宗教。因此，马来西亚是存在建设一个共享的民族国家的文化基础的。如果马来民族主义分子想要脱离这个文化性的国家愿景（cultural nation-hood）的共识，那么，他们只会将马来西亚的未来引向深渊。在 2007 年 11 月举行的年度马来西亚民族统一机构全国代表大会上，马来西亚民族统一机构的领袖们呼吁它的成员不要再沉溺于各种反华修辞中。③ 换句话说，马来西亚民族统一机构的精英已经明确表达了对推动马来民族主义的反对。只要马来西亚民族统一机构的领袖们有此意愿，他们就能够为一种哪怕只是较少种族性的政治进程铺平道路。"愿景 2020"计划（Vision 2020）的主要目标就是创造一个 Bangsa Malaysa 或者说马来西亚民族（Malaysia Nation）。马来西亚民族已经存在了，但它却是一个多元的民族（plural nation）；或许，只有当政治进程更少带有社群性时，一个更加统一的民族国家才会建成。

---

① Horowitz, Donald, *Ethnic Groups and Conflict.* Berkeley and Los Angeles: University of California Press, 1985.

② Chandra Muzaffar, *Protector.* Penang: Aliran, 1979.

③ Kuppusamy, Baradan, "UMNO Assembly Seeks to Heal Racial Wounds," *South China Morning Post*, 5 November, 2007, p. A10.

参考文献

Crouch, Harold, "Authoritarian Trends, the UMNO Split and the Limits to State Power," in *Fragmented Vision*: *Culture and Politics in Contemporary Malaysia*, eds. Joel S, Kahn and Francis Loh Kok Wah, August 1993, pp. 21 – 43. North Sydney: Allen & Unwin Pty Ltd.

Ye, Lin – Sheng, *The Chinese Dilemma.* Kingsford, New South Wales: East West Publishing Pty Ltd, 2003.

（周新 译，王娟 校）

图书在版编目(CIP)数据

族群交往与宗教共处 / 马戎主编. --北京:社会
科学文献出版社,2017.7
(21 世纪中国民族问题丛书)
ISBN 978 - 7 - 5097 - 9953 - 6

Ⅰ.①族… Ⅱ.①马… Ⅲ.①民族问题 - 中国 - 文集
Ⅳ.①D633.1 - 53

中国版本图书馆 CIP 数据核字(2016)第 268878 号

·21 世纪中国民族问题丛书·
族群交往与宗教共处

主　　编 / 马　戎

出 版 人 / 谢寿光
项目统筹 / 童根兴
责任编辑 / 谢蕊芬　隋嘉滨　胡庆英

出　　版 / 社会科学文献出版社·社会学编辑部 (010) 59367159
地址:北京市北三环中路甲 29 号院华龙大厦　邮编:100029
网址:www.ssap.com.cn
发　　行 / 市场营销中心 (010) 59367081　59367018
印　　装 / 三河市尚艺印装有限公司

规　　格 / 开　本:787mm × 1092mm　1/16
印　张:26　字　数:413 千字
版　　次 / 2017 年 7 月第 1 版　2017 年 7 月第 1 次印刷
书　　号 / ISBN 978 - 7 - 5097 - 9953 - 6
定　　价 / 108.00 元